K 1178/6.

7089

R 17504

Manuel du

VOYAGEUR EN ITALIE,

ou

Nouvelle Description de tout ce que ce pays offre de plus intéressant, de plus curieux et de plus instructif, sous le rapport des monumens antiques et modernes, sciences et arts, productions territoriales, climat, agriculture, commerce, industrie, population, moeurs et usages des habitans, &c.

Suivi

De l'état des postes, de la valeur des monnoies ayant cours, et d'une grande carte routière.

MILAN
Chez Jean Pierre Giegler, Libraire
Cours de' Servi, N°. 603.
1818.

INTRODUCTION.

..... quæ sit rebus causa novandis.
VIRG.

Plus les yeux ont vu, disait le célèbre Fontenelle, *plus la raison voit elle-même*. Cette vérité est aujourd'hui trop généralement reconnue pour qu'on la puisse révoquer en doute. L'homme d'état, le philosophe, l'artiste, le négociant, le militaire, en un mot, tous ceux qui désirent de s'instruire, ont besoin de voyager, parcequ'il est des préjugés dont on ne saurait se défaire qu'en quittant son pays. Des chefs-d'œuvre de l'art que la plume et le burin ne représentent qu'imparfaitement, de nouveaux climats, de nouvelles mœurs en exerçant les facultés de l'esprit et du cœur, en multipliant les objets de comparaison, agrandissent nos idées, rectifient nos connoissances et font que nous sommes plus capables d'arriver à ce degré de perfection et de bonheur qui est le but de tout être sensible et raisonnable. Il est donc vrai de dire que les voyages joignent l'utile à l'agréable, puisqu'en satisfaisant notre curiosité, ils tendent à nous rendre meilleurs.

C'est surtout des voyages en Italie, qu'il est permis de se promettre ce double avantage: en effet, il n'est pas de pays au monde, qui, considéré sous ce rapport, lui puisse être comparé. Que reste-t-il de ces orgueilleuses murailles qui donnèrent tant de célébrité à Babilonne ? On ignore jusqu'à la place où cette ville a existé. Que nous offre l'Égypte ? Des pyramides qui n'étonnent que par leur masse et leur inutilité. La

Grèce où tous les talens réunis, le goût et l'amour de la gloire enfantèrent tant de prodiges, la Grèce a conservé quelques restes de son ancienne splendeur ; mais courbée aujourd'hui sous le joug d'un gouvernement despotique, la dégradation et la misère de ses habitans repoussent en quelque sorte la curiosité des voyageurs. Il y a plus ; dans ces régions autrefois si renommées, les monumens des arts ont péri avec les arts eux-mêmes. Il n'en est pas ainsi de l'Italie ; elle possède un assez grand nombre de ces majestueux édifices élevés par un peuple qui fut le premier peuple de la terre. On dirait même que le génie des arts a voulu perpétuer son empire parmi les Italiens, puisqu'aux richesses qui leur ont été transmises par les anciens, ils ont joint de nouvelles richesses ; telles sont, par exemple, la peinture et la musique modernes dont Rome ne leur avait pas laissé de modèle : ajoutons qu'on voit en Italie, la nature dans toute sa beauté, la végétation dans toute sa force, la culture dans toute sa perfection.

Il ne faut donc pas s'étonner, si des extrêmités de l'Europe, les curieux se rendent dans cet intéressant pays, pour prendre une idée de ses spectacles, pour y admirer les plus belles productions des arts, et pour y jouir du moins pendant quelque temps de la douceur du climat. De là cette multiplicité d'ouvrages sur l'Italie qui ont paru chez divers peuples, et qui seuls formeraient une bibliothèque considérable. Les auteurs de ces notices ont sans doute eu raison de compter sur le vif intérêt que devait naturellement exciter le sujet qu'ils ont traité avec plus ou moins d'étendue, puisque le public s'est toujours montré avide de cette sorte de relations. On peut aussi supposer qu'ils ont eu le louable dessein de servir de guides, et sous ce point de vue, ils méritent toute notre reconnoissance : car on ne peut pas se dissimuler que la facilité qu'on a aujourd'hui de pénétrer dans le sanctuaire des sciences et des arts, est le fruit de l'expérience des siècles passés et des observations faites par ceux qui nous ont précédés dans la même carrière.

Cependant parmi cette foule innombrable d'objets et d'objets si variés que l'Italie offre à l'admiration des étrangers, il est extrêmement difficile qu'un seul voyageur ait tout vu, tout examiné. Pour savoir donc à quoi s'en tenir, il faudrait tout lire, tout comparer. Le voyage de M. *de Lalande* est sans contredit ce qu'il y a de plus complet dans ce genre ; mais quelque vénération que nous ayons pour ce savant du premier ordre, nous nous croyons autorisés à dire que son ouvrage est trop volumineux et d'un prix trop considérable, pour qu'il puisse convenir au commun des voyageurs.

Sept gros volumes *in* 8.º doivent être lus non dans une chaise de poste, mais dans la solitude du cabinet. L'artiste, le négociant, le militaire qui voyagent, n'ont souvent ni le temps, ni l'envie de parcourir des productions scientifiques qui exigent l'attention la plus réfléchie; et les autres personnes qui sont dans le même cas, ne forment pas le plus petit nombre. Encore même M. *de Lalande* n'a-t-il pas décrit tous les objets qu'il importe de connoître ? L'ouvrage le plus utile au commun des voyageurs, serait donc celui qui n'étant ni trop prolixe, ni trop concis, présenterait tout ce qui a été dit d'intéressant, et ce qu'on n'aurait pas dû passer sous silence; et qui par conséquent dispenserait du soin de parcourir, d'analyser et de combiner de nombreux écrits, pour classer avec ordre et méthode dans la mémoire, les divers objets qui méritent de fixer l'attention des curieux : tel est le principal but de notre travail.

A ce défaut d'utilité générale qui se fait remarquer dans les voyages publiés jusqu'à ce jour, se joint une omission essentielle qu'on a regret de rencontrer dans les notices de quelques auteurs qui paroissent le mieux instruits et les plus exacts. *Misson, Grosley, d'Orbessan, Coyer, Richard, de Lalande* ont décrit avec beaucoup de soin la route du *Mont-Cenis* par laquelle ils sont entrés en Italie, mais ils ont gardé un silence absolu, ou dumoins donné peu de notions sur beaucoup d'autres routes très fréquentées. Cependant il importe si fort aux voyageurs qui partent des différens points de l'Europe, d'être prévenus des obstacles, des dangers, des précipices affreux, des curiosités naturelles, des aspects singuliers, des sites pittoresques dont ils sont comme environnés dans les divers passages des alpes, que toute description qui n'embrasse pas des objets d'une si haute importance, est par cela même insuffisante. Car on sent bien que ceux qui viennent du *Valais* en Italie, soit par le *Grand Saint Bernard*, soit par le *Simplon* (superbe route qui n'a pu être décrite par les auteurs que nous avons déjà nommés, puisqu'elle n'existait pas lors de la publication de leurs ouvrages); ou de *Lucerne* par le *Saint Gothard*; ou bien du pays des *Grisons* par le *Splughen*; ou bien encore du *Tyrol* par les vallées que parcourt l'*Adige*; ou enfin d'Allemagne par les défilés de la *Carniole*; on sent bien, disons-nous, que ceux-là ne se rendront point à *Chambery* en Savoie, pour profiter des amples descriptions de la route du *Mont-Cenis*, qui sont comme le frontispice de la plupart des voyages en Italie : et certes voilà un assez grand vide dans les relations des auteurs qui nous ont précédés, vide qu'il est important et que nous nous sommes proposés de remplir.

Ici se présente un autre inconvénient au quel il est bien étrange qu'on n'ait pas cherché à remédier : cet inconvénient a sa source dans la direction qu'ont donnée à leurs excursions, les auteurs mêmes dont les notices paroissent les plus utiles à l'étranger qui voyage en Italie. En général, ils entrent par la *Savoie*, parcourent le *Piémont*, tournent du côté de *Gênes*, regagnent *Parme*, *Modène* et *Bologne*, traversent la *Toscane* et arrivent à *Rome* : après avoir admiré dans cette ancienne capitale du monde, les précieux restes de la magnificence de ses empereurs, attirés par les intéressantes ruines d'*Herculanum* et de *Pompeïa*, ils vont à *Naples*, reviennent sur leurs pas, se rendent à *Notre Dame de Lorette*, longent la côte de l'*Adriatique*, visitent successivement *Venise*, *Milan* et les principales villes de la Lombardie septentrionale, et retournent en France par le même passage des alpes qu'ils ont déjà décrit. Qui ne s'aperçoit au premier coup d'œil, quoiqu'en dise M. *de Lalande*, que cette direction, qui peut bien convenir à quelques voyageurs partis des départemens de la France, limitrophes de la *Savoie* et du *Piémont*, est tout à fait étrangère et peu profitable au grand nombre de ceux, qui, arrivés à *Milan* ou à *Venise*, ne sont attirés à *Turin* par aucune sorte d'intérêt. S'ils voulaient, en effet, dans leurs excursions, s'aider des lumières de M. *de Lalande* ils seraient obligés de prendre en sens inverse ses narrations descriptives, et cette pénible opération tout au plus praticable lorsqu'il s'agit de calculer sur un simple tableau de postes, les distances à parcourir, ne l'est certainement pas lorsqu'on veut régler sa marche, ses recherches et ses observations, sur les élémens dont se compose un discours soutenu. Ainsi tout en rendant justice aux estimables travaux des plus célèbres voyageurs, nous ne craignons pas d'avancer que la direction qu'ils ont adoptée dans leurs excursions, est en opposition directe avec ce but d'utilité générale auquel nous désirons d'atteindre.

Cette insuffisance des notices que nous avons sur l'Italie, est encore bien sensible sous un rapport non moins important. Trop souvent les auteurs de ces notices diffèrent dans leurs opinions à cause des motifs dont chacun d'eux a cru pouvoir appuyer celle qui lui est propre. Dès lors celui qui entreprend le voyage d'Italie, serait intéressé à analyser, à peser ces différentes opinions, pour en extraire, s'il est permis de s'exprimer ainsi, l'opinion dominante. Sans cela, il serait privé du plaisir de pouvoir comparer la sensation que produit sur lui, la vue d'un tableau, d'une statue, d'un monument quelconque, avec le jugement qu'en ont porté les observateurs qui l'ont précédé ; mais cette analyse et cette appréciation sont un soin et une tâche que la plupart des voyageurs ne sont pas bien aisés de s'imposer, et que l'ouvrage que nous leur offrons, a pour objet de leur épargner.

Enfin comme rien n'est permanent dans la nature, depuis la publication de cette foule de voyages en Italie, il s'est opéré bien des changemens dont il importe aux étrangers d'avoir connoissance : sans doute il leur importe d'observer le dévelopement que l'esprit du siècle a produit dans ce pays, lors surtout que des événemens qui sont peut-être sans exemple dans l'histoire des nations, ont agité l'Europe pendant vingt-cinq ans, et l'ont forcée pour ainsi dire, à changer les bases de sa constitution première. De là des chefs-d'oeuvre de l'art qu'on recherche avec un soin particulier, ou ont disparu sans retour, ou figurent dans d'autres lieux ; de là des établissemens nouveaux substitués aux anciens, et qui pour s'être formès au milieu des orages politiques, ne laissent pas que d'avoir leur prix ; ainsi pour que l'attente du voyageur ne soit pas trompée, ou qu'il ne néglige pas d'observer ce qui mérite de l'être, nous lui fournissons les données dont il peut avoir besoin.

D'après ces diverses considérations, nous avons pensé que ce serait rendre un service au public, que de lui offrir une description dans laquelle il puisse trouver réuni comme en un faisceau, ce que les différens auteurs ont dit de plus intéressant et de plus instructif sur l'Italie, et qui indique en même temps les changemens qui s'y sont opérés. Un pareil ouvrage dût-il n'être considéré que comme un supplément nécessaire aux notices antérieures, et comme un résumé plus approprié au commun des voyageurs, ne saurait déplaire aux savans, parceque ceux-ci n'ignorent pas, que soit qu'on analyse les pensées d'autrui, soit qu'on leur donne le dévelopement dont elles sont susceptibles, c'est toujours travailler au profit des sciences et des arts.

Mais il ne suffit pas d'avoir prouvé l'utilité d'un semblable travail : pouvons-nous nous flatter qu'il répondra à ce qu'on est en droit d'en attendre ? C'est au lecteur impartial à en juger ; nous n'avons du-moins rien négligé pour remplir une tâche qui n'est pas sans quelques épines.

D'abord des divers voyages qui jouissent d'une réputation méritée, nous avons extrait les faits les plus saillans, les observations les plus utiles, les réflexions les plus judicieuses, et de cette abondante moisson, par le secours de l'analyse et de la comparaison, et à l'aide des recherches qu'un assez long séjour en Italie nous a permis de faire, nous avons tâché de former un tout qui concorde avec les parties dont il se compose. Ce n'est pas ici, comme on voit, un ouvrage d'imagination ; il ne s'agit que de dire ce que les autres ont remarqué, ce que nous avons vu nous mêmes. Nous n'avons dû remplir que la tâche d'historien fidèle, et sous ce rapport, nous craignons peu la censure.

En est-il de même de l'ordre dans lequel nous avons cru devoir présenter les matières que nous avions à traiter ? C'est encore une question subordonnée au jugement du lecteur impartial. Nous avons déjà fait observer que la plupart des voyageurs qui voudraient profiter des meilleures relations publiées jusqu'à ce jour, seraient obligés de s'imposer un soin aussi fastidieux que pénible, c'est à dire, de prendre dans un ordre renversé, la route qui leur est indiquée. Dès lors nous avons dû nous écarter de la marche ordinaire puisque l'intérêt général l'exigeait ainsi. Nous avons donc commencé par décrire dans le détail le plus circonstancié, les principales routes qui mènent en Italie, en indiquant en même temps les difficultés que ces routes présentent lorsqu'elles sont couvertes des neiges, et les précautions à prendre pour éviter les dangers dont on peut être menacé. Après avoir conduit le voyageur dans les villes qui se trouvent les plus rapprochées de la frontière, de ces differens points de station, nous l'avons dirigé vers les autres villes de l'intérieur, mais toujours de manière qu'en parcourant les diverses contrées de l'Italie, et jusques à ce qu'il soit arrivé aux extrêmités de cette péninsule, sa marche soit la plus directe que possible, et que les indications données relativement à cette marche, se présentent à lui non en sens inverse, mais dans l'ordre le plus naturel. Ce systême de direction est sans doute nouveau, mais la nouveauté n'est un défaut, que lorsqu'au lieu de remédier à un inconvenient, elle tend à le rendre pire.

Comme nous avons pris l'engagement de ne consulter que cette utilité générale qui peut seule concilier les dissonances qui résultent d'une foule d'intérêts particuliers, nous avons supprimé les détails scientifiques qui ne sauraient intéresser que ceux qui ont passé leur vie à cultiver les beaux arts. Si ces êtres privilégiés ont le droit d'exiger des aperçus peu ordinaires, ils ont les moyens de se les procurer. Sans critiquer leur goût difficile, nous avons cru pouvoir consacrer notre travail à ceux, qui, tout en s'occupant des divers besoins de la société, sont néanmoins bien aises de donner quelques instans à la contemplation des principaux résultats de la civilisation générale.

Nous avons aussi passé sous silence tout ce qui a trait au gouvernement et à la politique ; d'abord parceque la succession des princes de chaque état particulier se trouve dans le moindre almanac ; et ensuite parceque les principes d'administration générale adoptés par les gouvernemens, ne pouvant être insérés dans un ouvrage de cette nature, que d'une manière aussi sèche que concise, ce serait se permettre une digression assez inutile, lors surtout qu'on parle de pays voisins et par conséquent connus : en effet, pour discourir pertinemment de ces choses-là, il faudrait traiter la matière à fond ; mais alors l'accessoire absorberait le principal. D'un autre côté, vouloir expliquer ce que les intrigues des cabinets ont de plus caché, et fouiller à des profondeurs impénétrables à tout étranger qui n'a pas de confidens du premier ordre, ce serait une présomption non moins ridicule qu'imprudente, et nous n'avons garde d'imiter certains personnages qui désirant de passer pour de grands politiques, nous débitent comme des vérités importantes, les spéculations chimériques dont ils ont chargé leurs tablettes.

Il n'en est pas de même de faits historiques qui peuvent intéresser le voyageur. Les lieux qu'il parcourt, font souvent naître de grands souvenirs ; ils rappellent des événemens remarquables qui s'y sont passés, des hommes célèbres qui y ont pris naissance : il importe donc de rapprocher les faits, des lieux qui en ont été le théâtre. Ceux qui ont fait une étude particulière de l'histoire, et qui par conséquent en connoissent le prix, nous pardonneront volontiers ces courtes digressions ; et les autres ne seront pas fachés de trouver dans cet ouvrage, leur propre instruction, à côté du plaisir que peut donner le récit de quelques actions héroïques qui honorent l'humanité.

Du reste nous avons eu soin d'écarter toute satire et même toute critique trop sévère. Les auteurs qui ont parlé du caractère des Italiens, les ont considérés sous des points de vue tout-à fait différens. Les uns en font les plus grands éloges ; les autres leur imputent de manquer de courage, d'être excessivement jaloux ; ils ne leur font grace d'aucun défaut. Nous pensons au contraire qu'il n'y a pas une si grande différence qu'on le suppose, entre les mœurs des divers peuples ; ce sont toujours les passions humaines qui produisent à peupres les mêmes effets : elles sont seulement plus ou moins énergiques suivant la nature du climat, le dévelopement des lumières ; et les institutions qui servent de base au système politique. Ainsi à quelques nuances près, l'observateur impartial verra en Italie comme partout ailleurs, un mélange de vices et de vertus. Quand, par exemple, on a parlé du défaut de courage, on ne se doutait pas que les Italiens jetés dans les cadres de la plus redoutable des armées, prouveraient à toute l'Europe, que quoique familiarisés avec les délices de la paix, ils ne sont rien moins qu'étrangers aux périls de la guerre. S'il faut en croire les mêmes censeurs, les Italiens sont excessivement jaloux; les choses ont donc bien changé, car peut-être aujourd'hui pourrait-on leur reprocher de ne l'être pas assez. Tout cela prouve qu'un étranger qui s'érige en juge des mœurs d'une nation, doit user de beaucoup de réserve pour ne pas s'exposer à être injuste.

Une dernière remarque qu'il nous importe de faire et qu'on ne doit pas perdre du vue, c'est que quelque soin que nous apportions à ne parler des choses que d'après les documens les plus précis et les observations les plus exactes, un ouvrage de cette nature ne pourra qu'être entaché de quelques légères méprises. Le voyageur qui, après avoir passé un an en Italie, croit que rien n'a échappé à ses recherches, s'abuse étrangement. Dix ans ne suffiraient pas pour tout voir, tout examiner. D'un autre côté, les monumens des arts participent de l'instabilité des choses humaines; les tableaux, les statues, les édifices peuvent être détériorés par les injures du temps, détruits par des accidens particuliers; ils passent des mains d'un ancien propriétaire, dans celles d'un nouveau propriétaire : ainsi l'observateur qui voyage en Italie, est à peine arrivé au terme de sa course, qu'il s'est déjà opéré bien des changemens. Dès lors il ne peut répondre que ce qu'il a vu, existe réellement tel qu'il l'a vu. Heureusement ces sortes de méprises ne portent que sur des objets d'un intérêt secondaire. Au surplus qui peut se croire infaillible ? On a dit depuis longtemps que le meilleur ouvrage n'est pas celui où il n'y a point de fautes; c'est celui où l'on en remarque le moins.

NOUVELLE DESCRIPTION
DE
L'ITALIE.

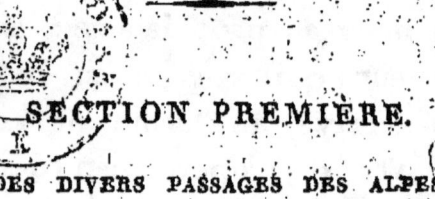

SECTION PREMIÈRE.

DES DIVERS PASSAGES DES ALPES.

§ 1.

Coup-d'œil général sur l'Italie.

L'ITALIE est une grande péninsule qui a pour bornes naturelles les Alpes, le Golfe Adriatique et la mer Méditerranée ; sa plus grande longueur est de 250 lieues ; sa largeur est très inégale ; elle a une population de 17,329,621 individus, en y comprenant la *Sicile.* Ce nombre réparti sur les 14 mille lieues carrées qui forment son étendue, assigne à chaque lieue carrée 1237 habitans ; d'où il suit que la France et l'Angleterre sont beaucoup moins peuplées.

Il n'est pas de situation plus heureuse que celle de l'Italie. Cette intéressante contrée n'éprouve ni les chaleurs brûlantes de la zone torride, ni le froid âpre et excessif des régions septentrionales. Dans le cours ordinaire des saisons, elle n'est pas même exposée à ces variations de l'atmosphère, qui, ailleurs si fréquentes, altèrent la santé des hommes, et détruisent les fruits de la terre. L'immense plaine de la *Lombardie* qui s'étend depuis *Turin* jusqu'à *Venise*, présente aux regards du voyageur, le sol le plus fertile et le mieux cultivé. Les côtes maritimes de *Gênes* et de *Naples* sont couvertes d'oliviers, d'orangers, de limoniers et de cédrats; là on jouit presque toute l'année d'un printemps délicieux: ainsi l'on trouve dans ce riche et beau pays, tout ce qui peut contribuer aux commodités de la vie.

Les principales montagnes de l'Italie sont les *Alpes* et les *Apennins*. La chaine des Alpes qui forme un demi-cercle d'environ 320 lieues, commence à la côte de la Méditerranée près de *Monaco*, traverse la *Suisse* et le *Tyrol*, et se termine au golfe de *Carnero* qui fait partie de la mer Adriatique. La plus grande largeur de la chaîne des alpes ne dépasse pas cinq journées de chemin. Ces montagnes à cause de la singulière construction de leur masse étonnante, offrent un vaste champ aux recherches du naturaliste. Quelques unes toujours couvertes de neiges et de glaces, s'élèvent à une hauteur inaccessible. Le *Mont-Cenis* a 1490 toises au dessus de la mer; et le *Montblanc*, au quel ou attribue 2400 toises de hauteur perpendiculaire, est sans contredit la montagne la plus élevée de l'Europe. Divers fleuves descendent des alpes, et après avoir traversé la Lombardie dans toute sorte de directions, vont se jeter dans le golfe Adriatique: tels sont l'*Adige*, l'*Adda*, le *Tesin*; mais le plus considérable de tous, soit par sa largeur, soit par la longueur de son cours, est le *Pô*, ce beau fleuve célébré par les premiers chants de la mythologie grecque sous le nom d'*Eridan*.

Les *Apennins* tiennent le second rang parmi les montagnes de l'Italie. Ces monts qui sont une branche des alpes, divisent cette péninsule dans toute sa longueur. Ils se détachent des alpes maritimes, à *Ormea*, et s'étendent d'abord sans aucune interruption, le long des deux côtes du golfe de *Gênes*, ne laissant entr'eux et la mer, qu'une très petite distance; puis au sud du territoire de *Modène*, se dirigeant vers le centre de l'Italie, ils séparent la *Toscane* de la vaste plaine arrosée par le *Pô* : enfin se portant au *sud-est*, et se rapprochant de plus en plus de l'Adriatique, le fameux mont *Gargano* leurs sert comme de chevet. Les plus hauts sommets de cette chaine de montagnes, sont les monts *Cimon*, *Sibilla*, et *Velino*. Ce dernier a 1312 toises au dessus de la mer. Plusieurs fleuves prennent leur source dans les *Apennins*; les plus considérables sont le *Panaro*, le *Reno*, l'*Arno* et le *Tibre*.

L'aspect confus et irrégulier des alpes et des Apennins est un indice certain des grandes révolutions de la nature qui se sont opérées en Italie par le moyen des volcans, des tremblemens de terre et des inondations. On trouve dans ces montagnes, des carrières de divers marbres, du granit de plusieurs espèces, des minières ou veines métalliques, du talc, de l'albâtre, de l'agathe, du jaspe, des crysolites et autres pierres dures. Leur surface au dessous de la région des glaces et des neiges éternelles, abonde en bois de construction et de chaufage; les troupeaux à laine et à corne y sont très nombreux. Malheureusement la scène instructive et imposante qu'elles présentent, est quelquefois interrompue par d'affreux éboulemens, ou par les rapides exploisions de ces abîmes, montueux et enflamés qui répandent la stupeur, et détruisent en quelques instans des contrées et des générations entières.

L'Italie a plusieurs beaux lacs surtout dans sa partie septentrionale. Le plus considérable est le lac *Majeur*; les îles Borromées semblent réaliser ce que la fable raconte du jardin des Hespérides. Le lac de *Come* quoique moins étendu, l'emporte peut être sur le lac Majeur, par la beauté de ses rivages, enrichis de tout les dons de la nature et couverts de superbes habitations. Le magnifique lac de *Garda* se fait surtout distinguer par l'heureuse fécondité de ses bords, et par l'aspect pittoresque des collines qui l'environnent. Plusieurs autres lacs, le *Trasimene*, le *Bolsane*, le *Rietti*, le *Celano*, le *Verano*, font l'ornement du centre et du midi de la péninsule; tous ces divers lacs sont très poissonneux.

On dirait que la nature si prodigue envers l'Italie, a voulu la placer au milieu des mers pour la faire participer à tous les avantages du commerce extérieur: ses ports, ses baies, ses golfes, ses caps, ses promontoires sont tellement multipliés depuis *Nice* jusqu'au détroit de *Messine*, et depuis ce détroit jusqu'à *Venise*, qu'il n'est pas de pays dans l'Europe, qui envisagé sous ce point de vue, lui puisse être préféré: et si chez elle, cette branche de la prospérité publique n'a pas toujours également fleuri, c'est que les divers états dont elle se compose, n'ayant point, dans leur administration, de tendance commune, ont souvent rivalisé entr'eux, et n'ont pu par conséquent mettre à profit les facilités qu'une situation unique offre à l'industrie humaine.

Autre fois l'Italie s'annonçait à l'imagination, comme une contrée séquestrée du reste de la terre, par des abîmes à peine accessibles; et l'on passait les alpes avec le même sentiment qu'on aurait éprouvé, si l'on eut dû visiter des peuples inconnus. Aujourd'hui des routes majestueuses ouvertes dans les précipices de ces montagnes, ont détruit les barrières données à l'Italie par la nature: mais ces immenses travaux qui sont une marque non équivoque des progrès de la civilisation européenne, en aplanissant les rochers, ont rabaissé les alpes; le nom de ces montagnes n'inspire plus d'effroi, et les peuples ne sont plus séparés par elles. Puisse ce rapprochement qui est l'effet nécessaire des communications faciles, donner à tous les intérêts une même direction, et effacer les prétentions odieuses qui trop souvent ont affligé l'humanité!

Il n'y a sûrement aucun pays où l'on puisse voyager avec autant de plaisir et d'utilité qu'en Italie. Outre qu'elle jouit du climat le plus riant et le plus tempéré, elle possède une prodigieuse quantité de monumens antiques, qui, en attestant sa gloire passée, nous remplissent d'admiration pour les grands hommes qu'elle a produits. On n'y voit presque aucun endroit qui ne soit fameux dans l'histoire; pas une montagne, pas une rivière qui n'ait été le théâtre de quelque action mémorable. Mais si aux précieux restes de cette ancienne *Rome*, qui, en subjugant le monde entier, versa sur lui les lumières de la philosophie, on joint ce que le génie des arts, luttant contre le mauvais gout du moyen âge, a produit de plus grand, de plus admirable en tableaux, en statues, en édifices publics et privés, qui ne sera forcé de convenir que l'Italie présente aux recherches, aux méditations du savant et de l'artiste, un fonds inépuisable de curiosités et de richesses? Après la chute de l'empire romain, les Italiens au milieu de révolutions politiques qui leur firent éprouver toutes les vicissitudes de la fortune, furent presque les seuls qui conservèrent l'amour des sciences et des arts. La terre qu'ils habitent, opposant une barrière insurmontable à la barbarie qui la pressait de toutes parts, fût féconde en grands hommes: plusieurs d'entr'eux étaient en même temps, peintres, sculpteurs, architectes et même poètes; et parmi les peintres, quelques uns furent les historiens de leur art.

La langue italienne est la plus ancienne et la plus harmonieuse de toutes les autres langues vivantes. Nous disons la plus *ancienne* parcequ'elle fût la première à prendre une forme régulière, et à s'enrichir d'une foule de modifications très variées. Les chants des troubadours sont sans doute antérieurs à ceux des premiers poètes italiens; mais la langue des troubadours, n'est certainement pas celle des *Fenélon*, des *Voltaire*, des *Rousseau*, tandisque les ouvrages du *Dante*, de *Bocace*, de *Petrarque* sont encore entre les mains de tout le monde. C'est à ces immortels ouvrages, qu'est sourtout due la perfection de la langue italienne, qu'on parlait et qu'on écrivait avant même le Xme siècle. D'un autre côté, il est incontestable que cette langue est la plus harmonieuse de toutes celles qu'on parle en Europe, et par conséquent celle qui se prête le plus au chant et à la poèsie. L'allemand et l'anglais ont conservé plus de dureté dans l'accent, et plus d'expressions gutturales des peuples guerriers et féroces du Nord. A la vérité le François a radouci l'âpreté de sa prononciation; mais on ne peut pas se dissimuler que son orthographe participe encore beaucoup trop de l'ancien tudesque; et si cette langue est cependant devenue presque générale, elle doit cet avantage à la sage économie de sa sintaxe, au soin qu'on a pris de la purger des expressions basses et triviales, pour l'enrichir de celles qui présentent des idées plus nobles, et à cette foule d'ouvrages aussi agréables que profondement pensés; c'est une monnoie, dit *Voltaire*, plus courante qu'une autre, quoiqu'elle manque de poids.

En général, chaque état d'Italie a son dialecte particulier. Ce n'est que dans la *Toscane*, et surtout à *Sienne* qu'on parle le plus pur italien. La meilleure prononciation est celle de *Rome*, parceque le Romain s'énonce avec beaucoup de simplicité et de douceur, ne tronque aucune consonne, et ne donne aucune inflexion de voix qui imite la parole qu'on chante, inconvenient qu'on n'évite point en *Toscane*. Venise a un dialecte qui lui est propre, mais qu'on entend avec plaisir. Dans la Lombardie, le peuple fait usage d'un jargon très grossier. L'idiome de *Turin* et de *Gênes* est barbare. Celui des Napolitains, quoique assez rude, est pourtant fort expressif. Malgré ces dialectes populaires, par tout on entend, on parle et on écrit le bon italien, et lorsque l'étude de cette langue sera généralement adoptée dans les écoles et les universités, il y a lieu d'espérer qu'on verra tomber les divers jargons dont nous venons de parler.

La musique est la passion dominante des Italiens. Dans les pays du centre et du midi, il y a un grand nombre de personnes dont l'oreille est tellement faite pour sentir les effets de l'harmonie, qu'il est très commun d'y entendre chanter les plus belles ariettes de *Métastase*. Il suffit qu'un nouveau morceau de musique ait été exécuté une fois pour qu'on le répète avec une exacte précision et une cadence des plus attrayantes.

Tels sont les objets multipliés et infiniment variés que la nature et l'art ont réuni comme par enchantement en Italie. Ces objets que nous allons décrire en détail, forment un si doux concert d'agrément et d'utilité, qu'il nous sera peut-être bien difficile de trouver des couleurs capables de rendre le vif intérêt qu'ils inspirent.

§ 2.

Indication des principales routes qui conduisent en Italie.

Nous avons déjà fait observer que l'Italie est une péninsule séparée de la France, de la Suisse et de l'Allemagne, par la chaine des Alpes qui sont les plus hautes montagnes de l'ancien continent, en sorte que pour se rendre en Italie autrement que par mer, il faut nécessairement franchir ces montagnes. Le passage est plus ou moins difficile, suivant qu'on se rapproche ou qu'on s'éloigne du milieu de la chaine qui est le point le plus élevé. C'est donc à travers les profondes vallées et sur les sommets escarpés des alpes, que nous devons d'abord diriger le voyageur, pour le conduire dans les villes d'Italie les plus rapprochées de la frontière. Voici dans l'ordre le plus naturel les routes qui sont les plus fréquentées et que nous allons décrire :

1.° Route d'*Antibes* à *Gênes* par la *rivière du ponent.*

2.° Route de *Nice* à *Gênes* et à *Turin* par le *Col de Tende.*

3.° Route de *Briançon* à *Turin* par le *mont Genèvre.*

4.° Route du *pont de Beauvoisin* à *Turin* par le *Mont-Cenis*.

5.° Route du *pont de Beauvoisin* à *Milan* par le *petit Saint Bernard*.

6.° Route du *Valais* à *Milan* par le *grand Saint Bernard*.

7.° Route du *Valais* à *Milan* par le *Simplon*.

8.° Route de la *Suisse* à *Milan* par le *Saint Gottard*.

9.° Route du *pays des Grisons* à *Milan* par le *Splughen*.

10.° Route du *Tyrol* à *Vérone* par *Trente*.

11.° Route d'*Allemagne* à *Venise* par le *Frioul*.

12.° Route d'*Allemagne* à *Venise* par *Trieste*.

§ 3.

Route d'Antibes à Gênes *par la* Rivière *du* Ponent.

Le voyage d'*Antibes* à *Gênes* peut se faire soit par mer, soit par terre.

Dans le premier cas, on prend à *Antibes* une félouque qui est un bateau couvert, conduit par un patron avec des rameurs. Si le vent est favorable, on se sert de la voile, autrement on navigue à force de rames. Le trajet se fait ordinairement dans deux jours, lorsque la mer est tranquille; mais si elle est houleuse, il y aurait de l'imprudence à vouloir poursuivre sa route, parcequ'une félouque est un bâtiment trop léger et trop fragile; et alors comme on ne fait que côtoyer, il est facile de relâcher dans le port le plus voisin.

Le voyage qu'on fait par terre en longeant la côte de la Méditerranée, ce qu'on appelle la *Rivière du Ponent*, quoique plus long et moins commode, ne laisse cependant pas que d'être fort agréable, parceque les bords de la mer étant cultivés comme un jardin, du moins partout où la nature du sol le permet, et les plantations s'étendant jusqu'au sommet des collines parsemées de villages, de chateaux, de clochers et de maisons de campagne, cette variété d'objets dédommage en quelque sorte des fatigues d'une route nécessairement sinueuse, inégale et assez difficile.

Cette route qui part d'*Antibes*, longe les bords de la mer, traverse le *Var* sur un pont de bois très long, et conduit à *Nice* en quatre heures de marche

Nice est une ville d'environ 18 mille habitans, située au pied des alpes, et adossée à un rocher au sommet du quel on voit encore les ruines d'un ancien chateau. On distingue la ville *Vieille*, de la ville *Nouvelle* : celle-ci est tirée au cordeau, bien bâtie, et s'étend le long de la mer. On y a pratiqué une superbe terrasse d'où, par un temps clair, on découvre les montagnes de Corse : au pied de cette terrasse est une promenade couverte, et près de là, une place spacieuse. La ville *Vieille* n'a qu'un quart de lieue dans son enceinte : ses rues sont tortueuses, étroites, inégales et fort sombres. Elle a la forme d'un amphithéâtre, et occupe la pente occidentale du rocher. Le port a 17 pieds de profondeur, ce qui suffit pour les bâtimens de 300 tonneaux. On a dirigé vers ce port les eaux d'une fontaine très abondante, avantage inappréciable pour les marins. L'église qui porte le nom de *Santa Reparata*, est l'édifice le plus remarquable de la ville *Vieille*. Le principal fauxbourg est celui de Saint-Jean-Baptiste. Ceux de la *poudrière* et de la *Croix des Marbres*, sont modernes : c'est là principalement que logent les étrangers, qui, attirés par la douceur du climat, passent l'hiver à *Nice*. A la vérité l'été y est fort chaud, mais cette chaleur est agréablement tempérée par une brise de mer qui tous les jours se leve à dix heures du matin, et souffle jusqu'au coucher du soleil. Aussi vit-on longtemps dans ce pays.

La campagne répond parfaitement à ce qu'un ciel si beau semble promettre. C'est une plaine coupée par des coteaux derrière lesquels s'élèvent trois rangs de montagnes, dont le dernier se confond avec les alpes. C'est à ce triple rempart, à cet abri naturel que *Nice* doit l'avantage d'une si douce température. Les coteaux sont couverts de bastides, ou petites maisons peintes de différentes couleurs, qu'on aperçoit au travers du feuillage terne des oliviers. Les terres sont plantées en vignes soutenues d'espace en espace, par des roseaux liés à des figuiers, des amandiers, des pêchers. Dans les intervalles on sème alternativement du blé et des fèves. Ajoutons des berceaux, des allées, des bosquets d'orangers, de citroniers, de cédrats, de lauriers, de myrtes et de grenadiers qui donnent l'idée d'un printemps continuel, et contrastent agréablement avec les alpes, souvent couvertes de neige, qu'on découvre à deux ou trois lieues au delà, et qui terminent ce magique tableau.

La société est très brillante à *Nice*, sourtout pendant le séjour des étrangers. Les plaisirs du carnaval y sont presque aussi animés que dans les plus grandes villes. Il y a une salle de théâtre fort jolie où l'on joue des opera italiens, et où l'on donne alternativement toutes les scmaines bal et concert. La langue du pays est un provençal corrompu; mais on parle le français dans tous les cercles.

Nice n'offre aucun monument antique; mais à Cimier, *Cemenalium*, qui est à trois quarts de lieue au nord sur une colline, on trouve des vestiges qui indiquent une ville autrefois très considérable. Cette ville était en effet la capitale de la province romaine des alpes maritimes. On y voit encore des ruines de bains, de temples et d'un amphithéâtre qui est très reconnoissable. De cette colline enchantée, et qui surpasse tout ce que l'imagination des poètes a produit de plus séduisant, on jouit de points de vue admirables; aussi est elle couverte d'élégantes maisons de campagne que les étrangers se plaisent surtout à habiter.

De *Nice* à *Gênes* on compte 34 lieues qu'on fait en trois jours. Il n'est pas inutile de faire remarquer qu'une route qui longe continuellement la chaine des *Apennins*, laquelle ne laisse qu'un très petit espace entr'elle et les bords de la mer presque par tout hérissés de rochers effrayans, doit être nécessairement fort inégale et peu commode: aussi n'est-elle guère fréquentée que par ceux qui allant d'*Antibes* à *Gênes* par mer, ont été obligés de relâcher à cause des vents contraires, et de poursuivre leur voyage par terre. On peut ajouter que sur cette côte on ne trouve en général que des auberges détestables et de mauvais vivres qui sont d'une excessive cherté. Cependant la curiosité peut attirer des amateurs de sites, de paysages et de perspectives maritimes. Rien n'égale en effet l'enchantement occasionné par la variété des objets intéressans, pittoresques et sublimes qui s'offrent à la vue pendant tout le trajet. D'un côté, c'est une continuité non interrompue de montagnes très élevées ou d'énormes rochers qui d'espace en espace, s'avancent dans la mer pour y former des baies, des golfes, des promontoires : et dans chaque enfoncement, on voit toujours ou un bourg ou une ville : de l'autre la mer présente un abîme immense, tantôt calme et tantôt courroucé, mille accidens de lumière que la disposition des nuées produit sur sa surface, et des vaisseaux qui la couvrent et la sillonnent en divers sens. Tout cela fait sans doute un spectacle admirable.

De *Nice* on se dirige sur *Ville Franche* qui n'en est qu'à une demi-lieue. Dans ce trajet, on remarque un sol très fertile, et un climat aussi sain que tempéré. *Ville Franche* fut bâtie en 1295 ; son port n'est séparé de celui de *Nice*, que par la montagne où est le fort de *Montalban*. La rade est une des plus belles de l'Europe ; cent vaisseaux de ligne y pourraient mouiller à l'aise. Un fanal situé avantageusement sert de guide aux vaisseaux qui naviguent pendant la nuit. Cette ville, dont la population n'est que de 3600 habitans, n'a d'ailleurs rien de remarquable.

A une lieue et demie de *Ville Franche*, on passe à côté de *Monaco*, autre ville peu considérable, puisqu'elle n'a qu'environ 1300 habitans : elle est néanmoins fort ancienne. *Ammien-Marcélin* en parlant du passage d'*Hercule* par les alpes maritimes, dit que pour éterniser sa mémoire, ce héros fonda la ville de *Monaco*. Cette ville est bâtie sur un rocher escarpé qui s'avance dans la mer, et forme une espèce de terrasse dont l'aspect est vraiment pittoresque. Une tour considérable appelée la tour d'*Antoine*, défend l'entrée de son petit port. Le palais du Prince est si bien exposé, que d'un sallon dont les fenêtres donnent sur la mer, on découvre l'île de Corse. La place d'armes, l'une des plus fortes de toute l'Italie, est terminée par une plate-forme munie d'une nombreuse artillerie. Outre ces fortifications, il y a un souterrain à trois étages, taillé dans le roc, l'un des plus beaux de l'Europe, et où en temps de guerre, trois mille hommes peuvent être à l'abri de la bombe. On y remarque aussi des jardins ornés de belles allées de citroniers et d'orangers qui répandent de tous côtés l'odeur la plus agréable.

Depuis *Monaco* jusqu'à Saint *Remo*, en passant par *Mentone* et *Ventimille* qui était la limite du territoire Ligurien, distance de 6 lieues, on ne voit rien qui mérite de fixer l'attention du voyageur. Saint *Remo* est une ville assez considérable, située partie sur le penchant d'une colline, et partie en plaine, avec un port qui n'est praticable que pour les petits bâtimens. L'huile et les oranges sont les principaux objets de son commerce ; les habitans passent pour de bons marins.

Viennent ensuite port-*Maurice*, *Oneille*, *Alassio* et *Albenga*, petites villes qui participent plus ou moins aux avantages de leur position maritime. Ce trajet qui est de dix lieues, se fait en longeant des collines couvertes d'oliviers, d'orangers et de cédrats, et qui par conséquent réunissent l'utile à l'agréable : elles récréent la vue, et récompensent en même temps avec usure les soins du cultivateur. Néanmoins à *Albenga*, l'air passe pour être mal-sain à cause de quelques eaux stagnantes.

A trois lieues d'*Albenga*, on rencontre *Final*,

ville assez bien bâtie, et défendue par une citadelle et deux forts considérables: son port est peu sûr, parcequ'il est trop ouvert, et n'est pas assez profond. On y voit une église revêtue des plus beaux marbres. La campagne est abondante en huile, en fruits, et sourtout en pommes d'une excellente qualité.

Deux lieues plus loin on passe par *Noli*. C'était autrefois une petite république de pêcheurs, très attachée à ses privilèges, et cependant soumise à celle de *Gênes*. La ville est assez bien bâtie, défendue par un château, et a un petit port. Le peuple, dont la pêche est le principal moyen de subsistance, est fort grossier.

En allant de *Noli* à *Savone*, même distance, la dernière lieue se fait le long d'une belle avenue qui règne près de la mer et dans une plaine cultivée comme un jardin. *Savone* est une ville de six mille âmes, fort ancienne. Il paroît par une épitre de *Cicéron*, que *Marc-Antoine* s'y réfugia après la bataille de *Modène*: c'était la patrie de l'empereur *Pertinax*. Cette ville est petite; ses rues pavées en briques, sont étroites et tortueuses. La laine, le chanvre, le fer et les ancres qu'on y fabrique, sont les principaux objets de son commerce. Elles a deux ports, dont l'un qui était très beau et très sûr, fût comblé par les *Génois* à qui il faisait ombrage.

De *Savone* à *Gênes*, en passant par *Varaggio*, *Arezzano*, *Voltri* et *Sestri di ponente*, on compte dix lieues. L'ancien chemin depuis *Savone* jusqu'à *Voltri*, était si étroit et si escarpé, que les gens de pied et les mulets pouvaient seuls en suivre les détours et en surmonter les aspérités sans danger. Sans doute il n'entrait pas dans les vues politiques des *Génois*, que les abords de leur ville fussent aussi faciles, qu'ils le sont aujourd'hui, au moyen de la belle route qui a été ouverte dans les derniers temps, depuis *Gênes* jusqu'à *Savone*. Les trois dernières lieues de cette route se font à travers une campagne dont le riant aspect prouve ce que peut la nature quand elle est secondée par l'industrie humaine : mais en approchant du fauxbourg de *Saint Pierre d'Aréna*, le voyageur est surtout frappé de la magnificence des palais, et de la beauté des jardins qui ornent la principale entrée de la superbe *Gênes*.

§ 4.

Route de Nice à Gênes et à Turin par le Col de Tende.

De *Nice* à *Gênes* par le *Col de Tende* on compte 84 lieues, et 49 jusqu'à *Turin* en suivant la même direction.

En sortant de *Nice* on commence à gravir la *Scarena*, montagne très élevée et très rapide. L'ancien chemin n'était praticable que pour les personnes qui voyageaient sur des mulets ou en litière. On était obligé d'embarquer les voitures pour les faire passer à *Gênes*, et l'on en prenait de louage lorsqu'on était arrivé à *Coni*. Au moyen de la superbe route qui a été ouverte dans les derniers temps, les voyageurs n'éprouvent plus d'obstacle: ainsi on peut dire que le génie de l'homme a sû vaincre la nature dans les lieux mêmes où elle développe sa plus grande énergie, où elle étale ses productions les plus gigantesques.

Parmi les divers villages qu'on traverse avant d'arriver au *Col de Tende*, la *Chiandola* est surtout remarquable par sa situation pittoresque. De là on apperçoit à sa droite le bourg et la forteresse de *Saorgio*, qui bâtis sur la cime d'une montagne, semblent suspendus en l'air. De *Chiandola* jusqu'à *Tende*, la route côtoie sans cesse un torrent qui roule ses flots tumultueux dans le fond de la vallée.

Tende, qui était autrefois la capitale d'un comté, est aujourd'hui une ville peu considérable. Elle a donné le nom de *Col de Tende* à ce passage des alpes qu'on parcourt dans cinq heures de marche, trois pour monter et deux pour descendre. Au sortir de *Tende*, on trouve un chemin de traverse qui conduit à *Oneille*, et de là à *Gênes*; mais ce chemin n'est guère pratiqué à cause des montagnes et des rochers dont la côte de la mer est presque partout hérissée.

En allant de *Limone* à *Coni*, on aperçoit le mont *Viso* où le *Pô* prend sa source. On distingue aussi le *Mont-Cenis* quoiqu'il soit à une distance de 23 lieues. La petite vallée qu'on traverse entre *Limone* et *Coni* est arrosée par les eaux du *Gesso* et de la *Varmagnana*, rivières qu'on a sû maîtriser et diriger par des canaux d'irrigation, pour rendre cette partie du *Piémont* beaucoup plus fertile.

Coni, ville de 16 mille habitans, célèbre par les sièges qu'elle a soutenus, et par les batailles qui se sont données aux environs, est située dans une plaine, au confluent du *Gesso* et de la *Stura*. Ses fortifications fûrent démolies en 1801, après la fameuse bataille de *Marengo*. De *Coni* à *Carmagnola*, il y a un canal de navigation qui fait fleurir le commerce de ce pays. En sortant de *Coni*, on entre dans une route plus unie et plus commode; et l'on jouit de la vue d'une riante plaine couverte de mûriers, et très productive en blé, vin, chanvre et fourrages.

A *Raconigi* ou *Racconis* qui est à huit lieues de *Coni*, la route se partage en deux branches, dont l'une qui prend à gauche, passant par *Carignano*, conduit à *Turin*, distance d'environ 9 lieues; l'autre branche se dirige sur *Poirino* ou elle entre dans la grande route de *Turin à Gênes*.

§ 6.

Route de Briançon à Turin par le Mont-Genèvre.

La route de *Briançon* à *Suze*, et de là à *Turin*, est la plus facile et en même temps la plus courte de toutes celles qui traversent les alpes. Aussi a-t-elle été fort pratiquée dans les temps même les plus reculés? C'est par là que les *Gaulois* pénétrèrent en Italie. *Annibal* et *Cé-*

sar profitèrent de la facilité que leur offrait ce passage, pour assurer le succès de leurs opérations militaires. *Charles* VIII après la bataille de *Farnere*, franchit le *Mont-Genèvre* avec son armée victorieuse; et *Louis* XIII, en 1629, suivit la même route pour porter du secours au duc de Mantoue, son allié, attaqué par le duc de *Savoie* et par la maison d'*Autriche*.

Cependant ce n'est que de nos jours, que le passage du *Mont-Genèvre* a été rendu accessible aux voitures à quatre roues: la nouvelle route a été commencée en 1803, et trois ans après, la partie de cette route qui présentait le plus d'obstacles, a été terminée.

De *Briançon* à *Suze* où la route qui traverse le *Mont-Genèvre* se joint à celle du *Mont-Cenis*, on compte environ 10 lieues que le courrier fait en huit heures de marche.

A une demi-heure de *Briançon*, entre le hameau de la *Vachette* et le village d'*Alberts*, on passe la *Durance* qui descend de la vallée *Desprez*, et au bout d'une autre demi-heure, on arrive au pied du *Mont-Genèvre*. La nouvelle route s'élève en zig-zag jusqu'au sommet de la montagne: les pentes en sont si bien réglées, et les tournans si bien développés, qu'elle est aussi sûre qu'aisée malgré la hauteur considérable à laquelle on parvient en une heure et demie de marche. Là on trouve une petite plaine qui dans l'été est couverte de beaux gazons et d'excellens paturages.

Après avoir traversé ce col ou passage, on descend pendant une heure par de grandes rampes développées sur le revers méridional de la montagne, dans la vallée de *Cezane* qui est arrosée par la *Doire*. Depuis cette rivière sur les bords de laquelle est bâti le village de *Clavières*, jusqu'à *Cezane*, on suit sur une longueur d'environ une demi-lieue, d'autres rampes très bien régularisées et adoucies.

A *Cezane*, la route se divise en deux branches ; celle qui prend à droite, traverse les vallées de *Prégelato* et de *Pérouze*, et aboutit à *Pinérol*. La branche qui tourne à gauche, passe par *Olux* et *Exiles*, et conduit à *Suze*.

Depuis *Cezane* jusqu'à *Oulx*, distance de deux lieues, on voyage dans le fond de la vallée, en suivant l'ancien chemin. Entre *Oulx* et *Salle-Bertrand*, on traverse la *Doire*, et l'on arrive à *Exiles*, en suivant encore l'ancien chemin, à mi-côte et à gauche de la rivière, passage assez difficile qui se prolonge pendant deux lieues.

On sort d'*Exiles* par des rampes pratiquées sur le revers de la montagne, et passant par

Chaumont, on gagne *Suze* en deux heures de marche. Là on entre dans la route du *Mont-Cenis* qu'on suit jusqu'à *Turin*.

§ 6.

Route du pont de Beauvoisin à Turin par le Mont-Cenis.

Le *pont de Beauvoisin* connu dans l'itinéraire d'*Antonin*, sous le nom de *Labisco*, est un bourg assez considérable, divisé en deux parties par le *Guer*, petite rivière qui sépare la *France* de la *Savoie*. De ce bourg à *Turin* on compte 52 lieues.

En entrant en *Savoie*, la route traverse d'abord une plaine bien cultivée, couverte de vignes, d'arbres de toute espèce, et où l'on voit de belles prairies, de nombreux troupeaux, enfin tout ce qui marque la richesse d'un pays: mais à peine a-t-on fait une lieue qu'on se trouve dans les alpes.

L'aspect de ces montagnes offre au voyageur le spectacle en même temps le plus curieux et le plus imposant, lors surtout qu'il les observe pour la première fois. Tout y annonce le mouvement de la nature qui enfante ses productions les plus variées, les plus singulières: c'est la pays des sensations profondes. D'énormes masses de rochers, et un torrent qui coule avec fracas au fond des précipices, sont les premiers objets qui frappent la vue. La route qui monte pendant trois heures le long de ce torrent, est tracé avec une intelligence rare, et de plus garnie de parapets dans les lieux escarpés. Quelques auteurs croient que c'est par là qu'à l'aide du feu et du vinaigre, *Annibal* fit ouvrir un passage à ses troupes.

On redescend ensuite au village *des Échelles*, qui est situé dans un vallon fort resserré, et présente, en général, l'affligeant tableau de la misère. Une foule de viellards, de femmes et d'enfans viennent solliciter une pitié et des secours qu'il serait bien difficile de leur refuser. Ailleurs cette population assez nombreuse pourrait inspirer quelque crainte aux étrangers; mais il faut rendre justice au caractère moral des Savoyards; quoique la contrée qu'ils habitent soit un long coupegorge, la sûreté des routes y est rarement troublée par l'assassinat; tandisque le Piémont qui est ouvert de toutes parts, exige de la police, une surveillance très active, et des précautions souvent infructueuses.

A une demi-lieue des *Échelles*, on trouve la montée de la *Grotte* : ce passage anciennement très difficile avoit été pratiqué au travers d'un rocher et sous une caverne qu'on y voit encore. La route actuelle, construite en 1670, est peut-être le plus bel ouvrage de ce genre, et l'imagination s'effraie à la vue des rochers qu'il a fallu percer ou faire sauter pendant près d'une demi-lieue, pour vaincre les obstacles que la nature opposait aux efforts de l'industrie humaine.

Lorsqu'on a gagné le haut de la montagne, on n'a plus que trois lieues à faire pour arriver à *Chambery* qui est à sept lieues du *pont de Beauvoisin*. Dans ce trajet, on voit sur la droite et à peu de distance de la route, une belle cascade qui tombe de 150 pieds de hauteur, se brise sur les rochers, et répand un brouillard à cinquante pas à la ronde.

Chambery, capitale de la Savoie, a une population de 7 à 8 mille ames. On croit que c'est l'ancienne ville des Allobroges appelée *Civario*. Les légions de *Cesar* y passèrent en allant à la première guerre des Gaules. Des rues fort étroites, et des maisons construites avec une pierre de couleur brune, rendent en général cette ville triste et obscure. Le commerce y est assez animé, le peuple bon et prévenant, et la société très agréable. On voit aux promenades de fort jolies personnes, et qui paroissent avoir reçu une bonne éducation. Du reste aucun édifice bien considérable. C'est la patrie du président *Faber*, auteur célèbre dans la jurisprudence, du père de *Challes*, habile mathématicien, et de l'abbé de *S. Réal*.

En partant de *Chambery*, on entre dans un vallon assez évasé, fertile et bien cultivé. Après trois heures de marche, on aperçoit l'ancienne citadelle de *Montmelian* sur une éminence considérable. C'était autrefois une place assez importante, que *Louis* XIII ne pût emporter, et qui ne se rendit à Louis XIV, qu'après une résistance de 13 mois. Mais aujourd'hui ses fortifications ne présentent qu'un monceau de ruines. La petite ville qu'on voit au dessous, est agréablement située le long de l'*Isère*, mais sur un terrain très inégal et quelquefois assez roide. Les habitans paroissent peu aisés, et cependant d'une humeur fort gaie. A l'est de cette ville, sont quelques maisons de campagne qui forment un petit fauxbourg dont l'aspect est assez gracieux, et au delà de ce fauxbourg, s'étend un coteau planté de vignes, qui a trois lieues de longueur, et produit le fameux vin de *Montmelian*, qui est la principale ressource du pays.

Au sortir de *Montmelian*, on traverse l'Isère sur un grand pont, et après avoir côtoyé cette rivière pendant quelque temps, on aperçoit devant soi un grand rocher noir qui semble fermer la route. On se détourne un peu à droite, et l'on entre dans la vallée de la *Maurienne*. A gauche est la vallée de la *Tarentaise* par laquelle on va aussi en Italie, en passant le *petit Saint Bernard*. Rien de si sauvage, de si ennuyeux que la vallée de la *Maurienne*; on côtoie pendant vingt lieues et jusqu'au pied du *Mont Cenis*, l'*Arc* ou l'*Arche*, petite rivière dont le cours est très tumultueux, et l'on marche sans cesse entre deux lignes de rochers arides, escarpés et souvent très raprochés.

Les principaux bourgs ou villages qu'on traverse, sont d'abord *Aiguebelle* et *la Chambre*. Le bourg d'*Aiguebelle* qui est à 4 lieues de *Montmelian*, a d'assez belles maisons et une église considérable où l'on voit le mausolée en bronze, de l'évêque qui en fût le fondateur. A cinqcent pas de cette église et sur un côteau qui domine l'*Arc*, on aperçoit les ruines d'une autre église et de plusieurs maisons qui furent détruites et ensevelies le 12 juin 1760, par un éboulement subit de neiges, de terres et de rochers qui se détachèrent de la partie supérieure de la montagne. Ces accidens arrivent fréquemment dans la vallée de la *Maurienne*, où les montagnes sont très élevées, les vallons très étroits et les neiges prodigieusement amoncelées. *Aiguebelle*, sous le rapport de sa situation, peut être considéré comme la clef de la *Maurienne*. En effet, depuis ce lieu la vallée se resserre, les montagnes s'élèvent, leurs sommets sont déjà couverts de neiges, et tout annonce que l'on approche de la chaîne centrale; c'est vraisemblablement entre ce lieu et *Saint Jean de Maurienne*, que les *Allobroges* livrèrent à *Annibal* le premier combat dans lequel le général Carthaginois perdit une partie de son arrière-garde. Ce même lieu est encore fameux par l'action très vive que le duc don *Philippe de Parme* à la tête des Français et des Espagnols, y engagea contre les troupes du roi de Sardaigne.

La route d'*Aiguebelle* à *la Chambre* suit pendant quatre lieues, un vallon fort étroit, cultivé autant que la nature du terrain peut le permettre, et arrosé par l'*Arc* qui y forme quelques marais. Là les montagnes sont couvertes de sapins, de châtaigniers et de chênes. On voit d'espace en espace, et sur des éminences isolées, des tours ruinées qui servaient autrefois à la défense des passages. La *Chambre* est un bourg ou petite ville peu remarquable, bâtie sur le bord de l'*Arc*. Quoique le vallon où elle est située soit fort étroit, les montagnes qui le resserrent étant moins escarpées, laissent quelques échapées de vue qui en rendent les abords assez riants.

Deux lieues après vient *Saint Jean de Maurienne*, ville qui quoique la plus considérable de toutes celles qu'on a recontrées depuis *Chambery*, n'a cependant pas au delà de deux mille habitans. Elle n'a acquis une espèce de célébrité que parceque *Charles* le *Chauve*, roi de France, y mourût empoisonné par un médecin juif, à son retour d'Italie. En 1548 *Henri* II passant par cette ville, les habitans voulurent lui donner une fête. Cent jeunes paysans des plus lestes, se couvrirent de peaux d'ours, et accompagnèrent ainsi le roi jusqu'au logement qui lui était préparé. Les individus qui composaient cette espèce de mascarade, imitaient si bien les gambades et les hurlemens des animaux dont ils portaient la dépouille, que les chevaux de la suite du roi, jetèrent bas leurs cavaliers, et s'enfuirent passant sur le ventre de tous ceux qu'ils rencontraient.

Ici on commence à s'apercevoir qu'on est dans les hautes alpes. Les montées sont beaucoup plus roides; à chaque pas, on voit sur sa tête d'énormes rochers qui menacent ruine. Les débris de ces rochers que les torrens ont déjà détachés des parois de la montagne, utilisés par l'industrie des habitans, forment des enclos pour garantir le peu de terre qui est susceptible de culture. Le printemps peut seul rendre supportable l'aspect de cette lugubre vallée. Les regards du voyageur y sont sans cesse attristés par la rencontre d'individus des deux sexes qui ont des goitres. Cette difformité est devenue presque commune en se perpétuant avec les races ; on n'est pas d'accord sur la cause qui la produit. Cependant la plupart l'attribuent à l'extrême crudité de l'eau de neige fondue qui est la boisson ordinaire des paysans, des journaliers et des pauvres. Les anciens ne pensaient pas différemment. *Aristote* dit en propres termes, que l'usage des eaux de neige et de glace, est très contraire à la santé, parcequ'il porte insensiblement dans la masse générale des liquides, un principe de corruption et de désordre, qui se manifeste de toute sorte de manières, mais qui ne pardonne presque jamais.

De Saint *Jean de Maurienne* à *Lanslebourg*, qui est au pied du *Mont-Cenis*, il y a environ 14 lieues. Après avoir dépassé *Saint Michel*, et avant d'arriver à *Modane*, on n'aperçoit déjà plus de traces de culture. Des rochers escarpés, de profonds abîmes, des torrens qui se précipitent avec fracas, de sombres forêts sont les seuls objets qui s'offrent aux regards du voyageur. De *Modane* à *Termignon*, l'ancien chemin traversait la forêt de *Bramant*, et côtoyant d'affreux abîmes, montait et descendait sans cesse, pendant l'espace de cinq heures de marche. On citait plusieurs exemples d'individus qui y avaient péri. En suivant la nouvelle route qui longe le cours de l'*Arc*, et passe par *Vernai*, on n'a pas à craindre des accidens de cette espèce; cette route a toute la largeur que comporte la nature des lieux, et les pentes en sont si bien ménagées, qu'on arrive à *Termignon* et de là à *Lanslebourg*, sans danger et sans beaucoup de fatigue.

Les montagnes qu'on traverse pendant cette route, offrent quelques singularités assez remarquables. Les unes sont absolument arides: déchirées par les torrens qui les sillonnent, elles présentent l'image de la décrépitude. Les autres couvertes de bois, ont un air plus vivant, mais comme elles sont en général fort escarpées, on n'y voit aucune habitation. Aux sommets de ces diverses montagnes sont des grottes qui servent de retraite aux ours. On y trouve aussi beaucoup de chamois, de faisans, de gélinotes et de coqs de bruyère. Mais ce qu'on y observe avec beaucoup plus de plaisir, c'est l'industrie de l'habitant qui ne laisse pas un pouce de terrein inculte. Au moyen des murs de soutemment qu'il pratique en divers sens, il met en valeur le peu de terre végétale que les eaux n'ont pas emportée; de là des prés, des champs de blé dont la verdure contraste avec la couleur blanchâtre des rochers qui surplombent: et comme sur les revers des montagnes exposées au midi, l'action du soleil dans les mois de juin et de juillet est très vive, l'eau qui coule du sommet de ces montagnes, est reçue dans des canaux formés de sapins creusés qui la portent partout où elle peut être nécessaire. Du reste l'air à la fois simple et sauvage des habitans de ces contrées, donne une idée de ce qu'étaient le monde et les arts à leur naissance. Les étoffes dont ils font usage sont très grossières, et la façon dont les femmes s'habillent, ajoute encore à leur difformité naturelle.

Lanslebourg, grand village et le dernier de la Savoie, est très vivant à cause du grand concours des voyageurs qui s'y arrêtent: il y a d'assez bonnes auberges, mais tout y est d'une horrible cherté.

La montée depuis *Lanslebourg* jusqu'au plus haut du passage est d'environ une lieue et demie. On part de grand matin pourvu qu'il n'y ait aucun indice de tourmente, ce que les gens du pays reconnoissent fort bien. Malheur à celui qui méprise leurs salutaires avis! L'ancien chemin n'était praticable pour les voitures que jusques à *Lanslebourg* ; là on les faisait démonter, et on les transportait à dos de mulet ainsi que les ballots d'équipage. Les femmes et les voyageurs qui n'étaient point habitués à une marche pénible, se plaçaient sur des chaises de paille ajustées à des brancards de sapin ; il fallait ordinairement six porteurs pour chaque personne. Ce n'est pas que le chemin fût dangereux, et qu'il y eut des précipices à redouter ; mais il était extrêmement roide et presque perpendiculaire : et comme l'argent aplanit toutes les difficultés, on trouvait aisément des hommes qui voulaient bien faire le métier le plus fatigant des bêtes de somme. En suivant la nouvelle route qui a été ouverte en zig-zag sur le revers septentrional du *Mont-Cenis*, dans la saison même la plus critique, de *Lanslebourg*, on gagne le point le plus élevé du col, soit à cheval, soit en voiture, et sans éprouver le moindre obstacle.

La plus grande élévation de ce col, est de 1060 toises au dessus de la mer. De là on descend dans une plaine qui a une lieue et demie de longueur, et un quart de lieue de largeur. Cette petite plaine si dangereuse lorsque les tourbillons de vent mêlés de neige en poussière, en rasent la surface, est charmante lorsque le temps est calme et le ciel sans nuages. En été, elle se couvre d'un gazon très fin et émaillé de fleurs parmi lesquelles on distingue des narcisses et des renoncules de la plus belle forme, ainsi que des violettes qui ressemblent à de petites pensées, et exhalent une odeur qui paroit un extrait de ce que la fleur d'orange a de plus suave. Comme cette même plaine est ouverte du côté de l'Italie, et environnée sous tous les autres aspects, de hauteurs plus ou moins considérables, elle jouit d'une température plus douce qu'on ne devrait l'attendre de son élévation. Souvent après avoir été assailli par des brouillards glacés ou des vents froids et incommodes, sur le haut du passage, le voyageur en arrivant dans le plateau du *Mont-Cenis*, y trouve un beau soleil et la douce température du printemps.

Vers le milieu de la plaine, on rencontre la poste, et un peu plus loin on passe à côté de l'hospice *des Pélerins*, ce noble établissement si utile aux voyageurs, bâti sur le bord d'un lac où l'on pêche d'excellentes truites, et qu'on est bien étonné de rencontrer dans un lieu si élevé. De ce lac, sort un ruisseau qu'on appelle la *Cenise*, laquelle se précipite du côté de l'Italie, et va grossir la *petite Doire*. Sa chûte à demi lieue du lac, est une cascade perpétuelle, distribuée par palliers de 20, de 30, de 50 pieds d'élévation perpendiculaire, où l'eau se brisant sans cesse, est convertie en une écume légère, qui, considérée à quelque distance, ressemble à ces nuages transparens, qui flottent dans un beau ciel d'été.

Enfin à l'extrémité de la plaine est l'auberge de la *grande Croix*, où les voyageurs s'arrêtent souvent pour se reposer ou se réchauffer. C'est de là que commence la descente du côté du Piémont. La pente de l'ancien chemin qui passait par *Ferrières*, et aboutissait à la *Novalaise*, où l'on faisait remonter les voitures, était si rapide, que plusieurs voyageurs ont fait la peinture la plus effrayante des dangers qu'elle présentait. Pour effectuer cette descente, on se servait de porteurs, ou lorsqu'il y avait de la neige, on se faisait *ramasser*; c'est à dire, qu'on se laissait glisser sur un traîneau qu'un seul homme assis devant le voyageur, dirigeait avec une hardiesse et une habileté extraordinaires. Alors l'extrême vitesse avec laquelle on descendait, pouvait inspirer quelque frayeur; en effet, on semblait voler dans l'espace, et l'on faisait quelquefois de cette manière, une lieue dans quelques minutes. Aujourd'hui toutes ces difficultés, tous ces dangers ont disparu. Une nouvelle route aussi sûre que commode, laissant à la gauche *Ferriè-*

res et la *Novalaise*, et passant par *Molaretto*, en cinq heures de temps, conduit à *Suze* où l'on respire un air plus doux, et où l'on trouve un tout autre pays que celui qu'on vient de parcourir : car quoique la vallée qui ouvre l'Italie, soit un peu moins sauvage que celle qui termine la France, elle ne laisse pas néanmoins que d'être fort étroite, également bordée de deux rangs de hautes montagnes couvertes de sapins et de neiges, et troublée par le tumulte d'un torrent encore plus rapide.

Le fort de la *Brunette* qui était bâti à un quart de lieue avant d'arriver à *Suze*, sur une petite hauteur, pour défendre le passage, est aujourd'hui entièrement démoli. Cet endroit rappelle au voyageur, la mort du chevalier de *Bellisle* qui y périt en 1747, victime de son courage.

Suze n'a rien de remarquable qu'un antique arc de triomphe qui a été souvent décrit. La tradition vulgaire est qu'*Hercule* y passa pour pénétrer dans les Gaules, et *Annibal* pour entrer en Italie. Cette ville doit son origine à une colonie romaine qui s'y établit sous le règne d'*Auguste*, lorsque ce prince fit ouvrir une route de communication avec le *Dauphiné*. *Suze* est encore à 13 lieues de *Turin*.

Plus on s'avance vers cette capitale du Piémont, plus les montagnes s'éloignent, et plus la campagne s'embellit. On voit déjà la vigne mariée avec l'ormeau; le sol est couvert de blés et de mûriers; mais ce n'est qu'à *Rivoli*, que commence cette magnifique plaine qui s'étend sans interruption jusqu'à l'Adriatique. La route de *Rivoli* à *Turin*, qui a deux lieues de longueur, est une large et belle avenue d'ormes fort élevés qui donnent un ombrage très agréable.

§ 7.

Route du pont de Beauvoisin à Milan par le petit Saint-Bernard.

Pour passer le *petit Saint-Bernard*, on suit la route du *Mont Cenis* depuis le *pont de Beauvoisin* jusqu'à *Mont Melian*; là laissant à droite la vallée de la *Maurienne*, on entre dans celle de la *Tarentaise*, pays stérile et plein d'affreuses montagnes; il y a cependant de bons pâturages: on y trouve des salines et du charbon de terre. Il sort tous les ans de la *Tarentaise*, un grand nombre de Savoyards qui se répandent chez les peuples voisins. La rivière de l'*Isère* la traverse d'orient en occident, et y prend une de ses sources. En remontant cette rivière et passant par *Conflans*, on vient à *Monstiers*, capitale de la *Tarentaise*. Cette ville n'est qu'une grande bourgade assez peuplée, toute ouverte, sans défense, et coupée par l'*Isère*. Ses rues sont très-étroites. L'église métropolitaine est devant une place de médiocre grandeur. Il n'y a guère de remarquable que le palais où réside l'archevêque. Du reste les avenues de la ville sont extrêmement difficiles; on n'y arrive que par des défilés bordés de torrens et de précipices. Elle est à 6 lieues *sud-est* de *Montmelian*.

En partant de *Monstiers* on continue à remonter le cours de l'*Isère*; on traverse la petite ville de *S. Maurice*, et l'on gagne le village de *Scez* qui est situé au pied du *petit Saint-Bernard*. C'est un trajet d'environ 5 lieues; le village de *Scez*, comme tous ceux qui se trouvent placés sur une route fréquentée, est assez commerçant; mais sa situation le rend sujet en hiver à des tourbillons de vent très dangereux. Ces tourbillons qu'on appelle *tourmentes*, agissent sur l'atmosphère avec une telle violence, qu'ils étouffent quelquefois ceux qui ont le malheur d'en être surpris. Les neiges chariées et accumulées par ces mêmes tourbillons, s'élèvent assez souvent jusqu'à 10 ou 12 pieds.

Au village de *Scez* on quitte l'*Isère*, et l'on

commence à monter en se dirigeant vers le nord. Dans un quart d'heure, on arrive a *Villard-dessous* par un chemin pavé de pierres calcaires, et au bout d'un autre quart d'heure, on passe sur un pont le torrent qui descend du *petit Saint-Bernard.* Au delà de ce pont, on jouit d'une perspective tout-à-fait agréable; d'un côté une belle cascade se précipite à travers des prairies bordées d'arbres, et placées par échelons au dessus d'un village; de l'autre on voit à l'entrée de la vallée d'où sort le torrent, des masses informes de gypse blanchâtre, qui contrastent singulièrement avec la verdure de leur base. Après avoir dépassé la cascade, on ne tarde pas à rencontrer *S. Germain*, dernier hameau d'hiver.

De ce hameau, on continue de monter par une pente assez douce, en suivant la rive droite du torrent. Les deux parois de la montagne sont couvertes de bois et de prairies. Si l'on se retourne pour jeter un coup-d'œil en arrière, on voit à ses pieds la vallée arrosée par l'*Isère*, et que l'on vient de quitter. Ensuite on passe sous des chalets où logent de nombreux troupeaux; et en trois heures depuis *Scez*, on arrive à l'hospice du *petit Saint-Bernard*, toujours à travers des prairies en pente douce, et sans avoir eu à franchir ni mauvais pas, ni rocher escarpé, en sorte que le *petit Saint-Bernard* est un des passages des Alpes les plus aisés, quoiqu'il ne soit guère fréquenté que par les habitans de la *Tarentaise* ou du val d'Aoste.

L'hospice ou couvent du *petit Saint-Bernard*, est situé dans un vallon qui a la forme d'un berceau, et s'étend du *nord-est* au *sud-ouest*. Ce vallon qui a de 3 à 4 cents toises de largeur, est couvert de gazons, mais sans arbres, ni arbrisseaux. Son élévation est de 1125 toises au dessus de la mer. De là on va en 13 heures de marche à la cité d'*Aoste*. L'hospice était autrefois desservi par des chanoines du *grand Saint-Bernard*, dont il était une dépendance; mais ses biens furent accordés à la congrégation des chevaliers de *S. Maurice* et de *S Lazare*, qui y entretient un prêtre chargé de donner l'hospitalité aux passagers qui ont été surpris par la tourmente.

En partant de l'hospice pour descendre dans le val d'*Aoste*, on monte par une pente très-douce jusques au point le plus élevé du vallon, signalé par une belle colonne de marbre cipolin. Ici on voit au dessous de soi, et à gauche, un petit lac renfermé dans un joli bassin de verdure. Après une descente d'environ trois quarts d'heure, on rencontre un plateau incliné, à l'extrémité du quel est un bois qu'on traverse; et à une lieue et demie de l'hospice, on passe le *pont Serrant*, construit sur un torrent qui coule à plus de 100 pieds de profondeur. De ce pont, on a un point de vue aussi varié qu'agréable: on aperçoit au bas de la montagne, une belle cascade qui, sortant d'un bois, traverse une prairie, et va mêler ses eaux à celles du torrent; on découvre à sa gauche, le glacier de *Ruitou*, l'un des plus grands qu'il y ait dans cette chaîne de montagnes; et l'on a sous ses yeux, les vastes plaines du Piémont.

A une demi-lieue du *pont Serrant*, est le village de la *Tuile* où se termine la descente du *petit Saint-Bernard*. On n'entre point dans ce village, on le laisse à droite et de l'autre côté du torrent. Après avoir suivi ce torrent pendant dix minutes, on le passe pour aller côtoyer le pied d'une montagne sur un chemin en corniche assez large et assez commode, mais fort élevé ou dessus de la *Tuile*. Là on voit des amas de neige qui se conservent très-long-temps, et qui forment des ponts sur le torrent. Au dessous du village de la *Barma*, on repasse le torrent, on laisse à gauche sur la hauteur, le village d'*Oleva* situé au pied du *Cramont*, et après deux heures de marche depuis la *Tuile*, on arrive au bourg de *pré S. Didier*, qui est encore à 8 lieues de la cité d'*Aoste*.

A une lieue et trois quarts de *pré S. Didier*, on passe sous l'ancien château de la *Salle*, remarquable par une tour ronde fort élevée, et par des murs couronnés de créneaux qui forment sa vaste enceinte. Tout près de là, est le village de la *Salle*, qui consiste en une rue très longue, très étroite et mal pavée. Ici on commence à voir des vignes élevées en treilles. On traverse ensuite un large et profond ravin, creusé dans un amas de sable, de terre et de débris de montagnes, charriés et accumulés par le torrent qui y coule. A une lieue et un quart de la *Salle*, on quitte la rive gauche de la *Doire* que l'on a constamment suivie depuis *pré Saint Didier*, et l'on passe sur la rive droite.

Bientôt après la vallée se resserre; la montagne est coupée à pic dans toute sa hauteur, et le chemin passe sur une étroite corniche qui borde un affreux précipice au fond duquel coule la rivière. Cet étroit défilé d'autant plus important, qu'il est impossible de passer de l'autre côté de la *Doire*; a pour défense un poste, deux ponts-lévis, placés sur de profondes coupures pratiquées dans toute la largeur du chemin, et un corps de garde construit sur un rocher qui domine le passage.

A une démi-lieue plus loin, le village d'*Avise* situé de l'autre côté de la *Doire*, présente un paysage extrêmement pittoresque; des tours et des châteaux gothiques; sur le devant, des vignes qui s'étendent jusques aux bords de la rivière; sur le derrière, de beaux vergers, et dans le lointain, la montagne qui s'élevant avec majesté, termine cet agréable tableau. Puis on descend la longue et vilaine rue du village de *Livrogne*, au bas duquel on traverse le torrent qui vient du *Val-di-Rema*. Là on trouve une très belle route au milieu de prairies ombragées par des noyers; et l'on vient au village d'*Arvier*, et ensuite à *Villeneuve*, qui est un assez gros bourg situé dans un fond serré par des hautes montagnes, et remarquable par l'affreuse quantité de *crétins* dont il est affligé; ce sont des imbeciles qui ont ordinairement de gros goitres, et que dans le val d'*Aoste* on nomme *Marans*.

Au sortir de *Villeneuve*, on passe la *Doire*. Ici la vallée s'élargit considérablement, et prend un fond horizontal qu'elle n'avoit point encore eu. Bientôt après on traverse le village de *S. Pierre*, et l'on laisse à gauche son grand et antique château bâti sur le roc. A mesure qu'on avance les montagnes perdent leur phisionomie alpestre, et en deux heures de marche depuis *Villeneuve*, on arrive à la cité d'*Aoste*. Voyez la suite de cette route dans le § suivant.

§ 8.

Route du Valais à Milan par le grand Saint-Bernard.

Le grand Saint-Bernard est une haute montagne du *Valais*, située sur la frontière du val d'*Aoste*, qui, par sa masse et son élévation, rivalise avec le *Mont-blanc*, la *Fourche* et le *Saint-Gothard*. Les cimes de ces divers monts, couvertes de la neige des siècles, semblent se confondre avec la voûte des cieux: de leur flancs ceints d'arides rochers et de mers de glace, jaillissent les fleures qui se répandent dans presque toutes les parties de l'Europe: c'est envain que la difficulté d'y gravir et d'y respirer en défend l'approche: l'homme insatiable dans ses désirs, est parvenu à vaincre tous les obstacles, et à joindre à son domaine, ces incompréhensibles laboratoires de la nature.

La question de savoir si *Annibal* passa avec son armée par le grand Saint-Bernard, a occupé les savans de plusieurs siècles: quelques uns d'entr'eux, *Polybe* à la main, on cru pouvoir suivre la marche des Carthaginois; mais il s'en faut bien qu'ils aient réussi à concilier les différentes opinions, à fixer tous les doutes.

Cette grande chaîne de montagnes dont se compose le *grand Saint-Bernard*, fut connue des anciens sous le nom de mont *Penninus*, et forme ce qu'on appelle encore aujourd'hui les *Alpes Pennines*. *Jules César* voulant assurer par là le transport des marchandises d'Italie dans les Gaules, envoya *Galba*, l'un de ses lieutenans, vers les peuples qui étaient maîtres du passage: *Galba* s'avança jusqu'à *Octodurum*, aujourd'hui *Martigni*; mais il fut attaqué inopinément par les peuples qui habitaient ces montagnes, et obligé, pour ne pas compromettre la sûreté de ses troupes, d'abandonner le poste qui lui avait été assigné. Cependant sous le règne d'*Auguste*, les Romains parvinrent à soumettre ces peuples; ou dumoins ceux-ci prirent des dispositions moins hostiles, et dès lors quelques portions d'armée passèrent par les *Alpes pennines*; mais il était réservé à nos jours de voir une armée entière en prendre la route avec des gros bagages, comme nous le dirons plus bas.

Le mont *Penninus* tire son nom moderne du fondateur de l'hospice. *Saint-Bernard* était originaire de *Menthon* en Savoie; après avoir fait ses cours de philosophie et de droit à *Paris*, il embrassa l'état ecclésiastique dans la ville d'*Aoste*, où il fut d'abord reçu chanoine de la cathédrale, et ensuite élevé à la dignité d'archidiacre. C'est là qu'ayant eu occasion de connoître le mont *Penninus*, alors appellé le *Mont-jous*, parceque les prêtres de *Jupiter* y avaient un temple, il résolut de sacrifier tous les biens dont il pouvait disposer, pour fonder un hospice sur cette montagne. Cet établissement qui remonte à l'an 962, fut tellemet admiré de toute l'Europe, que plusieurs souverains s'empressèrent de le seconder par des donnations. *Bernard de Menthon* fit une constitution qui a pour base le desintéressement le plus pur; il régla en même temps la manière dont l'hospitalité serait exercée.

De *Martigni* dans le *Valais*, et sur le *Rhone*, jusqu'à l'hospice du *grand Saint-Bernard*, on compte 8 lieues. La route suit d'abord la vallée d'*Entrémont* dans toute sa longueur. Cette vallée située sur le revers septentrional du *grand Saint-Bernard*, est très intéressante pour le géologue, parcequ'elle coupe transversalement les *Alpes pennines*. Elle est parcourue par la *Dranse*, et offre les scènes alpestres les plus remarquables.

On va de *Martigni* à *Saint Pierre*, dans cinq heures de marche; on peut faire cette partie du chemin en petit char. En partant de *Martigni*, on laisse à droite le chemin qui mène au col de la *Forclas* et à *Chamouni*; bientôt après on traverse le village de *Bourg*; ensuite on passe par la *Valette*, *Saint Branchier*, *Orsières*, *Lidde*, et l'on arrive à *Saint Pierre* situé au pied de la haute chaîne des alpes qu'on se propose de franchir. Les environs de la *Valette* sont remplis de gorges épouvantables, et les chûtes d'eau qu'on y voit près du pont de bois, ont quelque chose de vraiment pittoresque. A *Saint Branchier* débouche le val de *Bagnes* qui a dix lieues de longueur; c'est de là que sort le torrent de la *Dranse*. *Orsières* répond à l'ouverture de la vallée qui mène au col *Ferret*, et de là à *Cormayeur* qui est au pied méridional du *Mont-blanc*.

Il arrive souvent qu'à force d'avoir entendu parler des objets sublimes et singuliers qu'offre une contrée lointaine, on les trouve, au premier aspect, bien au dessous de l'idée qu'on s'en était formée: il n'en est pas de même ici; tout y est réellement aussi gigantesque qu'étrange. De *Saint Pierre* on atteint l'hospice du *grand Saint-Bernard*, au bout de 3 heures de montée. Près de ce bourg, le torrent de la *Valsorey* se précipite dans une énorme cavité dont la vue est effrayante. Les voyageurs pour contempler cette scène magnifique, descendent souvent sous les immenses voûtes formées par les rochers, au dessus de ces enfoncemens dont l'obscurité jete d'abord dans l'ame un trouble involontaire: mais si l'on porte ses regards vers le peu de ciel que l'on peut découvrir au travers de quelques échapées, à l'aspect des arbustes qui pendent du haut des rochers, lorsque le soleil les éclaire d'une vive lumière, on croirait que quelqu'un vient là, avec un flambeau, pour y chercher le voyageur qui s'égare. Tout fait illusion dans cet abîme souterrain, et quand on en sort, le grand jour est si ardent, que la nature paroit embrasée.

A quelque distance de *Saint Pierre*, on admire des beautés d'un autre genre: les arbres à fruit disparoissent, et l'absence de toute végétation utile, à l'entrée d'un vaste désert, frappe ceux qui pénétrent pour la première fois dan ces gorges sauvages et solitaires. Un peu plus loin, on traverse une petite plaine nommée le *Sommet de Prou*, au dessus de laquelle on aperçoit un vaste glacier, du milieu du quel s'élève le *Mont-Velan*, la plus haute des sommités du *Grand-Saint-Bernard*.

Une lieue avant d'arriver à l'hospice, on rencontre deux bâtimens dont l'architecture gothique est en harmonie avec le morne silence qui règne dans ce lieu. L'un sert de refuge aux voyageurs surpris par la nuit ou par la tourmente; ils y trouvent du bois pour faire du feu et quelques provisions. L'autre adossé à une roche pyramidale, au milieu des glaces blanchâtres, et ombragé par quelques tristes mélezes, est une chapelle où l'on dépose les cadavres de ceux qui périssent en traversant la montagne: car toutes les années, on trouve des individus morts de froid ou ensevelis dans les neiges des avalanges. L'on range leurs corps à côté les uns des autres; et comme l'air glacial garantit ces corps de la putréfaction, les traits du visage se conservent pendant deux ou trois ans, après quoi, ces mêmes corps se dessèchent et deviennent semblables à des momies : ainsi en considérant ces victimes de la rigueur du climat, on dirait qu'un doux sommeil répare en elles des années d'insomnie.

Une chose non moins remarquable que celles dont nous venons de parler, est l'apparition de l'hospice qui semble toucher au ciel, lorsque les sommités voisines sont voilées par d'épais brouillards. Il est bâti dans un vallon resserré par de hautes montagnes, et occupé en partie par un petit lac. C'est là qu'on croit être au milieu d'un cirque fermé de distance en distance, par des rochers de granit qui ressemblent à des pyramides ou à des mausolées d'une grandeur colossale. Des sommités couvertes de neiges, qui dominent cette superbe enceinte, descendent quelquefois de dangereuses avalanges.

L'hospice, qui, suivant les observations de M. de *Saussure*, a 1267 toises de hauteur perpendiculaire, est sans contredit l'habitation la plus élevée qu'il y ait dans tout l'ancien continent; on ne voit même aucun chalet à cette hauteur, parceque sa position est très voisine de la région des neiges et des glaces éternelles, qui refroidit nécessairement tout ce qui l'environne. Ce qui contribue encore à rendre ce séjour excessivement froid, c'est que la gorge est percée du *nord-est* au *sud-ouest*, et par conséquent dans une direction très approchante de celle des vents du septentrion. Aussi au fort même de l'été, y gèle-t-il presque tous les matins. On n'y jouit guère qu'environ dix ou douze fois par an, d'un ciel pur et serein pendant toute une journée. Dans les mois les plus froids, le thermomètre se tient aux environs de l'hospice, à 20 ou 22 dégrés au-dessous de la glace, et il y a des endroits où la neige ne fond jamais.

Cet utile établissement est administré par des religieux dont le nombre varie de 20 à 30 : il n'y en a guère que 10 ou 12 qui y résident.

Nés pour la plupart chez les Valaisans, ils en ont le caractère aimant et les mœurs patriarchales; et c'est un bien singulier contraste, que celui qui se fait remarquer entre la douce sérénité de leurs phisionomies et la dure âpreté des lieux qu'ils habitent. Les voyageurs quel que soit leur nombre, quelles que soient leurs opinions, sont pendant trois jours reçus et alimentés dans l'hospice, s'ils ont éprouvé quelque malheur, on leur donne les secours nécessaires.

Le traitement des personnes gelées sur la montagne, est très simple, il consiste à rétablir par dégrés la circulation du sang. Une longue expérience a appris qu'il faut baigner la partie malade dans de l'eau mêlée de neige, jusques à ce que les chairs aient repris de la chaleur et leur couleur naturelle. Cependant cette opération très douloureuse, est quelquefois inutile; car quand la congélation est totale, le seul remède alors pour prévenir la cangrène, est l'amputation. Du reste dans l'hospice du *grand Saint-Bernard*, on n'exige aucune rétribution, on ne demande rien à personne, seulement les voyageurs aisés trouvent dans l'église, un tronc destiné à recevoir leur offrande volontaire.

Le zèle infatigable des religieux du *grand Saint-Bernard* a mis à contribution tous les sentimens, toutes les ressources, toutes les espèces, pour maintenir dans le lieu le plus aride, le plus glacé, un toit hospitalier contre l'intempérie du climat. Ils ne se bornent pas à de vaines démonstrations; ils bravent les tempêtes, s'élancent dans les neiges, pénètrent jusques dans les entrailles des avalanges pour en arracher les infortunés qu'elles viennent d'engloutir. Depuis la fin d'octobre jusqu'au commencement de mai, un des domestiques de l'hospice, appelé *Maronnier*, va chaque jour à une lieue au devant des voyageurs; dans les grandes neiges et les tourmentes, des religieux se joignent à lui. Rencontrent-ils quelqu'un? ils lui donnent du pain et du vin pour ranimer ses forces. Un gros chien les précède; sans lui, le voyageur le plus expérimenté s'égarait infailliblement la nuit, et même le jour par un brouillard épais : mais, en quelque temps que ce soit, le chien ne perd jamais le sentier, quand même il n'en paroîtrait aucun vestige. Des voyageurs ont-ils fait une chute périlleuse, ont-ils été engloutis par des avalanges? — le chien les évente et les indique. Jadis l'avarice la plus infame dénatura cette espèce d'animaux alliée fidèle de l'homme : les Espagnols dressèrent des chiens pour la guerre la plus sacrilège; et les malheureux indiens furent chassés par milliers comme des bêtes féroces. Guidés au contraire par l'amour de l'humanité, les solitaires du *grand Saint-Bernard* ont perfectionné l'instinct des mêmes races. Les matins qu'ils élevent et conservent avec un soin tout particulier, à une taille extraordinaire, joignent la plus rare intelligence; amis des voyageurs, ils aboient de loin, caressent de près, et servent de guides. L'utilité de ces animaux est encore inappréciable sous le rapport de la sûreté de l'hospice. Qui croirait que cette solitude sanctifiée par l'exercice de toutes les vertus, fût sur le point d'être souillée par le crime? en 1787, trente brigands se présentèrent à l'hospice comme de simples voyageurs. Après y avoir reçu le meilleur accueil, ils ne craignirent pas de faire connoitre les criminels motifs de leur visite, en sommant M. le Prévot de leur remettre l'argent de la maison. Celui-ci sans se déconcerter, leur répond qu'un pareil procédé est peu conforme à la manière honnête avec laquelle ils ont été reçus, mais que puis qu'ils l'exigent, il va leur livrer la caisse du monastère. Les brigands le suivent; il ouvre une porte, et à sa voix, les chiens s'élancent sur cette bande de scélérats, qui au lieu de piller et pour n'être pas dévorés, sont obligés de demander grâce.

Les gorges du *grand Saint-Bernard* sont sur

tout périlleuses à cause des avalanges qui y tombent fréquemment. Ces éboulemens tonnans partent avec la rapidité de la foudre, et il est presque impossible de les éviter. On conseille aux voyageurs d'entreprendre la montagne de grand matin, et par un temps serein; d'abord parceque la chûte des avalanges est plus fréquente, lorsque la neige est un peu échauffée par les rayons du soleil, ou ramollie par la pluie; et ensuite parce que l'air est ordinairement plus tranquile le matin, que dans le reste de la journée.

Au moment où nous traçons ces lignes, les journaux publient une nouvelle bien affligeante, et qui ne confirme que trop les terribles effets du phénomène extraordinaire dont nous venons de parler. Le 18 décembre 1816, une épouvantable avalange a enseveli sous d'énormes amas de neiges, deux domestiques de l'hospice et quatre voyageurs du bourg de *Saint Pierre*. Il a été impossible de donner le moindre secours à ces infortunés. La chûte de l'avalange a été aussi prompte qu'un coup de canon, et les six victimes ont disparu. Les pères de l'hospice chagrins sur le sort de leurs domestiques, vû le mauvais temps qu'il faisait, ont eu le courage de parcourir les gorges voisines encore couvertes des débris des avalanges; pendant deux jours leurs fatigues et leurs recherches ont été infructueuses ; enfin ils sont parvenus à découvrir trois cadavres sous un tas de neige de 7 pieds de hauteur. Par surcroit de malheur, la neige a aussi enseveli le petit nombre de chiens qui restaient à l'hospice. La perte de ces courageux animaux, qui pendant si longtemps ont été l'espoir et la ressource des voyageurs, est presque irréparable, ou du moins il se passera bien des années avant qu'on puisse en élever un nombre proportionné aux besoins. Une tourmente qui a duré pendant huit jours, a agi sur l'atmosphère avec une telle violence, qu'elle a entièrement changé la face de la montagne. Les avalanges qui se sont précipitées dans le lac, faisant craindre pour la ruine de l'hospice, tous les habitans du bourg de *Saint Pierre* s'y sont transportés pour tâcher de rouvrir le passage.

La route du *grand Saint Bernard* a été moins fréquentée pendant les derniers siècles que dans les temps plus reculés. Cependant on assure qu'il y passe toutes les années, 7 à 8 mille personnes, et qu'on voit quelquefois réunis dans l'hospice plusieurs centaines de voyageurs. Depuis le printemps de 1798, époque à laquelle les Français pénétrèrent en Suisse, jusques en 1801, plus de 150 mille soldats montèrent sur le *grand Saint Bernard*, et il y eut pendant plus d'un an, une garnison de 180 Français. En 1799, les Autrichiens tournèrent l'hospice, et l'on se battit pendant toute une journée; au bout de laquelle les Français demeurèrent maîtres de la montagne. Du 15 au 21 mai 1800, l'armée de réserve française, forte de 30 mille hommes, et commandée par *Napoléon*, alors premier Consul, passa le *grand Saint Bernard* avec des canons et de la cavalerie. L'avant-garde composée de six brigades de troupes légères, sous les ordres du général *Lasnes*, s'était avancée jusqu'au bourg de *Saint Pierre*, d'où elle partit le 20 mai, franchit la montagne, et arriva à *Saint Remi*, qui est à deux lieues au delà de l'hospice du côté de l'Italie. Les Autrichiens favorisés par la position des lieux, disputèrent le terrain pied à pied, et ne se retirèrent que lorsqu'ils aperçurent un corps de Français qui descendant par le *petit Saint Bernard*, dans la vallée d'*Aoste*, pouvait leur couper la retraite.

Cependant tout le parc d'artillerie ayant été réuni à *Saint Pierre*, le consul ordonna aux canoniers de démonter les pièces et les caissons. L'inspecteur d'artillerie *Gassendi*, fit creuser des arbres en forme d'auges pour y placer les canons. Un demi-bataillon suffisait à peine pour traîner ces pesantes bouches à feu. On mit les essieux et les caissons vides sur de petits chars qu'on avait fait exprès; et des mulets furent chargés des munitions renfermées dans des coffres de sapin. L'autre moitié du bataillon portait les sacs, les fusils, les gibernes et des vivres pour 5 jours. La réunion de ces divers objets formait un poids de 60 à 70 livres. Ce fut ainsi que l'armée française se mit en marche pour gravir la montagne, et atteindre au sommet de ces *Alpes Pennines*, que jusques là on avait cru inaccessibles à la cavalerie et aux trains d'artillerie. Elle suivit de près son avant-garde : les soldats marchaient à la file et l'un après l'autre; sans cette précaution, ils se seraient ensevelis dans les neiges. Le consul qui dirigeait et suivait ces divers mouvemens, s'arrêtait de temps en temps pour se désaltérer, en trempant du biscuit dans de l'eau de neige fondue. L'armée employa cinq heures de marche pour monter du bourg de *Saint Pierre* à l'hospice, où chaque soldat reçut en arrivant un verre de vin. Le consul accompagné de M. le Prieur, entra dans le couvent, et après s'être entretenu pendant une heure avec les respectables religieux qui y demeurent, il en partit pour rejoindre l'armée qui effectuait sa descente du côté de l'Italie. C'était sans doute pour la première fois que les échos de ces gorges sauvages, furent reveillés, au milieu de la nuit, par le bruit des tambours et le son des clairons; et c'est ainsi que les chants des bardes nous représentent *Oden* et ses braves franchissant les rochers scandinaves.

Si l'on réfléchit sur le peu d'étendue du col où l'hospice est situé, on sera plus qu'étonné qu'une grande partie de l'armée française ait pu y passer la nuit en plein air, après avoir éprouvé les plus grandes fatigues pour y atteindre. Un froid glacial succédant à une transpiration excessive, eût été mortel pour d'autres hommes, et un sujet d'inquiétude pour leur chef, si celui-ci n'avait pas sû que les fatigues de la descente redonneraient aux membres engourdis, leur élasticité première. Au mois de juin suivant cette armée combatit les autrichiens commandés par le général *Mélas*, dans les plaines de *Marengo*, où le général *Dessaix* décida la victoire en faveur des Français, et termina glorieusement sa carrière. Le corps de ce général repose dans l'église du *grand Saint Bernard*, où il lui fut érigé un monument en 1805.

De l'hospice, on descend en 6 ou 7 heures par la Vault-pennine, à la cité *d'Aoste*. La route est fatigante, parceque la pente de la montagne est beaucoup plus rapide que du côté du *Valais*. On trouve la frontière du Piémont entre le lac et le *Plan de Jupiter*, et l'on arrive au bout de deux heures à *Saint Remi*. Là on commence déjà à ressentir les chaleurs de l'Italie. Ensuite passant par *Saint Oyen*, *Etrouble*, le défilé de la *Cluse* et *Gignod*; on gagne la *Cité*. Avant d'y arriver, la vue de l'amphithéâtre donne une idée de l'état de cette ville du temps des Romains. Ce monument de la grandeur des maîtres du monde, ne présente que des ruines; mais ces ruines sont imposantes; et l'arc de triomphe d'*Auguste*, assez bien conservé, atteste la prospérité de la cité d'*Aoste* avant la chûte de l'empire.

Cette ville est l'ancienne *Augusta Salassiorum*, ou *Augusta Prætoria*. Une colonie de 3000 soldats qu'*Auguste* y envoya, la fit nommer ainsi. Aujourd'hui elle n'a d'autre avantage que sa position favorable au commerce, à cause de plusieurs vallées qui y aboutissent, et dont elle est le centre et la capitale. Elle est bâtie sur la Doire; on y voit des individus affligés de crétinage, mais seulement dans la classe très pauvre. C'est la patrie de *Saint Anselme*, archévêque de *Cantorbery*. La vallée a 12 lieues d'étendue; elle est très abondante en fruits et en pâturages.

Les principaux bourgs ou villages qu'on traverse pour se rendre de la cité d'*Aoste*, en Lombardie ou dans les plaines du Piémont, sont d'abord *Chatillon* et *Bard* qui lors du passage de l'armée française par le *grand Saint Bernard*, furent le théâtre des plus vives attaques de la part des Français, auxquelles les Autrichiens opposèrent mais envain, la plus opiniâtre résistance. Viennent ensuite *Saint Martin* et *Donas* où l'on voit un chemin taillé dans le roc, et qu'on prétend avoir été fait par *Annibal*. Enfin on arrive à *Ivrée*, ville de 8300 habitans, située sur la rive gauche de la *Doire*, et bâtie partie sur le penchant d'une colline, et partie en plaine. Elle a été, dit-on, fondée 100 ans avant J. C., et a essuyé plusieurs sièges. On y fait un commerce considérable en fromages. Il y a de bonnes filatures de soie et de coton.

D'*Ivrée* on va à *Turin* par *Chivasco*, et à *Milan* par *Verceil*, *Novare* et *Bufalora*. Nous aurons occasion de parler dans la suite de ces divers lieux qu'on rencontre sur une des routes qui mènent de *Turin* à *Milan*.

§ 9.

Route du Valais *à* Milan *par le* Simplon.

Ce fut pour favoriser les relations militaires, politiques et commerciales qui existaient entre la France et l'Italie, qu'on entreprit en 1801, d'ouvrir la montagne du *Simplon*. Rien de si étonnant que l'éxécution de ce projet, surtout dans le territoire italien, où il a fallu se frayer un passage à travers des rochers perpendiculaires d'une masse énorme, et dans une vallée extrêmement resserrée et d'une épouvantable profondeur. Cette nouvelle route, qui rappelle les plus beaux ouvrages des Romains, et qu'on peut mettre au nombre des monumens les plus remarquables de ce genre, a 25 pieds de largeur lors même qu'elle traverse en forme de galerie, d'immenses roches de granit. Elle n'offre nulle part plus de 2 pouces et demi de pente par toise, de sorte qu'en descendant le *Simplon* de l'un et l'autre côté, il est inutile d'enrayer les voitures. De tous les passages des Alpes entre la Suisse et l'Italie, c'est le seul que puisse franchir l'artillerie. Sur les côtés de cette magnifique chaussée, on a pratiqué une banquette pour les gens de pied; elle est de plus garnie de barrières ou parapets qui garantissent le voyageur de toute crainte, quoiqu'il marche presque toujours au bord des précipices; et de distance en distance, il y a des espèces de cassines qui lui servent de refuge, lorsqu'il est surpris par la tourmente. Les frais qu'on à dû exposer pour la confection de cette route, sont incalculables; on y employait par jour jusqu'à 3000 ouvriers; 160 mille quintaux de poudre suffirent à peine pour miner les rochers; ajoutons une prodigieuse quantité d'acqueducs qui servent pour le libre écoulement des eaux, de ponts, de terrasses, de murs de soutenement qui frappent et par leur masse et par leur hardiesse, ouvrage immense qui fut parfaitement achevé dans l'espace de trois ans: enfin on peut dire que toutes les ressources de l'art concoururent pour vaincre la plus grande résistance de la nature, et rendre la route du *Simplon* digne du génie qui en avait conçu le plan.

On croit que le *Simplon*, en italien *Sempione*, tire son nom du consul *Servilius Scipion*, qui s'y porta avec ses légions, pour s'opposer aux *Cimbres* qui menaçaient de pénétrer en Italie. Cette montagne située entre le *Valais* et le *Piémont*, fait partie de la chaîne des hautes Alpes. Au pied de son revers septentrional, est le bourg de *Brieg*, et du côté du *sud*, la ville de *Domodossola*. Le passage en est d'autant plus intéressant pour le géologue, qu'on y voit une multitude de contrées hérissées de rochers menaçans, et de sites sauvages qui portent partout les traces des plus affreuses dévastations.

De *Brieg* à *Domodossola*, en passant par le

Simplon, on compte 14 lieues. La nouvelle route qui cesse d'être montueuse à *Crevola*, une lieue avant d'arriver à *Domo*, continue jusqu'à *Arona*, petite ville située sur le bord du lac *Majeur*; là elle se joint au grand chemin qui traverse le *Tesin* vis-à-vis de *Sesto*, et conduit droit à *Milan*.

Il importe ici de faire quelques observations sur les obstacles que le voyageur peut rencontrer en parcourant cette route, non pour lui suggérer des craintes chimériques, mais pour l'éclairer sur ses propres intérêts.

En été, ou lorsqu'il ne reste que de petites quantités de neiges sur les parois des montagnes, le passage du *Simplon* ne présente d'autres difficultés, que celles qui sont inséparables des montées et des descentes extrêmement prolongées. La route est si large, et d'ailleurs dans les endroits escarpés, si bien pourvue de barrières en bois ou de buttes de pierre; ses pentes sont si bien ménagées, ses contours si bien développés, qu'on peut la parcourir soit à cheval, soit en voiture, sans avoir à redouter le moindre accident. Les profonds abîmes qu'on voit à ses pieds, les énormes rochers qui s'élèvent à pic, les torrens qui se précipitent avec fracas, tout cela n'empêche pas que le voyageur, tranquille au milieu de cet appareil imposant des productions de la nature les plus gigantesques, ne jouisse en quelque sorte, d'un spectacle qui ne peut s'offrir à ses regards, que dans ces lieux sauvages et solitaires.

Mais lorsque l'hiver accompagné des frimas, des neiges et des glaces, vient fixer son empire dans ces mêmes contrées, la scène change entièrement. Les commodités et la sûreté qui résultent d'une route si belle, si bien garantie contre les précipices qui l'environnent, disparoissent, et cette même route couverte d'une immense quantité de neiges entassées, est impraticable pour les voitures; elles verseraient à chaque pas. A peine aperçoit-on à quelques toises plus bas les barrières en bois ou les buttes de pierre: alors on marche sans cesse sur le bord des abîmes. Il ne reste qu'un sentier frayé du côté de l'escarpement, et c'est sur ce sentier assez étroit, qu'on fait couler un traîneau, lorsque la gelée a donné aux neiges assez de consistance.

Cette situation qui paroit assez critique, n'est pourtant pas ce qu'il y a de plus à craindre; car quand le cheval attaché au traîneau viendrait à faire un faux pas, le voyageur, s'il se tient sur ses gardes, peut se dégager du traîneau, et s'élancer du côté opposé au précipice. Les ravages causés par les *avalanges*, *avalanches* ou *lavanges*, lui offrent à chaque pas l'image d'un danger bien plus réel : c'est ainsi qu'on appelle les chûtes de neiges, phénomène de la nature en même temps le plus terrible et le plus extraordinaire. On en remarque de deux espèces.

Lorsque les hautes montagnes sont couvertes de neige récente, si de violens coups de vent viennent à en détacher quelque partie assez considérable, cette neige après avoir cédé à la force du tourbillon, retombant par son propre poids sur la pente des rochers, se grossit en roulant au point de prendre une masse monstrueuse, et poursuit sa course et ses dévastations jusques au fond des vallées : c'est là ce qu'on appelle *avalanges froides* ou *ventueuses*.

Les *avalanges* du *printemps* sont encore plus formidables. Pendant le cours de l'hiver, d'énormes amas de neiges s'attachent à la cîme des rochers, de manière à surplomber au dessus du sol; aux mois d'avril et de mai, quand le soleil a repris de l'activité et qu'il survient un prompt dégel, ces amas de neiges se brisent et s'écroulent par l'effet de leur pesanteur, ou par le simple ébranlement de l'air, que peuvent occasionner les clochettes des chevaux, la voix des hommes ou les orages : alors les avalanges se précipitent avec un horrible fracas, entraînent dans leur chûte tout ce qui s'oppose à leur passage, déchirent les rochers, renversent les forêts et ensevelissent sous leurs ruines, des villages entiers. Leur affreuse impétuosité passe l'imagination ; comme elles tombent souvent de plusieurs milliers de pieds de hauteur, elles compriment et chassent l'air avec une telle violence, qu'on voit des cabanes renversées, et des hommes terrassés et étouffés à une assez grande distance de la place où elles ont passé ; et il ne faut pas croire que lorsqu'elles se détachent des hauteurs voisines, le voyageur puisse par une fuite précipitée, éviter leur atteinte ; car elles couvrent quelquefois dans les vallées des surfaces de plus d'une lieue de longueur. Du reste les habitans des montagnes connoissent parfaitement les lieux et les temps qui présentent le plus de danger, et il est toujours prudent de prendre leurs avis.

Ce que nous disons des prodigieux effets produits par les avalanges, est sans doute peu rassurant ; il ne faut pourtant pas s'en laisser effrayer au point de croire que la route soit impraticable pendant l'hiver et les premiers mois du printemps ; afin de conjurer le danger, il suffit de choisir pour le temps du passage, un ciel serein ; de partir grand-matin de *Brieg* pour arriver avant midi au village de *Simplon*; et de ne se remettre en voyage que le lendemain aussi grand-matin pour traverser l'étroite vallée de *Gondo*, qui à cause des glaces suspendues aux rochers, est l'endroit le plus périlleux de toute la route. Alors quelle que soit la quantité de neiges et de glaces qui couvrent les parois de la montagne, ces neiges et ces glaces à raison du froid excessif, qui, quand le ciel est serein, règne presque toujours pendant la nuit et dans la matinée à une si grande élévation, ont assez de dureté et de cohérence pour que la chûte en soit infiniment plus rare.

Dans les observations que nous venons de faire, on ne verra peut être que les conseils d'une prudence trop timide; mais les motifs qui nous les ont dictées, ne sont que trop justifiés par les croix qui se font remarquer sur les bords de la route, monumens de la fin tragique de tout autant de voyageurs. Au surplus un accident fut il sans exemple, n'est pas pour cela impossible, et n'y eut-il qu'une seule victime arrachée à la fureur des élémens par les précautions que nous indiquons, et que les gens du pays jugent nécessaires, où est le cœur vertueux et compatissant qui ne nous pardonnerait pas une pareille digression ?

Brieg situé sur la rive gauche du Rhône, et au pied du *Simplon*, est un des bourgs le mieux bâtis du *Valais*; plusieurs couvents et un château flanqué de quatre tours surmontées de globes de fer blanc, lui donnent un aspect vraiment original. Par un contraste assez singulier, quoique entourée de montagnes très élevées et de gorges affreuses, la vallée sur laquelle il domine, est d'une fertilité remarquable, et ne manque pas d'agrément; des chalets dispersés sur les collines, des hameaux ombragés d'arbres, le beau village de *Naters* qu'on voit sur la rive opposée du fleuve, contribuent encore à embellir le tableau : c'est ainsi que dans les alpes, la nature semble prendre plaisir à prodiguer ses dons à quelques coins de terre, pour mieux faire ressortir les horreurs qu'elle va nous présenter.

L'ancien chemin passait par *Brieg*, et montait rapidement jusqu'à la première arête de la montagne qu'on doit franchir : la nouvelle route partant de *Glis*, laisse *Brieg* à un quart de lieue sur la gauche, et après avoir traversé le torrent de la *Saltine* sur un pont couvert dont l'arche construite en mélèze, a 84 pieds d'ouverture, et repose sur des culées de 100 pieds de hauteur, s'élève par une pente douce et uniforme, et faisant un grand contour, laisse l'ancien chemin au dessous d'elle, traverse une forêt de mélézes qui forment de superbes ombrages, et parvient au haut de la même montagne qui porte le nom de *Léria*, et sépare la vallée du Rhône de celle de *Ganther*. De là, l'on aperçoit d'un côté, toute la plaine du *Valais*, le cours ondoyant du Rhône et le bourg qu'on vient de quitter; de l'autre, la jonction des vallées de *Ganther* et de la *Saltine* qui retentissent du bruit des torrens. En suivant le dévelopement des montagnes qui les débordent, on voit à ses pieds l'ancien chemin d'abord serpenter sur des rochers escarpés, et puis descendre rapidement dans le fond de la vallée de *Ganther*, tandisque la nouvelle route se jette à gauche, remonte cette vallée jusqu'à sa naissance, et la contourne en traversant un pont au pied de glaciers qui la terminent. Près de ce pont qui a 74 pieds d'ouverture, et dont la construction élégante frappe par opposition avec un lieu si sauvage, était la première galerie pratiquée pour le passage de la route; mais on a été obligé de la détruire afin de prevenir les accidens, qu'eut pu causer la chûte des rochers désunis dont elle était formée.

Jusques-là, il ne parait pas qu'on ait à redouter les violens effets des avalanges. De *Glis* au pont de *Ganther*, on compte 3 lieues, et de ce pont au col du *Simplon*, pareille distance. Non loin de ce même point, la route faisant plusieurs grands contours, s'élève dans un espace peu étendu, et se prolongeant ensuite sur le revers de la montagne qu'on aperçoit de *Brieg* ; la vallée de *Ganther* disparoit, et celle de la *Saltine* se découvre. Ici les Sites changent et se multiplient. Les parois de la montagne étant rudement inclinés, le vallon qu'on a à sa droite, effraye par son immense profondeur : aussi voit-on de distance en distance, les barrières qui bordaient la route et d'énormes sapins brisés et emportés par les avalanges. Enfin après une heure et demie de marche, on se trouve dans la galerie de *Schalbet* qui a 95 pieds de longueur. En sortant de cette sombre caverne pratiquée sur un des points les plus élevés de la montagne qu'on gravit, et dont aucun objet ne masque la vue, les regards sont frappés de l'aspect du *Rosboden*, qui porte jusqu'à la nue sa cime éclatante et isolée.

Déjà la vivacité et la pureté de l'atmosphère électrisent les sens, et l'ame émue par un spectacle si majestueux, reçoit des impressions qu'il est impossible de rendre. Bientôt les arbres cédant à la rigueur du climat, ne font plus que languir, et disparaissent presque entièrement. Les eaux qui s'échapent des glaciers, que l'on apperçoit à sa gauche, forment quatre belles cascades, qui traversant la route dans des aquéducs d'une très belle construction, vont se perdre dans l'abîme. Ce lieu qui dans les beaux jours d'été présente des effets si grands, si pittoresques, devient très dangereux le reste de l'année à cause des neiges que de violens coups de vent y accumulent.

C'est au pied du *Schon-horn*, qui élève majestueusement dans les airs sa cime blanchâtre, qu'on passe la galerie des *Glaciers*. Sa longueur est de 130 pieds. Comme les rochers au travers desquels elle est pratiquée, ont une infinité de fissures, l'eau qui filtre sans cesse, se congèle à la première variation de température, et produit des colonnes et des aiguilles de glaces qui restent suspendues à la voûte: le coup d'œil en est assez agréable, et l'on serait tenté de s'arrêter pour en considérer les détails, si le froid et le courant d'air qui y règnent, n'en rendaient le séjour aussi dangereux qu'incommode. Après avoir quitté cette galerie, le voyageur jette un dernier regard sur le *Rhône*, sur le *Valais*, sur la *Suisse*, sur les montagnes qu'il vient de parcourir, et tournant la base du *Schon-horn*, il atteint le point le plus élevé du passage qui est indiqué par une espèce de pierre milliaire.

La vue du *Col* du *Simplon* est triste et sauvage; c'est un plateau circulaire, uni, assez spacieux, et environné de toutes parts de rochers dont aucun arbre ne voile l'affreuse nudité. On y voit les fondemens d'un nouvel hospice qu'on se proposait d'y élever, et qui par l'étendue des bâtimens et les fonds déjà assignés à son entretien, devait répondre au noble but et à l'utilité d'un pareil établissement. Combien n'est-il pas à regretter que cet important ouvrage soit demeuré imparfait! car tandisque la nature prodigue ses fleurs et ses fruits aux habitans des plaines, l'affreux hiver règne encore où a déjà reparu sur le plateau du *Simplon*; tout y est enseveli sous des amas de neiges qui sont tour à tour enlevées et reportées par des vents impétueux, en sorte que la plupart du tems la route disparait, et l'on ne peut la distinguer qu'au moyen des perches plantées le long de ses bords.

Du *Col* au village du *Simplon*, il y a encore deux lieues. A l'extrêmité du plateau, on commence à descendre. Après un quart d'heure de marche, on laisse à sa droite l'ancien hospice. Les voyageurs qui ont éprouvé quelque accident, ou qui sont empêchés de continuer leur route, y sont reçus gratuitement, et avec cette bonté compatissante qui caractérise les pères du monastère du *Grand S. Bernard*, utiles solitaires qui ont renoncé à toutes les jouissances et à tous les intérêts du monde, pour consacrer leur vie à soulager les malheureux.

Bientôt le vallon se rétrécit; les montagnes ne présentent encore que des rochers nus, et l'image du désert; mais à mesure qu'on avance, on voit la végétation s'animer. La route traverse successivement deux torrens qui descendent des glaciers du *Rosboden*, et peu de tems après, on arrive au village du *Simplon* où l'on trouve une assez bonne auberge.

Ce lieu est encore élevé de 759 toises au dessus de la mer. Comme il est entouré de hautes montagnes qui le privent pendant plusieurs mois de l'année, des rayons du soleil, le froid y est très âpre et souvent excessif. Endurcis aux rigueurs du climat, les habitans se font une ressource du transport des marchandises, et des services qu'ils rendent aux voyageurs en déblayant la route; ainsi l'industrie de l'homme remédie à la stérilité du sol, et ce village qui d'après sa position, semble voué à l'affreuse misère, jouit néanmoins d'une certaine aisance que l'étranger, qui ne fait que passer, ne lui supçonne pas. Il est une remarque qu'il n'est pas inutile de faire, c'est que plus l'homme est rapproché de la simple nature, et éloigné des grandes sociétés, plus ses mœurs sont franches et hospitalières. Sur ces cols arides et sauvages, dans ces gorges profondes et solitaires, le crime ne se montre presque jamais; le vol et l'assassinat y sont inconnus; tandis qu'en arrivant dans les fertiles plaines du *Piémont*, on n'entend parler que des précautions qu'il convient de prendre pour n'être pas dévalisé.

Du village du *Simplon* à *Domodossola*, il y a un trajet de six lieues, et le plus dangereux de toute la route. En quittant ce village, on continue à descendre rapidement entre des montagnes assez resserrées, et parées à leur base, de bouquets de mélèzes disséminés dans les prairies. Après avoir tourné sur un angle très aigu, on se trouve subitement enfoncé dans un vallon fort étroit dont le fond est couvert de blocs de granit que les torrens ont détachés des montagnes. C'est au milieu de ces débris que le *Krumbach* vient se perdre dans la *Doveria*, laquelle se précipite des glaciers de *Laqui* avec un horrible fracas. Là commence la sombre vallée de *Gondo*, où l'on pénètre par la galerie d'*Algaby*, l'une des plus grandes et des plus belles du *Simplon*; elle est taillée dans le granit, et a 215 pieds de longueur.

A peine est-on sorti de cette galerie, que la vallée de *Gondo* prend le caractère terrible qui la distingue. Les montagnes s'élèvent et se rapprochent; l'intervalle qui les sépare, est occupé tout entier par la route et le torrent. On n'entrevoit le ciel qu'à une hauteur de deux mille pieds. Plus de végétation. La route creusée en corniche dans le granit, est suspendue sur un abîme au fond duquel la *Doveria* mugit avec fureur: et c'est sur cet abîme redoutable, qu'on a jeté un pont aussi élégant que solide.

Quoique de distance en distance on rencontre quelques passages un peu moins resserrés, la vallée conserve toujours ses formes sauvages. Le voyageur cherche en vain de l'espace et du repos; les cimes menaçantes des rochers surplombent au dessus de sa tête, et il est étourdi par le bruit des eaux qui se brisent avec impétuosité contre les obstacles qui retardent leur course. Ajoutons que cet endroit dans les tems de dégel, est un des plus périlleux, parceque les glaces en se détachant des rochers, entraînent avec elles des parties de ces rochers, et obstruent souvent la route. Contre de pareils accidens la fuite est inutile; le seul moyen de prévenir le danger, c'est de mieux choisir son tems.

En approchant de la grande galerie, on croirait que la vallée va s'élargir; mais à peine a-t-on de nouveau traversé la *Doveria*, que les énormes masses de rochers qui dominent ses bords, se rapprochent, et qu'on se retrouve entouré des objets les plus menaçans. Ici la nature dans un espace peu étendu, déploie tout ce qu'elle a de plus grand et de plus affreux. D'immenses rochers s'élevant à pic des deux côtés de l'abîme, ne laissaient à la vallée qu'une issue presque impraticable: c'est dans l'un de ces rochers, que la mine et le ciseau ont creusé la magnifique galerie de *Gondo*. Elle a 683 pieds de longueur. Pour l'éclairer on y a pratiqué latéralement deux grandes ouvertures. Après avoir fait plus de 200 pas sous cette voûte de granit, le voyageur revoit la lumière, et ses regards sont aussi-tôt frappés par l'aspect pittoresque des eaux de la *Fracinone* qui tombe de la montagne au fond du précipice, et qu'il passe sur un pont d'une construction singulièrement hardie.

La route continue à descendre par une pente assez rapide. A mesure qu'on avance, les rochers qui la débordent, prennent des formes encore plus gigantesques. Bientôt on découvre un grand bâtiment à plusieurs étages, et dont la lugubre architecture est bien en harmonie avec les objets qui l'entourent; c'est la demeure d'un valaisan chez lequel les voyageurs surpris par la tourmente, trouvent un abri. Cette auberge, quelques autres petites maisons et une chapelle composent le village de *Gondo*.

Au sortir de ce village, la vallée présente une scène moins triste et moins menaçante. Le coudrier et le saule croissent sur les bords de la *Doveria*; le noyer et le chataignier ombragent les collines, on croirait être passé d'un affreux désert, dans des lieux où du moins la nature donne quelques signes de vie.

Vient ensuite *Issel*, qui appartient à l'Italie, et où l'on trouve les premières douanes. Ce hameau qui a autour de lui quelques prairies parsemées d'arbres à fruits, est dans une situation assez agréable. Non loin de là, on trouve la cinquième galerie, qui, quoiqu'elle ne puisse être comparée aux autres, sous le raport de l'étendue et de la difficulté du travail, ne laisse pas que d'être remarquable par l'aspect riant et gracieux qu'elle offre à l'œil du voyageur. En effet, elle est percée dans un rocher dont la partie saillante repose sur une colonne. La couleur rembrunie de cette énorme masse contraste si bien avec l'azur des cieux, avec la blancheur argentine des cascades qui se précipitent de la montagne; et avec la fraiche verdure des collines environnantes, qu'on ne peut se lasser de contempler les effets magiques de cette perspective: c'est ainsi que dans ses jardins, l'homme cherche quelquefois à rassembler quelques uns des effets qui résultent des contrastes de la nature; mais ses efforts sont impuissans; il est fait pour admirer, et non pour imiter les grandes scènes alpestres.

Après avoir quitté la galerie d'*Issel*, le voyageur apercevant quelques montagnes moins arides et moins escarpées, se croit déjà délivré de la fatigante succession des gorges tristes et sauvages qu'il vient de parcourir ;mais il est bientôt détrompé de son espoir. A peine a-t-il fait un quart de lieue, que la vallée reprend tout à coup les formes gigantesques qu'elle semblait avoir abandonnées, et devient plus horrible et plus effrayante que jamais. En effet rien de plus nu, de plus sauvage; rien qui porte l'empreinte de la destruction d'une manière plus épouvantable. D'énormes rochers s'élèvent à pic, et leurs sommets minés par le temps et les eaux, suspendus sur la tête du voyageur, menacent de l'écraser. Leurs débris épars ça et là, annoncent le danger qu'il y a de passer si près de leur base. C'est pour obvier à ce danger, qu'on a établi sur les bords de la route, un massif de muraille, qui n'est pas moins remarquable par sa solidité, que par son étendue.

Enfin on approche du riant vallon de *Dovedro*. Les montagnes s'écartant du côté de l'*est*, forment un amphithéâtre couvert de hameaux, de vignes, de châtaigniers, et offrent un mélange délicieux de belle verdure et de jolies habitations. Qu'on se représente un homme qui s'éveille après un pénible someil, et voit tout à coup se dissiper les songes sinistres qui l'agitaient: ainsi le voyageur aux douces sensations que ce lieu fait éprouver, se sent soulagé, et respire. Autant la vallée de *Gondo* est bruyante et sauvage, autant la contrée de *Dovedro* est paisible et gracieuse. On y pénètre en traversant la *Chérasca* sur un pont de pierre, dont la construction est aussi simple qu'élégante. Ici chaque objet repose la vue, et semble encore embelli par le plaisir qu'on a de le rencontrer. Cependant au midi et sur la rive droite de la *Doveria*, régnent toujours des rochers nus et escarpés d'où se précipitent des torrens avec la plus grande violence.

Ce n'est qu'à regret qu'on s'éloigne des riants côteaux de *Dovedro*; mais la route continuant à descendre, ramène bientôt parmi les rochers et sur les bords tumultueux de la *Doveria*. Néanmoins quoique la vallée soit toujours très étroite et couverte de débris, le gazon et les arbrisseaux qu'on y voit rendent moins sensible l'aspérité de ces lieux.

Bientôt après ce changement de scène, on aperçoit un énorme rocher qui uni d'un côté à la montagne, s'avance de l'autre jusques dans le lit du torrent. La galerie de *Crévola*, la dernière du *Simplon*, traverse ce rocher en ligne droite et sur une longueur de 170 pieds. Cependant la route continuant à descendre par une pente assez rapide, ne tarde pas à conduire le voyageur loin des rochers, des abîmes et du bruyant tumulte des eaux qui se précipitent. Avant d'arriver à *Crévola*, il jouit du plus beau spectacle qui puisse s'offrir à ses regards, spectacle dont l'intérêt est encore augmenté par le souvenir récent de ce qu'il a vu dans l'affreuse vallée de *Gondo*. En effet, au bruit étourdissant d'un torrent impétueux, aux défilés les plus étroits, à cette double chaîne de rochers nus et menaçans, succèdent une vaste plaine bien cultivée et parsemée d'habitations, des collines couvertes de la plus belle verdure, deux rivières qui après avoir réuni leurs eaux, coulent tranquilement par ce qu'elles n'ont plus d'obstacle à vaincre, enfin un beau ciel et une douce température. C'est au milieu de ces objets si rians, qu'on arrive à *Crévola*, où l'on traverse la *Doveria* sur un pont qui est un des ouvrages les plus considérables de la route. Ce pont est soutenu par un énorme pilier qui a plus de 100 pieds d'élévation; les maisons et le clocher de *Crévola* qu'il domine, en font encore ressortir la grandeur colossale.

De ce village à *Domo Dossola*, il n'y a qu'une heure de marche. Cette ville quoique petite, est assez peuplée et très commerçante. On y trouve de bonnes auberges. En sortant de *Domo Dossola*, la route traverse pendant deux lieues des plaines arrosées par la *Toccia*, et conduit à *Villa*. Rien de si charmant que ce village: le devant des maisons y est ombragé par de superbes noyers; derrière ces maisons, la vigne forme de riches berceaux, et plus loin, les collines parsemées de fermes s'élèvent en amphithéâtre. Après *Villa*, on trouve des plaines fertiles; on passe par *Porto-Mazone*, puis par *Manangione*, qu'on rencontre deux lieues plus loin, et enfin après avoir traversé les vastes prairies qui s'étendent d'*Orna-vasco* jusqu'à *Gravelona*, on arrive à *Feriolo* sur le *Lac Majeur*.

Ce lac est ainsi appelé, parce qu'il est le plus considérable de tous ceux qui font l'ornement de la Lombardie. Il est élevé de 636 pieds au dessus de la mer, et s'étend du nord au midi, sur une longueur de 15 lieues. Sa plus grande largeur est de deux lieues et demie, et sa largeur moyenne d'une demi-lieue. Au centre de sa rive occidentale, est un golfe assez profond, où la *Toccia* qui descend du *Simplon* et de la vallée d'*Antigorio*, a son embouchure. Du milieu de ce golfe, s'élèvent les *Iles Borromées*. Au nord et près de *Locarno*, le *Tesin* grossi de divers torrens qui descendent du *Saint-Gottard*, se jette aussi dans le *Lac Majeur*, et après l'avoir traversé dans toute sa longueur, en sort à *Sesto*, vers le midi, pour s'aller perdre dans le *Po*, au dessous de *Pavie*. Ce lac est très poissonneux, et surtout très utile au commerce pour le transport des marchandises. Les bateaux remontent la *Toccia*, et descendent le *Tesin*, d'où un canal les conduit à *Milan*. Leur charge consiste en produits de la contrée, tels que charbon, bois, foin, marbre blanc et granit-rose.

La nouvelle route du *Simplon* côtoie le *Lac Majeur* depuis *Fériolo* jusqu'à *Arona*, espace d'environ sept lieues et demie. Rien de si beau, de si séduisant que la vue de ce lac, lors surtout qu'on se trouve transporté sur ses bords, au sortir de la profonde vallée du *Rhône* et du passage du *Simplon*. Là c'était une fatigante continuité de montagnes couvertes à leur base de sombres forêts, et dont la cime est couronnée par des glaces et de neiges éternelles; d'énormes rochers nus et escarpés qui portent leur front menaçant jusques dans la nue; de nombreux torrens qui se précipitent des hauteurs voisines avec un horrible fracas, et vont se perdre dans l'abîme; enfin une foule de sites sauvages où l'on n'aperçoit aucunes traces de végétation : quel contraste entre ces tristes objets qui sont encore présens à la pensée, et le riant tableau que le lac et ses environs offrent aux regards du voyageur. Ici les montagnes qu'on aperçoit dans le lointain, sont revêtues jusques à leurs sommets, de la plus belle verdure; les collines où la vigne étale ses riches guirlandes, sont parsemées de chateaux, de maisons de campagne remarquables par l'élégance et la variété de leur construction; les divers reflets de la lumière produits par l'agitation des flots, répandent sur ce vaste horizon, un charme inexprimable; une prodigieuse quantité de barques de pêcheur ou de transport sillonnent le lac dans toute sorte de directions; et une route superbe, bâtie en chaussée, contient les eaux de ce lac, et conduit aux différentes villes qui en embellissent les bords.

A une demi-lieu de *Feriolo*, on rencontre le petit village de *Baveno*, bâti au pied de la montagne, et entouré de prairies; sa situation est tout à fait champêtre. Dans ce court trajet, on passe le torrent *Tre fiume* sur une pont, dont les cinq arches élégantes et légères, sont d'un granit blanc veiné de rouge.

Il est peu de voyageurs qui se trouvant à *Baveno*, le lieu les plus rapproché des *Iles Borromées*, ne cèdent à la curiosité de visiter ces îles, qu'on regarde avec juste raison, comme ce qu'il y a de plus singulier dans cette partie de l'Italie, par la situation, par le coup-d'œil et par les ornemens que l'art a ajoutés aux beautés de la nature.

Les *Iles Borromées*, comme nous l'avons déjà fait observer, situées sur la partie occidentale du lac, sont au nombre de trois, savoir, l'*Isola Madre*, l'Ile *Mère* ou de *S. Victor*; l'*Isola Bella*, l'Ile *Belle*, et l'Ile *Supérieure* ou des *Pêcheurs*.

L'Ile *Mère* ou de *S. Victor*, vue des bords du lac, semble sortir du sein des eaux, comme un bouquet de la plus riche verdure. Les lauriers, les ifs, les pins, les cyprès la couvrent de leurs rameaux toujours verts; et quand l'hiver a blanchi les montagnes et depouillé les collines de ces festons de pampre qui en faisaient la richesse et l'ornement, cette île conserve encore sa brillante parure, et présente l'image d'un printemps perpétuel. Elle est au centre du lac, et par conséquent placée sous le point de vue le plus favorable. Du côté du sud, elle est ornée de quatre terrasses qui s'élèvent en amphithéâtre, et sont dominées par un vaste bâtiment d'une architecture fort simple. Un portique de verdure formé par une rampe ombragée de vigne, sert d'entrée à l'île. L'aloés et les arbustes des pays chauds, y croissent en pleine terre; les pintades et autres oiseaux du midi volent en liberté dans une forêt de lauriers, de cyprés et de pins gigantesques : la fraîcheur des ombrages, le parfum de fleurs, le murmure de l'eau qui se brise sur les bords de l'île, la beauté des sites qui l'entourent, en font un séjour délicieux. Du reste dans l'Ile *Mère*, on a tâché de joindre l'utile à l'agréable, ce qui fait que cette île a quelque chose de moins recherché, et un air plus champêtre.

La plus singulière de ces îles, celle qui offre un aspect vraiment théâtral, et qui prouve le mieux ce que peut la main créatrice de l'homme, c'est l'*Isola Bella*. Cette île en 1670, n'était qu'un rocher stérile; le Comte *Vitaliano Borromée* et ses successeurs l'ont couverte de somptueux bâtimens, de jardins délicieux élevés sur des terasses ou supportés par des voûtes fondées dans les eaux.

Le côté *Nord-Ouest* est occupé par le palais et par quelques habitations de pêcheurs. Le palais se compose de bâtimens vastes, mais sans ordre ni beauté extérieure; une partie même qui n'a pas été achevée, tombe en dégradation. Cependant la chapelle et la plupart des appartemens sont richement décorés. Le marbre, les dorures et les glaces y brillent avec profusion. On y voit une collection de tableaux des meilleurs peintres d'Italie. Le rez-de-chaussée présente une suite de salons en forme de grottes, dont les parois sont revêtues de cailloutages polis, artistement arrangés par compartimens: ces salons sont ornés de statues, et des fontaines y entretiennent une agréable fraîcheur.

La partie du *Sud* la plus rapprochée du rivage, est celle où l'art pour embellir l'ouvrage de la nature, s'est pour ainsi dire, surpassé lui-même. On y voit d'un côté; une forêt d'orangers et de citronniers qui répandent au loin leur doux parfum, surmontée de lauriers dont la verdure claire contraste avec la couleur sombre des cyprès qui les avoisinent. Le myrte, le jasmin, les rosiers de différentes couleurs, fleurissent au près des orangers, et la vigne qui forme des festons d'un arbre à l'autre, suspend ses fruits vermeils près de la figue, de la pêche et du limon. De l'autre côté, dix terrasses s'élèvent les unes au dessus des autres, et donnent à l'île la forme d'une immense pyramide; une licorne colossale, arme des *Borromées*, les domine. Les murs de ces terrasses sont palissadés avec des orangers, des cédrats et des grenadiers; et leur sommet est orné de statues de marbre, d'obélisques et de vases remplis de fleurs étrangères. La vue de la terrasse supérieure élevée de plus de 100 pieds au dessus des eaux, est magnifique; elle s'étend sur la plus grande partie du lac, sur les montagnes qui l'environnent, et dans le lointain jusques aux glaciers du *Simplon*. Le pavé de cette terrasse reçoit les eaux pluviales qui sont réunies dans une citerne placée au dessous; de là, elles sont distribuées dans diverses parties de l'île où elles forment des fontaines et des jets d'eau.

L'Ile *Supérieure* ou des *Pêcheurs*, qui, par la simplicité de ses bâtimens, semble être placée à dessein près de l'*Isola Bella*, pour enrchausser la magnificence, n'a rien de curieux. Quoique son circuit ne soit à peuprès que de dix minutes, elle renferme néanmoins plus de deux cents habitans, et a une église qui est la paroisse des trois *Borromées*.

La route de *Baveno* a *Stresa*, offre une promenade fort agréable, ombragée par des beaux arbres, et riche en points de vue. Dans tout ce pays, on voit une multitude de chapelles qui ne contribuent pas peu à l'embellir. La plupart, même celles des villages, sont construites avec goût. Si on y entre, on est étonné de leur richesse et de la quantité des tableaux qui les décorent.

Parmi les villes qui dominent les bords du lac *Majeur*, celle d'*Arona* où aboutit et se termine la nouvelle route du *Simplon*, rappelle d'intéressans souvenirs. C'est là que naquit en 1538 *Saint Charles Borromée*, Cardinal et Archevêque de *Milan*, qui consacra sa vie et ses richesses à fonder des établissemens de charité, et se distingua surtout par son généreux dévoûement, lors de la peste qui ravagea la capitale de la Lombardie.

La statue de ce héros du christianisme, placée sur une esplanade qu'on a pratiquée exprès dans le côteau, est un monument de la reconnoissance des habitans des environs et de sa famille, aux frais des quels elle fut élevée en 1697. Ce colosse, d'une bonne éxécution, a 112 pieds de hauteur y compris le piédestal qui en a 46; il est en cuivre battu, la tête et les mains seules sont coulées. Son intérieur, consolidé par un massif de pierre, renferme un escalier qui permet de monter jusques dans la tête de la statue. *Saint Charles* paroit donner sa bénédiction aux habitans de sa ville natale et à ceux du pays qu'il combla de ses bienfaits.

Arona a de belles maisons et un port assez commode. Le commerce y fleurit à cause du passage des marchandises qui viennent de la Méditerranée et de l'Italie, et qu'on transporte en Allemagne et en Suisse. En partant de cette ville, on voit les côteaux qui la dominent s'abaisser graduellement, et laisser à découvert une grande étendue de la chaîne des Alpes, du centre de laquelle s'élève majestueusement le *Mont Rosa*, rival en hauteur du *Mont Blanc*, et sur la cime duquel personne n'est encore parvenu.

On arrive à *Sesto* en traversant le *Tesin* sur un bac. *Sesto* est un joli bourg situé à l'extrêmité du lac *Majeur* et à l'endroit de la sortie du *Tesin*. La route qui de ce bourg conduit à *Milan*, sur une longueur de 10 lieues, traverse quelques petites villes qui n'ont précisement rien de bien remarquable. Mais il n'en est pas de même du sol de cette riche et fertile contrée que le voyageur va désormais parcourir. On sait que la *Lombardie*, qui est la première région agricole de l'Italie, peut être appelée le jardin de l'Europe, et en est sans contredit la partie que la nature a le plus favorisée. Ce pays où les eaux de la mer en se retirant, ont déposé un terreau noir dont la profondeur annonce une fécondité inépuisable, est presque partout aligné sous un niveau parfait. Les montagnes qui l'environnent, y versent une prodigieuse abondance de courans d'eau que l'art n'est pas encore parvenu à maîtriser, mais dont il a su diviser à l'infini le mouvement, en multipliant partout les canaux d'irrigation, en sorte qu'il n'y a presque pas de fermes, ni de prairies qui n'ayent à leur portée un canal et une écluse. Ce luxe d'irrigation uni à l'action du soleil méridional, produit tous les phénomènes de la plus vigoureuse végétation.

De si grands avantages ont dès long tems accumulé dans cette heureuse *Lombardie*, une immense population, et avec elle, toutes les conséquences qui en dérivent, telles que la multiplicité des villes, la fréquence des marchés et la beauté des chemins qui y conduisent de tous les points de la campagne; les récoltes sont encadrées par des plantations d'arbres a fruits de toutes les espèces, mélangés de mûriers, de peupliers et de chênes; et pourque ces derniers ne se bornent pas à donner oisivement de l'ombrage, on les fait servir de soutiens à la vigne qui d'abord les couvre en forme de dôme, de ses pampres verdoyans, et puis retombe en festons. Ces plantations sont tellement multipliées dans toute la *Lombardie*, que l'œil du passager n'en peut percer l'épaisseur: il y voyage dans un horizon toujours voilé, et qu'il ne découvre qu'à mesure qu'il avance. Ce n'est donc pas ici qu'il faut chercher de ces points de vue qui font naître de si agréables sensations; mais on y est bien dédommagé de cette privation, par l'aspect des richesses territoriales que la nature secondée par la main de l'agriculteur, y étale de toutes parts.

§ 10.

Route de la Suisse à Milan par le Saint Gothard.

Le *Saint Gothard*, situé entre la *Suisse* et l'*Italie*, est un des passages des hautes alpes les plus fréquentés. La grande route qui le traverse, part de la ville d'*Altorf* et remonte la *Reuss* jusqu'à sa source; ensuite du point le plus élevé du *Col*, longeant le cours du *Tesin* qui se précipite vers l'*Italie*, elle aboutit à *Belinzone*; de là on peut se rendre ou au lac *Majeur*, ou à celui de *Lugano*.

On compte d'*Altorf* à l'hospice du *Saint Gothard* environ 11 lieues, et de là à *Belinzone* 13. La route qui a de 10 à 15 pieds de largeur, est pavée en quelques endroits de grandes dalles de granit. On en a reconstruit à neuf, quelques parties, soit pour en diminuer les sinuosités, soit pour en adoucir la pente trop rapide. En hiver les neiges s'y accumulent quelquefois à la hauteur de 20 à 30 pieds; mais les habitans d'*Urseren* et d'*Ajrolo*, qui pour aider au transport des marchandises, sont constamment occupés à gravir ou à descendre la montagne avec des traîneaux attelés de bœufs, prennent un soin tout particulier de déblayer la route, en sorte qu'il est bien rare qu'elle demeure fermée pendant huit jours. On assure qu'il passe sur le *Saint Gothard* 300 bêtes de somme par semaine, et 15,000 voyageurs par an.

La ville d'*Altorf* où l'on prend ordinairement la grande route qui traverse le *Saint Gothard*, est le chef lieu du canton d'*Uri*. Quoique cernée de toutes parts par des montagnes si élevées qu'il faut faire effort pour voir le ciel, elle a néanmoins des maisons assez vastes, très propres, et de plus ornées de grilles et de jardins. Dans l'endroit où l'on prétend que le héros de la *Suisse* eut l'adresse d'abattre la pomme que le cruel *Gesler* avait placée sur la tête du jeune *Tell*, on a élevé deux fontaines qui indiquent l'espace que parcourut la flèche; on y voit les statues du père et du fils dans la même attitude qu'ils devaient avoir pendant la scène tragique qui détermina la liberté des *Cantons Helvétiques*. Il est difficile de ne pas éprouver une certaine émotion, à l'aspect des monumens érigés par la vénération et la reconnaissance des peuples, à des hommes que leur générosité, leurs mœurs et leur courage ont rendus vraiment respectables. Les paysans parlent de *Tell*, et de quelques autres de leurs compatriotes qui ont été les fondateurs de l'indépendance de la *Suisse*, comme d'êtres supérieurs à l'humanité.

Au sortir d'*Altorf* on passe un fougueux torrent qui descend de la vallée du *Schuchen*, et l'on entre dans celle de la *Reuss*, où après avoir traversé les villages d'*Erst-felden*, *Klous*, et *Silenen*, on arrive à *Ams-teg*, qui est à 3 lieues d'*Altorf*. Rien de si triste que les premiers villages qu'on rencontre en pénétrant dans la vallée de la *Reuss* : tout annonce que cette lugubre contrée est l'asile de la maladie, de la pauvreté; l'espèce humaine y est dégradée jusques dans ses formes, funeste produit de l'air corrompu par les exhalaisons des eaux stagnantes dans des plaines basses, chaudes et marécageuses. Cependant les environs d'*Ams-teg* sont assez agréables, et la végétation y paroit d'une vigueur singulière, différence qui vient sans doute de ce que ce gros bourg est situé au pied du *Saint-Gothard* pris dans la plus grande étendue qu'on puisse donner à sa base; en effet depuis *Ams-teg* jusqu'au sommet du *Saint-Gothard*, on ne cesse point de monter.

D'*Ams-teg* à la vallée d'*Urséren*, on compte 5 lieues. Pendant ce trajet, on dirait que la nature prend plaisir à se décomposer pour offrir aux regards du voyageur les scènes à la fois les plus effrayantes et les plus sublimes. A chaque pas, on est frappé du désordre occasionné par les élémens qui se font la guerre. Tantôt la *Reuss* paroit à des profondeurs que l'œil ose à peine mesurer, et alors on ne l'entend que comme le bruit sourd et lointain du tonnerre; tantôt elle se rapproche de la route, et ébranle avec un horrible fracas la terre qui porte le voyageur. Au milieu de cet étrange cahos de forêts renversées par les avalanges, d'énormes rochers descendus du sommet des montagnes et d'un sol ruiné par les torrens; on n'aperçoit d'espace en espace, que quelques langues de terre cultivée, quelques chétives cabanes de pasteurs.

A un quart de lieue d'*Ams-teg*, on trouve le hameau d'*Im-riet* près duquel on passe un ruisseau qui sortant d'une gorge très profonde, offre un aspect tout à fait pittoresque. Plus loin on traverse le village de *Meits-Chlinghen*, et l'on ne tarde pas à atteindre le point nommé le *Fall-brouck* où un torrent forme au milieu d'un groupe de noirs sapins, des cascades très agréables. Ensuite on gagne la rive gauche de la *Reuss* sur un pont nommé le *Saut du Moine*: ce pont composé d'un seule arche est ainsi appelé, parcequ'il repose sur deux rochers si rapprochés l'un de l'autre, qu'il semble qu'on pourrait franchir la rivière d'un saut. Les gens du pays racontent qu'avant qu'on eut construit un pont dans cet endroit, un moine qui avait enlevé une fille, se voyant vivement poursuivi, prit cette fille dans ses bras, et eut le bonheur de franchir le gouffre avec sa proie. On peut bien donner le nom de gouffre au vide formé par les rochers de l'une et l'autre rive, car ces rochers sont excavés à une si grande profondeur, qu'on perd de vue la *Reuss* cachée par leurs saillies alternatives.

A une petite distance de là, on traverse un torrent qui descend de la montagne; et immédiatement après, la route s'élevant par une pente très rapide, conduit à *Wasen* où l'on trouve une bonne auberge. L'église de ce village, bâtie sur une roche qui domine la vallée, produit dans le paysage un effet très agréable. A une demi-lieue de *Wasen*, on rencontre le village de *Wattingen*, près du quel on passe un pont nommé *Schoën-Brucke*, qui ramène sur la rive droite de la *Reuss*; et au bout d'une autre demi-lieue, on est reporté sur la rive gauche de cette rivière, par un autre pont dont l'arche est d'une hauteur extraordinaire. Depuis ce troisième pont jusqu'à la vallée d'*Urséren*, la *Reuss* forme une suite presque continue de chûtes.

Vient ensuite le village de *Gesthinein*, au sortir du quel on passe un quatrième pont appelé *Hederli-Brucke*, et l'on se retrouve sur la rive droite de la *Reuss*. Ici la vallée prend un aspect aussi effrayant que sauvage; elle ne présente que des rochers absolument nus, et l'on n'entrevoit le ciel que par d'étroites échappées entre ces rochers. A un quart de lieue plus loin, on est remis sur la rive gauche par un cinquième pont nommé *Tantzenbein*; et enfin après une montée d'une heure et demie dans cette gorge affreuse et glaciale, on parvient au fameux *Pont du Diable* par lequel on regagne la rive droite.

L'arche de ce pont a 75 pieds d'ouverture, et la hauteur verticale de la chûte d'eau est de 100 pieds. Ces lieux pleins d'horreur, retentissent au loin des rugissemens de la *Reuss* qui se précipite dans l'abîme avec une impétuosité effrayante. Mais si l'on est étonné des difficultés qu'eut à surmonter l'architecte qui lança ce même pont d'une rive à l'autre, on l'est bien plus des scènes de dévastation qu'on a sous ses yeux, lorsqu'on l'a passé. Tout ce que la fable raconte des masses élevées jusques au ciel par les géans, et renversées sur ces rebelles, n'est qu'une foible image de l'informe cahos que présente la gorge où est bâti le *Pont du Diable*. C'est cependant cet horrible passage, qui, pendant les dernières guerres, fut le théâtre des combats les plus sanglans entre les Français et les Autrichiens, comme si ce n'était pas assez des horreurs que la nature étale dans ce lieu, pour que l'homme dut encore y joindre celles qui sont le triste résultat de ses barbares institutions.

Bientôt après avoir passé le *Pont du Diable*, le peu de lumière que les sommets de montagnes réfléchissent dans cette profonde vallée, disparoît sous les voûtes de *L'urner-loch*: c'est un antre taillé dans le roc vif, et qu'on a été obligé de pratiquer, parceque dans cet endroit les parois de la montagne sont trop escarpées et presque perpendiculaires. La galerie a 200 pieds de longueur sur 12 de largeur, et autant de hauteur. En sortant de cette caverne humide et obscure, la scène change tout à coup, et le voyageur, comme par enchantement, se trouve transporté sous un beau ciel; il aperçoit des touffes de verdure et des champs assez bien cultivés, contraste d'autant plus frappant qu'il était inattendu: c'est la vallée d'*Urséren*, qui, à la vérité, n'est pas des plus fertiles, mais que les gorges affreuses qu'on vient de quitter, font par une illusion bien naturelle, paroître un séjour délicieux.

Cette vallée qu'on traverse jusqu'à l'endroit où la montée recommence pour ne cesser qu'au sommet du *Saint-Gothard*, renferme quatre villages: *Ander-matt* qu'on rencontre à un quart d'heure de la galerie de l'*Urner-loch*, en est le chef-lieu. A trois quarts de lieue plus loin, est le village de l'*hôpital* situé près du confluent des deux *Reuss*, dont l'une vient du *Saint-Gothard*, et l'autre de la *Fourche*. Les lits de ces deux torrens sont profondément excavés, et bordés de précipices. Il est étonnant qu'on ait choisi un pareil site pour y bâtir un village; ç'a été sans doute pour se rapprocher de la grande descente du *Saint-Gothard*, et pour être plus à portée de loger les hommes, les mulets et les marchandises qui prennent cette route. Près de ce village était autrefois une tour qui commandait à toute la vallée, et dont les débris sont maintenant cachés dans la poussière; des pommes de terre végétent sur ses créneaux.

En partant de l'*hôpital*, la route n'offre plus ces grands accidens de la nature qui causent la surprise, et inspirent l'effroi. On monte lentement sur une chaussée pavée de grosses dalles de granit. Les personnes qui sont d'un tempérament foible, se sentent oppressées par la subtilité de l'air et la rigueur du climat. La pente de la montagne qu'on gravit, est souvent interrompue par des petits repos. Cependant on arrive dans un endroit où le rapprochement des deux parois des rochers, semble fermer entièrement le passage, et où la *Reuss* fait une chûte assez forte. Tout près de là, on traverse cette rivière sur le pont de *Rudunt*, et continuant de monter pendant quelques momens, on atteint enfin le point le plus élevé du passage.

C'est dans ce lieu qu'est bâti l'*hospice*. Les

voyageurs y sont aussi bien reçus que le comporte le nature des choses. Ceux qui sont pauvres y trouvent un repas qui ne leur coûte rien, et s'il leur est arrivé quelque accident, on leur donne les soins nécessaires. On n'exige de payement de personne ; mais les gens aisés ne doivent pas oublier, qu'accepter cette hospitalité gratuite, c'est en restreindre les effets pour un très-grand nombre d'indigens.

Le vallon nu et sauvage qui occupe le haut du passage de la montagne, et dont l'élévation est de 1105 toises au dessus de la mer, forme un bassin d'une lieue de long, et s'étend dans la direction du *Nord* au *Sud*. Il est entouré de toutes parts, de pics d'une grande hauteur, qu'on peut néanmoins atteindre sans beaucoup de fatigues au bout de deux ou trois heures de marche, et d'où la vue s'étend sur les abîmes épouvantables et les montagnes sans nombre, qui se groupent autour d'eux, et leur servent comme de ceinture. Il n'est pas inutile de remarquer que trois grands fleuves d'Europe, savoir, le *Rhône*, le *Rhin* et le *Danube* prennent leur source aux environs du *Saint-Gothard*, dont le sommet a 1431 toises de hauteur perpendiculaire, et par conséquent 190 toises audessus du *Grand-Saint Bernard*.

Sur le plateau du *Saint-Gothard*, on trouve plusieurs petits lacs : celui de *Lucendro* est situé au pied du pic du même nom, et au nord-ouest de l'*hospice*. Il est encaissé dans des rochers d'un aspect affreux ; c'est de ce lac que sort la *Reuss* qui se grossit ensuite de divers torrens très considérables. Le *Tesin* a ses sources dans un petit lac voisin de l'*hospice*, au pied du mont *Prosa*, et dans le lac de *Sella* que l'on voit sur l'alpe du même nom. Il descend dans les plaines d'Italie d'une hauteur de 969 toises.

La température du col du *Saint-Gothard*, est très âpre et très rigoureuse. L'hiver y dure pendant neuf mois, et les neiges s'y accumulent à une hauteur prodigieuse. Il est rare d'y voir le thermomètre de *Réaumur* descendre au dessous de 19 degrés. Les passages que les avalanges rendent les plus dangereux, sont ceux qu'on nomme *Feld* au nord de l'*hospice*, le *Chemin neuf* appuyé contre les rochers au sud, et tout le trajet depuis l'*hospice* jusqu'à *Airolo*, mais surtout à *La Piota*, à *Sant Antonio*, à *San Giuseppe* et dans toute *la Valtremola*. Les tourbillons accompagnés de nuées de neiges en poussière, sont très périlleux depuis l'alpe de *Rudunt* jusqu'à l'*hospice*. Les voyageurs qui traversent le *Saint Gothard* pendant la mauvaise saison, doivent s'attacher à suivre scrupuleusement les conseils des gens du pays. Si des circonstances impérieuses les forcent à continuer leur route dans un temps dangereux, la seule précaution qu'ils puissent prendre, c'est d'oter aux chevaux leurs clochettes, et tout ce qui pourrait faire quelque bruit, et de se hâter de traverser les mauvais pas sans dire un mot et dans le plus grand silence; car il ne faut souvent qu'un son très foible pour déterminer la chûte des masses de neige dont on est menacé.

De l'*hospice* à *Airolo*, il y a deux lieues de descente très rapide. Une singularité assez remarquable, c'est qu'on fait une partie de ce trajet, par un chemin de marbre, de spath et de cristal. Le *Tesin* dont on longe les rives, coule d'abord parmi des rochers où il produit une multitude de belles cascades, et puis il se divise en divers rameaux pour traverser la région des Sapins. En quittant le plateau du *Saint-Gothard*, on s'enfonce dans la *Valtremola*. Après environ une heure de marche, on passe le *Tesin* sur un pont. Là quelquefois en hiver les neiges transportées par des vents impétueux, s'entassent à 50 pieds de hauteur, et souvent même en été forment sur le *Tesin*, des voûtes qui sont en état de supporter des fardeaux d'une pesanteur très considérable.

Au dessous du second pont qu'on rencontre, on aperçoit déjà de vertes prairies, et l'on quitte cette nature sauvage dont les regards du voyageur ont été constamment frappés sur les bords de la *Reuss*. Ensuite on passe à côté de la chapelle de *Sainte Anne*; et traversant la forêt de *Piotella*, on ne tarde pas d'arriver à *Airolo*, où l'on voit un sol, qui, s'il n'est pas des plus fertiles, répond du moins aux soins du cultivateur par des récoltes assez abondantes en poids, en pommes de terre et même en blé.

Dazio-Grande qui vient après, est à deux lieues et demie d'*Airolo*. Le chemin qui y mène, descend comme un escalier, en suivant pendant un quart d'heure une gorge que débordent des rochers très escarpés. On passe trois ponts dans ce court trajet. La route actuelle pratiquée dans cette gorge, a coûté des sommes immenses; c'est pourquoi on exige de tous les voyageurs, même de ceux qui sont à pied, un petit péage.

Entre *Dazio-Grande* et *Giornico*, il y a un intervalle de deux lieues. Après avoir passé le village de *Faido*, qui est à moitié chemin, la vallée commence à se rétrécir. Depuis *Airolo* jusqu'à cet endroit, les montagnes qui environnent cette vallée, s'abaissant insensiblement vers l'Italie, le *Tesin* qui se précipitait en torrens, a déjà pris un cours plus égal et plus tranquille, mais tout à coup d'énormes rochers s'opposant à son passage, on dirait que ce fleuve impatient et irrité de la barrière qu'il rencontre, rassemble toutes ses forces pour la surmonter. En effet il bouillonne, s'élance en écume blanchâtre par dessus la chaine de rochers qui l'a retardé dans sa marche, et tombe au fond d'un gouffre épouvantable; bientôt il reparoit, et comme fier de son triomphe, il s'étend dans la plaine. Cependant le chemin pratiqué en corniche dans les rochers, descend par une pente assez roide, à *Giornico*, grand village divisé en deux parties par le *Tesin*, et entouré de superbes chataigniers.

Au delà de *Giornico*, la vallée s'élargit et s'étend jusqu'à *Belinzone*. On passe par *Poleggio*, qui est à deux lieues de *Giornico*, et de là, on arrive à *Belinzone* dans deux heures de marche. *Belinzone* est une jolie petite ville, assise des deux côtés du *Tesin*, et sur la pente de la montagne. Elle commande un passage important, parceque la vallée s'y rétrécit à tel point qu'il ne reste de place que pour la grande route et la rivière. A l'*Est* on a construit deux châteaux forts l'un au dessus de l'autre, et il y en a un troisième du côté de l'*ouest*. Les murs qui servent de défense à ces châteaux, descendant jusques aux bords du

Tesin, en sorte que les portes de la ville ferment toute la vallée. *Belinzone* est donc la clef de la Suisse du côté du *Saint-Gothard* : elle est de plus une ville d'entrepôt pour les marchandises qui vont en Italie, ou qui en viennent. Ce furent les Français, qui sous le règne de *François* I, élevèrent la grande digue qu'on voit près de cette ville, et qui sert à prévenir les dévastations du *Tesin*. Les habitans parlent l'italien, mais les aubergistes savent l'allemand.

Nous avons déjà fait observer que de *Belinzone*, on peut se rendre ou au lac *Majeur*, ou à celui de *Lugano*. Pour aller au lac *Majeur*, on prend la route qui tourne à droite et conduit en trois heures de marche à *Magadino* sur le lac *Majeur*. Là on s'embarque, et traversant le lac dans toute sa longueur, on arrive à *Sesto*, d'où l'on se dirige sur *Milan*, ainsi que nous l'avons expliqué à la fin du § précédent.

Après avoir dépassé *Belinzone*, on trouve un chemin qui prend à gauche et mène à *Lugano*, ville située sur le lac du même nom, distance de 6 lieues. On passe d'abord par *Giubiasco* et *Cadenisso*, et traversant le mont *Céneré*, couvert de forêts de châtaigniers, on arrive à *Bironico*. Ensuite on longe le cours de *Lisone*, et l'on descend dans les beaux villages de *Taverne Sopra* et *Sotto*. Lorsqu'on est parvenu au moulin d'*Osteriata*, on voit dans le lointain la cîme du *San Salvador*, qui est au bord du lac. *Vescia* est le dernier village que l'on rencontre; au delà de ce lieu, on passe un pont, et lorsqu'on a gagné la *Chapelle de la Madonna*, on aperçoit le lac, et l'on commence la descente qui conduit à *Lugano*. Tout ce trajet est riche en sites pittoresques.

Lugano est situé sur la rive septentrionale du lac; c'est une ville très commerçante à cause du passage des marchandises qui sont dirigées par le *Saint Gothard*: il y a des moulins à filer la soie, dont le mécanisme est très ingénieux, des manufactures de tabac, des papeteries, des fabriques de poudre à canon, et dans les environs, des forges où l'on travaille le fer et le cuivre. La soie qu'on y récolte, passe pour la meilleure de tout le canton du *Tesin*, et surpasse même en finesse celle de *Milan*. Vue du lac, la ville offre un aspect magnifique, et tout à fait pittoresque. A l'*est*, s'élève le fertile *Monte Bre* ou *Gottardo*, couvert de villages, de maisons de campagne et de jardins qui présentent une forêt d'oliviers, de citronniers, d'orangers et d'amandiers: ajoutons les plus beaux berceaux de pampres dont les festons suspendus aux arbres, forment une décoration vraiment théâtrale. A l'opposite on voit s'étendre vers le *sud-est*; l'âpre mont *Caprino*, au pied duquel on aperçoit une multitude de petits bâtimens qui contrastent par leur blancheur avec la couleur rembrunie des rochers auxquels ils sont adossés; ce sont les *Cantines* de *Lugano*. La montagne étant très caverneuse, on a profité de cette circonstance pour y conserver le vin au frais, et y aller en promenade pendant les grandes chaleurs : et pour joindre ainsi l'utile à l'agréable, on n'a eu besoin que d'élever quelques légères constructions au devant de ce qu'on appelle les *Cavernes* d'*Éole*.

Lorsqu'on a traversé le lac de *Lugano*, on n'est plus qu'à 3 lieues de la ville de *Côme*. La route qui y conduit, est belle et même commode, si l'on excepte la montée au sortir du lac, et la descente en arrivant à *Côme*, qui sont considérablement prolongées. Dans ce trajet, on trouve les bureaux de la douane placés près d'un village qui fait la séparation entre la *Suisse* et le *Milanez*.

La ville de *Côme* située sur un grand lac du même nom, est riche et bien peuplée. On y voit beaucoup d'inscriptions qui attestent son ancienneté. *Justin* dit qu'elle fut bâtie par les *Gaulois* lorsqu'ils entrèrent en *Italie* sous la conduite de *Brennus*. Elle a été la patrie de *Catule*, de *Pline le jeune*, du pape *Innocent* XI, et de *Paul Jove*, historien. Le lac sur lequel elle est bâtie, a environ 14 lieues de longueur, et est traversé par l'*Adda*. On y pêche de très bon poisson et surtout d'excellentes truites. L'intérieur de la ville ne répond pas à la beauté de son site: elle a d'assez belles maisons, mais ses rues sont trop étroites, et leurs nombreuses sinuosités font que l'ensemble a l'air d'un labyrinthe. Du reste le commerce et l'industrie y ont toujours fleuri, et les avantages qu'on en retire, joints à ceux qui résultent d'un sol fertile et très bien cultivé, rendent *Come* l'une des villes les plus intéressantes du *Milanez*.

De *Come* à *Milan*, on compte 8 lieues. La route s'élève d'abord du fond du vallon par une pente assez rapide et extrêmement prolongée ; mais lorsqu'elle a gagné le niveau de la plaine, elle conduit à *Milan* par la ligne la plus directe. Les campagnes qu'elle traverse sont d'une fertilité prodigieuse : c'est l'heureux sol de la *Lombardie* avec toutes les qualités qui le distinguent

§ 11.

Route du pays des Grisons à Milan par le Splughen.

Le *Splughen* est une haute montagne du pays des Grisons, qui fait partie de la grande chaîne des alpes et offre un passage très fréquenté pour aller d'*Allemagne* en *Italie*. Le trajet depuis *Coire*, qui est la capitale des Grisons et le point ordinaire de *départ*, jusqu'à la ville de *Chiavena*, comprise dans le territoire italien, est de 18 lieues. Pendant l'hiver et au commencement du printemps, cette route présente quelques dangers à cause des avalanges. La 2.⁰ armée de réserve française commandée par le général *Macdonal*, passa le *Splughen* en 1800, depuis le 27 novembre jusqu'au 1.ᵉʳ du mois suivant; mais elle perdit beaucoup de monde et de chevaux.

La route qui part de *Coire* est une très belle chaussée construite entre les années 1782 et 1786, jusqu'à la frontière des Grisons : elle longe d'abord une charmante et riche vallée bordée à gauche par les montagnes de *Malix*, et à droite par la *Galanda*, traverse le grand village d'*Ems*, le premier au delà de *Coire*, où l'on parle le

Roman, et conduit à *Reicheman* situé au confluent du *Rhin postérieur* et du *Rhin antérieur*. Ce gros bourg est la clef de toute la vallée du *Rhin antérieur*; il est à deux lieues de *Coire*. De là à *Tusis*, pareille distance. Dans ce trajet, on passe par *Bonadoutz* et *Rœtzins*, et l'on jouit d'une vue extrêmement agréable sur une vallée aussi fertile que populeuse.

Tusis est un des endroits les mieux bâtis qu'il y ait dans tout le pays des Grisons. Il est situé sur la rive gauche du *Rhin postérieur* et au pied du *Heinzenberg*. L'allemand y est généralement en usage. La situation de ce bourg sur le grand chemin du *Splughen*, le rend fort vivant. Les arbres fruitiers qu'on cultive dans la vallée sont d'un tel raport, que l'exportation des fruits qu'on y fait sécher, forme une branche considérable de commerce.

Bientôt après avoir passé *Tusis*, la route s'engage dans la *Viamala* et mène à *Zilis* en deux heures de marche. On donne le nom de *Viamala* à la fameuse gorge qu'on est obligé de traverser avant d'arriver à la vallée de *Schams*, et qui passe pour une des plus remarquables et des plus affreuses qu'il y ait en Suisse. Cette longue gorge n'a souvent que quelques toises de largeur; on y voit à une profondeur effrayante, couler avec la vitesse d'un trait, le *Rhin postérieur*, que l'on distingue à la blancheur de son écume, sans pouvoir entendre le fracas de ses ondes. Les parois des rochers surplombent au dessus de l'abîme, et sont couverts de noirs sapins qui ajoutent à l'obscurité et à l'horreur de ce lieu. Le chemin qui est taillé en corniche dans le roc, et qui n'a que 3 ou 4 pieds de largeur, suit tantôt la droite et tantôt la gauche de la rivière qu'on aperçoit le plus souvent à 200 et même à 400 pieds au dessous de soi. Pour construire les trois ponts sur lesquels on passe cette rivière, il a fallu du haut des côtés du défilé, descendre avec des cordes, des sapins aussi longs que des mâts de vaisseau, et en fixer les deux bouts sur l'un et l'autre bord du précipice. La route est bien entretenue et suffisamment prémunie contre toute espèce d'accidens. En été, il n'y a aucun danger à craindre; mais comme nous l'avons déja fait observer, on est fort exposé aux avalanges lorsque les montagnes sont couvertes de neiges.

Au sortir de *Tusis*, on passe la *Nolla*, et après une demi-heure de montée, on arrive à la ferme de *Roughella*. Là commence la descente qui aboutit à *Viamala*. Bientôt après on passe le *Rhin* sur un pont de pierre d'une construction très hardie ; après quoi, on traverse une roche percée. Un peu plus loin, un second pont non moins hardi que le premier, reporte le voyageur sur la rive gauche. Ce pont composé d'une seule arche, a 40 pieds de long, et s'élève au dessus d'un abîme de 480 pieds de profondeur. A quelque distance de là, le *Rhin* forme une chûte considérable, et ses flots se brisant contre les rochers avec une prodigieuse impétuosité, produisent un nuage de poussière humide qui fait voir un fort bel iris lorsque le soleil donne dans la gorge. Au bout d'une demi-heure, le chemin repasse sur la rive droite au moyen d'un troisième pont; après quoi l'on ne tarde pas d'arriver à l'église de *Saint Ambroise*. Ici l'on quitte l'affreuse gorge de *Viamala*, et l'on entre dans la riante et gracieuse vallée de *Schams*. Le lieu qui dans tout ce trajet offre les tableaux en même temps les plus sublimes et les plus remplis d'horreurs, est l'espace qui sépare les deux premiers ponts. La lugubre obscurité qui règne dans cette gorge sauvage à cause du raprochement des rochers qui la débordent, dispose naturellement le voyageur à la mélancolie; mais son ame se remplit d'horreur et d'effroi, lorsqu'on lui raconte l'exécrable forfait d'un prêtre, qui, après avoir attenté à l'honneur d'une jeune fille, la précipita au fond de cet abîme.

Le premier village qu'on rencontre en entrant dans la vallée de *Schams*, est celui de *Zilis*. Cette vallée forme un bassin ovale d'une lieue et demie de longueur; elle contient onze villages et les ruines de plusieurs châteaux, et offre sur tout au sortir de l'affreuse gorge de *Viamala*, un aspect des plus gracieux. Le *Rhin postérieur* qui la traverse, y grossit ses eaux de six petites rivières ou torrens.

A une lieue et demie de *Zilis*, est le village d'*Andéer*, où l'on trouve la meilleure auberge qu'il y ait dans toute cette contrée. On a encore deux lieues et demie à faire, pour aller de ce village à celui de *Splughen*. Près du château de *Bérembourg*, on entre dans le défilé qu'on appelle les *Roffeln*; c'est là que la rivière d'*Avers*, au sortir de la vallée de *Farrera*, se précipite dans le *Rhin*, qui, descendant de la vallée de *Rhinvald*, lutte avec fureur contre les obstacles que les *Roffeln* opposent à son rapide cours, et offre un spectacle également sublime et effrayant. Cependant ce défilé est moins sauvage et d'un aspect moins affreux que le passage de *Viamala*. Quand on en est sorti, on traverse une plaine couverte de bois qu'on appelle *Selva plana*, après quoi, on se rend par le village de *Souvers*, à celui de *Splughen*.

7.*

Ce dernier village, quoique situé à une élévation déjà très considérable, est néanmoins fort vivant à cause des deux routes très fréquentées qui y aboutissent, et qui mènent en Italie, l'une par le *Splughen*, et l'autre par le *Bernardin*. Il y passe toutes les semaines quatre ou cinq cents bêtes de somme. On remarque avec surprise que l'art de la sculpture qui semble destiné à ne fleurir que dans les climats tempérés, n'a pas dédaigné de se rapprocher de la nature sauvage du *Splughen* : plusieurs habitans de cette montagne mettent en œuvre le marbre blanc qu'ils trouvent aux environs, et en font toute sorte de jolis ouvrages.

Depuis le village de *Splughen* jusqu'à l'auberge qu'on rencontre un peu au dessous du col de la montagne du côté de l'Italie, on compte 3 lieues. La hauteur du col est d'environ 1028 toises au dessus de la mer. Ce passage est quelquefois assez dangereux, aussi y a-t-on établi une cloche que l'on sonne pendant les tourmentes mêlées de neiges, afin d'indiquer aux voyageurs la route qu'ils doivent tenir pour ne pas s'égarer. On se sert aussi pour cet effet de longues perches plantées de distance en distance sur les bords de la route, et qu'on appelle *Stazes*.

Après avoir quitté l'auberge du Col, on ne

tarde pas à rencontrer la *Lira*, torrent impétueux dont on suit le cours, et l'on gagne l'*Isola* dans deux heures de marche. De là, on descend encore pendant autres deux heures dans la vallée de *S. Jacques*, et passant par *Campo Dolcino* où est le bureau des douanes et où les voyageurs sont visités, on arrive bientôt à *Chiavena*. Cette ville située au confluent de la *Lira* et de la *Mera*, et dans un vallon aussi fertile qu'agréable, est par sa population et son commerce, la plus considérable de la contrée à laquelle elle a donné son nom. Il ne faut qu'environ une heure de marche pour aller de *Chiavena* à *Riva di Mezuola*, village situé à l'extrémité septentrionale du lac de *Come*. De là, on s'embarque sur ce lac, et le traversant dans toute sa longueur, on se rend à l'un ou à l'autre de ses deux ports méridionaux, c'est-à-dire, à la ville de *Come*, en prenant la droite, ou à celle de *Lecco*, en suivant la gauche.

En approchant de *Come* on aperçoit sur la rive droite du lac, la superbe villa d'*Este* où l'on a su réunir tous les prestiges de l'art aux mâles beautés d'une nature alpestre. C'est dans ce séjour enchanté, qu'une auguste princesse préférant les utiles loisirs de la vie privée aux délices d'une des plus brillantes cours de l'Europe, cultive les lettres, exerce sa bienfaisance et jouit d'elle même; et ce fut par ce triomphe de l'esprit et du cœur sur ce que le monde offre de plus séduisant, que l'illustre *Christine de Suède* s'éleva audessus de son sexe, et ajouta, pour ainsi dire, à l'éclat de son rang.

Dans le § précédent, nous avons donné des indications suffisantes sur le trajet de *Come* à *Milan*. Quant aux voyageurs qui sont arrivés à *Lecco*, ils ont le choix de continuer leur route ou par eau ou par terre. Dans le premier cas, ils s'embarquent sur l'*Adda* qui sort du lac près de *Lecco* où il reprend son nom et son cours : ils descendent cette rivière jusqu'à *Trezzo*, et là ils entrent dans le canal artificiel de la *Martezana* qui les conduit à *Milan*. Ce voyage est peu dispendieux et fort agréable à cause des magnifiques points de vue très variés qu'offrent les riantes collines qui bordent le cours de l'*Adda*. Mais les sinuosités de cette rivière, et les détours que fait le canal pour conserver un niveau régulier, rendent nécessairement cette route beaucoup plus longue que celle qui se fait par terre. Celle-ci en quittant *Lecco*, traverse l'*Adda* sur un superbe pont qui fut construit dans le 14.e siècle, et côtoie le petit lac jusqu'à *Olginate*. De là, elle passe par *Valgréghentino*, *Carsaniga*,

Carnusco, *Osnago*, *Usmate* et *Arcore*, et aboutit à *Monza*, ce qui fait environ six heures de marche.

Les voyageurs s'arrêtent ordinairement à *Monza*, pour en visiter le superbe palais, ainsi que les jardins délicieux, les vastes serres et l'immense parc qui sont les dépendances de cette habitation vraiment royale. En effet on y voit tout ce que la variété, la richesse et le goût réunis peuvent offrir de plus propre à captiver l'attention des curieux. L'église de *S. Jean* est encore bien remarquable sous le raport de son antiquité : dans la sacristie de cette église, on conserve les riches dons faits par *Théodolinde*, reine des Lombards, et la fameuse couronne de fer, qui, le 26 mai 1805, servit dans *Milan* au couronnement de l'empereur *Napoléon*. C'est en mémoire de cet événement, que fut créé l'ordre de chevalerie appelé de *la couronne de fer*.

De *Monza* à *Milan*, il y a environ 3 lieues. La route aussi belle que commode, traverse une plaine d'une fertilité merveilleuse, parsemée de villages et de maisons de campagne, arrosée par une multitude de courans d'eau qui se croisent en tous sens, et ombragée par des arbres de différentes espéces qui servent de bordure aux champs et aux prairies.

§ 12.

Route du *Tyrol* à *Vérone* par *Trente*.

La grande route d'Allemagne qui traverse le *Tyrol* et aboutit à *Vérone*, est encore une de celles qui sont très fréquentées. Depuis *Munich* en Bavière, jusques au fort de la *Chiusa*, qui dépend du territoire italien, c'est une suite non interrompue de hautes montagnes qui font que cette route est en général peu commode et dans certains endroits assez périlleuse.

D'*Inspruck*, qui est la capitale du Tyrol, jusqu'à *Vérone*, on compte 52 lieues. La ville d'*Inspruck*, située dans un agréable vallon, n'est pas fort considérable, mais elle a de vastes fauxbourgs ornés de belles maisons et d'hôtels superbes: les églises et les couvens n'en sont pas un des moindres ornemens. Son université est fameuse et possède une riche bibliothèque. Le palais de la régence et l'hôtel des états sont de très-beaux édifices; l'opéra, le grand manège et l'arsenal se distinguent aussi par leur architecture. L'église de la *Cour* ou des *Cordelliers* renferme un grand nombre de belles statues en bronze qui représentent des hommes illustres et plusieurs princes et princesses de la maison d'Autriche.

On admire surtout dans le jardin de la cour la statue équestre de l'archiduc *Léopold*, exécutée en bronze, et qui tant par le style que par l'exécution passe pour un chef-d'œuvre.

A une petite lieue d'*Inspruck*, la route s'engage dans des montagnes extrêmement élevées, et pendant sept heures de marche on ne fait que monter. Tel endroit paroît d'abord dans les nues qu'on voit quelque temps après au dessous de soi. Lorsque les vents s'engouffrent dans les gorges de ces montagnes, ils y produisent des tourbillons si furieux, que les arbres sont déracinés et les rochers même détachés de leur base : alors il est prudent d'attendre que ces sortes de tourmentes soient passées pour continuer sa route. Les principaux villages ou bourgs qu'on rencontre depuis *Inspruck* jusqu'à *Brixen*, sont *Schönberg*, *Steinach*, *Brenner*, *Sterzing* et *Mittelwald*, séparés par des distances à peu-près égales.

Brixen est à 11 lieues d'*Inspruck*. C'est une ville située dans une contrée agréable, au confluent des rivières d'*Eysack* et de *Rienz*. L'évêque en est souverain. On y voit une superbe église bâtie en marbre, une fort-belle place et un magnifique palais épiscopal. De *Brixen* on peut se rendre à *Botzen* ou *Bolzane*, en sept à huit heures de marche. On passe par *Colman* et *Te-*

schen), villages assez considérables. Dans ce trajet, on longe une profonde vallée où il n'y a d'espace que pour la rivière et le chemin. Quand les neiges s'affaissent, ou qu'il survient un prompt dégel, il se fait quelquefois des éboulemens de rochers qui rendent ce passage très-dangereux: aussi la route est-elle parsemée d'une multitude de petits oratoires, dans lesquels on place des *ex-voto* ou tableaux qui représentent les scènes tragiques auxquelles les voyageurs ont eu le bonheur d'échaper.

Botzen est une jolie petite ville très commerçante à cause des foires qu'on y tient. Les vins qu'on récolte dans les environs, sont assez estimés, mais ils ont un goût douceâtre qui en général déplait aux étrangers. En entrant dans la vallée de *Botzen*, ont est tout étonné de la douce température qui y règne. Les arbres fruitiers ou de pur agrément, y croissent de toutes parts; c'est un véritable printemps au milieu de l'hiver, sans doute parce que cette vallée est abritée contre les vents du *nord* par les montagnes qui la débordent. De *Botzen* à *Trente*, il y a dix lieues et deux tiers; qu'on fait en suivant le cours de l'*Adige* dans le fond d'un bassin aussi fertile qu'agréable.

La ville de *Trente*, aujourd'hui comprise dans

le *Tirol*, faisait autrefois partie du territoire italien. On attribue sa fondation aux *Etrusques* ou aux *Gaulois*, et on la croit aussi ancienne que *Vérone*. Elle est située au pied des alpes, sur les bords de l'*Adige* et dans une plaine délicieuse. Ses rues sont larges et assez bien alignées: on y voit des belles églises. La cathédrale qui a trois nefs, est surtout remarquable par son architecture gothique. Le palais qui sert de résidence au prince évêque, est vaste, riche par les marbres et les peintures à fresque dont il est décoré, et fortifié d'ailleurs comme une citadelle. C'est dans cette ville, que se tint le dernier concile écuménique contre les protestans, qui commença en 1545 et finit en 1563, ayant été continué sous cinq papes. Sur les bords d'une petite rivière qui entre dans la ville du côté du levant, on a établi plusieurs manufactures et quelques moulins à blé. L'eau de cette rivière est conduite par divers canaux dans presque toutes les maisons. Au delà de la porte *Saint Lorenzo*, est un superbe pont qui traverse l'*Adige*. Les alpes qui environnent la plaine de *Trente*, sont si élevées et d'une pente si rapide, qu'elles paroissent inaccessibles. La campagne abonde en grains, et les collines sont couvertes de vignes qui donnent un vin très estimé. L'air y est assez pur, mais en été, il y fait une chaleur insupportable, tandis qu'en hiver le froid y est excessif. La ville contient environ dix mille habitans qui ont la réputation d'être fort industrieux et d'aimer le travail.

En allant de *Trente* à *Vérone*, distance de 8 lieues, on suit constamment les bords de l'*Adige*. Après avoir passé *Aquaviva*, on ne tarde pas à trouver *Roveredo*, ville qui a une population de 7 milles habitans et est très commerçante. Les maisons y sont bâties en marbre blanc et rouge. Il y règne beaucoup de luxe dans les habillemens et les équipages. C'est dans cette ville qu'en 1750, et par le soins de *Blanche Laure Saibanti*, fut établie la célèbre académie des *Agiati, qui n'aiment point la gêne.*

Halla est le dernier village que l'on traverse en quittant le *Tarentin*, et *Peri* le premier que l'on rencontre en entrant dans le *Véronais*. Bientôt après on passe à côté de la forteresse de la *Chiusa*, bâtie sur les bords d'un précipice au fond duquel coule l'*Adige*; et après avoir côtoié pendant quelque temps cette rivière, on arrive à *Volargni* qui n'est plus qu'à 4 lieues de *Vérone*. Là on cesse de voyager au milieu des montagnes, et l'on découvre devant soi une vaste plaine qui à la vérité est pierreuse et peu productive en divers endroits, mais où l'on voit néanmoins quelques oliviers, des mûriers blancs, et des vignes plantées au pied des cerisiers et des ormeaux qu'elles couvrent de leurs pampres entrelacés.

§. 13.

*Route d'*Allemagne *à* Vénise *par le* Frioul.

Nous avons déjà fait observer que la chaîne des alpes qui sépare l'*Italie* de la *France*, de la *Suisse* et de l'*Allemagne*, s'abaisse considérablement vers ses deux extrémités: il suit de là, que si les routes qui traversent ces montagnes au voisinage du golfe adriatique, sont en général peu commodes et souvent assez difficiles, du moins en les parcourant, on n'a pas sans cesse à ses pieds, ces abîmes dont l'œil ose à peine sonder la profondeur, et au dessus de sa tête, ces rochers arides et escarpés qui portent leur front jusques dans la nue: en un mot, on n'a pas au tour de soi, tous ces grands accidens de la nature qui commandent la surprise et inspirent l'effroi. Ainsi la description des deux principales routes qui conduisent de *Viene* à *Vénise*, n'exigera pas de fort longs détails.

La plus directe de ces deux routes, est celle

qui passe par *Villac*, petite ville d'*Allemagne*, au cercle d'*Autriche*, dans la haute *Carinthie*, avec un château. Cette ville est située sur la rive droite de la *Drave* à l'endroit où le *Geyl* vient se jeter dans ce fleuve. Le pays est environné de montagnes très escarpées. De *Villach* à la *Chiusa*, qui est le premier bourg que l'on trouve en entrant dans le territoire de *Venise*, on compte 12 lieues, et environ 28 de la *Chiusa* à *Venise*.

La *Chiusa*, forteresse considérable, située sur la *Salla*, était autrefois l'un des points les plus importans pour la défense du territoire de *Venise*. Dans cette partie du *Frioul*, le climat est tempéré et le sol assez fertile. Les plaines et les collines couvertes de bois, de vignes, de mûriers et de maisons de campagne, offrent le coup-d'œil le plus varié et en même temps le plus agréable.

Vient ensuite *Venzone*, village environné de montagnes fort élevées et dont le territoire est arrosé par le *Tagliamento* et par la *Venzonesca*. Les habitans de ce village jouissent d'une certaine aisance à cause du passage des marchandises, et de la facilité qu'ils ont de vendre aux étrangers leurs denrées territoriales. On peut en dire autant d'*Ospitaletto* qu'on rencontre bientôt après. Mais à *Splimberg*, on s'aperçoit que la campagne est encore mieux cultivée et beaucoup plus peuplée. Enfin en arrivant à *Sacile* qui est le premier village de la *Marche-Trévisienne*, on reconnoît que c'est avec raison qu'on appelle ce pays *le jardin des États de Venise*.

A environ deux lieues de *Sacile*, on passe la *Livenza*; et l'on gagne *Conegliano*, gros bourg bâti dans une situation tout à fait riante. La campagne à l'aspect du midi y est des plus fertiles. De l'ancienne forteresse placée sur une hauteur considérable, on a divers points de vue vraiment pittoresque. C'est là sans doute que le peintre *Jean Baptiste Cima*, dit le *Conegliano*, prit l'idée de ses charmans paysages. Entre *Conegliano* et *Trévise*, on traverse la *Piave* sur un très beau pont de bois qui a 31 arches et 1600 pieds de longueur.

Trévise est une ville ancienne et assez bien fortifiée. Elle a été la patrie d'*Attila*, roi des *Goths*, et du pape *Bénoit* XI : il y avait autrefois une célèbre université qui fut transférée à *Padoue*. Cette ville possède de beaux édifices dont les plus remarquables sont la cathédrale, le palais du podestat et le théâtre. Les habitans font un commerce considérable en bestiaux, soie, laine et draps. La campagne abonde en grains et en fruits de toute espèce.

De *Trévise*, on se dirige sur *Mestre*, qui en est à 4 lieues, et bientôt après avoir dépassé ce village, on se trouve sur les bords du *Golfe Adriatique*, où l'on prend une gondole pour traverser les *lagunes* et se rendre à *Venise*.

§ 14.

*Route d'*Allemagne *à* Venise *par* Trieste.

Diverses routes qui partent de l'Autriche ou de la Hongrie, aboutissent à *Trieste* dans l'*Istrie*. C'est une ville ancienne qui se gouvernait d'après ses propres lois et en forme de république: mais après avoir éprouvé toutes les calamités qui furent la suite de l'invasion des Barbares en Italie, et avoir été réduite à une population de 3000 habitans, elle se donna en 1382 à la Maison d'*Autriche* qui n'avait aucun port sur l'*Adriatique*. Aujourd'hui *Trieste* est devenue une ville considérable, et sa population s'élève à environ 30 mille habitans. Elle est située sur la mer Adriatique, au pied d'une petite colline sur le penchant de laquelle on voit encore l'*Ancienne Ville*. La régularité de ses rues qui aboutissent à de vastes places ornées de beaux édifices et de fontaines, la douceur du climat, la salubrité de l'air, la sûreté de son port, les divers canaux qui la traversent et établissent une communication facile avec la mer, et enfin sa situation qui la rend naturellement commerçante, en ont fait une ville très florissante.

La restauration de *Trieste* remonte à l'an 1719, époque à laquelle l'Empereur *Charles* VI lui accorda la franchise de son port. Dès cet instant son commerce et son industrie s'accrurent à un tel point, que son ancien et petit port ne put suffire à l'affluence des bâtimens qui s'y rendaient de toutes parts. Ainsi en 1752 et 1753, elle fit creuser un second canal qui passe au milieu de la ville et qui peut contenir 60 gros navires; construire un nouveau môle appelé le *Role de Saint Charles*, et réparer l'ancien pour mettre la baie à l'abri des vents du *Midi* et du *Siroco*; cette baie peut maintenant recevoir les navires marchands et les vaisseaux de guerre. Aux deux extrêmités du port et à une petite distance de la ville, sont deux lazarets, dont l'un se fait remarquer par sa belle construction.

Quoique le territoire de *Trieste* soit très resserré par les montagnes, la fertilité du sol et l'industrie des habitans font qu'il produit assez de denrées pour fournir aux besoins de première nécessité d'une nombreuse population. Ces denrées consistent en vin, légumes, fruits; le produit des oliviers était très considérable, mais en 1782 et 1789, le froid et la gelée en firent périr la plus grande partie. Il y a aux environs de *Trieste* des salines qui donnent un grand produit. Les exemptions et les franchises accordées à cette ville et à son port, ont tellement excité l'industrie de ses habitans, qu'en peu de temps on a vu s'élever beaucoup de manufactures dont les principales sont de *bleu* de Prusse, de *blanc* de *céruse*, d'*eau forte*, de *poterie* à la manière anglaise, de *cordages*, de *potasse*, de *savon*, d'*eau-de-vie*, de *rosolio*, de *cotons* filés rouges, de *thériaque* et de *cuirs*. Les avantages qui ont résulté de ce commerce particulier, ont fait que *Trieste* s'est bientôt trouvée allant de pair avec *Gênes* et *Livourne*. Du reste elle a causé un grand préjudice à *Venise*, surtout pour le commerce du Levant.

De *Trieste* qui est à 29 lieues de *Venise*, on va à *Gradisca* en passant par *S. Croce*. *Gradisca* est une petite ville située sur la rive droite de l'*Isonzo*, qui sert de limite à l'Italie. Elle n'a d'ailleurs rien de bien remarquable, si ce n'est un château assez bien fortifié.

A *Gradisca* la route se divise en deux branches : celle qui prend à droite passe par *Nogaredo* et conduit à *Udine*, ville ancienne, bien peuplée et fort commerçante, située au milieu d'une vaste plaine, qui abonde en vin, fruits et grains. Le séjour d'*Udine* est des plus agréables : on y voit de belles églises. Elle fut la patrie de *Léonard Mattei* et de *Jean d'Udine*. On trouve dans les montagnes environnantes, des mines et des carrières de marbre.

La deuxième branche de la route de *Trieste*, mène à *Palma Nova*, petite ville bâtie en 1593 par les Venitiens pour le défense du pays. De *Palma Nova* ou d'*Udine*, on se dirige sur le village de *Codroipo*, et passant par celui de *Pordenone*, on joint à *Sacile*, la route de *Villach* à *Venise* que nous avons décrite dans le § précédent.

SECTION DEUXIÈME.

DE L'ITALIE SEPTENTRIONALE.

§. 1.

Description de Gênes.

Gênes, l'une des plus belles villes d'Italie, est située au pied des *Apennins*, et à l'extrêmité du golfe du même nom. On fait remonter son origine jusqu'aux temps héroïques. *Tite Live* nous apprend que l'an 549 de la fondation de *Rome*, cette capitale des *Liguriens*, fut prise et détruite par *Magon*, général des Carthaginois; mais bientôt après le Pro-Consul *Lucretius Spurius* la rétablit dans son ancienne splendeur. *Gênes* suivit constamment le sort de l'Empire Romain jusqu'à l'invasion des Barbares. Dans la suite, elle fut successivement la proie des *Sarrasins* et des *Lombards* qui la pillèrent, massacrèrent ses habitans et en firent un désert. *Charle Magne* après avoir vaincu les *Lombards*, lui rendit son premier éclat. *Pepin* son fils, investi du royaume d'Italie, la donna avec le titre de duché, à un seigneur français nommé *Adhemar*. A la fin du XI siècle, les *Génois* se révoltèrent contre leur Comte, et se mirent en liberté : mais le gouvernement qu'ils établirent, fut très tumultueux à cause des brigues excitées par la jalousie de quelques familles trop puissantes, et qui avaient des prétentions contraires au bien public. En 1396, les *Génois* se mirent sous la protection de *Charles* VI, roi de France, qu'ils reconnurent pour leur souverain; 13 ans après, ils massacrèrent les *Français* et se donnèrent au Marquis de *Monferrat*: mais ils ne tardèrent pas à reprendre leur liberté. Puis las du gouvernement de François *Sforce*, duc de *Milan*, qu'ils avaient reconnu pour protecteur de leur république en 1458, ils offrirent la souveraineté de leur ville à *Louis* XI, roi de France, qui leur fit cette réponse si connue, que *si la ville de Gênes se donnait à lui, il la donnait à tous les diables*. En 1499, *Louis* XII prit cette ville d'assaut, et se rendit maître du gouvernement. Enfin *André Doria* ayant tout à coup quitté le parti de la France, dont il commandait les armées navales, se servit des forces qui étaient à sa disposition pour remettre sa patrie en liberté, et y établir une forme de gouvernement mixte.

Si les *Génois* ont jadis joué un très grand rôle,

ils sont aujourd'hui bien déchus de ce dégré de gloire. Du temps des croisades et des guerres avec *Venise*, ils dominaient véritablement sur la méditerranée; leurs démêlés avec les *Pisans* et les établissemens qu'ils avaient en Orient, donnent une idée de cette puissance et de cette prospérité qui furent leur partage, mais dont il ne leur reste plus que le souvenir.

Gênes a été surnommée la *Superbe* à cause de la magnificence de ses palais. Elle est bâtie en forme de croissant, sur le penchant d'une montagne qui fait partie des *Apennins*. Vue de la mer et à une certaine distance, elle offre un spectacle aussi magnifique qu'imposant, parcequ'une multitude de belles maisons de campagne disséminées sur les hauteurs et aux environs, semblent se confondre avec la ville même. Que si l'on arrive par terre du côté de la *Lombardie*, en entrant dans le vaste fauxbourg de S. *Pierre d'Arena*, bâti presque au bord de la mer, on ne peut qu'être frappé à l'aspect de tant de palais somptueux qui annoncent le goût et l'opulence des habitans. Après avoir parcouru ce fauxbourg dans toute sa longueur, on arrive au pied de la *tour du grand fanal*, élevée sur le même emplacement où était la citadelle que *Louis* XII avait fait construire pour s'assurer de *Gênes*. De là on découvre le port et la ville qui l'environne; cet ensemble forme un coup d'œil vraiment admirable.

La ville de *Gênes* a des fortifications très considérables. Son enceinte extérieure s'étend jusques au sommet de la montagne et forme un circuit de 12 milles. L'enceinte intérieure a environ la moitié de cette étendue.

Le port est très vaste et fermé par deux *môles*, appelés l'un *molo vecchio* au levant, et l'autre *molo nuovo* au couchant. Des vaisseaux de 80 pièces de canon peuvent y mouiller. L'ouverture du port entre les deux môles est de 350 toises. Les vaisseaux y sont quelquefois fatigués par le vent *Sud-ouest*, qui, bien qu'il n'entre pas directement, ne laisse pas d'enfler prodigieusement la mer. A la pointe de chaque môle, on a placé un phare pour éclairer les navires qui abordent pendant la nuit.

Au fond du port et au levant, est ce qu'on appelle le *Port franc*: c'est un enclos où l'on a élevé de vastes pavillons dans lesquels sont les magazins des négocians. Ces pavillons sont si bien disposés, qu'ils semblent former une petite ville. C'est là qu'est l'entrepôt de toutes les marchandises étrangères, qui arrivent à *Gênes* soit par mer, soit par terre. Elles y entrent sans acquitter aucun droit. Celles qui en sortent pour la consommation de la ville, sont soumises au tarif de la douane ; mais celles qui s'expédient pour l'étranger, ne payent qu'un léger *transit*. Comme toutes les négociations en marchandises se font en Port franc, on peut juger qu'il y a toujours dans cet endroit beaucoup de mouvement.

Le douane est tout près du *Port franc*, c'est une espèce de halle placée sous la célèbre maison ou banque de *S. George* dont la principale salle est ornée de statues antiques, et d'un groupe en marbre représentant un griffon qui tient sous ses griffes un aigle et un rénard, figures symboliques de l'empereur *Fredéric* et des *Pisans* ; on lit au dessous cet hiéroglyphe :

Griphus ut has angit,
Sic hostes Genüa frangit.

Vers le centre et dans la partie la plus reculée du port, est l'arsenal appelé la *Darsina*, où l'on construit les galères : on y voit une belle inscription latine du fameux *Bonfadio*, philosophe et grammairien, qui eut une fin peu digne de ses talens. Accusé par un de ses écoliers d'un crime que la décence ne permet pas de nommer, il fut exécuté sur la place du vieux môle.

Comme la ville de *Gênes* forme un espéce d'amphithéâtre au tour du port, l'inégalité du terrain sur lequel elle est bâtie, fait que son intérieur ne répond pas à ce qu'elle semble promettere lorsqu'on la voit en perspective. Ses rues sont en général très étroites, et par conséquent obscures. Il y en a qui ont à peine six pieds de largeur avec des maisons à 5 et 6 étages; en sorte qu'elles sont toujours remplies d'allans ou venans, ce qui contribue à faire croire que la population de *Gênes* est très nombreuse, quoiqu'elle ne se compose que d'environ 80 mille habitans. Cependant la rue *Balbi*, la rue *Neuve*, et une troisième rue qui réunit les deux premières, appellée *Strada Novissima*, sont larges, bien pavées, et surtout ornées de magnifiques palais.

La place de l'*Annonciata* à laquelle aboutit la rue *Balbi*, est la plus grande de *Gênes*. Celle appelée *Piazza Amorosa*, qu'on trouve à l'extrémité de la rue Neuve, est plus remarquable par la beauté de ses édifices, que par sa grandeur. Les autres places sont peu régulières, ce qui provient sans doute de la difficulté de pouvoir leur donner une étendue suffisante, sur un sol fort inégal.

Le quai qui conduit de la porte *S. Thomas*

à la Lanterne, et de là à S. Pierre d'*Arena*, est une des plus belles promenades de la ville; c'est même la plus fréquentée, parce qu'elle domine sur le port, et que de là on a la vue de la côte occidentale. Au levant de la ville les deux collines appelées de *Sarzane* et de *Carignan*, sont unies par un pont fort large, et qui étonne par sa hauteur; on voit au dessous des maisons de 6 à 7 étages. Ce pont et la jetée qui le suit forment une belle esplanade plantée d'arbres, où l'on va prendre le frais en été à cause des brises de mer qui s'y font ressentir.

On n'exagère pas en disant que les églises de *Gênes* respirent la magnificence. La cathédrale dédiée à *S. Laurent*, d'ordre gothique, est entièrement revêtue de marbre blanc et noir, et pavée de même. Elle a trois nefs et une tour fort élevée qui sert de clocher. L'intérieur est orné de beaux tableaux, de sculptures et de statues anciennes, mais il est mal éclairé; aussi y a-t-il une grande quantité de lampes d'argent toujours allumées.

S. Cyr, San Siro, est une église fort connue dans l'histoire de *Gênes*; c'est là que se tenaient les assemblées où se formaient ordinairement les plans des diverses révolutions que cette ville a éprouvées. Sa construction est de la plus grande, richesse ; les plus beaux marbres y ont été prodigués ; l'or y brille de toutes parts.

L'église de *l'Annonclata* est l'une des plus grandes, et des plus riches de *Génes*. Elle est sour-tout remarquable par l'élégance de sa construction. On l'a décorée des marbres les plus recherchés, des tableaux des plus grands maîtres. On y voit entr'autres la fameuse Cène du *Corrège*. Ses trois nefs sont soutenues par des colonnes revêtues de marbre blanc et rouge très éclatant. La voute et la coupole sont ornées de peintures et des dorures qui produisent un très bel effet. C'est dans la chapelle dédiée à *S. Louis*, et qui est à droite, que fut enterré le duc de *Boufflers* qui commandait à *Génes* en 1746. On lit sur la pierre sépulcrale l'éloge de ce grand homme qui emporta les regrets des *François* et des *Génois*.

La façade extérieure de *Sant Ambrosio*, est d'une noble architecture. Les terrasses, les galeries et les escaliers sont soutenus par des colonnes de marbre. L'intérieur est de la plus grande magnificence : on y voit deux tableaux de *Rubens* qui représentent l'un la *Circoncision*, et l'autre *Saint Ignace* guérissant un possédé et ressuscitant des enfans. On y admire aussi un tableau de l'*Assomption*, peint par le *Guide* et l'un des plus beaux ouvrages qu'ait produit le pinceau de ce grand maître.

Dans l'église de *Carignan*, les ornemens sont ménagés avec goût, et très bien distribués. La grande coupole est soutenue par quatre piliers ornés de quatre statues, dont deux sont du *Puget*, fameux sculpteur français. Nous ne parlerons pas de plusieurs autres églises qui ont chacune leurs beautés particulières : en général, les marbres dont le pays abonde, y ont été mis en œuvre jusqu'à profusion.

Les palais publics et particuliers de *Gênes*, si célèbres dans toute l'Europe, sont aussi d'une magnificence bien propre à justifier l'idée qu'on a pu s'en former. Celui du Gouvernement, où résidait le Doge, est fort vaste, mais sans aucun ornement extérieur ; il est de forme carrée et construit d'une manière si solide, qu'il ressemble à une forteresse. La porte d'entrée est précédée d'une grille de fer qui fait saillie en demi-cercle. Au bas du grand escalier, sont deux statues de marbre de taille héroïque érigées à *Jean André* et à *André Doria*, libérateurs et défenseurs de la patrie, représentés avec des cuirasses à la romaine.

La première salle de ce palais est celle du *Grand-Conseil*. Ses murailles sont ornées de tableaux peints à fresque dont les sujets ont raport à l'histoire de *Gênes*. Tout au tour sont rangées plusieurs statues de marbre plus grandes que nature, consacrées à la mémoire des nobles *Génois* qui ont rendu des services importans à la patrie. On y remarque surtout celle du duc de *Richelieu* qui fut envoyé par la France pour commander la ville et la défendre contre les attaques des Autrichiens.

La seconde salle qu'on appelle du *Petit Conseil*, est moins vaste. C'est là que se décidaient les affaires les plus importantes de la république. On y voit trois tableaux de *Solimène*, d'une composition pleine de feu et d'une grande fierté de dessin. L'un de ces tableaux représente la descente de *Christophe Colomb* en Amérique.

Dans le petit arsenal qui fait une dépendance du palais, on remarque avec plaisir, parmi les anciennes armures qu'on y conserve, les cuirasses fabriquées exprès pour les dames *Génoises*, qui, en 1301, formèrent le dessein de se croiser contre les infidèles. Touché de leur zèle et de leur bravoure, le Pape *Boniface* VIII leur écrivit pour les en dissuader; il ne voulut pas qu'un sexe naturellement si délicat, s'exposât aux fatigues et aux dangers d'une pareille entreprise. C'est dans l'enceinte du même palais, qu'était la *Rotte*, tribunal composé de trois magistrats étrangers pour instruire et juger les procés criminels.

Le palais *Doria* situé à la porte *S. Thomas*, est le plus vaste de tous ces magnifiques édifices qui font l'ornement de la ville de *Génes*. Ce palais par la beauté de ses appartemens serait digne de loger un souverain. Il comunique par une galerie couverte, à des jardins situés de l'autre côté de la rue, et formés par des terrasses d'une élévation immense avec des balustrades de marbre blanc. La statue qui est au dessus de la grande fontaine, est celle d'*André Doria* représenté sous la figure de *Neptune*, dieu de la mer, sur laquelle il avait lui même dominé si long temps. De ce palais on a la vue sur le port.

Cet agréable coup-d'œil produit par une noble-architecture, fait aussi distinguer le palais de *Marcellino Durazzo*. Les péristyles, vestibules, escaliers, galeries, terrasses sont en beau marbre. Partout il y a des fontaines, même sur la terrasse qui est au haut de la maison. On a de cette terrasse la vue du port et de la pleine-mer. Ce palais est de plus orné d'une riche collection de tableaux, non seulement des grands maîtres d'*Italie*, mais encore des peintres *Flamands*. Ce qui mérite surtout d'y être vu, c'est le tableau de la *Magdeleine* aux pieds de *Jesus Christ*, peint par *Paul Véronese*; c'est l'un des plus beaux ouvrages de ce grand maître.

Dans le palais de *Marcellone Durazzo*, qui est d'une belle et riche architecture, parmi les peintures dont il est décoré, on admire un grand tableau à fresque, peint par *Solimène*, et qui a pour sujet, *Achille* traînant *Hector* attaché à son char. Ce morceau est d'une composition admirable. On peut citer encore comme de très beaux palais, ceux nommés *Brignoletti*, *Carrega*, *Rovere* et *Balbi* : la beauté de l'architecture et la richesse des ornemens, y annoncent l'opulence et le goût des nobles *Génois* qui en sont les possesseurs.

L'*Albergo* est un bâtiment immense qui sert à la fois de maison de charité et de correction. Dans l'église de ce vaste édifice, il y a un des plus beaux ouvrages du célèbre *Puget*; c'est l'assomption de la Vierge : on y voit aussi un bas-relief de *Michelange*, morceau bien digne de fixer l'attention des connaisseurs. Cet hôpital magnifique est l'asile de plus de mille pauvres infirmes, ou incapables de travailler. On y renferme les femmes que la police fait arrêter, et qu'on appelle *donne bandite*. Il n'est pas inutile de remarquer qu'à *Gênes*, les établissemens les plus utiles sont des monumens de la magnificence de quelques familles particulières.

9

Sur la place *de' Banchi*, l'un des quartiers les plus fréquentés, est la *Loggia*, laquelle fait face à la rue qui conduit au pont royal sur le port. C'est un vaste bâtiment d'une architecture très hardie. Il n'a qu'une seule voûte soutenue par des colonnes de marbre travaillées avec beaucoup de goût. Les négocians ne s'y assemblent plus; c'est aujourd'hui un lieu ouvert à tout le monde pour se mettre à l'abri des injures du temps; il sert de promenade et de rendez-vous.

Les maisons de la ville de *Gênes* étant fort élevées, les appartemens les plus sains sont au troisième. Ces maisons pour la plupart sont couvertes de toits plats, ou terminées par des terrasses revêtues de plomb et quelquefois d'une pierre noirâtre qu'on appelle *lavagna*. C'est sur ces toits et ces terrasses que les femmes des marchands et des artisans, qui sortent peu, vont prendre l'air pendant la nuit: elles y forment de petits jardins avec des caisses d'orangers et autres arbres de cette espèce très communs à *Gênes*, et avec des pots de fleurs, ce qui a fait dire que *Gênes* comme *Babilóne*, est remplie de jardins en l'air. Un acqueduc qui vient de 6 milles au levant de *Gênes* fournit à toutes les fontaines de la ville et y fait même aller des moulins.

Les théâtres de *Gênes* n'ont rien de bien remarquable, soit que l'ancienne forme de son gouvernement n'ait pas accordé une protection particulière aux arts de pur agrément, soit que le génie du peuple entièrement tourné du côté du commerce, ait mis peu d'intérêt à des jouissances de cette nature. La salle du théâtre de *Sant'Agostino*, ovale du côté opposé à la scène, est extrêmement large; elle a cinq étages de loges; son parterre est un amphithéâtre. Les peintures et les décorations sont faites avec goût. Il y a quelques autres salles de spectacle, dont la distribution est bien entendue: chaque spectateur peut y voir commodément sans être à charge à son voisin.

Le *Cicisbéat* est, dit-on, en très grand honneur parmi les nobles de *Gênes*; car la bourgeoisie et le bas peuple n'ont jamais voulu être honorés de cette manière. Les *Français* et les *Anglais* qui se flattent d'être les peuples les plus policés de l'Europe, se sont de tous les temps si fort récriés contre cet usage, qu'il serait difficile de le défendre. Cependant la chose la plus bizarre en apparence, examinée de près, a toujours quelque côté qui présente moins de dissonance que la prévention ne lui en prête: or le côté le plus essentiel en fait d'*usages*, est celui des mœurs. A *Paris* et à *Londres* comme à *Gênes*, il est rare de voir les maris chez leurs femmes, et quand on les y rencontre, ils ont l'air de s'intéresser fort peu à ce qui s'y passe. Voilà déjà un point de contact qui rend moins extraordinaire la conduite des nobles *Génois*. Mais en considérant l'usage sous le point de vue même le plus défavorable, un amant unique et d'une assiduité fatigante, peut-il convenir à celles qui veulent en avoir plusieurs? C'est au beau sexe de *Paris* et de *Londres* à résoudre ce difficile problème.

Les autres reproches qu'on fait aux habitans de *Gênes* ne sont peut-être guère mieux fondés. Où est le peuple voisin ou étranger chez lequel les marchands *Génois* pourraient aujourd'hui espérer de faire aisement des dupes?

Le poisson qui dans toutes les autres villes maritimes offre une grande ressource, est assez rare dans la mer de *Gênes*; le peu qu'on y pêche, est d'une médiocre qualité; mais la volaille et la viande de boucherie sont très bonnes. Laissons donc de côté ce proverbe ou brocard italien : *Mare senza pesce, uomini senza fede o donne senza vergogna*, et passons à des objets plus essentiels.

L'industrie des *Génois* est encore dans un état assez florissant. On sait qu'ils travaillent la soie avec succès; leurs velours, leurs damas, sont très renommés: ils fabriquent des gants, des bas, des rubans, taillent les marbres et font des ornemens de boiserie qui ont beaucoup d'élégance et de légereté. Leurs fleurs artificielles connues dans toute l'Europe, n'ont plus le même débit, depuis que la plupart des autres villes d'*Italie* en fabriquent de pareilles. Les oranges, les citrons, les limons sont une autre branche de leur commerce. Ils ont aussi des cédrats, dont le parfum est excellent: ces arbres toujours verts et chargés en même temps de fleurs et de fruits, font le principal ornement de leurs jardins.

Le luxe ne domine point les *Génois*; ils sont simples dans leurs manières comme dans leurs vêtemens. Leur habit ordinaire est de couleur noire. Les dames sont vêtues à la française: elles adoptent volontiers les nouvelles modes qui viennent de *Paris*: comme elles sont en général fort riches, elles ont beaucoup de diamans et de bijoux, et portent de très belles étoffes. Il n'y a maintenant que les femmes du peuple et les contadines qui dans la manière de s'habiller, conservent une partie des anciens usages. Elles n'ont point de coiffures; leurs cheveux tressés sont soutenus par des aiguilles d'argent. Elles couvrent leur tête d'un voile d'indienne ou de quelque autre étoffe.

Quoique les *Génois* s'appliquent peu aux sciences et aux belles lettres, il est néanmoins sorti plusieurs hommes célèbres de ce pays. Nous nous contenterons de nommer *Cristophe Colomb* qui découvrit l'Amérique. Il était des environs de *Gênes*.

Les maisons de campagne disséminées sur les deux côtes de *Gênes*, annoncent que les nobles de ce pays ne craignent pas la dépense; et cette sorte de luxe est d'autant plus louable, que donnant à vivre à une foule d'artistes et d'ouvriers, elle tend à resserer autant que possible les bornes de la misère publique. Ces maisons sont ornées de belles peintures et de meubles élégans; on y voit des jardins vastes et bien entendus, des bosquets d'orangers et de citronniers, des palissades de myrtes, des eaux jaillissantes et quelques statues de marbre.

§ 2.

Route de Gênes *à* Lucques *par la* Rivière du Levant.

Depuis *Gênes* jusqu'à *Lucques* en suivant la côte orientale du golfe, on compte 31 lieues. Cette route n'est qu'un sentier tracé près du rivage de la mer, ou sur le penchant des montagnes; on en a déjà terminé quelques parties; mais comme ces parties ne sont pas contigues, on n'en peut profiter que lorsqu'on fait le trajet à cheval.

Rien de si enchanteur que la campagne qu'on traverse au sortir de *Gênes*; cette campagne ressemble à un jardin d'agrément: tout y fait illusion. Comme les maisons parsemées sur le côteaux sont peintes à fresque, de loin on les prendrait pour des pavillons de la plus élégante architecture. L'air qu'on respire, est embaumé par le parfum des orangers qui bordent le chemin.

A deux lieues de *Gênes*, on passe par *Nervi*, bourg bien peuplé et dans une situation riante. Ce pays est renommé par la douceur de son climat et la beauté de ses fruits. A deux lieues plus loin, on trouve *Recco*, village assez considérable. Vient ensuite *Rapallo*, bourg situé sur le golfe du même nom. A la partie la plus occidentale de ce golfe, est *Portosino*, port vaste et sûr pour les vaisseaux. Les huiles de ce canton ont beaucoup de réputation.

Chiavari qu'on rencontre à 8 lieues de *Gênes*, est une ville très peuplée et très commerçante; elle est bien bâtie, et située dans une plaine aussi fertile qu'agréable. Le village de *Lavagna* n'est séparé de *Chiavari*, que par la rivière de *Lavagna*; c'est de là qu'on tire cette ardoise appelée *Pietra di Lavagna*, très commune à *Gênes*: elle est d'un beau noir et a beaucoup de solidité. A *Chiavari* on trouve une route qui mène à *Parme* en passant par *Varese*, *Borgo di Taro*, et *Fornovo*; c'est un trajet d'environ 12 lieues. Cette route nécessairement montueuse puis qu'elle traverse une partie des *Apennins*, n'est guère fréquentée que par les habitans de *Gênes* et de *Parme*.

De *Chiavari* on arrive à *Sestri di Levante*, dans deux heures de marche. *Sestri* est une petit endroit, jadis plus considérable, placé sur une peninsule ou langue de terre, baignée des deux côtés par la mer. La partie de cette peninsule qui regarde du côté de *Gênes*, a un golfe très vaste et où les vaisseaux sont en sûreté. Les *Génois* ont encore aux environs de *Sestri* beaucoup de maisons de campagne; mais une singularité qui ne peut manquer de frapper l'œil de l'observateur, c'est qu'en général dans les montagnes qui bordent la côte orientale de *Gênes*, la nature n'étale, pour ainsi dire, qu'un luxe d'ostentation, sans aucun but d'utilité: chaque herbe y est une fleur, chaque arbuste un laurier; mais on n'y trouve ni fruits, ni moissons; ainsi tout ce qui sert à alimenter la vie, en est exclus, tandisque tout ce qui contribue à l'embellir, y végète avec profusion.

De *Sestri di Levante* jusqu'à *Spezia*, on fait 10 lieues par des sentiers bordés d'arbustes odoriférans, et au milieu de la splendeur d'une terre stérile. Pendant ce trajet, on trouve à peine des alimens dans les chétives maisons où l'on change de chevaux, et encore ces alimens sont-ils d'une cherté excessive.

La *Spezia* est une petite ville, très peuplée et fort commerçante: elle est bâtie au fond d'un golfe. Son port est un des plus vastes et des plus sûrs que la nature ait formés, ou plutôt un assemblage de plusieurs ports, capable de contenir une armée navale, fût-elle des plus considérables. A la partie occidentale du golfe est une petite ville appelée *Porto Venere*, avec un château et une église bâtis sur une esplanade assez élevée qui domine le golfe, et d'où la vue s'étend sur la mer. Deux forts construits aux deux embouchures du golfe, en défendent l'entrée. Il y a aussi un vaste lazaret composé de deux bâtimens, l'un pour les marchandises, et l'autre pour les hommes qui doivent faire la quarantaine. Le territoire de la *Spezia*, est un beau vallon entouré de collines couvertes d'oliviers. *Lerici*, gros bourg situé sur le même golfe, a un port aussi large que profond: c'est là qu'on s'embarque ordinairement pour aller à *Gênes* lorsqu'on vient de la *Toscane*.

Une belle route nouvellement construite, conduit de la *Spezia* à *Sarzane*, distance de deux lieues. Il reste encore 10 lieues à faire pour aller de *Sarzane* à *Lucques*. Dans ce trajet, on passe par *Lavenza* et *Massa*, laissant à gauche la petite ville de *Carrare*, où sont ces fameuses carrières connues des anciens, et d'où l'on tira le marbre du *Panthéon*. On compte à *Carrare* ou aux environs, 1200 ouvriers employés à tirer le marbre, à le transporter, le dégrossir, le scier, le polir ou le sculpter. Les montagnes d'où l'on tire le marbre, ont deux lieues de long sur environ 400 toises de hauteur. Là tout est marbre depuis la base jusqu'au sommet. On extrait quelquefois des blocs de 9 pieds sur 6 et 4, ou de quarante milliers; on prétend même qu'on en a extrait de 100 milliers. Le beau marbre blanc statuaire de première qualité coute sur les lieux neuf livres de France le pied cube. On peut avoir pour 200 livres, le bloc nécessaire pour une figure en pied de grandeur naturelle. Il part chaque année environ 100 navires chargés de marbre tant brut que travaillé, portant chacun mille quintaux. La grande difficulté du choix ainsi que celle du transport, fait que bien des sculpteurs vont séjourner et ébaucher leurs ouvrages à *Carrare*. Les artistes du pays font beaucoup de copies des antiques. On peut avoir une figure de 5 pieds pour 250 livres, et un buste pour 100 livres. Les habitans sont hospitaliers et accueillent bien les étrangers. Il y a tout près de *Carrare* une grotte immense et très curieuse pour un naturaliste. Les environs sont assez bien cultivés; on y voit beaucoup de chataigniers, d'oliviers, d'orangers et de citronniers.

Après avoir traversé la riante campagne de *Massa*, voisine de la mer, on rencontre quelques montagnes presque désertes d'où l'on descend dans une riche plaine; et c'est-là qu'est la ville de *Lucques*.

§ 3.

Description de Turin *et de ses environs*.

Turin, capitale du Piémont, est une des villes les plus considérables d'Italie. Elle est située presque au pied des Alpes, dans une superbe plaine arrosée par le *Pô*, et au confluent de ce fleuve et de la *Doire*. C'était, selon *Pline*, la plus ancienne ville de la *Ligurie*. Elle avait autrefois un rempart en terrasses, défendu par des bastions et par un large fossé; mais une partie de ces fortifications a été détruite; et sous le raport de l'agrément et de la perspective, on peut dire que la ville y a gagné. *Turin* a environ une lieue de tour, 900 toises de longueur depuis la porte de *Suze*, qui est au couchant, jusqu'à la porte du *Pô* qui est au levant, et 600 toises de largeur depuis la porte du palais qui est au nord jusqu'à la Porte Neuve qui est au midi. Ces quatre portes sont d'une très belle architecture; celles du levant et du midi sont revêtues de marbres et ornées de colonnes et de statues.

On compte à *Turin* 10 places et 32 rues tirées au cordeau, qui se croisent à angles égaux, et partagent la ville en 145 quartiers; c'est ce qu'on appelle le *Nouveau Turin*. Aucune des places n'est finie, aucune n'est régulièrement belle, pas même celle de *Saint Charles* qui est la plus vaste, mais sans décoration au milieu. La rue du *Pô* et la rue *Neuve* sont surtout frappantes par leur longueur, par leur largeur, et par la symétrie des maisons qu'on prendrait pour des édifices publics. Les fenêtres de ces maisons ont des chambrattes saillans, couronnés de frontons. L'entrée est un vestibule avec des colonnes et des pilastres. Le fond de la cour qui se voit de la rue, a toujours quelque décoration. Si toute la ville était construite avec autant de goût, ce serait de toutes les capitales de l'Europe, la plus belle et la plus commode. Pendant la nuit on lâche une écluse qui nettoie les rues et fournit abondamment de l'eau en cas d'incendie.

Turin a 110 églises ou chapelles, la plupart enrichies des marbres, bâties dans le goût moderne, et très bien éclairées. La plus remarquable est celle de *S. Jean Baptiste*; c'est la Cathédrale. Le portail est orné de pilastres, mais d'une assez mauvaise architecture. L'intérieur de cette église n'a rien de bien frappant; on y voit néanmoins un bel autel de marbre, une vaste tribune, et un orgue chargé de dorures et de bas reliefs qui produisent assez d'effet: mais derrière le maître-autel, est la chapelle du *Saint Suaire*: c'est comme une église à part et certainement la plus belle de *Turin*. Elle forme une rotonde très-élevée, environnée de colonnes groupées de marbre noir poli, dont les bases et les chapiteaux sont de bronze doré. Ces colonnes soutiennent six grandes arcades qui forment les fenêtres. La coupole qui termine cette rotonde, est d'une construction fort singulière : elle se compose de plusieurs voûtes en marbre, percées à jour, placées les unes au dessus des autres, et disposées de manière qu'elles laissent voir au sommet de l'édifice, une couronne de marbre en forme d'étoile qui semble être suspendue en l'air, quoiqu'elle repose sur ses rayons. L'autel de marbre noir est à deux faces, et porte une chasse carrée, environnée de glaces, laquelle renferme la relique du *Saint-Suaire*. Au dessus est un groupe d'anges qui soutiennent une croix de cristal. Le pavé est de marbre bleuâtre dans lequel sont incrustées des étoiles de bronze doré. Tout cet ensemble est d'une beauté vraiment majestueuse et bien conforme à sa destination. Cette chapelle est contigue au palais du roi.

Parmi les autres églises de *Turin* qui méritent de fixer l'attention des curieux, on peut citer *la Consolata* des Feuillans, très fréquentée à cause d'une image de la Vierge à laquelle on a beaucoup de dévotion. Cette image est placée dans une chapelle ornée de colonnes de marbre, et dont la coupole est couverte de peintures et de dorures. Le bâtiment de cette église est d'ailleurs peu régulier, et les ornemens peints dans la voûte de la nef sont trop petits pour ne pas paroître confus. L'église de *S. Laurent* est presque toute en marbre; le dôme en est superbe. Dans celle du *Saint-Sacrement*, les plus riches décorations sont prodiguées jusqu'à l'excès. A *Sainte Thérèse* des *Carmes déchaussés*, on voit une petite coupole soutenue par six colonnes de marbres de différentes couleurs, sous laquelle est une très belle figure d'albâtre de *Saint Joseph*. Les jours y sont si bien ménagés, que, lors même qu'il fait sombre, la voûte paroit éclairée par le soleil. Dans l'église de *Sainte Christine* des *Carmelites*, il y a une *Sainte Thérèse* qui passe pour un chef-d'œuvre. Enfin à *Saint Philippe* de *Neri*, le maitre-autel est orné de six colonnes torses de marbre, entourées de pampre de bronze doré.

Les plus beaux palais de *Turin* sont dans la rue *Neuve* et dans celle du *Pô*. Celui du roi n'a rien de bien surprenant au dehors; c'est un grand édifice qui forme la face septentrionele de la grande place appelée *Piazza-Castello*, et qui ne répond pas à la beauté de la ville ; mais les appartemens en sont vastes, commodes, richement décorés et de bon goût. Il est disposé de manière qu'il a la vue sur les quatre principales portes de la ville. Le palais des ducs de *Savoie*, qui est réuni à celui du roi au moyen d'une galerie, se fait admirer par une façade dans le goût du péristyle du *Louvre*. Les autres façades attendent encore la main de l'architecte. Le jardin contigu au palais du roi, est trop petit, se trouvant resserré par les fortifications de la ville; mais *Le Notre* en le dessinant, en fit disparoître les irrégularités; et l'illusion qui résulte des perspectives savamment combinées, lui prête une étendue qu'il n'a pas en effet. Après les deux palais dont nous venons de parler, celui du prince de *Carignan* est le plus considérable; quoique l'architecture en soit peu régulière, le grand escalier et le sallon méritent néanmoins d'être remarqués.

Le grand théâtre où l'on joue l'opera, tient au palais du roi. Point d'architecture extérieure; mais il n'y a rien à désirer pour l'intérieur. Le théâtre est d'une grandeur peu ordinaire. La salle proprement dite a 75 pieds dans oeuvre, 51 pieds et demi de hauteur, et six rangs de loges, dont 26 à chaque étage, sans compter celle du roi et celles des entre-colonnes du théâtre. Sa forme est oblique ou convergente vers le théâtre. On est assis au parterre. L'avant scène est de 7 toises d'ouverture; la profondeur du théâtre de 17 et demie ou 106 pieds, avec une cour de 24 pieds sur le derrière, où en jetant un pont-levis, on peut faire monter des chevaux et des carrosses jusques sur le théâtre. On a ménagé pour la sûreté et la commodité de ce vaste édifice, tout ce que la précaution et l'habileté pouvaient faire imaginer. Les corridors des loges sont en grande pierre sans plancher, afin d'éviter le bruit que pourraient causer en marchant ceux qui vont et viennent pendant le spectacle. Quatre puits avec des pompes pour remédier aux incendies, ont été pratiqués, deux sous le théâtre, et autres deux à l'entrée principale. Comme les représentations durent 4 à 5 heures, on s'assemble dans les loges pour y faire la conversation, on y reçoit des visites; sans cela on ne pourrait tenir contre la longueur du spectacle et l'ennui du récitatif. Le théâtre de *Carignan*, situé sur la place du même nom, est précédé d'un grand vestibule et soutenu par des colonnes. On y représente pendant l'été des opera-bouffons et des comédies françaises.

L'*Académie Royale* ou *École Militaire* pour l'éducation de la jeune noblesse, est dans la rue du *Pô*: le bâtiment, les cours et le manège sont assortis à un pareille institution.

L'université est un bâtiment non moins remarquable: la cour est grande, entourée des portiques soutenus par des colonnes et ornés de bas-reliefs, d'inscriptions grécques et latines, et d'autres monumens de ce genre. La bibliothèque contient environ 45 mille volumes. Il y a un cabinet d'histoire naturelle et un autre d'*antiquités*.

La promenade du *Valentin* est une des plus belles qu'il y ait en Italie. Elle se compose de plusieurs allées plantées de grands arbres, tenues avec beaucoup de soin et bordées de petis canaux où coulent des ruisseaux d'eau vive. A l'extrémité de la principale allée et sur le bord du *Pô*, est le petit château royal du *Valentin*, bâti en 1660 par *Cathérine de France*. Rien de plus brillant, de plus animé que le coup-d'œil que présente la promenade du *Valentin* un beau jour de fête et surtout au printemps. On y voit une multitude de beaux équipages et un peuple immense, bien vêtu, qui respire la gaieté.

La population de *Turin* est d'environ soixante seize mille habitans. Son principal commerce consiste en soierie: c'est dans cette ville que se façonne la belle soie de Piémont, laquelle passe pour la meilleure d'Italie; on en fait des ouvrages admirables. On y fabrique aussi des draps, mais qui ne sont pas aussi estimés que ceux de *Lion*.

On vit à *Turin* à peu près comme dans les meilleures villes de France. Les *Piémontais* ont des manières libres et sociales; ils sont industrieux et aiment le travail. Ils ont toujours cultivé les sciences, et même avec succès. On parle à *Turin* un mauvais idiome italien; mais le pur italien

et le français sont en usage parmi la classe aisée
et instruite.

Les principales maisons de plaisance du roi,
sont *Mont-Callier*, *Rivoli*, la *Villa Madame*, et
la *Venerie*; celle-ci à 4 mille de *Turin*, est d'une
vaste étendue à cause de son parc et de ses jardins; c'est-là que sont les haras du roi. La situation de *Villa Madame* est des plus agréables;
de là on a la vue de la belle plaine du *Pô*, et de
la ville de *Turin*. Les jardins en terrasses sont
ornés de balustrades de marbre et de statues.
Rivoli et *Mont-Callier* sont pareillement bâtis sur
un grand plan et dans des situations riantes.

Sur une montagne extrêmement élevée et à
deux milles de *Turin*, est l'église de la *Superga*,
qui a dû couter des sommes immenses, non
seulement par sa beauté et par sa richesse, mais
par la difficulté de porter, pour ainsi dire, des
matériaux dans les nues. Cette église est un dôme
octogone porté par huit grandes colonnes de
marbre, avec des chapelles d'une élégante architecture et parfaitement décorées. On y voit le
tableau où est exprimé le vœu fait à la *Vierge*
par *Victor Amédée*, lorsqu'en 1706 les Français
assiégeaient *Turin*. « Je trouve, dit le marechal
de *Villars* à qui l'on montrait ce tableau, que la
Vierge ressembler on ne peut pas davantage, à
madame la *duchesse de Bourgogne*. »

La campagne des environs de *Turin* est abondante en toute sorte de denrées; cependant dans l'automne et l'hiver, l'air y est pesant et humide, et le ciel nébuleux, à cause des brouillards qui s'élèvent du *Pô* et de la *Doire*.

§ 4.

Route de Turin *à* Gênes.

Deux différentes routes partent de *Turin*, se rejoignent à *Alexandrie*, et de là conduisent à *Gênes*. La première qui passe par *Asti*, est la plus courte; elle n'offre qu'un trajet de 25 lieues, qu'on peut faire en deux jours; mais elle n'est pas la meilleure: car outre que le pays qu'on traverse est peu intéressant, et qu'on n'y trouve que de mauvaises auberges, lorsque le temps est pluvieux, le chemin est presque impraticable; ce qui fait que beaucoup de voyageurs aiment mieux prendre la deuxième route qui passe par *Casal*, et qui, quoique plus longue de 10 lieues, est du moins plus commode et plus agréable. Nous allons décrire successivement ces deux diverses route.

I.re *Route.* Les quatre premières lieues de *Turin* à *Poirino*, se font par une très belle route et au

milieu d'une campagne fertile et bien cultivée.
De *Poirino* jusqu'à *Asti*, les chemins sont quelquefois assez mauvais, parceque dans le temps des pluies, une multitude de petits ruisseaux d'eau bourbeuse descendant des collines avec l'impétuosité des torrens, inondent la campagne.

La ville d'*Asti* fut anciennement une colonie romaine dans la *Ligurie*. Pendant l'espèce d'anarchie qui régna si long-temps en Italie, elle était le chef-lieu d'une république qui se gouvernait par ses propres lois; en suite elle eut des seigneurs particuliers sous le titre de *comtes*. Cette ville est aujourd'hui une des principales du *Montferrat*; sa population est d'environ 14,500 habitans. Le quartier où sont les maisons des nobles, est très bien bâti, mais il a l'air d'un désert. Le reste de la ville présente un aspect assez triste; les rues en sont étroites. Le peuple d'*Asti* est pauvre, sans industrie, sans commerce. Cette ville a quelques églises assez belles; la principale, *il Duomo*, est d'une architecture moderne et de bon goût; on y voit une tour où l'on croit que *Saint Second* fût renfermé. Du reste, *Asti* peut se glorifier d'avoir vu naître dans ses murs le *Sophocle moderne*, le père de la tragédie italienne, *Vittorio Alfieri*.

Après avoir quitté *Asti*, on voyage dans une

plaine agréable, très abondante en grains, riz, vin et excellens fourrages; mais jusqu'à *Aléxandrie*, la route est extrêmement sabloneuse et par conséquent incommode.

II.ᵉ *Route.* En partant de *Turin*, on prend par *Settimo*, petit village, et de là on va à *Chivasco*, ville assez forte, située sur la rive gauche du *Pô*, et fort près du confluent de ce fleuve avec la rivière d'*Orco*. *Chivasco* est à 5 lieues de *Turin*. Là on trouve deux routes qui vont à *Casal*; l'une passe par *Crescentino*, et l'autre par *Verua*. C'est à peu près, de l'une et l'autre part, même distance à parcourir.

Crescentino est une petite ville bâtie sur la rive gauche du *Pô*; elle est à 8 lieues de *Turin* et à 7 de *Casal*. *Verua* ou *Veroa*, qui est vis à vis *Crescentino*, occupe une colline située sur la rive droite du *Pô*. En y allant on laisse à gauche le village de *Monteu di Pô*, où en 1745 on découvrit un souterrain qui annonçait l'emplacement de quelque ancienne ville; mais rien encore n'apprenait le nom que cette ville avait pu porter. En 1751, on continua les fouilles et l'on trouva des médailles, des fragmens de bronze, et une belle inscription consacrée au génie et à l'honneur de *Lucius Pompeius*, fils de *Lucius*, et surnommé *Herennianus*.

qui était de la tribu *Pollia*, laquelle prouva que l'ancienne ville d'*Industria* était située dans le même endroit. Cette importante découverte fut suivie de celle des vestiges d'un ancien temple, d'un pavé de mosaïque, de beaucoup de médailles, de huit inscriptions, d'idoles, d'un beau trépied de bronze, de statues, de vases, d'ustenciles, et autres curiosités qu'on déposa dans le cabinet du roi.

Les deux routes dont nous venons de parler, l'une passant par *Crescentino* et l'autre par *Verua*, se réunissent à la ville de *Casal*; place forte située sur le *Pô*, et dans une plaine d'une petite étendue. *Casal* est bâtie sur les ruines de l'ancienne ville connue sous le nom de *Sedula* sa population est de 14 mille habitans. Le château qui la défend, quoique petit, est très fort. Son principal commerce est en vin.

De *Casal* on va à *Saint Salvador*, petite ville qui n'a rien de remarquable, et après un trajet de six lieues depuis *Casal*, on arrive à *Aléxandrie* où se rejoignent, comme nous l'avons déjà fait observer, les deux routes de *Turin* à *Gênes*.

Avant d'entrer dans *Aléxandrie*, on traverse le *Tanaro* sur un pont qui a 216 pas de longueur. Cette ville est très forte; elle fut fondée en 1168, par les *Milanais* qui l'appellèrent *Aléxandrie* du nom du pape *Alexandre* III, alors chef de la ligue des Italiens qui faisaient la guerre à l'empereur *Frédéric Barberousse*. Elle joua un grand rôle dans les guerres d'Italie qui eurent lieu au commencement et vers le milieu du 18.e siècle, et est célèbre par les sièges qu'elle a soutenus. Sa population est de 18 mille habitans. Le plus beau de ses palais est celui qu'on appelle *Palais royal*, et qui donne sur la place d'armes, place très spacieuse et parfaitement carrée. L'église de *Saint Marc*, qui est la cathédrale, et celles de *S. Alexandre*, de *S. Laurent* et de *S. Etienne*, méritent d'être remarquées. Le théâtre d'*Alexandrie* est grand et bien disposé; les habitans de cette ville sont très adonnés au commerce. Il y a deux foires qui attirent un grand concours de marchands étrangers.

En sortant d'*Alexandrie*, on rencontre une fort belle plaine. La route y serait assez bonne, si elle était moins étroite; c'est dans cette plaine qu'est situé le petit village de *Marengo*, où se donna la fameuse bataille du 14 juin 1800 entre les Français et les Autrichiens, les premiers commandés par le général *Bonaparte*, alors premier Consul, et les autres sous les ordres du feld-maréchal *Mélas*. La victoire long-temps incertaine, se déclara enfin pour les Français.

Vient ensuite *Novi*, ville de 6 mille habitans, située dans une plaine au pied de l'*Apennin*. Cette ville est assez commerçante parcequ'elle sert d'entrepôt aux marchandises destinées pour la *Lombardie* ou pour l'*Allemagne*. On y voit de superbes maisons dans lesquelles de riches *Génois* vont passer l'automne.

Le château de *Gavi* qu'on trouve sur la route de *Novi* à *Voltagio*, est bâti sur un rocher, et cette position est très avantageuse pour défendre le passage de la montagne. Quoique la route traverse un pays fort bien cultivé, elle est néanmoins assez inégale. Les montagnes voisines sont tout à fait nues et stériles; malgré cela, elles méritent d'être observées par le naturaliste, à cause de la belle marne mêlée de mica et de talc qu'elles renferment dans leur sein. Ici le voyageur commence à s'apercevoir que le climat est plus tempéré.

Voltagio, soit par sa position, soit par ses bâtimens, est peu remarquable. Il est bâti sur les bords d'un ruisseau et dans un terrain fort étroit. En allant de *Voltagio* à *Campomarone*, la route suit le cours du *Lemo*, et par une pente douce et continue, conduit au sommet du col ou passage, connu sous le nom de la *Bochetta*. On met deux heures de *Voltagio* à ce col: dans ce trajet, on voit de riches carrières de marbre de diverses couleurs. Du sommet de la *Bochetta*, l'une des plus hautes montagnes dont se compose la chaîne des *Apennins*, on aperçoit *Gênes* et la vallée adjacente: là sont deux sources très abondantes qui forment deux ruisseaux; l'un coule du nord au midi et va se perdre dans la mer de *Gênes*; l'autre plus considérable se dirigeant du midi au nord, passe par *Voltagio* et *Serravalle*, et se jete dans le *Pô*.

Les quatre dernières lieues depuis *Campomarone* jusqu'à *Gênes*, se font à travers une suite continue de maisons de campagne et de jardins où l'on voit briller tout le luxe de leurs possesseurs, et par une superbe chaussée qu'on doit à la magnificence de la famille *Cambiaso*, qui, à l'exemple des *Apius* et des *Flaminius*, fit construire à ses frais toute cette chaussée, et s'acquit ainsi des droits bien légitimes à la reconnoissance de sa patrie et même des étrangers. Antérieurement on était obligé de passer plus de vingt fois à gué la *Polcevera*, torrent très dangereux lorsqu'il est grossi par les orages; mais à présent on ne la traverse qu'une seule fois et sur un beau pont. Ajoutons qu'on sent vivement le prix de ce bienfait, lorsqu'on vient de *Novi* et qu'on a fait dix lieues sur une route pavée de gros cailloux qui fatiguent également le voyageur et les voitures.

§. 5.

Route de Turin à Plaisance.

Pour aller de *Turin* à *Plaisance*, on suit jusqu'à *Alexandrie*, la même route que nous avons décrite dans le § précédent.

D'*Alexandrie* on se dirige sur *Tortone* qui en est à 3 lieues. *Tortone* était anciennement une des principales villes de la *Ligurie* et très peuplée ; mais l'empereur *Frédéric* II, à raison de ses démêlés avec les papes, la ruina entièrement ; elle fait aujourd'hui partie des états du *Piémont*, et a un château sur la *Scrivia*. En traversant cette ville, on rencontre quelques quartiers assez bien bâtis ; elle est d'ailleurs située dans une campagne fertile et bien cultivée : malgré cela sa population est peu nombreuse, et l'on ne paraît pas y jouir d'une certaine aisance.

De *Tortone* on va à *Voghera* en trois heures de marche. *Voghera* est encore une ville fort ancienne, qui faisait partie de la *Ligurie*, et qui dépend aujourd'hui du *Piémont*. Elle est connue dans l'itinéraire d'*Antonin* sous le nom d'*Iria*.

L'aspect de cette ville est fort agréable ; elle est située dans une belle plaine arrosée de plusieurs rivières et où l'on voit de nombreuses plantations de mûriers blancs qui doivent produire beaucoup de soie.

De *Voghera* à *Plaisance*, en passant par *Bronio* et *S. Jean*, villages qui n'ont rien de remarquable, il y a environ neuf lieues. A *Bronio* on se rapproche des rives du *Pô*, qu'on côtoie pendant quelque temps, et l'on passe la *Trebia* avant d'arriver à *Plaisance*. Cette ville est sur la route la plus directe de *Turin* à *Rome*.

§ 6.

Route de Turin à Milan.

De *Turin* à *Milan*, on compte 30 lieues que l'on peut faire en 15 heures de poste. La route est en entier dans les plaines.

Cette route se divise à *Chivasco* en deux branches : celle qui prend à droite, passe par *Casal* et *Mortara* ; l'autre joint à *Ciana*, la route du *Val d'Aoste*, mène à *Verceil*, traverse *Novara*, et après *Boffalora*, fléchissant à droite, conduit directement à *Milan*.

Nous avons décrit dans le § 4 de cette section, la route de *Turin* à *Chivasco*. Ce trajet qui est de 5 lieues, se fait par des chemins bien entretenus, et à travers un pays fertile et cultivé avec le plus grand soin.

La première branche de la route qui est l'objet de ce §, tourne à droite au sortir de *Chivasco*, et aboutit à *Casal*, dont nous avons déjà eu occasion de parler. De *Casal* elle se dirige sur *Mortara*, ville de 4000 habitans, située sur la *Gogna*. Cette ville est riche et fait un commerce assez considérable. Elle est à 5 lieues de *Casal* et à 9 de *Milan*. On prétend que c'est là que *Charlemagne* vainquit et fit prisonnier *Didier*, roi des *Lombards*.

De *Mortara* on va à *Vigevano*, ville située sur la rive droite du *Tesin*, et défendue par un bon château bâti sur un rocher: sa population est de 8000 habitans. Cette ville qui est à 6 lieues de *Milan*, fait un grand commerce en soie et en mouchoirs qui sont le produit de ses superbes fabriques. Son sol est très fertile.

De *Vigevano* on gagne *Abbiategrasso*, petite ville, dont le territoire est très productif. C'est là que le grand canal du *Tesin*, qui est navigable jusqu'à *Milan*, et établit une utile communication entre cette ville et le golfe de *Venise*, se divise en deux branches, dont l'une va à *Bereguardo* où il reçoit toutes les marchandises qui viennent de l'*Adriatique* par le moyen du *Pô*, et les transmet au *Tesin*.

Enfin, après avoir traversé le village appelé *Barbatola*, on ne tarde pas à arriver à *Milan*, capitale de la *Lombardie*.

La 2.me branche de la route de *Turin* à *Milan*, qui prend à gauche, conduit de *Chivasco* à *Verceil*, passant par *Ciana* et *S. Germano*, distance d'environ 7 lieues.

Verceil est une grande et belle ville du *Piémont*, dans une situation agréable et près de la *Sesia*. *Justin* en attribue la fondation à *Bellovese*, envoyé en *Italie* par *Ambigat*, roi des *Bituriges*, 613 ans avant l'ère vulgaire, et *Pline* la met au nombre des municipes les mieux fortifiés de la *Transpadane*. Les fortifications de cette ville ayant été rasées en 1709, les lambeaux de ces fortifications qu'on y voit encore, lui donnent l'air d'une ville désolée et déserte, quoiqu'elle ait d'ailleurs d'assez beaux édifices. La place plantée d'arbres offre une agréable promenade. La voûte de l'église dédiée à *S. Marie majeure*, est soutenue par 40 colonnes de beau marbre. On conserve dans le trésor de la cathédrale un manuscrit en vélin, écrit, dit-on, de la main même de *S. Marc*, des évangiles de ce

Saint et de *S. Mathieu*. A l'hôpital on montre aux curieux, le cadavre d'un pélerin d'*Anjou*, appelé *André Valla*, qui y mourut d'une étisie en 1685, n'ayant plus que la peau colée sur les os. Son corps paraît tel qu'il était au moment de sa mort, n'ayant souffert aucune altération, même dans les rougeurs qui colorent le visage des étiques.

En sortant de *Verceil*, on passe la *Sesia*, et trois lieues plus loin la *Gogna*. Bientôt après on entre dans *Novara*. Comme cette ville est la première des Etats du *Piémont*, du côté de la *Lombardie*, elle a souvent été le théâtre de la guerre; aussi est-elle défendue par de bonnes fortifications. La ville est agréablement située sur une éminence: lors qu'on l'aperçoit de loin, la multitude de ses clochers la fait paraître beaucoup plus considérable qu'elle n'est en effet. L'église de *S. Marc* est remarquable par sa belle architecture et par d'assez bonnes peintures. La quantité d'équipages qu'on voit les jours de fête dans une promenade plantée de beaux arbres, fait avec raison supposer que *Novara* est habitée par des gens riches. Les dames parées ainsi qu'à *Milan*, qui donne le ton pour les modes, semblent recherchées dans leurs ajustemens. Il est peu de gens même parmi le peuple, qui n'entendent le *français*, et il paraît que pour les commodités de la vie et pour la manière de manger, on se rapproche chaque jour des usages de *France*. *Novara* est la patrie de *Pierre Lombard*, appelé plus communément le *Père des sentences*.

Entre *Novara* et *Buffalora*, on passe le *Tesin*, et puis le canal ou *Naviglio Grande* ; et lorsqu'on a atteint S. *Pietro l'Olmo*, on n'est plus qu'à deux lieues de *Milan*, où l'on arrive à travers une plaine qui présente tous les phénomènes que l'art et la nature peuvent produire dans un climat tempéré, et sur un sol dont la fertilité paroit inépuisable.

§ 8.

Description de Milan.

La ville de *Milan* est située dans une vaste plaine arrosée par l'*Adda* et le *Tesin*. Il est probable qu'elle fut fondée par les Gaulois qui franchirent les alpes vers le temps de *Tarquin* l'ancien : elle s'accrût ensuite, devint la principale ville de la Gaule Cisalpine, et fut la résidence de plusieurs empereurs d'Occident. Dans le sixième siècle, les *Ostrogots* sous la conduite de *Vitigès*, la prirent et la dévasterent. Cependant elle ne tarda pas à se rétablir dans son ancienne splendeur; mais en 1162, l'empereur *Fréderic Barberousse*, dont elle avait voulu secouer le joug, l'assiégea, la força de se rendre à discrétion, et la rasa de fond en comble. Malgré cette terrible catastrophe, on vit *Milan* pour la seconde fois renaître de ses propres cendres. Comme depuis ce temps de trouble et d'anarchie, cette ville n'a pas cessé d'être le siège des guerres les plus sanglantes, il n'y faut pas chercher des vestiges d'antiquité; ce n'est que par tradition ou conjecture, que les auteurs modernes ont parlé des monumens qu'elle possédait. Le seul de ces monumens qui ait échapé à la destruction, consiste en seize colonnes antiques dont nous parlerons dans la suite.

La population de *Milan* est aujourd'hui d'environ 130 mille habitans; mais ce n'est rien en comparaison de celle que plusieurs historiens attribuent à cette ville, et de ce qu'ils racontent de sa puissance et de sa richesse dans le temps de ses plus grands désastres. De la comparaison de son état actuel avec son état passé, nait un problême bien digne d'occuper le philosophe. Il semble qu'on peut par approximation appliquer à ce problême, les causes auxquelles le *Président Hainault* raporte

le concours des grands hommes en tous les genres que produisent ces siècles orageux ques nous n'aimons que dans l'histoire. « Dans les temps
» de crise, dit cet élégant et profond historien,
» les événemens heureux et malheureux mille
» fois répétés, fortifient l'ame, augmentent son
» ressort, ne lui laissent rien voir où elle ne
» puisse atteindre, et lui impriment ce désir de
» gloire qui ne manque jamais de produire de
» grandes choses. »

La ville de *Milan* a 5000 toises de tour, en y comprenant ses anciens remparts et ses nouvelles promenades ; mais la première enceinte ou la partie habitée n'a que 3000 toises de circonférence. Depuis la porte orientale jusqu'à la porte du *Tesin*, on compte 1540 toises; c'est là sa plus grande longueur. On y voit plusieurs grandes rues qui sans être aussi régulières que celles de *Turin*, ne laissent pas que de produire un bel effet. Ces rues sont pavées de petits galets ou cailloux roulés, ce qui serait assez incommode pour les gens de pied; mais on a remédié à cet i convenient, en y plaçant plusieurs bandes de pavés larges et unis: les bandes des côtés servent de trotoirs, et les voitures roulent avec la plus grande facilité sur celles du milieu.

Les places de Milan sont, en général, sans

décoration et très irrégulières dans leur forme. Celle du *Dôme* est assez longue, mais pas assez large; un seul de ses côtés est garni d'une galerie où l'on étale ce que la mode invente de plus précieux; mais les autres côtés et l'ensemble ne répondent pas à la façade du *Dôme*; et cette irrégularité est trop frappante, pour ne pas choquer au premier coup d'œil. Au milieu de la place *Fontana*, qui était autrefois la place *aux Herbes*, on a construit en granit rouge, une fontaine avec deux syrènes en marbre de Carrare. Un puits du voisinage fournit l'eau à cette fontaine au moyen d'une pompe mue par un courant d'eau souterain qui traverse la ville. Cette architecture hydraulique est assès belle. La place des Marchands, *Piazza de' Mercanti*, dont le milieu est occupé par un portique où les marchands se réunissaient autrefois pour traiter des affaires de commerce, est trop petite, et mérite à peine le nom de place. Celle de *Borromée* n'a de remarquable que la statue en bronze de *S. Charles*.

Des divers édifices qui font l'ornement de la ville de *Milan*, le plus considérable est la cattédrale, *il Duomo*, qu'on regarde comme la plus belle église d'Italie après *S. Pierre de Rome*. Le vaisseau a 449 pieds de longueur; 275 de largeur dans la croisée, et 180 dans la nef; 238 pieds de hauteur sous la coupole; 147 dans la nef; 110 dans les bas côtés, et 73 dans les chapelles. La hauteur extérieure de la coupole avec le couronnement qu'on y a ajouté, est de 370 pieds. Cinquante deux colonnes de marbre qui ont 84 pieds de hauteur, y compris les chapitaux et les bases, et 24 pieds de circonférence, soutiennent cet édifice immense. On est effrayé de la dépense et des travaux que sa construction a dû exiger. Aussi a-t-il été appelé la huitième merveille du monde, titre fastueux qui ne peut lui convenir que parcequ'il est surchargé d'une prodigieuse quantité de statues et d'autres ornemens d'un beau marbe blanc qu'on tire des environs du lac *Majeur*.

Ce bâtiment commencé en 1386, n'est pas encore entièrement achevé. En 1174 on éleva au dessus de la coupole, une pyramide de marbre surmontée d'une grande statue de la Vierge en marbre doré; le tout de 117 pieds de hauteur. Dans les derniers temps et pendant que *Milan* a été le siège du nouveau royaume d'Italie, on a terminé la façade qui était à peine commencée, et l'on a décoré le dessus du toit, d'une grande quantité d'aiguilles, de statues et de bas-reliefs en marbre blanc. C'est sur ce somptueux assemblage de terrasses, de galeries et d'escaliers, qu'on doit monter, non seulement pour juger de l'immense travail dont l'église est chargée; mais encore pour y jouir de la vue d'une plaine délicieuse, parsemée de villes et de villages, et terminée par l'angle de jonction des *Alpes* avec l'*Apennin*.

La façade est ornée de bas reliefs qui représentent divers faits de l'histoire sacrée, et sont assez curieux. On entre par cinq grandes portes; les deux colonnes de granit qui soutiennent en dedans l'ornement de la porte du milieu, sont surtout remarquables par leur prodigieuse grosseur. L'intérieur est mal éclairé : il est de forme *tudesque* que plusieurs confondent avec la *gothique*. Ses arcs pointus sont bien loin d'avoir la grâce des arcs circulaires qu'on admire dans les édifices d'architecture grecque ou romaine: néanmoins l'ensemble a quelque chose de grand et d'imposant au premier coup d'œil, et serait même d'un assez bon genre, s'il n'était gâté par des ceintures de niches dans lesquelles on a placé une foule de statues, car il paroit que l'architecte avait la manie d'en mettre par tout.

Ce que l'intérieur de l'église offre de plus digne de remarque, est la chapelle souterraine où repose le corps de S. *Charles Borromée* mort en

1584. La sculpture, la ciselure et l'orfévrerie ont épuisé leurs ornemens pour exprimer les vertus de ce Saint, et embellir le monument qui renferme sa dépouille mortelle. La chasse est d'argent avec des panneaux de cristal de roche et des moulures de vermeil. Le dedans du caveau, éclairé dans le haut par un soupirail et une grille, est orné de bas reliefs d'argent. Ces divers ouvrages sont estimés et par leur richesse et par leur travail.

Le chœur est tout sculpté en marbre par dehors, et en bois dans l'intérieur. Les sculptures du dedans sont faites avec beaucoup de goût. Le pavé est de marbre et très beau; supérieur même à celui de *S. Pierre du Vatican*, mais il en manque environ un tiers. Le trésor de l'église est un des plus riches qu'on connoisse. Les statues de S. *Ambroise* et de *S. Charles* sont d'argent et plus grandes que nature. Ajoutons un certain nombre de tableaux qui représentent les actions les plus remarquables de la vie de *S. Charles*, et dont on garnit tout le tour de la nef dans le temps de sa fête. Derrière le chœur est une statue en marbre de S. *Barthelemi*, fort estimée; c'est une vraie anatomie de muscles au dessus de grandeur naturelle.

Dans l'église de *Milan*, on observe encore le

rit *Ambrosien* qui s'étend à beaucoup de cérémonies et de pratiques qui n'ont pas lieu dans les autres églises catholiques; par exemple, on y baptise par immersion comme dans les temps de la primitive église : le carême ne commence que le dimanche de la quadragésime, et les bals ne cessent que ce jour; mais aussi on observe le jeûne pendant les trois jours de rogations.

Parmi les autres églises ou chapelles dont le nombre est très considérable, voici celles qui nous paroissent mériter une attention particulière.

L'église de S. *Ambroise* est célèbre par son ancienneté. C'est là qu'autrefois les empereurs recevaient la couronne de fer: on y voit un serpent d'airain, que les uns disent être celui du désert, et les autres le symbole d'*Esculape*.

Dans l'église de S. *Alexandre*, on admire la grande quantité de lapis-lazuli, d'agates orientales, de jaspes sanguins et autres pierres précieuses dont le maître-autel est revêtu : cette église est d'ailleurs d'une très belle architecture.

La façade de *Santa Maria presso San Celso*, est remarquable par deux *Sibylles* couchées sur le fronton du portail et par deux statues d'*Adam* et d'*Eve* placées à côté de l'entrée: la statue d'*Eve* peut être comparée à ce que l'antiquité a de plus parfait. Les sibylles et les statues sont de marbre blanc. L'intérieur de cette église présente des peintures à fresque du chev. *Appiani*, qui sont de la plus grande beauté.

L'architecture de l'église de *S. Victor* passe pour être d'un très bon genre.

Dans l'église de *S. Nazare*, on lit cette épitaphe singulière de **J. J.** *Trivulze*, maréchal de France : *Qui numquam quievit, quiescit, tace.* Silence, celui qui n'a jamais eu de repos, repose.

Enfin **S.** *Laurent*, *San Lorenzo*, est une église dont l'architecture est aussi hardie que singulière. Sa forme est octogone ; quatre côtés disposés en portions de cercle, ont dans leur enfoncement, deux rangs de colonnes l'un sur l'autre, qui servent de galeries tournantes ; les autres quatre côtés qui sont en ligne droite, n'ont qu'un seul ordre de colonnes, et ces colonnes qui ont une double hauteur, soutiennent le Dôme : tout cela forme un ensemble assez frappant.

C'est près de cette église, qu'on voit les seize colonnes dont nous avons déjà parlé, seul monument antique qui subsiste encore dans *Milan*, malgré les ravages du temps et les terribles catastrophes que cette ville a éprouvées. On croit que ces seize colonnes, précieux restes de la splendeur de cette même ville dans les beaux temps de l'empire romain, faisaient partie des thermes d'*Hercule*, construits par *Maximien* surnommé *l'Hercule*, collègue de *Dioclétien*. Il n'existe pas même dans *Rome* d'édifice antique qui ait un pareil nombre de colonnes rangées sur la même ligne. M. *Amato Guillon*, membre de plusieurs académies, a fait sur ce sujet une savante dissertation ; mais quelques connoisseurs prétendent que la belle proportion des colonnes indique une époque antérieure au règne de *Maximien*.

Milan renferme un grand nombre de palais. Le plus considérable est celui qu'on appelle palais royal, *palazzo reale* : il fut bâti dans le 14.me siècle et devait par conséquent se ressentir de la barbarie de ce temps. Dans le 17.me siècle on lui donna une forme plus convenable. L'architecture du grand salon, les statues, les cariatides étaient admirées des connoisseurs ; mais comme on avait été obligé de travailler sur un vieux édifice, l'ensemble ne présentait pas cet aspect de magnificence qu'il a aujourd'hui. En effet dans les derniers temps il a été singulièrement agrandi ; on y a construit de vastes écuries qui manquaient, et un très beau manège, en sorte qu'il est presque double de ce qu'il était. Les superbes peintures à fresque et autres ornemens dont l'intérieur a été décoré, sont dignes des célèbres artistes qui y ont travaillé, et faîront l'admiration de la postérité.

L'archevêché qui est au sud de l'église métropolitaine, faisait anciennement partie du palais royal. Au 16.me siècle *S. Charles* le fit reconstruire pour y loger les chanoines. Deux grandes salles qui renferment une riche collection de tableaux, sont ce qu'il offre de plus remarquable.

Le *Palais de justice* était la résidence du juge criminel ; il contient des prisons pour les prévenus et les condamnés. Le bâtiment est assez bien construit et disposé d'une manière conforme à son usage.

On voit dans *Milan* beaucoup d'autres palais, qui sont la propriété de la haute noblesse ou des plus riches particuliers de cette ville ; tels sont ceux connus sous le noms de *Cusani*, *Litta*, *Belgiojoso*, *Tripulzi*, *Mellerio*, *Clérici*, *Arese*, *Serbelloni*, *Borromei*, *Archinti*, et celui qui est au milieu d'un superbe jardin, appelé *Villa Bonaparte*. Tous ces divers palais sont remarquables par leur belle architecture et par les riches ornemens dont ils sont décorés.

Dans le nombre des divers établissemens publics, dont la ville de *Milan* est pourvue, un bien digne de remarque, est la bibliothèque *ambrosienne*. Cet établissement fut l'ouvrage du cardinal *Frédéric Borromée*, archevêque de *Milan* et neveu de S. *Charles*. La bibliothèque proprement dite, est composée de 40 mille volumes imprimés, et de plus de 15 mille manuscrits. Le plus célèbre de ces manuscrits, est celui des antiquités de *Josephe*, traduites par *Ruffin*; c'est peut-être le plus singulier de tous ceux qui existent: il est écrit sur du *papyrus* d'*Egypte*, et paroît, suivant *Mabillon*, avoir 1100 ans d'antiquité. Le cabinet ou *Museum de Settala*, dont la description a été imprimée, fut réuni du moins en grande partie à la bibliothèque ambrosienne.

Le palais des sciences et beaux-arts de *Brera* est encore un des superbes édifices de *Milan*: la bibliothèque contient environ 100,000 volumes. L'observatoire ou *Specula* est des plus renommés et fourni des meilleurs instrumens astronomiques.

L'hôtel de la monnaie ou la *Zecca* possède une belle collection de médailles antiques et modernes.

Le grand hôpital, *Spedal Maggiore*, et un bâtiment magnifique et immense. Jamais la fortune n'a employé les ressources de l'art pour un but plus louable. On y reçoit tous les pauvres malades. Il y a outre les médecins et les chirurgiens ordinaires, des professeurs de médecine et de chirurgie ainsi que des élèves qui en même temps étudient la théorie de ces arts salutaires, en apprennent la pratique, et servent les malades.

La ville de *Milan* possède plusieurs théâtres. Celui de la *Scala*, qui est le plus grand de tous, et où l'on joue l'opera, fut bâti en moins de deux ans par un certain nombre d'actionnaires qui se remboursèrent sur la vente des loges. Rien de plus magnifique, de plus commode et de mieux servi que ce théâtre : on y entre par un grand vestibule qui conduit au parterre et à deux grands escaliers pour cinq rangs de loges et une terrasse où l'on peut aller prendre le frais. Les loges sont grandes, commodes et meublées très agréablement. L'usage d'y tenir assemblée, d'y recevoir des visites et d'y faire la conversation, est aussi commun à *Milan* que dans le reste de l'Italie. On exécute de grands ballets sur le théâtre de la *Scala*; les décorations sont quelquefois assez belles, assez bien entendues ; mais les pantomimes et les danses sont presque toujours infiniment au dessous de ce qu'on devrait en attendre. Les mêmes actionnaires firent bâtir ensuite un autre théâtre à *la Canobiana*. Du palais de la cour, on va à ce théâtre par un corridor qui traverse la rue. Le petit théâtre *Re* est très fréquenté. On y joue tantôt des opera bouffons, et tantôt des tragédies et des comédies. Les autres petits théâtres ne méritent pas une mention particulière.

Les fondateurs de *Milan* avaient sans doute manqué de prévoyance: cette ville bâtie au milieu d'une vaste plaine, est trop éloignée des deux fleuves qui traversent la Lombardie. L'industrie humaine a su réparer la faute des fondateurs; deux canaux artificiels font communiquer *Milan* avec l'*Adda* et le *Tesin*. Le canal du *Tesin* commencé en 1179, fut terminé en 1271. Celui de l'*Adda* fut fait en 1457. Arrivé à un mille de la porte *Neuve* au nord de *Milan*, le canal de l'*Adda* se trouva plus haut de 6 pieds que celui du *Tesin*: pour les réunir dans la ville sans chûte, on pratiqua 6 écluses, et pour prévenir les inondations, on plaça près de la porte *Neuve* un déversoir qui porte les eaux surabondantes hors de la ville. On peut dire que ces deux canaux sont la véritable richesse de *Milan*; ils servent non seulement à l'approvisionnement de cette ville, aux arts mécaniques et à l'irrigation des jardins, mais encore au commerce, surtout depuis qu'on a rendu plus praticables les routes du *Simplon* et du *S. Gothard*. En général, la science des eaux et de l'architecture hydraulique est employée dans toute l'Italie avec autant d'intelligence que de succès.

Le *Jardin Public* est très rapproché de la porte orientale; il est assez grand et bien entendu. Au milieu est un bâtiment carré qui pourrait servir aux fêtes publiques. Du jardin on monte aux remparts, qui étant plantés d'une double allée de marroniers, offrent une belle et longue promenade.

Le local autrefois occupé par le grand château, et qu'on appela ensuite le *Foro Bonaparte*, est sans doute bien digne de fixer l'attention du voyageur. De ce château ou ancienne forteresse, il ne reste presque plus rien qui puisse servir à la défense, et l'on n'a conservé que le carré intérieur qui formait le palais des *Visconti* et *Sforce*, seigneurs de *Milan*, à présent changé en logement aussi sain que commode pour les troupes. Le démantèlement des fortifications est un double avantage pour la ville; d'abord parcequ'elle n'est plus exposée aux risques et aux maux que causent les sièges: et ensuite parceque ce démantèlement a procuré un espace très vaste à l'ouest, pour les évolutions militaires, et du côté de la ville, une superbe promenade plantée d'arbres de différentes espèces. C'est-là, que devait aboutir la nouvelle route du *Simplon*. A l'extrémité de la place d'armes, on avait commencé d'ériger un arc de triomphe, qui, s'il était achevé, pourrait être comparé à ce que l'architecture des Grecs et des Romains nous a transmis de plus noble et de plus imposant dans ce genre. Non loin du château, est un magnifique cirque destiné aux courses et à la naumachie, lequel au moyen de dix rangs de gradins dont sa circonférence est décorée, et de ses galeries, peut contenir 30 mille spectateurs. L'arène a 400 bras dans sa plus grande longueur, et 200 dans sa plus grande largeur. On y voit un arc de marbre soutenu de 4 colonnes d'ordre dorique : le pulvinare en a huit d'ordre corinthien, du meilleur granit, et couronnées par les plus beaux chapiteaux. A la porte *Ticinense* on admire pareillement un arc de triomphe avec deux corps de garde qui sont d'ordre *rustique* : la porte *Neuve* en offre encore un d'ordre *corinthien* avec de superbes bas-reliefs. Tous ces ouvrages faits dans les derniers temps, ont un caractère de grandeur et de magnificence qui ne peut être que le produit du génie et de la puissance que suppose l'exécution de pareilles entreprises.

La ville de *Milan* a eu beaucoup de personnages célèbres dans les sciences et les belles lettres : son histoire littéraire forme seule 4 gros volumes *in folio*; aussi cette ville fut elle surnommée la nouvelle *Athènes*. *Virgile* y étudia. On compte parmi les anciens auteurs que *Milan* a produits, *Cœcilius Statius*, *Valere Maxime*,

Virginius Ruffus, et *Salvius Julianus*; parmi les modernes, *Cardan*, *Alciat*, le P. *Lechi*, le P. *Porta*, le Marquis *Beccaria*, *Frisi*, *Parini* et une foule d'autres que les bornes de cet ouvrage ne nous permettent pas de nommer. On trouve dans cette ville beaucoup d'imprimeurs et de libraires qui méritent d'être connus des gens de lettres.

Le commerce et l'industrie de *Milan* ont toujours été assez florissans. Par sa situation, cette ville est naturellement un entrepôt général de toute l'Italie. A la vérité la difficulté des transports et l'intérêt personnel ayant suggéré aux peuples voisins la route par mer et le cabotage, *Milan* perdit beaucoup à ce nouvel ordre de choses: mais les superbes routes qui on été construites dans les derniers temps, balançant les facilités des courses par mer, la capitale de la Lombardie peut espérer de réparer du moins en partie, les pertes qui lui ont été occasionnées. Ses moyens commerciaux se sont même singulièrement multipliés; autre fois ils se bornaient aux produits de son territoire, tels que riz, fromages et soie qui s'expédiaient à l'extérieur pour être échangés avec les objets qui lui étaient nécessaires: elle avait quelques fabriques d'étoffes de soie et de coton, mais qui faute de débouchés, étaient tombées en décadence; aujourd'hui de riches négocians y ont formé des établissemens considérables ; à l'activité nécessaire dans le commerce, ces négocians joignent de grandes fortunes, et avec beaucoup d'argent comptant, ils font des spéculations très avantageuses. Ainsi le commerce actuel de *Milan* s'étend à une foule d'objets; il embrasse le trafic des produits de l'agriculture; il s'alimente de ceux des fabriques d'indienne, de mouchoirs, de rubans, de voiles, de velours, des cuirs, de savons, de verrerie: il s'occupe même à vivifier l'industrie, en lui fournissant des débouchés convenables; l'orfévrerie, les fleurs artificielles, les broderies et les galons de *Milan* sont envoyés dans toute l'Italie. Il y a plus, les diverses relations commerciales et le besoin qu'ont tous les pays environnans d'avoir des fonds dans cette ville, ont fait que les opérations du change y sont devenues très-importantes; et de cet état de choses, on peut conclure que *Milan* doit être maintenant rangé dans la classe des villes de commerce les plus considérables.

De toutes les villes d'Italie, *Milan* est celle où les étrangers reçoivent le meilleur accueil: ses habitans sont naturellement hospitaliers. On y voit de très belles femmes; ce qui les distingue surtout, et qui est sans doute l'effet d'un climat tempéré, c'est la plus belle carnation. La noblesse y est très nombreuse; mais il y a aussi plus qu'ailleurs des rentiers, des propriétaires et des capitalistes qui rivalisent avec elle sous le raport du luxe. On remarque quelquefois au cours deux cents, trois cents carrosses. Les modes pour la plupart calquées sur celles des *Paris*, donnent le ton dans les autres villes d'Italie.

Il y a aux environs de *Milan* plusieurs belles maisons de campagne; une des plus remarquables est *Castellazzo* située dans un belle plaine à deux lieues de la ville. On y trouve des jardins immenses, une ménagerie, de grandes allées couvertes, des cédrats en pleine terre; les grilles des jardins sont dorées: tout y est orné d'une manière aussi noble que riche. Les appartemens sont décorés en stuc, avec des bas reliefs, des marbres, des moulures et autres ornemens. A une lieue de *Milan*, du côté du nord, est la maison de campagne appelée *Casa Simoneta*, où est un écho qui répétait autrefois un mot plus de cent fois, mais qui a perdu beaucoup de sa réputation par les dégradations ou les réparations qu'on y a faites. On peut citer aussi comme de belles maisons de campagne, *Lainate*, *Mont Bello*, *Birago*, sur le chemin de *Come*, *Comazzo* sur la

Muzza, en allant vers *Lodi*, et *Desio*, où il y a un jardin anglais d'un goût exquis.

§ 8.

Route de Milan à Gênes.

En allant de *Milan* à *Pavie*, on voyage au milieu d'une belle plaine dont l'heureuse fertilité offre le spectacle le plus intéressant. La route est bordée d'arbres de différentes espèces, ce qui fait une variété très agréable : on voit de toutes parts des canaux d'irrigation qui répandent et distribuent les eaux dans la campagne. Le nouveau canal navigable suit la même direction que la route. La petite ville de *Binasco* est la seule qu'on rencontre; elle est à trois lieues et demie de *Milan* et à la même distance de *Pavie*.

A trois mille de cette dernière ville et à côté de la route, on aperçoit la fameuse *Chartreuse* supprimée par l'empereur *Joseph* II, et qui passait pour la plus belle d'Europe. Cet édifice est de la plus grande magnificence; on dirait que l'architecture, la peinture et la sculpture avaient réuni tous leurs efforts pour embellir le monastère et l'église : des parcs, des jardins, des canaux, des avenues contribuent encore à augmenter le charme qu'on respire dans cette silencieuse retraite.

Plus près de Pavie et avant d'y arriver, on passe à côté des restes d'un grand parc que *Galeas Visconti* fit bâtir pour y enfermer des bêtes fauves : c'est-là que *François* I. perdit la bataille du 24 février 1525 ; il fut conduit à la Chartreuse, dont nous venons de parler.

Pavie, située sur les bords du *Tesin* et dans une belle plaine, est une ville très ancienne ; suivant *Pline* elle existait même avant *Milan*. Lors de l'invasion des barbares, les rois *Lombards* en firent leur capitale, et donnèrent le nom de *Lombardie* au pays renfermé entre les Alpes, l'Apennin et la mer Adriatique. *Charle Magne* mit fin à leur empire par la victoire qu'il remporta sur *Didier* en 765. La décadence de cette ville date du saccagement que lui fit éprouver le général *Lautrec* pour venger l'affront fait à *François* I. lors de la bataille dont nous avons parlé. Son territoire est si fertile, qu'on l'appelle le *Jardin du Milanez*. Elle a d'assez beaux édifices. On y voit encore de hautes tours carrées, bâties de briques ; c'est dans une de ces tours que fut enfermé *Boéce*. La place la plus considérable est environnée d'un grand portique ; les rues sont larges et bien alignées; la plus belle est celle qui traverse toute la ville et va aboutir au pont du *Tesin*: ce pont revêtu de marbres, est couvert et sert de promenade aux habitans; il a 250 pas de longueur.

La cathédrale qui a été rebâtie il n'y a pas bien long-temps, n'a rien de remarquable; on y conserve une prétendue lance de *Roland*, qui n'est autre chose qu'un aviron armé de fer. L'église de *S. Pierre* où repose, dit-on, le corps de *S. Augustin*, est ornée de marbres et de statues; l'architecture en est gothique, mais hardie.

Il y avait autrefois une citadelle très forte qui dans les guerres d'Italie, fut plusieurs fois assiégée et prise d'assaut; aujourd'hui elle est presque ruinée.

L'université de *Pavie* a été toujours renommée à cause des grands hommes qu'elle a possédés, et qui, par leur mérite personnel, ont su soutenir la célébrité de cet utile établissement: tels sont les fameux jurisconsultes *Jazon*, *Balde* et *Alciat*, qui en ont été professeurs. Parmi les objets qui méritent une attention particulière, ont peut citer la bibliothèque, le musée d'histoire naturelle, le cabinet de phisique et d'anatomie, et le jardin de botanique.

Les palais les plus remarquables par la richesse des ornemens et la magnificence des galeries, sont ceux de *Brambilla* et du professeur *Scarpa*; et par leur architecture et la beauté des jardins, ceux de *Maïno* et d'*Olevano*. Le théâtre bâti en 1733, est d'une forme assez agréable.

Les habitans de *Pavie* sont très réservés dans leur maintien; les mœurs y sont respectées. Les femmes n'ont garde de se montrer à la promenade ou dans les lieux publics avec cet air de liberté et d'abandon qui se fait remarquer dans beaucoup d'autres villes, et qui choque la décence. L'habillement de la bourgeoisie et du peuple annonce la richesse du pays, qui abonde réellement en grains, vin, fromage, chanvre et autres denrées.

En sortant de *Pavie*, on traverse le *Tesin* sur le pont dont nous avons déjà parlé, et qui sert de communication entre la ville et un grand fauxbourg ceint de murailles. Un peu plus avant, on passe le *Gravelone*, qui est une branche du *Tesin*; puis le *Pô* près d'un village appelé *Porto di Rea*, et enfin avant d'arriver à *Voghera*, qui est à 5 lieues de *Pavie*, un torrent nommé *Staffora*.

De *Voghera*, la route conduit à *Tortone*, et de là à *Novi*. C'est un trajet de 7 lieues et demie.

Nous avons parlé de *Voghera* et de *Tortone* dans le § 5 de cette section. De *Novi* à *Gênes*, on suit la même route que nous avons décrite dans le § 4, et qui est celle de *Turin* à *Gênes*.

§ 9.

Route de Milan *à* Parme *en passant par* Plaisance.

De *Milan* à *Parme*, on compte 30 lieues. La partie du *Milanez* qu'on traverse, est très riche et de la plus grande fertilité. Après avoir passé deux petits villages, *S. Donato* et *S. Giuliano*, on rencontre *Melegnano*, gros bourg de 2000 habitans, qui est à 4 lieues de *Milan*, bâti sur les bords du *Lambre*, rivière qui prend sa source dans les montagnes qui avoisinent le lac de *Côme*, traverse le *Milanez* et va se jeter dans le *Pô*, près de *Plaisance*. Ce lieu est célèbre par la victoire que remporta *François I* sur les Suisses en 1525. Son principal commerce consiste en grains, fromages et bestiaux.

De *Melegnano* à *Lodi*, il y a 3 lieues. La ville de *Lodi* était autrefois une place très forte; elle est située dans un pays aussi fertile qu'agréable, sur les bords de l'*Adda* et à une lieue de l'ancien *Lodi*, qui aujourd'hui n'est qu'un simple bourg : sa fondation est de l'an 1158. Dans le nouveau *Lodi* dont la population est de 13,000 habitans, on voit de superbes maisons, une fort belle place avec des portiques tout au tour, des églises richement décorées et une fabrique de fayance très considérable : son principal commerce est en grains, bestiaux, beurre et lin. Ses fromages sont très estimés. La campagne environnante est traversée par une infinité de canaux d'irrigation, qui dirigés avec intelligence, favorisent la végétation et portent par tout la fécondité. *Lodi* est célèbre par la victoire que les Français commandés par *Bonaparte* alors général en chef, remportèrent le 10 mai 1796, sur le pont de l'*Adda*. Cette ville est la patrie de plusieurs hommes qui se sont distingués dans les sciences et les beaux-arts, parmi lesquels on peut citer *Filiberto Villani*, *Calisto*, *Scipione*, *Fulvio* et *Marco Piazza*.

En continuant la route par *Casal-Pusterlengo*, bourg considérable, on ne remarque jusqu'à *Plaisance*, qui est à 6 lieues de *Lodi*, rien qui mérite de fixer l'attention du voyageur, si ce n'est de très beaux chemins et un pays riche de ses productions : mais avant de passer le *Pô*, pour entrer dans *Plaisance*, on aperçoit à droite et au de-là du fleuve, une partie des *Apennins*, et sur le revers de ces montagnes, une multitude de maisons de campagne et de châteaux d'une très belle apparence : à gauche, la vue s'étend et s'égare dans une vaste plaine arrosée par le *Pô*.

Plaisance est une très belle ville située près le confluent du *Pô* et de la *Trebia*; on peut dire que son nom répond à la salubrité de l'air qu'on y respire, et à l'agréable position qu'elle occupe : d'un côté, elle est entourée de collines délicieuses ; et de l'autre, elle domine sur une plaine des plus fertiles. C'est une ville fort ancienne : elle fut saccagée par les *Carthaginois*; mais les Romains la rétablirent. Son amphithéâtre fut brulé pendant la guerre d'*Othon* et de *Vitellius*. Elle soutint un siège terrible contre *Totila*, roi des Goths ; ses habitans aimèrent mieux se réduire aux plus cruelles extrêmités que de se rendre. Elle essuya encore bien d'autres révolutions du temps des guerres d'Italie occasionnées par les factions des *Guelfes* et des *Gibellins*. Ayant été prise et reprise plusieurs fois, on ne doit pas être surpris si elle n'a pu conserver les monumens de son antiquité.

L'ensemble de cette ville présente l'aspect le plus intéressant. Ses rues sont larges et bien alignées; celle qui sert de cours, est une des plus belles et des plus longues d'Italie. On y voit un fort château et de superbes édifices. Le plus remarquable de ces édifices, est le palais *Farnese*, ou *Ducal*; on y montre le balcon d'où les conjurés précipitèrent *Louis Farnese* après l'avoir tué. Le nouveau théâtre, la cathédrale et les deux statues équestres de bronze qui décorent la place principale, méritent une attention particulière.

Les grands produits du territoire font nécessairement de *Plaisance*, une ville commerçante; elle a quelques manufactures et des moulins pour la filature de la soie: on y compte 28 mille habitans. C'est la patrie de plusieurs hommes célèbres, tels que le pape *Gregoire X*, *Alberoni*, premier ministre d'Espagne, né dans une chaumière où il se retira après sa disgrace, *Pallavicino*, *Jean Baptiste Porta*. L'air de *Plaisance* est très pur et très sain. *Pline* rapporte que dans le dénombrement de l'Italie, on trouva à *Plaisance* six viellards de 110 ans, un de 120 et un autre de 140.

Au dessus de *Plaisance* est un endroit appelé *Campo Morto*; c'est le champ de bataille où les Romains furent défaits par *Annibal*, l'an de *Rome* 535.

De *Plaisance* on peut faire une incursion vers le midi pour aller visiter les ruines de *Velleïa*; c'était une ancienne ville dont les restes se voient à six lieues de *Plaisance*, en tirant du côté de *Gênes*, dans un village appelé *Macinasso*, au pied de deux montagnes très hautes qui font partie de l'*Apennin*. Il y a lieu de conjecturer d'après les fouilles qui ont été faites, que *Velleïa* fut écrasée par les éboulemens de ces montagnes. En effet on y a trouvé un grand nombre d'ossemens, de monnoies, de bustes en marbre, de vases de bronze incrustés en argent, etc.; ce qui prouve que les habitans fûrent surpris et engloutis avec toutes leurs richesses. On ignore le temps de la destruction de cette ville, quoique parmi les monumens qu'on en a retirés, il y en ait quelques uns qui sont postérieurs à *Constantin*. Les rochers qui couvrent les ruines à plus de 20 pieds, rendent les fouilles très difficiles; cependant on distingue l'espace qu'occupait la ville et sa situation sur le penchant de la colline; on reconnoît que les maisons étaient séparées et formaient différens étages; que quelques unes étaient pavées en marbre, et d'autres en mosaïques. Enfin dans l'endroit qui a été fouillé, on a découvert une place publique très ornée avec un canal tout au tour pour l'écoulement des eaux, de beaux sièges de marbre soutenus par des lions, et au milieu, un autel consacré à l'empereur *Auguste*. Toutes ces circonstances réunies annoncent que la ruine de *Velleïa* ne peut être attribuée qu'aux rapides et funestes effets d'un volcan.

Au sortir de *Plaisance*, on voit les débris de la voie *Emilia* qui commençait à cette ville et allait à *Rimini* par *Parme*, *Modène* et *Bologne*. Tout le pays qu'on traverse depuis *Plaisance* jusqu'à *Parme* (distance de 13 lieues) est aussi fertile qu'agréable. On y recueille en abondance des grains, des vins, des huiles, des fruits de toute espèce : les vignes y sont encore cultivées comme elles l'étaient du temps de *Virgile*. Les chemins sont très beaux, mais le passage des rivières lors qu'il n'y a pas de ponts et que les eaux sont grosses, est très-incommode et même dangereux. La première qu'on trouve est peu considérable ; puis se présentent successivement dans un espace de 5 lieues et à des distances à peu-près égales, la *Nura*, la *Chiavena*, et la *Larda*. C'est près de cette dernière, qu'on rencontre le village de *Firenzuola*, dont la situation est charmante. En quittant ce village, on découvre dans la direction de la voie romaine une très belle abbaye de l'ordre de *Citeaux*, et l'on croit que c'est près de ce lieu, que *Sylla* défit l'armée de *Carbon*.

On gagne ensuite *Borgo San Donnino*, situé sur la rivière *Stirone*. Cette ville ne présente aucun restes d'antiquité ; mais à quelques milles de là, on a découvert des ruines qui ont fait conjecturer que l'ancienne *Julia Crisopoli* était bâtie dans ce même lieu.

En continuant la route, on ne tarde pas à rencontrer le *Taro*. *Castel Guelfo*, situé sur les bords de ce torrent, passe pour avoir donné son nom à la faction des *Guelfes*. Au premier coup d'œil qu'on jette sur les habitans de la vallée qui est entre le *Taro* et *Parme*, on peut juger du bonheur dont ils jouissent. Les paysanes sont bienfaites et ont une jolie figure, avantages qui sont encore relevés par l'élégante simplicité de leurs habits.

Enfin après avoir passé le *Taro*, on trouve une chaussée de deux lieues, plantée d'arbres, qui sauf une petite inflexion, mène à *Parme* en ligne droite.

§ 10.

Route de Milan à Mantoue, en passant par Crémone.

On compte 15 lieues de *Milan* à *Crémone*, et tout autant de *Crémone* à *Mantoue*.

On va d'abord de *Milan* à *Casal Pusterlengo* en suivant la route que nous avons décrite dans le § précédent.

A *Casal Pusterlengo*, on prend la gauche et l'on se rend à *Pizzighetone*, place forte entre *Lodi* et *Crémone*, bâtie sur le *Serio* et près du confluent de cette rivière avec l'*Adda*. Elle est célèbre par les sièges qu'elle a soutenus : ce fut là, qu'après la bataille de *Pavie*, *François I* fut retenu prisonnier jusques à ce que *Charles V* put le faire partir pour l'Espagne.

Crémone est une ville considérable, entourée de murailles et de fossés avec des bastions et une citadelle, et située dans une plaine délicieuse qu'arrose le *Pô*. Elle fut fondée par les Gaulois Sénonois qui suivirent *Brennus* en Italie l'an de *Rome* 363. Dans la suite elle devint colonie des Romains ; mais ayant pris le parti d'*Antoine*, *Octave* la livra au pillage ainsi que son territoire : aussi *Virgile* en déplorant les malheurs de *Mantoue*, sa patrie, les attribue-t-il au voisinage de *Crémone* !

Mantua væ miseræ nimium vicina Cremonæ.

Après la chûte de l'Empire Romain, elle fut tour à tour libre et soumise. Les *Goths* la dévastèrent en 630; quelques siècles après *Fréderic Barberousse* lui fit subir le même sort : enfin elle fut la proie d'une foule de seigneurs qui s'en disputaient la possession.

Cette ville offre un aspect assez agréable; ses rues sont larges, assez bien alignées; mais les maisons sont plus apparentes que réellement belles : elle est traversée par un canal qui remplit les fossés et communique avec l'*Oglio*. Quoiqu'on fasse monter sa population à 23 mille habitans, elle semble déserte, parcequ'elle a environ 5 milles de circonférence, et qu'elle n'est pas assez peuplée pour être aussi étendue. Cette ville a des édifices assez considérables, mais d'un mauvais goût : le plus remarquable de ces édifices, est une tour qui passe pour la plus élevée d'*Italie* à cause de son aiguille, et sert d'ornement à la place du capitole; on compte pour aller jusqu'aux cloches 498 marches. Les églises sont belles; le portail de la cathédrale attire surtout l'attention des voyageurs. Une partie des beaux tableaux dont ces églises étaient décorées, fut lors des dernières guerres, transportée à *Paris*.

Le commerce de *Crémone* est considérable spécialement en soie, grains, fromages, lin, vin, huile, miel et cire qui sont des productions de son sol. Elle a en outre des fabriques d'étoffes de soie et de coton, et expédie beaucoup de marchandises tant par terre que par eau à cause des facilités que lui donne le voisinage du *Pô*. Les violons et autres instrumens de musique qu'on y fait, ont beaucoup de réputation. Cette ville a produit plusieurs hommes célèbres, parmi lesquels le *Vida*, *Campi*, *Conquisola* et l'abbé *Grandi* méritent une mention particulière. Les *Crémonois* sont prévenans, affables et fort industrieux.

De *Crémone* on se dirige sur *Bozzolo* en suivant un nouveau chemin de poste qui passe par *Cicognolo* et *San Lorenzo*. A *Bozzolo* on laisse à droite *Canneto*, qui est un fort bâti sur l'*Oglio*, et prenant par *Castellucchio*, on arrive à *Mantoue* presque en ligne droite.

§ 11.

Route de Milan à Vérone par Bergame et Brescia.

Pour aller de *Milan* à *Vérone*, la route la plus directe est celle qui prenant par *Cassano*, *Caravaggio*, *Antegnate*, et *Chiari*, aboutit à *Brescia*; mais comme cette route ne présente que peu d'objets capables d'intéresser la curiosité du voyageur, on se dirige d'ordinaire sur *Bergame*, d'où passant par *Brescia*, on se rend à *Vérone*: c'est un détour de 4 ou 5 lieues de plus.

De *Milan* à *Bergame*, il y a environ 9 lieues. Il faut traverser les campagnes de la *Lombardie*, pour pouvoir se former une idée de la beauté et de la richesse de ce pays. L'habitant de la *Suisse* cultive quelques portions de terrain qui suffisent à peine à sa subsistance; il est souvent obligé de placer ses habitations sur des sommets presque inaccessibles; ici au contraire la nature, mère tendre et féconde, prodigue ses trésors: l'homme et les animaux avec un travail aussi léger que facile, y trouvent tout ce qui est nécessaire à leur subsistance, grains, légumes, riz, maïs, excellens fourrages. Des ruisseaux d'eau limpide arrosent tout les champs; l'olivier, la vigne et l'ormeau semblent se disputer l'avantage d'ombrager et d'embellir la terre qui les nourrit.

Tel est le spectacle enchanteur dont on jouit en partant de *Milan*. Quand on est arrivé à *Gorgonzola*, on laisse à droite la route qui conduit à *Brescia*, et l'on tourne à gauche. A *Vaprio*, on passe l'*Adda* sur un pont; ce fleuve qui descend du lac de *Come* et va se jeter dans le *Pô* près de *Crémone*, par les détours qu'il fait en traversant les plaines de la haute *Lombardie*, présente les points de vue les plus agréables, les plus pittoresques: de toutes parts ce sont des maisons de plaisance, des jardins, des bosquets, quelquefois de riches palais qui rivalisent avec ceux des villes principales.

Une lieue après le passage de l'*Adda*, on entre dans le territoire *Bergamasque*. C'est un pays très peuplé et où l'industrie a fait usage de tous ses moyens pour faire fleurir l'agriculture: des canaux d'irrigation y portent partout l'abondance et centuplent la végétation. On dirait que les habitans de cette contrée se disputent à qui portera plus loin l'art de tirer parti du sol qu'ils possèdent. A mesure qu'on approche de *Bergama*, cette ville qui est située sur une élévation, la citadelle qui la domine et les vastes fauxbourgs qui lui servent, pour ainsi dire, de marchepied, se découvrent insensiblement à l'œil du voyageur et étalent toute leur beauté.

Bergame est bâtie en amphithéâtre sur un côteau entre le *Brembo* et le *Serio* qui descendent des montagnes de la *Valtelline*. Elle est revêtue de murailles, de bastions et de fossés; sa citadelle occupe le sommet du mont *S. Virgilio*; ses nombreux et vastes fauxbourgs s'étendent aux pieds du côteau et ont environ une demie lieue de long: sa population est de 30 mille habitans.

Cette ville est si ancienne, que sa fondation se perd dans la nuit des temps; quelques uns l'attribuent à *Cydnus*, fils de *Ligur*, roi d'*Étrurie* qui vivait environ 1800 ans avant l'ère chrétienne: d'autres croient qu'elle fut bâtie par les *Gaulois*. Quoiqu'il en soit, diverses inscriptions qu'on a rassemblées, prouvent que sous les Romains, *Bergame* fut une ville considérable. Ruinée par *Attila*, rétablie par les *Lombards*, libre sous les successeurs de *Charlemagne*, vers la fin du 13 siècle elle fut la proie d'un tyran nommé *Philippe Turriani* qui s'en rendit maître; et enfin elle tomba sous la domination des *Vénitiens*. Tel a été, comme nous avons déjà eu occasion de l'observer, le sort des principales villes de la *Lombardie*.

L'édifice le plus remarquable de *Bergame*, est celui qu'on appelle le *Bâtiment de la foire*, construit en pierres de taille vers l'an 1740 entre les fauxbourgs *S. Antonio* et *S. Leonardo*; il contient plus de 600 boutiques symétriquement disposées avec une vaste place et une belle fontaine qui par des canaux bien entretenus, répand la fraîcheur et sert à la propreté. La foire se tient dans les huit derniers jours d'août, et les premiers de septembre; c'est le temps le plus agréable et le plus utile pour *Bergame* à cause du grand nombre d'étrangers qui s'y rendent. Là des cafés élégans ornés de glaces, rassemblent les hommes et les femmes de la meilleure compagnie; ici on fait la conversation sous des tentes de toile qu'on a soin d'humecter: enfin on trouve dans ce lieu tous les objets de luxe et de nécessité, et l'on peut dire que c'est dans son genre, le monument moderne le plus beau qu'il y ait en *Italie*.

Un canal d'eau qui vient du *Serio*, passe dans les fauxbourgs et y alimente les moulins à blé et les fabriques de soie. Le fauxbourg *S. Leonardo* est le plus considérable de tous; il contient autant de population que tout le reste de la ville.

On entre dans *Bergame* par quatre portes désignées par des noms de saints : entre celles de *S. Augustin* et de *S. Jacques*, il y a sur les murs de la ville une promenade d'où l'on jouit des plus beaux points de vue. De là on découvre la vaste plaine du *Milanez*, les côteaux, les bosquets, les prairies, les palais et les maisonnettes dont cette plaine est décorée : plus près on aperçoit des jardins enchanteurs, des canaux d'irrigation et tous les embellissemens que la nature peut recevoir des mains de l'art; on dirait que le sol se dérobe aux regards sous des tapis de verdure.

En montant dans la ville, on rencontre la cathédrale construite sur les dessins du fameux *Fontana*; là on révère le corps de *S. Alexandre*, protecteur de la ville : cette église contient de très beaux tableaux.

A côté de la basilique de *S. Marie-Majeure*, est une chapelle où l'on voit le mausolée du fameux général *Colleone*, qui le premier fit conduire de l'artillerie à la suite des armées. Ce monument est en marbre avec des bas reliefs; le général y est représenté à cheval; sa statue est dorée : mais tout cela a été fait dans un temps où l'on n'était pas encore sorti du gothique.

Dans l'église des *Augustins*, est le tombeau

d'Ambroise *Calepin*, religieux de cet ordre, de l'illustre famille des *Calepio*, né à trois lieues de *Bergame*, près du lac d'*Isée*. Son fameux dictionnaire des sept langues, qui parut pour la première fois en 1503, ouvrage d'érudition dans un temps où les sciences étaient si négligées, contribua beaucoup aux progrès de la littérature et annonce nécessairement un homme aussi rare que laborieux.

Il est plusieurs autres églises qui possèdent des tableaux anciens et modernes d'un assez grand prix; mais celle de *Santa Grata* est surtout remarquable par la prodigieuse quantité et la richesse des ornemens et des dorures dont ses murailles sont revêtues.

L'édifice appelé le *Nouveau Palais*, est d'une excellente architecture. Sur la place principale, on voit la statue du *Tasse*. L'académie *Carrara* possède de très bon modèles, et est suffisamment dotée pour en augmenter le nombre et payer des professeurs de beaux arts à l'avantage du public.

Il y a eu à *Bergame* plusieurs personnes qui se sont rendues célèbres soit dans les sciences, soit dans les arts, tels sont: *Ambroise Calepin*, dont nous avons déjà parlé; *Jean-Pierre Maffée*, jésuite, qui avait une si grande passion pour la langue grecque, que dans la crainte de gâter son goût par la lecture du bréviaire, il demanda la permission au pape de le dire en grec. *Bernard Tasse*, père de l'immortel poète de ce nom; *Lorenzo Lorti*, excellent peintre; l'abbé *Tiraboschi*, auteur de l'histoire littéraire de l'Italie; ajoutons la comtesse *Paoline Grismondi* de l'illustre maison *Suardo*, à laquelle M. de *Buffon* écrivait en ces termes: « Avec une ame divine « et un corps angélique, on est donc encore « sujet à souffrir. Je m'irrite contre cette nature « que j'aime, quand je vois qu'elle n'épargne pas « ses chefs d'œuvre et que tout ce qu'elle a « produit de plus beau est sujet comme le reste, « à de tristes infirmités. »

Les *Bergamasques* subsistent des produits de l'agriculture, de l'industrie et du commerce; mais d'après la constitution physique de leur pays, ils regardent l'industrie et le commerce comme leur principale ressource, tandisque dans bien d'autres lieux, l'agriculture tient le premier rang parmi les moyens de pourvoir aux besoins de première nécessité. Le peu d'étendue de leur territoire, et la petite quantité de terres cultivées en comparaison de celles qui ne sont susceptibles d'aucune espèce de culture, les ont forcés à placer leurs espérances dans l'industrie, c'est à dire, à manufacturer les matières premières et à commercer avec les autres peuples. Ainsi les uns ont cultivé tout le terrain, qui a paru naturellement assez productif, d'un côté pour se dédommager des soins qu'il exige, et de l'autre pour fournir la subsistance à un peuple que la salubrité de l'air a rendu très nombreux ; d'autres se sont occupés à exploiter les mines que la nature semble avoir prodiguées dans les montagnes environnantes pour indemniser en quelque sorte ceux qui les habitent, des horreurs qu'elles offrent de toutes parts : enfin on a couvert ces montagnes de nombreux troupeaux pour mettre à profit l'espace que le bras de l'homme ne peut fertiliser : de là, les produits minéralogiques, et la laine pour les manufactures. Le luxe ayant introduit en Europe avec le faste oriental, l'usage des étoffes de soie, les *Bergamasques* s'empressèrent de faire des plantations de mûriers, et de cette manière, ils mirent à profit les terres dont ils ne pouvaient attendre que de chétives récoltes, et la soie qu'ils recueillirent, alimenta leur industrie. Tels sont les principaux objets qui font la richesse et la prospérité de *Bergame*. Les produits de la terre sont sans doute quelque chose ; mais l'industrie rivalise ici avec la nature en multipliant la valeur de ces produits.

Les *Bergamasques* ont donc beaucoup d'industrie et d'activité. Voilà sans doute pourquoi on les désigne en Italie par les rôles d'*Arlequin* que l'on suppose contrefaire le patois et l'accent populaire de *Bergame*: mais ce caractère fin et rusé, sous une apparence de simplicité et de bêtise, se rencontre en tant de différens pays, que ce n'est pas la peine d'en faire un reproche particulier aux *Bergamasques*.

De *Bergame* à *Brescia*, on compte 9 lieues. Dans ce trajet, on côtoie les Alpes à la distance de 2 ou 3 milles. On voit encore ici une campagne non moins peuplée et aussi fertile; et l'on reconnoit l'industrie des habitans qui, au moyen de quelques engrais et d'une irrigation ménagée à propos, ont su convertir en jardins, un terrain qui naturellement ne paroissait pas susceptible d'une grande fécondité. La plaine étroite qui se trouve entre le pied des alpes et la ville de *Bergame*, est assez belle et très productive; mais celle qui s'étend du côté de *Crémone* qu'on aperçoit à l'extrêmité de l'horizon, est immense et d'une inconcevable fertilité. Une chose bien digne de remarque est la manière ingénieuse avec laquelle les eaux y sont distribuées pour l'irrigation. D'abord avec de bonnes digues, on soutient les rivières dans des lits assez élevés; ensuite on tire des canaux qui vont en divers sens arroser les terres et les prés; enfin lorsque deux de ces canaux se rencontrent, et que le niveau de leurs eaux est presque à la même hauteur, il faudrait creuser trop profondement l'un des deux pour le faire passer sous l'autre, ce qui rendrait quelquefois inutiles les eaux du canal inférieur; on pare à cet inconvenient par un procédé bien simple: on fait passer le premier cours d'eau sur un pont de conduite où il conserve son niveau naturel; puis par dessous ce pont, on pratique en maçonnerie une petite cave qui après avoir reçu les eaux du canal inférieur, d'après les lois qui font que les fluides cherchent leur équilibre, les reporte au même niveau; et au delà du pont: ainsi on voit souvent les eaux de deux différens canaux, se croiser sans se mêler, quoiqu'elles soient à des hauteurs à peuprés égales.

De *Bergame* on va à *Cavernago*; avant d'arriver à *Palazzolo*, on passe l'*Oglio* qui descend du lac d'*Isée*, et l'on joint à l'*Ospitaletto*, la route de *Milan* à *Brescia*, laquelle conduit à cette dernière ville en ligne presque directe.

Brescia, située au pied des alpes, dans une campagne riante et fertile, contient 42 mille habitans, et a environ une lieue de tour. C'était, suivant *Tite Live*, l'ancienne demeure des *Gaulois Cénomans*. Colonie des Romains, elle leur resta fidèle jusqu'à l'invasion des Barbares; on croit qu'elle fut brûlée par les *Goths*, et quelque temps après prise et saccagée par *Attila*: les rois *Lombards* la possédaient en 670: *Charle Magne* les chassa et mit *Brescia* au rang de ses conquêtes. Les factions des *Guelfes* et des *Gibélins* désolèrent cette ville; le tyran *Ezzelino* y commit mille cruautés: puis elle passa successivement sous la domination des *Visconti*, des *Français*, des *Espagnols* et des *Vénitiens*. A ces fléaux politiques, succéda en 1478 une peste affreuse dont on assure que 25 mille de ses habitans moururent. Enfin en 1769 la foudre tomba sur la tour qui est à la porte *S. Nazaire* et qui renfermait 233 milliers de poudre. L'explosion fut terrible; elle détruisit une partie de la ville, fit périr 500 personnes, en blessa un plus grand nombre, et causa une perte des plus de dix millions. Malgré ces diverses catastrophes qu'elle a éprouvées, *Brescia* est une ville riche, bien bâtie, et après *Milan*, la plus considérable de l'ancienne Gaule Cisalpine : elle est dominée par un ancien château bâti sur une colline fort élevée, et environnée de murs, de fossés et de remparts plantés d'arbres qui forment une promenade très agréable.

Brescia a de beaux édifices ; le palais de la *Justice* est remarquable et par sa grandeur, et par son architecture qui est un mélange de gothique et de grec ; il a été bâti sur les ruines d'un temple de *Vulcain* : on y voit de belles peintures à fresque, et divers tableaux dont quelques uns sont d'un assez grand prix.

A côté de l'évêché, édifice considérable, est la bibliothèque publique que le cardinal *Quirini* donna à la ville. On y a joint un cabinet de physique et une précieuse collection de dessins, de modèles et d'estampes.

La cathédrale de *Brescia*, il *Duomo*, est décorée d'un ordre corinthien dans le goût moderne, mais trop riche ; les statues, les bas reliefs, les ornemens y sont prodigués : cependant on peut la mettre au nombre des principales églises d'Italie. On conserve dans cette cathédrale, l'*Oriflamme* de *Constantin*, l'*Abbaro Imperiale* ; il est d'un bleu céleste avec une croix rouge dans le milieu ; les Italiens l'appellent *Croce del Campo*, parcequ'ils croient que c'est une image contemporaine de la croix qui apparut à *Constantin* lorsqu'il était sur le point de combattre *Maxence*. Dans la plupart des autres églises, on voit des tableaux du *Titien*, de *Paul Véronese* et des meilleurs peintres, ainsi que des statues et des sculptures qui méritent de fixer l'attention des connoisseurs.

Le nouveau théâtre est assez grand et construit avec goût. La ville a de belles fontaines, des eaux très salubres. Un local assez vaste a été récemment disposé en allées d'arbres pour la course des carrosses et la promenade des gens de pied.

On trouve dans *Brescia* beaucoup de vestiges d'antiquité; mais les révolutions que cette ville a éprouvées, n'ont rien laissé en son entier. Au dehors de la ville et sur le chemin qui conduit à *Val Trompia*, on aperçoit encore des restes d'un ancien acquéduc, ouvrage des Romains. On a été plus heureux en inscriptions et en médailles, et M. le comte *Mazzucchelli* a fait une ample collection de celles que diverses fouilles ont fait découvrir.

Brescia a produit plusieurs hommes célèbres: *Nicolas Tartaglia* fut le premier qui découvrit la formule pour résoudre les équations du 3.me dégré; *Laurent Gambara* est auteur des poèmes de *Christophe Colomb*, de la *Venise* etc.; le père *Lana* était très savant en histoire naturelle, en mathématiques; le comte *Mazzucchelli* est auteur du livre intitulé: *gli Scrittori d'Italia*; *Chiari*, la signora *Giulia Baitelli*, la signora *Camilla Asti-*

Feneroli, Antoine *Brugnoli*, sont des littérateurs et poètes très estimés.

Les environs de *Brescia* sont arrosés par trois différentes rivières qui font la richesse du pays; les eaux de ces rivières dirigées et distribuées avec intelligence, portent la fécondité dans les champs, et alimentent beaucoup de moulins et d'usines. Les machines pour filer la soie, qui sont en très grand nombre, celles à forer les canons de fusil, les meules des couteliers, les marteaux pour le travail du fer et du cuivre, les pilons pour écosser les riz; sont mus par le moyen de l'eau : c'est ainsi qu'en diminuant considérablement la main d'œuvre, on multiplie les produits de l'industrie. La principale branche du commerce de *Brescia*, est la soie : viennent ensuite le fer, le lin, la laine et les étoffes qu'on y fait. *Brescia* a été toujours renommée pour la fabrication des armes à feu; de là le proverbe italien : *Tutta Brescia non armerebbe un coglione*, toute la *Bresse* ne suffirait pas pour donner du courage à un poltron. Les rivières dont nous avons parlé, le lac d'*Isée* et celui de *Garda* fournissent beaucoup de poisson : la nature a plus fait encore, et l'on trouve dans les vallées environnantes des mines de fer et de cuivre, du jaspe, de l'albâtre, des pétrifications, du cristal, des topazes, des émeraudes.

Les habitans de *Brescia* passent pour être très vindicatifs ; ce défaut peut originairement avoir eu pour cause un vice essentiel dans l'administration de la justice ; du reste nous avons déjà eu occasion de faire remarquer que ces sortes de qualifications ne se rattachent souvent qu'à de vains préjugés auxquels la malveillance et quelques faits particuliers ont pu donner cours ; mais on ne risque pas de se tromper en assurant que les *Bressois* sont industrieux, et très propres aux opérations de commerce. Les femmes aiment à s'occuper des soins du ménage ; cela n'empêche pas qu'elles ne soient fort gaies et peut-être même un peu trop libres dans leurs propos. En général, elles sont jolies, bienfaites et ont beaucoup plus d'élégance et de tournure que celles de *Bergame*. Les dames suivent les modes françaises ; elles portent cependant un voile noir qui leur couvre la tête, descend jusqu'à la ceinture, et se noue négligemment sur les reins.

De *Brescia* à *Vérone*, il y a 11 lieues. En partant de *Brescia*, on voit les côteaux voisins qui dominent la route, couverts de villages, de jardins et d'arbres de différentes espèces symétriquement plantés : cette variété d'objets forme un tableau délicieux. A la vérité les montagnes qui bornent l'horizon du côté du nord, se montrent dépouillées de tout signe de végétation; mais les belles carrières de marbre qu'elles renferment dans leur sein, dédommagent en quelque sorte, de la triste nudité de leur surface.

Après avoir passé le pont *S. Marc*, on arrive au lac de *Garda*, qui a environ 11 lieues de long depuis le pied des *Alpes* jusqu'à *Peschiera*, et 4 lieues dans sa plus grande largeur. Si ce lac n'est pas un des plus grands d'*Italie*, il est du moins un des plus beaux; il abonde en excellent poisson, et ses eaux très limpides sont bonnes à boire. On y a observé quelques sources d'eau chaude et sulfureuse, qui s'élève en bouillonnant au dessus du niveau de l'eau douce, et rend ainsi très sensible sa propre effervescence. C'est par ce lac, que les habitans du *Bressan* et du *Véronnais* font un commerce assez lucratif avec les *Grisons* et le pays de *Trente*. La forteresse de *Peschiera* est bâtie à l'endroit où le *Mincio* sort du lac; elle domine sur un petit port qui sert d'asile aux barques, lorsque les eaux sont extrêmement agitées.

Le lac de *Garda*, autrefois connu sous le nom de *Benacus*, a été célébré par *Virgile*:

Fluctibus et fremitu assurgens, Benace, marino.

En effet, au moindre vent qui souffle, le lac de *Garda* ressemble à une mer fortement courroucée. Ce lac dans sa partie méridionale, forme une péninsule qu'on appelle *Sermione* : là on aperçoit quelques vestiges d'anciennes constructions, qu'on croit avoir été la maison ou la grotte de *Catule*, et dont ce poète faisait ses délices: *Peninsularum, Sirmio, insularumque etc*. Le mont *Baldo* qui paraît suspendu sur ce lac, et qui était autrefois fameux par le bois de construction qu'on en tirait, et par les plantes rares qu'il fournissait à la médecine, est à présent nu, entièrement dépouillé, et offre le plus horrible aspect. Le côté occidental au contraire charme la vue par les scènes les plus riantes, les plus variées; par tout ce que la nature prodigue de ses dons, a pu y réunir: c'est ce qu'on appelle rivière *di Salò*, lieu renommé par la beauté des rivages du lac, et par la multitude d'orangers et de citronniers qu'on y cultive. On y voit des mines de fer, des forges, des papeteries et une nombreuse population, riche des produits du sol, de ceux de son industrie, et du commerce considérable qu'elle fait. La ville principale, qui porte aussi le nom de *Salò*, est bien bâtie et contient 5000 habitans. La pêche du lac de *Garda* est un objet important : le poisson qu'on y prend, est recherché dans toute l'*Italie*; ce sont des truites, de grosses sardines et une espèce de carpe dont on fait beaucoup de cas, soit à cause de son excellence, soit parcequ'on ne la trouve point ailleurs. Enfin les eaux du lac de *Garda* ont la propriété de blanchir supérieurement le fil: on ignore si cette propriété tient à la seule qualité de l'eau, ou à l'air, ou au terrain sur lequel on étend le fil; mais il est certain que le blanchissage y réussit à merveille.

Après avoir côtoyé le lac de *Garda* depuis *Desenzano*, gros bourg très renommé par l'excellence de ses vins, jusqu'à la forteresse de *Peschiera*, ce n'est qu'à regret qu'on en quitte les bords d'où l'on a des points de vue d'une beauté qui ravit l'ame et la transporte, pour ainsi dire, hors d'elle même. *Peschiera* est encore à 5 lieues de *Vérone*: une partie de cette route se fait dans un terrain sablonneux et presque aride, parcequ'il est peu propre à être arrosé à cause de son inégalité.

§ 12.

Description de Vérone.

Vérone, l'une des plus grandes et des plus belles villes d'*Italie*, est située au pied des *Alpes* et sur les bords de l'*Adige* : elle a au couchant et au midi une plaine aussi fertile qu'agréable. On n'est pas d'accord sur l'époque de sa fondation, et cette incertitude même est pour elle un titre d'ancienneté. L'*Adige* dans son cours rapide et majestueux, la partage en deux parties presque égales, et remplit ses fossés ; quatre beaux ponts servent de communication aux deux parties de la ville divisées par le fleuve. Le plus considérable de ces ponts est celui de *Castellovecchio* ; il a 3 arches dont la plus grande est de 145 pieds d'ouverture. On n'ouvre ce pont qu'une fois l'année, crainte de le fatiguer.

La ville a environ 2 lieues de tour : elle est très bien bâtie, parceque le marbre y est si commun, qu'on compte jusqu'à 35 espèces de marbre dans les carrières des environs. Ses rues sont belles, bien pavées avec des trotoirs extrêmement commodes pour les gens de pied : la plus remarquable est la *Strada del Corso* où se fait la course des chevaux. Parmi les places il faut distinguer la *Piazza d'Armi* et il *Campo di Marzo* : dans la première, on voit une belle statue qui représente la république de *Venise* ; l'autre sert aux évolutions militaires. Il y a aussi la *Piazza de' Signori*, c'est le quartier le mieux peuplé et le plus fréquenté.

Vérone a conservé beaucoup de monumens antiques : le plus curieux de ces monumens, est l'*Arena* ; amphitéâtre magnifique, bâti dans le goût du *Colisée* de *Rome*. Les caves où l'on tenait les bêtes pour les combats, les gradins, les escaliers, les vomitoires, les corridors y sont entiers. Ce bel édifice est de forme ovale ; il a extérieurement 464 pieds de long et 367 de large. L'*Arène* ou la place vuide du milieu, a 225 pieds sur 133. Tout autour de cette *Arène*, régnent 45 rangs de gradins qui ont 18 pouces de hauteur sur 26 de profondeur, et qui pouvaient contenir 22 mille spectateurs assis. Aux extrémités du grand axe de l'ellipse, il y a deux grandes portes, et au dessus de chacune de ces portes, une plate-forme ou tribune de 20 pieds sur 10, fermée par une balustrade. On y voit aussi un grand nombre d'issues ou *vomitoires* par où les spectateurs entraient et sortaient. L'enceinte extérieure qui servait de couronnement à l'intérieur, a été presque entièrement détruite. Ce superbe monument de la magnificence des empereurs romains, est bâti de grands quartiers de marbre que le célèbre *Scipion Maffei* fit rétablir dans leur assiette antique. On croit que l'amphithéâtre de *Vérone* fut construit sous le règne de *Domitien* ou de *Trajan*, c'est à dire, vers la fin du premier siècle. Lorsqu'on y entre, le coup-d'œil en est imposant. De grands souvenirs viennent, pour ainsi dire, assiéger l'ame, et la forcent à se replier sur elle même. Des milliers d'êtres intéressans, des philosophes, des héros, une multitude de vierges et d'enfans, qui jadis assistaient à ces pompeux spectacles, se présentent à l'imagination séduite et étonnée. Des toiles colorées s'étendaient sur leurs têtes; une pluie d'eau-rose tombait en vapeur sur l'assemblée, l'air retentissait de cris d'allégresse; toutes les passions s'exaltaient...... ; mais la mort a entrouvert ses gouffres, et les générations ont disparu. Les théâtres modernes sont quelque chose de bien mesquin quand on les compare à cet amphithéâtre : que serait-ce s'il n'était pas dépouillé de ses principaux accessoires ?....

Les autres monumens antiques qu'on remarque à *Vérone*, sont 1.° un grand arc appelé *Arco de Gravii*, qui parait avoir été le tombeau d'une famille distinguée. Il ne subsiste plus de ce monument, que les cintres de l'arc et quatre colonnes canelées sans chapiteaux ; 2.° *la porta de' Barsari* ; c'est une porte à double sortie jointe à un ancien mur de la ville: l'empereur *Galien* la fit construire vers l'an 265 ; 3.° *la porta di Leone* ou *del foro giudiziale* dont on ne voit que quelques restes qui consistent en des colonnes composites, canelées avec un petit ordre attique au dessus de trois croisées.

Castelvecchio, bâti sur les bords de l'*Adige*, n'offre rien de remarquable, et paraît avoir été le palais des anciens seigneurs de *Vérone*.

Cette ville qui aime les arts, les lettres et les plaisirs, a rassemblé dans une même enceinte, un *Muséum*, le théâtre de l'opera, une salle d'académie et un *Ridotto*. Ce vaste édifice s'appelle *Académie philarmonique*. Le *Muséum* est sans doute ce qu'il y a de plus curieux : des monumens d'antiquité aussi rares que précieux, des bas reliefs, des autels de marbre, des colonnes milliaires, des tombeaux, des inscriptions orientales, grecques, étrusques, latines sur le bronze, le marbre et le porphire, telles sont les richesses qu'il renferme. Tout y est disposé avec un ordre admirable. Du portique du *Muséum*, on passe au théâtre qui est annoncé par un péristyle de six grandes colonnes ioniques. Ce théâtre est spacieux et très beau: la salle dont la forme est presque circulaire, a cinq rangs de loges, et ne manque pas d'agrément. Le *Ridotto* en usage dans quelques villes d'*Italie*, est une assemblée où l'on se rend pour la conversation journalière. Cette assemblée est beaucoup plus agréable et plus commode que les cercles particuliers, parcequ'elle dispense de tenir maison, de recevoir des visites, de donner à jouer, et que là, personne n'est forcé à ces égards qu'on est obligé de rendre, quelquefois malgré soi, à ceux chez qui l'on est. Les autres édifices qui méritent le plus l'attention du voyageur, sont le palais de l'évêque, celui du gouverneur, l'hôtel de ville et le château *S. Pierre*.

Les églises de *Vérone* n'ont rien de surprenant. La cathédrale, *il Duomo*, sous l'invocation de la Vierge, est un édifice ancien et de forme gothique; on y voit le tombeau du pape *Lucius* III avec cette épitaphe; *les os de Luce III chassé de Rome par envie*. Cette église est décorée d'une *Assomption* du *Titien*. Dans quelques autres églises on admire des tableaux des meilleurs maîtres, des tombeaux, des groupes de sculpture et des colonnes qui passent pour des chefs d'œuvre de l'art.

La population de *Vérone* est d'environ 50 mille habitans. Cette ville a donné naissance à un grand nombre d'hommes célèbres, aux empereurs *Vespasien*, *Titus* et *Domitien*; à *Pline*, *Catule*, *Vitruve*, *Cornelius-Nepos*, *Emilius Macer*, *Cassius Severus* et *Pomponius Secundus*; parmi les modernes, à *Fracastor*, à *Jules Cesar Scaliger*, philosophe, poète et médecin, au cardinal *Nori*, à *Bianchini*, fameux astronome et à *Scipion Maffei*, grand poète, savant antiquaire, écrivain distingué et l'un des hommes qui ont fait le plus d'honneur à leur patrie.

Le commerce des *Véronais* consiste principalement en soie, blé et olives; la terre verte qu'on trouve dans les environs, usitée dans la peinture à l'huile, sert aussi pour la teinture et donne une couleur de vert foncé très belle. Le peuple de Vérone est très actif; on prétend qu'il y a plus de 15 mille ouvriers occupés à manufacturer la soie et la laine; les peaux qu'on y prépare et les gants qu'on y fait, sont très estimés. L'air y est pur et vif, et le sol très productif en denrées d'excellente qualité. Les *Véronais* sont d'un caractère doux et gai; les femmes ont une jolie tournure et de belles couleurs. Dans leur société règne beaucoup de décence et de politesse, ce qui la rend très agréable.

Parmi les curiosités que la nature offre aux environs de *Vérone*, on doit compter les pétrifications que renferme la montagne de *Bolca*. On y voit en effet une incroyable quantité de plantes et de poissons renfermés dans les couches d'une sorte d'ardoise blanchâtre et calcaire. On y découvre des espèces entièrement étrangères à nos climats; tels sont le goujon rayé des environs d'*Otaïti*; des crabes, des tons, un serpent, un poisson volant des mers méridionales; des morues du banc de Terre neuve; des coraux, des mandragores, des cornes d'ammon, des dents, des os humains, des bois pétrifiés etc. Cette multitude de productions étrangères à l'Italie moderne, s'est rassemblée dans la première chaîne des monts de *Vérone*. Quelle ample matière aux calculs du naturaliste, aux réflexions du philosophe!

§ 13.

Route de Vérone *à* Mantoue.

Vérone n'est qu'à huit lieues de *Mantoue*. On passe d'abord sous les murs de *Villafranca*, bourg assez considérable; puis on trouve le village de *Roverbella*. Depuis *Vérone* jusqu'à ce

§ 23.

Description de Parme.

Parme est une ville d'environ 36 mille habitans, située dans une belle plaine, à deux lieues de l'*Apennin* et sur une petite rivière qui la divise en deux parties. Elle appartenait originairement aux *Étrusques* ; les *Gaulois Boiens* s'en emparèrent, et les *Romains* étant devenus les plus forts, en firent une de leurs colonies 185 ans avant l'ère vulgaire. Après la chûte de l'empire romain, *Parme* fit de vains efforts pour recouvrer sa liberté, changea souvent de maîtres, et éprouva les plus grandes vicissitudes de la fortune.

Les rues de cette ville sont larges et bien alignées. Au milieu est une grande et belle place avec des arcades qui règnent des deux côtés. L'hôtel de ville a un grand portique où se tient le marché au blé, et qui sert de promenade.

C'est à *Parme* que l'on s'arrête spécialement pour y admirer les chefs-d'oeuvre de trois peintres célèbres, savoir, du *Corrège*, du *Parmesan* et de *Lanfranc*.

Le *Corrège* naquit près de *Modène* en 1494. Sans avoir vu les chefs-d'oeuvre de *Rome* et de

Florence, il dut à son talent naturel, l'avantage d'être regardé comme le peintre des graces, le prince des coloristes et le créateur de sa manière. On n'avait point avant lui, excellé dans la peinture des plafonds et des coupoles, des racourcis et des figures en l'air; lui seul fournit le modèle d'un genre que son génie lui avait fait imaginer, et qu'à peine on a pu imiter.

Le *Parmesan* naquit à *Parme* en 1504, et fut aussi un des grands peintres d'Italie : ses figures ont de la grâce, de la légèreté, un air spirituel; ses contours sont agréables, ses draperies naturelles : il mourut à 36 ans après avoir été malheureux toute sa vie.

Lanfranc était pareillement de *Parme*; il excellait sur tout dans les grandes compositions.

Les chefs-d'oeuvre de ces peintres font la richesse des églises de *Parme*; mais comme les bornes de cet ouvrage ne nous permettent pas d'entrer dans de grands détails, nous nous contenterons d'indiquer aux amateurs de la belle peinture, ce qui nous paroit le plus digne de fixer leur attention.

La cathédrale de *Parme*, il *Duomo*, est remarquable par sa coupole. La peinture de cette coupole passe pour le plus fameux ouvrage du *Corrège*, quoiqu'elle soit aujourd'hui un peu dégradée; elle représente l'assomption de la Vierge au milieu des anges et des saints: la chaleur de l'imagination et la hardiesse des racourcis y sont portées au plus haut point.

S. Jean l'Évangéliste est une ancienne église des *Bénédictins*, mais rebâtie dans le meilleur goût. On y voit une *descente de croix* et un *martire* de *S. Placide* par le *Corrège*.

Dans l'église dédiée à *tous les Saints*, on admire un tableau de *Lanfranc*, le plus beau qu'il y ait à *Parme* de sa façon: il y a exprimé sans confusion toutes les hiérarchies célestes.

Les Capucins possèdent un crucifix du *Guerchin*, et deux tableaux d'*Annibal Carrache* qui excellait par la correction du dessin et l'imitation de la nature.

L'Annonciade est une église d'une forme assez singulière; elle se compose de dix chapelles en ovale, qui sont dirigées vers le même centre: on y remarque une *Annonciation* du *Corrège* peinte à fresque et qu'on y a transportée en sciant le mur.

S. Paolo est un ancien couvent dont l'église est maintenant celle de la cour. Dans la troisième chapelle à droite, est une Vierge d'*Augustin Carrache*, morceau très estimé. Le petit tableau du grand autel représentant *J. C. dans sa gloire*, est de *Raphaël*, mais il a été retouché par des mains mal habiles.

La *Madonna della Steccata* est la plus belle église de *Parme*. Le couronnement de la *Vierge* peint à fresque au dessus de l'autel de *Notre Dame*, est l'ouvrage de *Michelange*. Les trois *Sibylles* qui sont au dessous de l'orgue, et *Moïse* qui est sous l'arcade avec *Adam* et *Eve*, en clair obscur, sont du *Parmesan*.

Le *S. Sépulcre* est une église fondée en 1262 par des pélerins qui revenaient de *Jérusalem*: ce qu'on y voit de plus beau est la *fuite en Égypte* par le *Corrège*. On appelle ce tableau la *Madonna della Scodella*, parceque la Vierge y tient une écuelle à la main.

L'église de *S. Roc* est décorée d'un ordre composite; il y a au maître-autel, un tableau de *Paul Véronese*, qui noircit beaucoup; il représente *S. Roc*, *S. Sébastien* et au dessus, une gloire. Plusieurs autres églises de *Parme* méritent d'être vues à cause des tableaux qu'elles renferment.

Le *palais ducal* est un assemblage de grandes masses de bâtimens sans régularité; il n'y a que la façade qui donne sur la rue de la *Pilota*, qui ait quelque apparence, encore les fenêtres en sont elles à petits balcons comme celles des maisons particulières. On y a établi une académie des arts à l'exemple de celles qui sont à *Paris* et à *Rome*. En sortant de l'académie, on trouve en face la bibliothèque qui occupe deux galeries continues, et renferme plus de 50 mille volumes.

Le *Théâtre* de *Parme* est les plus beau qu'il y ait en Italie; il peut contenir environ neuf mille personnes; ce bâtiment a 350 pieds de long sur 96 de large, 20 toises 4 pieds de profondeur et 36 pieds d'ouverture. Le *proscénium* ou devant du théâtre, est décoré d'un grand ordre corinthien qui comprend toute la hauteur de la salle, laquelle est de 60 pieds. Les intervalles des colonnes sont ornés de niches et de statues. Le pourtour de la salle qui est de forme ovale, a 12 rangs de gradins à la manière des amphithéâtres des Romains; ils occupent une hauteur de 24 pieds. Au dessus de ces gradins, sont deux ordres d'architecture dorique et ionique, de 36 pieds de haut, dont les entre-colonnes forment les loges. Une balustrade ornée de statues termine cette architecture. On entre dans la salle par deux arcs de triomphe surmontés de statues. Les piédestaux de la balustrade, qui est au devant des gradins, portent des *génies* qui tiennent des torches pour éclairer la salle. Le parterre ou espace du milieu, a vingt toises de long sur neuf de large: on pourrait l'inonder et y faire une espèce de *Naumachie* au moyen des tuyaux de conduite qui y aboutissent. Comme cette salle est trop vaste relativement à la population de *Parme*, et que l'illumination en serait trop dispendieuse, il y a un autre théâtre où l'on joue l'opera, la comédie et l'opera-bouffon.

L'*université* a été placée dans l'ancien collège des *Jésuites*, dont les bâtimens sont immenses. Là se trouvent réunis un amphithéâtre pour l'anatomie, un laboratoire de chimie, un cabinet d'histoire naturelle, un observatoire pour l'astronomie et un cabinet de phisique. Le jardin de botanique est établi dans un autre quartier.

La *Citadelle* est régulière, mais en trop mauvais état pour être susceptible d'une grande défense. Entre cette citadelle et la ville, on a fait une promenade avec des allées d'arbres: elle a près de 300 toises de long et se joint à une autre promenade qui conduit à la porte *S. Michel.* *Parme* a comme toutes les autres villes d'Italie, des fontaines et des acquéducs pour la conduite des eaux. Il *Palazzo del Giardino* et *Colorno* sont deux anciennes maisons de Plaisance des ducs: on y voit de grands et beaux jardins.

La ville de *Parme* a produit dans tous les

temps des hommes célèbres : c'était la patrie de *Cassius*, l'un des principaux chefs de la conspiration contre *César*; d'un autre *Cassius*, poète dont parle *Horace*; de *Macrobe*: et parmi les modernes on y compte une foule de poètes et autres écrivains distingués.

L'imprimerie de *Jean Baptiste Bodoni* de *Parme* a joui du plus grand succès dans l'Europe; ses presses ont long temps rivalisé avec celles du célèbre *Didot*, l'ainé, de *Paris*, et peut-être n'est-il pas encore décidé le quel de deux l'a emporté sur son concurrent.

Le séjour de *Parme* est très agréable ; l'air y est pur, et les habitans y vivent long temps : cependant quoique le climat y soit tempéré, l'élévation du sol et le voisinage des *Apennins* sont cause qu'on y éprouve quelquefois des hivers rigoureux.

Le territoire *Parmesan* a été toujours renommé pour ses nombreux troupeaux et la beauté des laines qu'on en retire ; c'est ce qu'atteste *Martial*.

Tondet et innumeros Gallica Parma greges.

La soie est aujourd'hui la principale richesse du pays : elle se vend en trame et en organsin. Les *Parmesans* ne recuillent pas toujours assez de blé pour leur consommation, mais ils ont des objets d'échange, des salines considérables, des mines de fer, de cuivre, de vitriol, et des eaux médicinales.

Les habitans de *Parme* sont polis, affables et ont des mœurs régulières. On prétend que les femmes n'y sont pas en général aussi belles que dans quelques autres villes d'Italie; mais ces graces si touchantes, qui sont le produit de la douceur du caractère et d'une sage retenue, réparent bien en elles les torts de la nature. Les dames suivent les modes françaises; les autres se coiffent avec un réseau et des épingles d'argent.

C'est surtout ici que nous regrétons d'être obligés de nous renfermer dans les bornes que nous prescrit la nature de cet ouvrage. Nous dirions quel est le bonheur dont jouit *Parme* sous les lois de son auguste souveraine; et cette sorte d'idolatrie qu'excite en nous le souvenir d'avoir été au rang des fidèles sujets de *Marie Louise*, ne fairait pas suspecter la vérité du tableau, puis que l'Europe entière a rendu l'hommage le plus solennel aux vertus de cette illustre princesse.

§ 24.

Route de Parme à Modène.

De *Parme* à *Modène*, on compte 10 lieues. La seule ville qu'on rencontre sur cette route, est celle de *Reggio* qui a une population de 14 mille habitans. Elle est située dans une plaine très fertile, au nord des *Apennins*. On croit qu'elle fût fondée par les anciens *Toscans*; le triumvir *Lepide* en fit une colonie romaine: ruinée par *Alaric* au commencement du 5.me siècle, elle fut rétablie par *Charlemagne*. Cette ville est très bien bâtie; on voit dans la cathédrale les statues d'*Adam* et d'*Eve* qui sont du célèbre *Clement*. L'église de la *Madonna della Giarra* est d'une belle architecture et enrichie de peintures très estimées: on y admire un *Christ* ayant à ses pieds la *Vierge* soutenue par deux femmes, du *Guerchin*. Le théâtre est dans le goût français; c'est un carré long arrondi dans le fond.

Reggio est la patrie du célèbre *Louis Arioste*, poète le plus élégant, le plus gracieux que l'Italie ait produit: il l'emporte sur le *Tasse* par l'aménité du style et la fécondité de son imagination, comme le *Tasse* l'emporte sur les autres poètes italiens par la force du génie et la régularité de ses plans.

Le commerce de *Reggio* consiste en soie, vin et bestiaux ; cette ville possède quelques fabriques assez renommées.

Après avoir quitté *Reggio*, on ne tarde pas d'arriver à un pont bâti sur la *Sechia*, ouvrage d'une construction et d'une beauté remarquables. Quatre pavillons carrés élevés deux à chacune des extrémités de ce pont, l'embellissent encore. Dans toute la riante plaine de la Lombardie, rien n'est aussi bien cultivé, aussi bien planté, aussi bien bâti que le petit état de *Modène*. La route est bordée par des files de grands arbres enlacés de guirlandes de vignes qui offrent un spectacle vraiment enchanteur, surtout pour ceux qui ne sont pas accoutumés à ce genre de culture.

§ 25.

Description de Modène.

Modène est une ville de 20 mille habitans, située dans une plaine agréable, entre la *Secchia* et le *Panaro*. Cette ville est très ancienne; elle était une des plus belles colonies des *Romains*, lorsqu'après la mort de *César*, elle fut assiégée par *Antoine*: *Brutus* la défendit jusqu'à la dernière extrémité. Dévastée lors de l'invasion des Goths et des Lombards en Italie, elle se rétablit sous *Pepin*, fils de *Charlemagne*. Depuis lors elle fut successivement soumise aux empereurs, aux papes, à la république de *Venise*, aux ducs de *Milan*, de *Mantoue*, de *Ferrare*, et à quelques autres princes particuliers. Enfin elle fut déchirée par les factions, et dans le 10.me siècle, elle était presque déserte : voilà pourquoi elle ne présente aucuns vestiges d'antiquité.

La ville de *Modène* est très bien bâtie ; des portiques qui régnent le long des rues, mettent à l'abri du soleil et de la pluie, ce qui est fort commode pour les gens de pied : la grande rue, *strada maestra*, est décorée de beaux édifices.

Le *palais ducal* d'une architecture à la fois élégante et majestueuse, est d'autant plus remarquable, qu'il est isolé, situé sur une grande place et dans le quartier le plus orné et le plus fréquenté de la ville. La cour est vaste et environnée de colonnades qui produisent un grand effet. L'escalier, le sallon principal, les appartemens, un cabinet revêtu de glaces et de dorures, tout annonce la magnificence et répond à l'idée que l'extérieur a pu donner des déco-

-rations du dedans. Ce palais renfermait jadis des richesses d'un autre genre ; c'était une prodigieuse quantité de tableaux des plus grands maîtres de l'art; mais une partie de ces tableaux fut vendue au roi de Pologne, et le reste a disparu lors des dernières guerres d'Italie.

Quoique la ville de *Modène* n'ait qu'une population de 20 mille âmes, on y compte 51 églises ou chapelles qui n'ont cependant rien de bien remarquable. La cathédrale est d'un assez mauvais gothique : elle renferme néanmoins un tableau qui mérite d'être vu, c'est une copie de celui du *Guide*, représentant le *Nunc dimittis*. La tour de cette église appelée la *Guirlandina*, est de forme carrée, isolée, toute en marbre et l'une des plus élevées d'Italie : c'est au bas de cette tour qu'on conserve le vieux *Seau* de bois qui fut un des trophées que les *Modenois* en levèrent sur les *Bolonois*, et qui a fait le sujet de la *Secchia Rapita*, poème héroï-comique du célèbre *Tassoni*. L'église de *San Giorgio* a un défaut, c'est d'être trop jolie; elle a presque l'air d'une salle de bal. Les autres églises de *Modène* sont comme la plupart de celles d'Italie, riches d'ornemens, de tableaux, de colonnes de marbres de différentes espèces ; mais le grand, le majestueux, le sublime ne s'y montrent que rarement.

La bibliothèque contient environ 3o mille volumes, parmi les quels est une suite d'éditions très rares. Les manuscrits sont au nombre de quinze cents. L'université est assez renommée. Il y a aussi à *Modène* un collège où l'on élève la jeune noblesse. Le théâtre est bien décoré; il ressemble en quelque sorte aux amphithéâtres des anciens. La citadelle n'est plus rien; on la fait servir aujourd'hui à des objets plus utiles: on y a établi des manufactures de drap grossier, des toileries, des corderies, où sont employés un nombre considérable de condamnés. La seule promenade de la ville, comme dans presque toute l'Italie, est la *Strada del Corso*, ou le rempart. L'hôpital des *enfans trouvés* et celui des *malades* sont deux édifices modernes et assez beaux.

Le canal artificiel qui de *Modène* va au *Panaro*, et de cette rivière au *Pô*, établissant une communication avec la mer Adriatique, est très avantageux à cette ville qui à cause de sa localité, est devenue un entrepôt des plus importans.

Sous le sol de *Modène* est un bassin souterrain rempli d'une eau aussi saine que pure, et qui est la source des puits qu'on trouve en très grand nombre dans la ville et dans les environs; ces puits n'éprouvent aucune diminution, pas même dans les plus grandes sécheresses. Le réservoir de l'eau est à plus de 110 pieds sous terre.

Autrefois le commerce des *Modénois* était peu considérable, parcequ'ils comptaient trop sur la bonté de leur territoire qui leur procure tout ce qui est nécessaire à la vie: mais le mouvement général imprimé à l'Europe, s'est communiqué jusqu'aux peuples les plus indolens; et l'intérêt personnel excité par l'espoir d'une fortune plus brillante qui peut seule satisfaire aux besoins sans cesse renaissans du luxe, a fait que les *Modénois* cherchant comme les autres peuples, à prendre part aux profits des opérations commerciales, sont parvenus à faire tomber la prévention qu'on avait contr'eux.

Modène a produit un nombre considérable de grands hommes soit dans les sciences, soit dans les arts: tels sont: le *Corrège*, né à *Correggio* dans le *Modénois*; *Vignole* un des plus grands architectes et un des meilleurs écrivains sur l'architecture; *Fallope* célèbre médecin, *Alexandre Tassoni* dont nous avons déjà parlé au sujet du poème de la *Secchia Rapita*; *Muratori*, l'écrivain le plus fécond et le plus savant qu'il y ait eu depuis long temps en Italie; l'abbé *Lazaro Spallanzani*, célèbre physicien et naturaliste.

On a dit que les habitans de *Modène* sont très gais et même un peu pantomimes, qu'ils aiment beaucoup le plaisir et qu'ils sont bons maris, quoique leurs femmes passent pour être assez coquettes. Nous n'avons garde d'adopter comme des vérités reconnues, ces sortes de jugemens qui ne sont pour l'ordinaire que des portraits d'imagination que chacun répète de confiance, et qui ont leur source ou dans le défaut d'observation, ou dans la mauvaise humeur d'un voyageur qui ne fait que passer: si les *Modénois* sont gais, c'est une preuve qu'ils sont heureux; car l'enjouement est le signe caractéristique du bonheur. D'un autre côté, une sensibilité délicate qui est presque toujours l'effet de l'influence du climat, doit nécessairement porter l'homme au plaisir: l'automate ne le connoit pas; il n'y a que l'homme sensible qui est fait pour le goûter. Enfin *Rousseau* a dit: *la bergère un peu coquette, rend le berger plus constant*; il ne faut donc pas s'étonner si les *Modénoises* à qui on refuse certains appas extérieurs, font usage d'une recette qui prolonge un empire que la beauté n'assure pas toujours.

A *Modène*, les personnes d'un certain rang s'habillent comme en France; les bourgeoises portent le *zendado*, espèce de voile qu'elles laissent flotter et quelquefois entrouvert de manière qu'on puisse voir une partie de leur physionomie. Les paysannes ont sur leur tête des mouchoirs de mousseline.

§ 26.

Route de Modène à Bologne.

De *Modène* à *Bologne*, il y a 8 lieues. Dans ce trajet, on passe sur des ponts un grand nombre de rivières, et entr'autres le *Panaro* qui est à une lieue et demie de *Bologne*. A une demi-lieue plus loin, on se trouve à la vue du fort *Urbano*; c'est la première place de l'Etat ecclésiastique.

En parcourant cette route, on voit une presqu'île formée par le confluent du *Lavino* et de la *Ghironda*, à l'endroit nommé *Forcelli*, et qu'on laisse à une lieue et demie sur la gauche. C'est dans cette presqu'île que fut formé le triumvirat d'*Octave* avec *Marc-Antoine* et *Lepide*; c'est là que ces cruels oppresseurs de la liberté, sacrifièrent réciproquement tout ce qui nuisait à chacun d'eux: *Octave* abandonna *Ciceron* à la vengeance de *Marc-Antoine*; et *Lepide* abandonna son propre frère. La proscription fut encore plus horrible que celle de *Sylla*; et cependant le sénat et le peuple qui tremblaient devant ces trois tyrans, leur décernèrent la couronne civique.

SECTION TROISIEME.

DE L'ITALIE DU CENTRE.

§ 1.

Description de Ferrare.

La ville de *Ferrare* est située à très peu de distance de l'un des bras du *Pô* et dans une plaine naturellement fertile, mais qui n'étant pas assez élevée relativement au niveau de la mer, perd beaucoup de sa valeur.

On prétend que lorsqu'*Aquilée* fut ruinée par *Attila*, quelques habitans du *Frioul* qui prirent la fuite, se dirigèrent vers le *Pô*, et vinrent se mettre en sûreté parmi les marécages et les bois où est à présent la ville de *Ferrare*. Vers l'an 555, l'*Exarque* de *Ravenne* qui gouvernait pour l'empereur de *Constantinople*, la fit entourer de murailles. Elle devint en peu de temps l'une des plus belles et des plus florissantes villes d'Italie ; au temps de l'*Arioste*, elle était encore très riche et très considérable, puisque ce poète en fait le plus brillant éloge;

O città bene avventurosa . . . .
. . . . . la gloria tua salirà tanto,
Ch'avrai di tutta Italia il pregio e 'l vanto.

Mais aujourd'hui il ne reste à *Ferrare*, que des vestiges de sa magnificence, de sa population et de son commerce. L'aspect de la ville est imposant; ses rues sont droites et larges: celle de *S. Benoit* a près de mille toises de longueur, et est alignée jusqu'a la porte *S. Jean*. A l'égard de la longueur totale de la ville, elle est de 1444 toises depuis la porte *S. Benoit* jusqu'à la porte *S George*. Les édifices publics et particuliers sont beaux: la citadelle placée au couchant de la ville, est grande, forte et régulière: mais depuis la fin du 16.me siècle, la population, l'industrie et le commerce de *Ferrare* sont dans un état de décadence et de langueur; les campagnes même des environs ne sont pas mieux peuplées, ce qu'on attribue à l'air mal sain qui s'exhale des marais, dont une grande partie du *Ferrarois* est couverte.

Au milieu de la ville, est un château, ancienne résidence des ducs; il est entouré d'eau, et flanqué de quatre grosses tours. Près de ce château, est le palais des nobles, au devant du quel on voit deux statues de bronze sur des colonnes très élevées; ce sont deux ducs de *Ferrare*.

La cathédrale est vis-à-vis le palais des nobles. Elle est dédiée à *S. George* et bâtie en croix grecque: sa façade quoique gothique, est d'un assez bon goût: on y admire un *S. Laurent* du *Guerchin*, artiste habile qui par ses ombres vigoureuses, donnait tant de force à ses tableaux; un *Jugement dernier* copié ou dumoins imité de *Michel-Ange*, et le tombeau de *Cilio Grégoire Giraldi* que M. de *Thou* regarde comme un des plus savans hommes de son siècle.

L'église de l'ancien collège des Jésuites possède un *S. Stanillas* communié par les anges, et un *S. François Xavier* ressuscitant un mort, de l'*Espagnolet*.

Dans celle du couvent des *Bénédictins*, est un tableau de *Bononi*, représentant le festin d'*Hérode* et d'*Hérodias* sous les traits du duc *Alphonse* et de sa maîtresse. Cette église était encore plus célèbre par le tombeau de l'*Arioste* qui y fut enterré, que par ses peintures: on lisait en vers italiens sur une colonne, l'épitaphe de ce poète, qui par la hardiesse du dessin, la beauté du coloris, la fierté mâle de ses touches et l'harmonie de ses vers, peut être mis à côté des plus grands poètes de l'antiquité. Le mausolée qui est en marbre blanc, a été depuis transporté à la bibliothèque publique. Dans le vestibule du réfectoire, est un paradis de *Benedetto di Garofolo*; ce peintre était l'ami de l'*Arioste*, et il l'a représenté entre *S. Catherine* et *S. Sebastien*, parceque le *poète* lui disait: mettez-moi dans vôtre paradis, car je ne prends pas trop le chemin de l'autre, *dipingete me in questo paradiso, perchè nell' altro io non ci vo.*

On conserve encore à *Ferrare* une chaise et une écritoire de l'*Arioste*. Ont indique l'hôpital *S. Anne* pour être le lieu où le duc *Alphonse* tint long temps enfermé le *Tasse* sous prétexte de folie, digne récompense que ce poète reçut d'un prince qu'il avait immortalisé dans ce beau passage de la *Jérusalem délivrée : tu, magnanimo Alfonso . . . . .* La santé du *Tasse* acheva de se déranger dans la prison; dès lors il traîna une vie triste et languissante, et mourut en arrivant à *Rome* où le pape *Clement* VIII lui préparait un triomphe solennel. On montre aussi aux étrangers la maison qui appartenait autrefois à *Guarini*, et dans laquelle on représenta pour la première fois le *Pastor Fido*.

Les établissemens publics de *Ferrare* sont encore bien dignes de fixer l'attention du voyageur. Dans l'université ou lycée, est une très belle bibliothèque enrichie d'un grand nombre de volumes, et surtout des manuscrits de l'*Arioste*, du *Tasse*, de *Guarini* et de plusieurs autres célèbres poètes

Ferrare a produit plusieurs hommes célèbres dans les lettres et dans les arts ; tels ont été : le fameux cardinal *Guy Bentivoglio*, *Jean Baptiste Guarini*, *Riccioli*, la fameuse actrice *Flaminia Balletti* et les *Riccoboni*, excellens acteurs et en même temps auteurs. M. de *Riccoboni* dont les pièces de théâtre et les romans jouissent d'une grande réputation en France, était la bru de *Flaminia*.

On assure que *Ferrare* avait autrefois une population de 100 mille habitans ; on y compte à peine aujourd'hui le quart de cette population. Cette ville fut riche et florissante sous les ducs de la maison d'*Este*, parceque ces ducs aimaient les beaux-arts, et les protégeaient ; ils faisaient plus, ils encourageaient l'agriculture : mais lorsque *Ferrare* passa sous la domination des papes, les choses changèrent de face : les légats qui représentaient le souverain, virent avec indifférence, les terres privées de culture, et par une conséquence nécessaire, la population et l'abondance diminuèrent considérablement. Du reste le territoire de *Ferrare* est susceptible de toute sorte de productions; mais comme les eaux y ont trop peu de pente pour pouvoir s'écouler librement, les années pluvieuses sont toujours de mauvaises années pour le pays.

Une chose essentielle qui manque à *Ferrare*, c'est une population plus nombreuse; car sa position est assez favorable pour le commerce soit de terre, soit de mer, se trouvant placée entre le *Venezin*, la *Toscane* et la *Romagne*, et n'étant qu'à une lieu du *Pô*, avec lequel elle communique par le moyen d'un canal artificiel. Cette ville a quelques fabriques de savon et de cuir. La société y est, dit-on, assez agréable.

§ 2.

Route de Ferrare *à* Bologne.

On peut aller de *Ferrare* à *Bologne*, ou par un canal de navigation, ou par une route de poste. Autrefois et surtout en hiver, on faisait volontiers ce voyage par eau; mais aujourd'hui et dans toutes les saisons, on préfère suivre la nouvelle route qui est magnifique, plus courte que l'ancienne, et presque partout bien pavée.

Ferrare est à 10 lieues de *Bologne*. Les cinq premières lieues se font à travers une campagne dépouillée d'arbres et qui a une teinte fade et monotone. Les clôtures et les fermes y sont clair semées: à peine y voit-on quelques sillons prolongés çà et là dans la plaine. Point de villages, point de hameaux; on n'y découvre que de loin en loin, de grands bâtimens construits en bois, et dont la destination est de servir d'étables. Les chevaux, les vaches et les porcs qui paturent au tour de ces hangars, présentent les caractères particuliers auxquels on distingue les animaux nourris dans les marécages; ils sont grands, minces, efflanqués; leurs mouvemens sont lents et parresseux.

On ne voyage guère dans cette partie de l'Italie, sans y entendre parler des débordemens du *Pô*. Rien de si imposant que l'aspect de ce fleuve, soit par sa vaste étendue, soit par les canaux qui y aboutissent, les sites qui l'environnent et la prodigieuse quantité de barques dont il est couvert: mais d'un autre côté, ce même fleuve est si terrible dans ses débordemens, que la moindre crûe de ses eaux répand l'alarme dans tous les lieux où il passe. Les cailloux, le sable et le limon épais qu'il charrie et dépose continuellement, l'auraient forcé à changer de lit, et à parcourir successivement toute la largeur de la plaine, si l'on n'avait eu soin de le contenir par de fortes digues. Cette précaution en remédiant au mal qu'on voulait éviter, a produit un inconvénient qui n'est pas moins grave; le lit du *Pô*, se remplissant peu à peu, il a fallu élever les digues, et ces digues sont à présent à une telle hauteur, qu'en certains endroits le lit du fleuve est de 30 pieds audessus du niveau de la campagne; ensorte que s'il venait à rompre ses digues, toute la plaine serait submergée. Aussi prend-on tous les moyens que la prudence peut suggérer, pour éviter un pareil désastre ? Dès que le fleuve est à 3 pieds 8 pouces au dessus de son niveau ordinaire, on le met *en garde*, c'est à dire, qu'on assemble les habitans, pour surveiller nuit et jour les chaussées : des cabanes d'espace en espace sont établies sur ces chaussées, et il y a dans chacune trois personnes munies des tous les instrumens nécessaires pour porter de la terre, planter des pieux et boucher les brèches qui pourraient avoir été faites.

A environ 5 lieues de *Bologne*, la scène change, parceque le sol commence à s'élever au dessus du niveau de la mer, et ce sol offre alors tous les phénomènes de la plus heureuse fécondité.

Le saule, l'aulne et le frêne bordent des champs où croissent le tréfle et le blé ; là on voit des vaches pesantes d'embonpoint qui pâturent sur de riches prairies où des enfans les gardent en jouant ; ici des maïs élèvent jusqu'à vingt palmes leurs têtes orangées ; plus loin de longs alignemens de pastèques et de melons couvrent la terre de leurs beaux fruits : enfin des branches des arbres pendent des grappes de raisin dont la couleur purpurine se détachant de la verdure du feuillage, ajoute un trait de plus à la beauté et à la richesse du territoire *Bolonois*.

Les bourgs ou villages qu'on rencontre dans ce trajet, sont *Malalbergo* et *Capo d'Argine*.

§ 3.

Description de Ravenne *et route de cette ville à* Rimini.

Ravenne est une ville très ancienne, située près de la rivière de *Montone*, et à deux lieues de la mer. Cette ville, suivant Strabon, fut fondée par les *Thessaliens*. Des *Sabins* à qui elle appartint dans la suite, elle passa aux *Gaulois Boiens* qui s'étaient établis sur les bords du *Pô* d'où ils fûrent chassés par *Paul Emile*.

Le port de *Ravenne* était anciennement un des meilleurs de la mer *Adriatique*; *Pompée* et *Auguste* y faisaient hiverner leurs flottes: sur ce port figuraient des édifices superbes, dont la plupart avaient été élevés par *Tibère*, *Trajan* et *Théodoric*; mais ces édifices ont disparu sous les atterrissemens des fleuves et des rivières qui se jettent dans la mer *Adriatique*, et qui ont forcé cette mer à s'éloigner à une assez grande distance de ses anciens rivages.

Dans les 7.me et 8.me siècles, *Ravenne* fut la résidence des *Exarques* qui gouvernaient pour les empereurs d'Orient; et alors elle était une des villes les plus florissantes de l'Europe: mais depuis elle ne fit que déchoir de son antique splendeur, soit à cause des révolutions qu'elle éprouva, soit à cause de la perte de son port, qui fut l'effet du retirement de la mer, soit enfin en passant sous la domination de divers seigneurs particuliers qui la désolèrent. Lorsqu'elle fut rendue aux papes par la république de *Venise*, elle était à demi-ruinée. Sa population n'est aujourd'hui que de 10 mille habitans.

Ravenne a conservé plusieurs monumens antiques qui attestent son ancienne grandeur. Le plus remarquable de ces monumens, est sa cathédrale où l'on voit quatre rangs de colonnes de marbre de l'Archipel. Parmi plusieurs tableaux du *Guide*, on y admire celui qui représente *Moïse* faisant tomber la manne du ciel sur le camp des *Israélites*. *S. Vital* est encore une très belle église bâtie dans le 6.me siècle, soutenue par de magnifiques colonnes de marbre grec et de porphyre, et décorée de beaux bas-reliefs antiques. Dans la chapelle de *S. Nazaire* de cette église, revêtue de marbre gris de lin, il y a trois grands tombeaux, celui de *Placidie*, fille de *Théodose* le grand, et ceux des empereurs *Honorius* et *Valentinien* III. Le tombeau du *Dante* est dans une petite rue près des *Franciscains*: ce poëte mourut à *Ravenne* en 1321, exilé de son propre pays.

Le plus singulier des monumens antiques que *Ravenne* possède encore, est le mausolée de *Théodoric*, que la célèbre *Amalasonte*, sa fille, lui fit ériger; il est hors de la ville : c'est une rotonde qui sert aujourd'hui d'église ; elle est à deux étages dont le premier est enterré. Cette rotonde est couverte par un seul bloc de pierre d'*Istrie* de 34 pieds de diamètre hors d'œuvre, en forme de coupole. Le sarcophage qui était au dessus, a été enlevé.

Ravenne a deux académies et plusieurs collèges. Elle a produit quelques hommes célèbres.

Les *Ginnani* se sont distingués par leurs ouvrages sur l'histoire naturelle: on cite avec éloge le père *Isidore Bianchi*. Il y a près de *Ravenne*, une forêt de pins qui fournit beaucoup de bois de construction et de menuiserie, et où l'on fait paître une prodigieuse quantité de bestiaux; ces produits réunis aux grains qu'on récolte, à la soie, aux fabriques de savon, aux tanneries de cuir, sont le principal objet du commerce de cette ville.

Ravenne n'est qu'à 8 lieues de *Rimini*. La route côtoye toujours la mer. A une lieue de *Ravenne*, on trouve la forêt de pins dont nous avons déjà parlé: au sortir de cette forêt, on a à droite des marais qui s'étendent à perte de vue du côté de l'Apennin. Après avoir passé dans un bac la rivière de *Savio*, on rencontre la petite ville de *Cervia* située au milieu d'un pays très marécageux, et dont le seul produit est celui qu'on tire de quelques salines. Puis vient le village de *Cesenate* bâti sur les bords de la mer; et à une lieue plus loin, on traverse le *Rubicon*, petite rivière qui porte aussi le nom de *Pisatello*, et dont nous aurons occasion de parler dans la suite. Ici l'on se rapproche de la mer et l'on marche sur un sable ferme et uni, sans rochers, ni coquillages. Avant d'arriver à *Rimini*, on quitte les bords de la mer et l'on reprend les terres pour passer la rivière qu'on appelait autrefois *Arimium* du même nom de la ville dont elle baigne les murs, et qui est aujourd'hui connue sous celui de *Marechia*.

§ 4.

Description de Bologne.

Bologne est située au pied de l'*Apennin* et à une petite distance du *Reno*. *Polybe*, *Pline*, *Tite-Live*, *Strabon*, *Tacite*, *Ciceron* et *Dion-Cassius* ont parlé de cette ville et la regardaient comme l'une des plus anciennes et des plus considérables d'Italie. D'après les diverses révolutions qu'elle a éprouvées, il n'est pas surprenant qu'elle n'ait conservé que très peu de vestiges de sa première splendeur. On y voit cependant quelques restes des bains de *Marius*, et l'on croit que l'église de *S. Etiene* a été un ancien temple d'*Isis*. Lors de la décadence de l'empire romain et de l'irruption des barbares, *Bologne* comme la plupart des autres villes d'Italie, fut saccagée, brûlée et la proie du premier occupant. Dans la suite tantôt libre, tantôt soumise, elle passa successivement sous la domination d'une foule de seigneurs particulières qui la désolèrent: enfin elle fut le partage des *Papes*, et devint l'une des villes les plus privilégiées de l'État ecclésiastique.

La population de *Bologne* est de 72 mille habitans; cette ville a une demi-lieue de diamètre, et est partagée par un canal qui n'est navigable qu'au dehors; on y entre par douze portes qui aboutissent à autant de rues très belles: les maisons sont bâties ou revêtues de pierres de taille, avec des portiques à arcades élevés au dessus du niveau de la rue, ensorte qu'on peut parcourir cette ville à l'abri des injures du temps, à pied sec et sans recevoir aucune incommodité des voitures. Les portiques assez communs en Italie, fûrent imaginés avant l'invention des carrosses; maintenant il sont regardés comme superflus et de mauvais goût. C'est ainsi que les commodités de la vie sont sacrifiées au luxe et à la mode: les riches y gagnent sans doute, mais le peuple y perd toujours. Qu'il nous soit permis de placer ici une remarque dont l'humanité et la raison réclament la publicité. Il est telle ville d'Italie dans laquelle les gens riches, parmi lesquels on compte des hommes nouveaux, de vils parvenus, affectent de se faire conduire avec une indécente rapidité dans les lieux où se trouve la plus grande affluence du peuple: les cochers dont l'impudence se règle d'ordinaire sur l'orgueil et la dureté des maîtres, semblent jouir des craintes continuelles qu'ils inspirent à la foule des citoyens paisibles, qui cherchent à se délasser de leurs travaux journaliers par quelques momens de promenade à pied. Une pareille conduite qui devrait être sévèrement réprimée par les lois, soulève l'indignation de la multitude contre une classe qui se prétend privilégiée, mais qui ne saurait se dissimuler qu'elle n'existe et ne peut exister que par celle qui est l'objet de ses mépris; et entretient cet esprit d'animosité dont les éclats sont quelque fois si terribles.

Bologne n'a qu'une simple muraille de briques, sans fossés, ni fortifications: ce fut une des conditions qu'elle exigea en se donnant au pape. Dans une petite place qu'on rencontre vers le milieu de la grande rue, sont deux tours bâties de briques: l'une appelée la tour des *Asinelli* a 307 pieds de hauteur; l'autre qu'on nomme *Garizanda* en a 144. Ces deux tours penchent hors de leur à plomb, savoir, la première de 3 pieds et demi, et la seconde de 8 pieds, 2 pouces. Une inclinaison si considérable, est vraiment effrayante à la vue, quelle que soit d'ailleurs la solidité de ces tours.

Les principaux édifices de *Bologne* soit publics, soit particuliers, ont beaucoup de magnificence. Le palais de la seigneurie, *palazzo publico*, où sont les différens tribunaux de justice, a son entrée principale sur la grande place. Ce palais est très vaste; on voit sur la porte deux statues, l'une de *Boniface* VII, et l'autre de *Grégoire* XIII; le buste de *Benoit* XIV est au dessus du grand escalier. L'intérieur est orné de divers tableaux dont les plus estimés sont: un *Mercure* qui présente à *Junon* la tête d'*Argus*; un autre *Mercure* rendant à *Vénus* la pomme qu'il a reçue de *Paris*, par *Donato Creti*; un *Samson* foulant aux pieds un *Philistin*, et se désaltérant de l'eau qui coule de la machoire d'âne dont il est armé, par le *Guide*: un tableau représentant la *Vierge*, l'*Enfant-Jésus* sur un arc-en-ciel, et les *Bolonais* en prières, aussi par le *Guide*; *S. Jean* dans le désert, par *Raphaël*; et plusieurs peintures à fresque par les plus grands maîtres.

Vis à vis la porte d'entrée de ce même palais, est la fontaine appelée *Du Géant*, décorée par *Jean de Bologne*, et l'une des plus belles d'Italie. On y voit *Neptune* debout, armé de son trident, et dans cette attitude où *Virgile* exprime si bien sa fierté, *quos ego...* quatre *enfans* assis aux encoignures enlacent de leurs bras, des *Dauphins* qui jettent de l'eau ; au bas du piédestal quatre *Sirènes*, couchées sur des *Dauphins*, pressent leurs mamelles, dont elles font sortir des jets d'eau. Toutes les figures sont en bronze ; le *Neptune* est de taille héroïque ; les *Sirènes* se font remarquer par des airs de tête très gracieux, par leurs attitudes voluptueuses, et par la délicatesse avec laquelle les chairs en sont rendues. Le seul reproche qu'on peut faire à l'ensemble, c'est un peu de confusion, parcequ'il y a trop de sculpture dans un si petit espace.

Bologne est une des villes d'Italie les plus riches en tableaux et en statues : il y a environ 200 églises, et parmi ce nombre, il n'en est pas une qui ne possède quelque peinture rare. Dans la *cathédrale* qui est d'une très belle architecture, on voit une *Annonciation* à fresque, de Louis *Carrache*.

L'église de *S. Pétrone* est aussi très belle, quoique d'architecture gothique, et contient divers tableaux fort estimés. C'est dans la nef de cette église que le célèbre *Cassini* établit sa première méridienne.

Dans l'église de *S. Dominique*, on voit le tombeau d'*Enzio*, roi de *Sardaigne*, qui fut fait prisonnier comme il conduisait un secours aux habitans de *Modène* avec lesquels les *Bolonois* étaient en guerre ; jamais ceux-ci ne voulurent le rendre, quelques offres et quelques menaces que leur fit l'empereur.

Toutes les autres églises de *Bologne* contiennent une prodigieuse quantité de tableaux et de statues, dont l'énumération passerait les bornes naturelles de cet ouvrage ; ce sont des chefs-d'oeuvre d'*Augustin*, de *Louis* et d'*Annibal Carrache*, du *Guide*, du *Dominiquin*, de *Michelange*, du *Guerchin*, de *Raphaël*, de l'*Albano* et de plusieurs autres grands-maîtres : voilà pourquoi on a appelé *Bologne le cabinet des peintures d'Italie*. Ceux qui désirent des détails plus circostanciés à l'égard des *tableaux*, les trouveront dans l'ouvrage intitulé : *Peintures de Bologne* par J. P. *Zanotti*.

Il y a à *Bologne* une université qui a fait époque dans l'histoire du renouvellement des sciences. Fondée en 425 par l'empereur *Théodose*, la protection de *Charlemagne* lui donna un nouveau lustre. Elle avait pour but l'enseignement de toutes les sciences ; on y accourait de toute l'Europe, et il fut un temps où l'on y comptait jusqu'à 12 mille étudians. Pour entretenir ce concours, il y avait des écoles en diverses langues, telles que la hongroise, l'allemande, l'espagnole: *Barthole* et *Accurse* y ont professé le droit. Le bâtiment est vaste et orné de peintures à fresque; le théâtre anatomique est très bien disposé : on y admire deux figures en bois qui représentent des écorchés, et sont regardées comme des chefs-d'œuvre. On peut assister en masque aux démonstrations, ce qui est fort commode pour les femmes.

Le théâtre de *Bologne* est vaste et d'une noble architecture. Il a cinq rangs de loges; l'avant scène est décorée de colonnes canelées d'ordre composite; les bases et les chapiteaux en sont dorés : le parterre se compose de bancs en emphithéâtre. Le fond s'ouvre sur un terre-plein qui peut servir à alonger la perspective ou à faire entrer les grandes machines. Les *Bolonois* aiment beaucoup le spectacle, mais comme dans les autres villes d'Italie, ils n'écoutent que les ariettes.

La ville de *Bologne* a produit un grand nombre d'hommes illustres; tels sont les papes *Honoré* II, *Léon* II, *Innocent* IX, *Grégoire* XV, *Bénoit* XIV; qui est celui dont elle se glorifie le plus, et près de cent cardinaux. Parmi les savans et les littérateurs, on distingue *Aldrovando*, grand naturaliste; *Malpighi*, excellent anatomiste et physicien; *Scipion Ferraro*, qui le premier resolut des équations du 3.e dégré; *Eustache Manfredi* à la fois poète, grand astronome et habile ingénieur: ajoutons quatre femmes savantes, *Novella Lignani*, *Bettizia Gozzadini*, *Maddalena Bonsignori*, et *Laura Bassi* épouse de *Verani*, médecin, laquelle en 1733 donnait des leçons de physique expérimentale

Les plus fameux artistes nés à *Bologne*, sont 1.° les trois *Carraches*, *Louis*, *Augustin* et *Annibal*. *Louis* peintre savant et gracieux; en étudiant les ouvrages des grands maîtres, il se fit une manière pleine de force et de noblesse: il y a des tableaux de sa composition qui pour la correction du dessin, la beauté du coloris et la vérité de l'expression, vont de pair avec ceux des peintres les plus célèbres. *Augustin* moins connu que *Louis* et *Annibal*, avait du génie et du mérite; son dessin était pur; il coloriait bien; mais il a quelquefois manqué de force dans l'expression. *Annibal* que l'on peut regarder comme supérieur à son frère et à son cousin; avait le style noble et sublime, le dessin précis et fier, le coloris souvent admirable; il a fait presque seul la *galerie Farnese*. 2.° L'*Albane*; il s'est borné aux sujets d'agrément où il a excellé, et a peint les saisons, les élemens, des jeux d'enfans et autres de cette espèce, qu'il plaçait dans des paysages ouverts et qu'il dessinait avec la plus grande vérité; son coloris est très gracieux. 3.° Le *Guide*, qui a réussi dans tous les genres de la peinture. On distingue trois manières différentes dans cet artiste : la première dont les ombres sont fortement touchées et qui a plus de force que d'agrément; la seconde qui est l'imitation même de la belle nature, et la troisième qui est plus tendre, mais en même temps plus foible. Le *Guide* a peint une quantité prodigieuse de tableaux; on en vend beaucoup sous son nom, qui sont ou de ses élèves ou de ses imitateurs. 4.° Le *Dominiquin*; il a parfaitement entendu la belle ordonnance des tableaux; ses airs de tête ont de la noblesse et de la variété, souvent une grande vérité d'expression. 5. Le *Guerchin*; son dessin est fier, son expression noble, mais son coloris inégal: ses tableaux sont fort communs; on en trouve dans toute l'*Italie*, en *France*, en *Angleterre*, en *Allemagne*; il est présumable que plusieurs de ces tableaux qu'on présente sous son nom, sont de ses élèves ou sortis de l'académie qu'il avait établie dans sa maison à *Bologne*; et 6.° l'*Alguardi*, habile sculpteur.

Sous le raport de l'industrie et du commerce,

Bologne est encore une des principales villes de l'*Italie*. Dès 1341, on y avait perfectionné les tours à filer et à organsiner la soie. Deux ouvriers y furent punis de mort pour avoir porté ailleurs cette invention. La pierre phosphorique de *Bologne* est fort connue; ses crêpes, ses fabriques de papier et de cartes à jouer, ses Macaronis, savonnettes fines, cervelas, mortadelles, fleurs artificielles, liqueurs fines, confitures sont très estimés.

Le territoire de *Bologne* abonde en grains, chanvre et soie; les collines environnantes présentent le plus riant aspect, et produisent des fruits de la meilleure qualité; mais la partie de ce territoire qui s'étend vers le *Pô*, est souvent désolée par le débordement des rivières. A une lieue de *Bologne* et sur la montagne de la *Guardia*, est une église dédiée à la *Sainte Vierge*, et où l'on arrive par un portique de 690 arceaux qui commence à la porte de la ville et va jusqu'au sommet de la montagne.

Les *Bolonois* sont d'un caractère franc, libre et enjoué, bons amis, mais aussi, dit-on, ennemis irréconciliables, car il a bien fallu les faire figurer dans la liste des sept péchés capitaux que les plaisans attribuent aux principales villes d'*Italie*, en plaçant l'orgueil à *Gênes*, l'avarice à *Florence*, la luxure à *Venise*, la colère à *Bologne*, la gourmandise à *Milan*, l'envie à *Rome* et la paresse à *Naples*. On pourrait dire avec plus de raison que les *Bolonois* vivent frugalement et sans faste, en sorte que s'ils ne possèdent pas toutes les vertus, ils n'ont pas du moins les vices que le luxe traîne à sa suite; et ce qu'on ne voit guère que dans les villes où les arts sont cultivés, à *Bologne* les descendans des grands artistes sont aussi pauvres que leurs pères. Les femmes passent pour avoir plus d'agrément que de beauté; celles du premier rang sont habillées à la française et très parées. Les bourgeoises portent des vestes boutonnées à peu près dans le goût des habits d'amazone; elles se couvrent d'un *zendalo*, dont elles se ceignent la taille, et qu'elles ajustent de manière qu'on peut encore entrevoir la physionomie: il y en a cependant qui lorsqu'elles vont dans les rues, laissent par une modestie vraie ou feinte, tomber le voile sur leur visage, et alors elles sont tellement déguisées, que si elles allaient en bonne fortune, elles pourraient passer à côté de leurs maris sans crainte d'en être reconnues.

§ 5.

Route de Bologne à Rimini.

Cette route suit l'ancienne voie Emilienne qui menait de *Rimini* à *Plaisance* : c'est un trajet d'environ 25 lieues. On rencontre plusieurs rivières qu'on passe pour la plupart sur de beaux ponts. En allant de *Bologne* à *Imola*, on fait 8 lieues sur une route droite, unie et commode.

Imola bâtie sur les ruines du *forum Cornelii*, est située sur le *Santerno* et à l'entrée de l'immense et belle plaine de la *Lombardie*. Ruinée par *Justinien*, elle fut rebâtie par les *Lombards*. Après que ces peuples eurent abandonné l'*Italie*, elle tomba au pouvoir de différens maîtres usurpateurs ou conquérans ; le cruel *César Borgia* y exerça mille horreurs ; enfin *Jules* II la réunit à l'état ecclésiastique. Cette petite ville est bien bâtie, et a quelques églises qui méritent d'être remarquées ; ses environs couverts de plantations de peupliers, offrent un aspect très riant ; il y a eu une académie sous le titre des *Industriosi* qui a produit plusieurs hommes célèbres.

D'*Imola* à *Faenza*, on compte 4 lieues. *Faenza*, l'une des plus belles villes de la *Romagne*, est située sur le *Lamone*, et a une population de

18,300 habitans. Cette ville est très ancienne ; *Varron*, *Columelle* et *Pline* vantent beaucoup le vin et le lin que produisait son territoire. Elle avait une route consulaire par où passa *Annibal*, lorsqu'après avoir traversé la Gaule Cisalpine, il vint en *Étrurie*. La ville est grande, bien bâtie quoiqu'en briques et entourée de murailles; elle a la forme d'un carré régulier, et est divisée par quatre grandes rues qui aboutissent à la place principale ; cette place est ornée de portiques et d'une belle fontaine. On y voit des édifices considérables, tels sont d'une côté, le *Palais public* et le nouveau *théâtre*, et de l'autre, la tour *de l'horloge* et le *Dôme*.

Faenza est renommée dans toute l'Italie par la belle vaisselle de terre cuite qu'on y fabrique, et à laquelle on a donné en *France* le nom de *fayance*. Ce fut un Italien qui se trouvant à *Nevers*, et voyant de la terre propre à faire la même vaisselle, y établit la première *fayancerie* du royaume. En Italie on appelait cette vaisselle, *majolica*, et dans les provinces méridionales de la *France*, on lui donne encore le nom de *mélique*. Aujourd'hui la fabrique de *Gaspard Feriani* a beaucoup de réputation dans l'étranger à cause de la perfection que cet estimable artiste a su donner à sa vaisselle. On voit aussi à

Faenza un rouet à filer qui produit chaque jour 100 livres de soie bien travaillée, et à 3 milles de la ville, une papeterie de *Vincent Bertoni*, où l'on imite le papier d'*Hollande*. *Faenza* a un petit port et un canal de navigation qui communique avec le *Pô* de *Primaro*, ouvrage fort utile et qui donne de grandes facilités au commerce. La campagne est très fertile en grains, vin, lin et chanvre; on y trouve des eaux thermales, des salines, des veines de souffre, des fragmens de mines de fer, de cuivre et de plomb, et de petits morceaux d'albâtre. Le célèbre mathématicien *Torricelli* naquit à *Faenza*. Ce fut à une très petite distance de cette ville que se donna en 1797 la première bataille entre les *Français* unis aux *Lombards* et les troupes du Pontife de *Rome*.

Après *Faenza*, vient *Forli*, qui en est à 3 lieues; c'est aussi une ville assez considérable, située au pied de l'*Apennin*, et dans une plaine aussi agréable que fertile, arrosée par le *Ronco* et le *Montone*. Sa population est de 16 mille habitans. Elle fut fondée par *Livius Salinator*, après la célèbre défaite d'*Asdrubal* sur le *Metaure*. Ses habitans conservèrent long temps leur liberté; mais ils subirent enfin le sort de autres peuples d'*Italie*: ce fut encore le pape *Jules* II, qui les réunit à l'Etat ecclésiastique. La ville de *Forli* est très bien bâtie; ses rues sont bordées de portiques: on y voit une place fort vaste et des édifices publics qui ont un air imposant. La société y est très agréable, les habitans s'adonnent surtout à l'industrie. Tous les environs plantés d'oliviers, offrent des promenades charmantes. On prétend que *Forli* a été la patrie du poète latin *Cornellius Gallus*; *Flavio Biondo*, historien, et *Morgagni*, médecin célèbre, naquirent aussi dans cette ville.

A un très petite distance de *Forli*, on trouve *Forlimpopoli*, dont parle *Pline*, et qui était un des quatre *Forum* situés sur la *voie Emilienne*. Il n'y reste plus que quelques maisons et un château qui paroit avoir été construit lorsque *César Borgia* s'empara de la Romagne. Avant d'arriver à *Césène*, qui est à 4 lieues de *Forli*, on passe le *Savio* sur un superbe pont qu'on a bâti dans les derniers temps.

Césène, ville de 8000 habitans, est bâtie sur un terrain inégal, au pied d'une haute montagne. Sa fondation remonte à 391 ans avant J. C. Après avoir été désolée par plusieurs seigneurs particuliers qui s'en étaient successivement emparés, elle fut le partage des papes et réunie à l'Etat ecclésiastique. Sa principale rue comme dans la plupart des petites villes d'Italie, est la seule qui soit fréquentée; elle a quelques portiques; mais ses édifices publics et ses églises n'ont rien de bien remarquable. La grande place est décorée d'une fontaine qui jette une prodigieuse quantité d'eau. Le territoire de cette ville est renommé par les vins et le chanvre qu'il produit.

A une lieue de *Césène*, on rencontre la petite rivière de *Pisatello*, qui est le célèbre *Rubicon*: ce fut au bord de cette rivière, que *César* s'arrêta et délibéra s'il devait passer pour s'opposer au parti de *Pompée*, et ce fut après avoir passé, qu'il s'écria: le sort en est jeté: *Alea jacta est*. Dès lors *Rome* fut aux fers. Ce qui donnait plus d'importance à ce passage, qui n'était rien par lui-même et qui fut tout pour *Rome*, était la défense que le sénat avait faite par un décret solennel à tout général ou officier ramenant l'armée ou quelque troupe, de franchir cette borne sans déposer ses armes et ses étendards, sous peine d'être regardé comme ennemi de la patrie. Le *Rubicon* était la limite de l'Italie et de la Gaule Cispadane.

La route de *Césène* à *Rimini* est très belle. Dans ce trajet, qui est de 6 lieues, on passe par la petite ville de *Savignano*, qui est le *Compita* des anciens, et où l'on voit un pont moderne d'une élégante architecture.

§ 6.

Route de Bologne *à* Florence.

De *Bologne* à *Florence*, il y a 63 milles qu'on peut évaluer à 25 lieues, vu qu'on est obligé de traverser l'*Apennin* qui sépare la plaine de la *Lombardie* d'avec la *Toscane*. Les principaux bourgs ou villages qu'on rencontre sur cette route, sont; *Pianoro*, *Lojano*, *Filigare*, *Covigliajo*, *Monte Carelli*, *Cafaggiolo* et *Fonte Buona*.

De *Bologne* à *Pianoro*, le chemin est uni et presque toujours dans le fond d'une vallée.

En allant de *Pianoro* à *Lojano*, on a une vue d'autant plus étendue, qu'on aperçoit la chaîne des *Alpes*, *Ivrée*, *Milan*, *Vérone*, la plaine de *Padoue*, le *Pô* et la mer *Adriatique*. Lorsqu'on a atteint *Lojano*, à cause des difficultés de l'Appenin qu'on commence à monter, il faut un ou deux chevaux de plus suivant la voiture qu'on mène.

A quelques milles de *Filigare* est la montagne de *Pietra Mala* qui offre aux physiciens un phénomène bien digne de fixer leur attention; c'est un feu qui s'exhale de cette montagne et qu'on appelle *Foco di legno*. Le terrain occupé par la flamme a tout au plus 10 ou 12 pieds en tout sens: on n'y voit ni fente, ni crevasse; et l'on trouve à quelques pas de là le gramen et autres herbes communes. La flamme est bleue comme celle de l'esprit de vin en certains endroits, et rouge dans d'autres ; elle est si vive, surtout quand le temps est nébuleux et que la nuit est obscure, qu'elle éclaire toutes les montagnes voisines. Si l'on y jette de l'eau, la flamme pétille et cesse pour un instant, mais elle ne tarde pas à reprendre toute sa vivacité; elle excerce une action très prompte sur le bois, tandisque les pierres n'en paroissent pas altérées. Les uns regardent ce feu comme les restes d'un volcan éteint depuis long temps, les autres comme l'annonce d'un volcan qui deviendra très redoutable lorsque le fer s'y rencontrera en assez grande quantité avec le souffre.

Depuis *Covigliajo* jusqu'à *Cafaggiolo*, on va presque toujours en descendant. Lorqu'on a gagné *Cafaggiolo*, on aperçoit une magnifique maison de plaisance du grand duc appelée *Pratolino*, et célèbre par les embellissemens qu'y firent les *Medicis*. Elle s'annonce par de grandes avenues d'ifs, de cyprès et de sapins; dans les jardins, il y a des fontaines artistement décorées, des machines hydrauliques qui font mouvoir des statues et jouer des orgues. Au bout d'un parterre, est la statue colossale de l'*Apennin*, qui a plus de 60 pieds de haut ; sous cette figure, est un monstre qui vomit de l'eau : l'on pénètre dans l'intérieur, et l'on se trouve dans une grotte remplie de coquillages et de jets d'eau. On voit dans ces jardins une prodigieuse quantité de bassins, de fontaines, de statues, de grottes, de terrasses, d'amphitéâtres, d'allées d'arbres toujours verts et de labyrinthes : enfin on n'a rien épargné pour en faire un lieu des plus agréables.

A *Cafaggiolo*, on trouve une route très belle qui longe deux rangs de collines couvertes de vignes et d'oliviers, et conduit jusqu'à *Florence*.

§ 7.

Route de Modène *à* Florence *et à* Lucques *en passant par* Pistoie.

Quoique la nouvelle route construite depuis *Modène* jusqu'à *Pistoie*, soit sûre et assez commode, elle est néanmoins peu fréquentée ; d'abord parceque traversant l'*Apennin*, elle est nécessairement montueuse et même plus longue que celle qui passe par *Bologne*, à cause du grand nombre de détours qu'elle fait ; ensuite parcequ'elle ne peut guère intéresser que le naturaliste qui se plait à observer la structure et la formation des collines et des montagnes, les pierres, les fossiles, les grottes, les bancs de tuf et de craie, le dégré de chaleur des eaux thermales, les plantes, les animaux, et enfin tout ce qui a rapport à la science de la nature; mais ces détails quoique très précieux par eux mêmes, sont peu propres à exciter la curiosité du commun des voyageurs. Ajoutons que sur cette route, on ne trouve aucune ville, aucun monument antique qui exige une description particulière.

De *Modène* à *Pistoie*, c'est à peu près la même distance, que de *Bologne* à *Florence*, c'est à dire, environ 25 lieues; cependant les nombreuses sinuosités de la route font que l'espace à parcourir est beaucoup plus considérable. Les bourgs ou villages qu'on rencontre, sont *Formigine*, *S. Venanzio*, la *Serra*, *Paule*, *Monte-Cenere*, *Birigazza*, *Pieve e Paule*, *Bosco Lungo*, *Piano Asinatico*, *S. Marcello* et *Piastre*. A peu de distance de *Bosco Lungo*, est un petit lac appelé *Scaffajolo*, lequel s'étend vers le nord et jusques aux bains de la *Porretta* établis au pied d'une montagne où le *Reno* prend sa source. Ces bains ont beaucoup de réputation; l'eau qui les alimente, s'enflamme par la seule approche d'un flambeau allumé. Entre *Bosco Lungo* e *S. Marcello*, on passe sur deux très beaux ponts les rivières de *Sestajone* et de *Lima*.

Pistoie située dans une plaine fertile, au pied de l'Apennin et proche la rivière de *Stella*, fut une ville fort considérable tant qu'elle jouit de sa liberté et se gouverna d'après ses propres lois; mais malgré ses efforts, elle fut enfin, comme la plupart des autre villes d'Italie, reduite à passer sous le joug; et c'est de cette époque que date sa dépopulation. On voit peu de villes où les rues soient aussi belles et aussi larges qu'à *Pistoie*; les palais y sont magnifiques; la cathédrale dédiée à *S. Marie* est un superbe édifice; on regrette que la façade soit restée imparfaite. La campagne environnante est si agréable, qu'elle ressemble à un jardin; on voit de tous côtés des allées d'arbres qui donnent des fruits excellens et un ombrage délicieux: malgré cela *Pistoie* passe pour être peuplée d'indigens; voilà pourquoi sans doute on la compare à un *paradis habité par des misérables*.

A *Pistoie* ou croise la route qui mène d'un côté à *Florence*, et de l'autre à *Lucques*. De *Pistoie* à *Florence*, on compte 8 lieues; *Prato* est le seul endroit remarquable qu'on rencontre dans ce trajet. C'est à peu près la même distance de *Pistoje* à *Lucques*, où l'on arrive par un chemin presque en droite ligne.

§ 8.

Description de Lucques, *et route de cette ville à* Pise.

Lucques est une ville de 20 mille habitans, située à 5 lieues de la mer et sur la rivière de *Cerchio* : elle est si ancienne qu'on ignore l'époque de sa fondation. Quoique soumise aux *Romains*, elle jouissait du privilège de se gouverner par ses propres lois. *Jules César* y passa l'hiver de l'an 53 avant J. C., et y reçut une grande partie du sénat et de la noblesse de *Rome*. *Totila* s'en rendit maître en 550; les *Goths* s'y établirent; mais *Narsés* général de l'empereur *Justinien*, les chassa de la *Toscane*, et après un siège de sept mois, força *Lucques* à se rendre. Cette ville fut ensuite gouvernée par divers seigneurs sous le nom de ducs, comtes ou marquis; enfin en 1325, l'empereur *Henri* IV lui rendit son indépendance qu'elle a conservée jusqu'en 1805.

La plaine au milieu de laquelle *Lucques* se

trouve placée, est entourée de côteaux rians et fertiles. La ville a 700 toises de long sur 400 de large ; elle est munie de bons remparts plantés de grands arbres, qui forment tout au tour des promenades très agréables, en sorte que vue de loin, elle ressemble à un bois de haute futaie, du milieu duquel s'élève un clocher. Au dessus de la porte de la ville, était écrit en lettres d'or le mot *libertas*. L'intérieur est assez bien bâti, quoiqu'il n'y ait aucun édifice d'une certaine importance. Les maisons sont fort élevées, et les rues pavées de grandes pierres, ce qui les rend très propres. Il y a un acquéduc d'eau courante qu'on a dérivée du *Cerchio*, et qui remplit les fossés et alimente en même temps divers moulins ou usines.

La cathédrale fut bâtie en 1070 ; elle est revêtue de marbre ; la façade et l'intérieur en sont gothiques : la voûte est peinte à fresque. Les églises de *Sainte Marie* et de *Notre Dame de l'humilité* n'offrent rien de curieux, si l'on excepte quelques tableaux du *Titien*, du *Guide* et du *Tintoret*.

Le palais du gouvernement, *palazzo pubblico*, ou *palazzo del principe*, est le bâtiment le plus remarquable ; il a deux façades extérieures et un balcon soutenu par deux colonnes d'ordre dorique qui sont d'assez bon goût. On tendait en velours cramoisi tous les appartemens de ce palais, lorsqu'on voulait y donner quelque fête considérable. Ce même palais renferme des tableaux du *Titien* et du *Guerchin*, et un arsenal qui était autrefois bien fourni d'armes.

La loge du *podestat* est un portique assez commun, situé sur la place publique, autrement dite la *place S. Michel*. Le théâtre n'a rien de remarquable; il est composé de quatre rangs de loges; tout le monde y est assis. Au mois de septembre, on fait des courses de chevaux dans la rue qui va de la place *S. Michel* au rempart près la porte *Saint Donato*.

Les restes de l'ancien amphithéâtre de *Lucques* subsistent encore, et se voient distinctement dans l'endroit appelé *prigioni vecchie* où sont des magasins de sel; on peut reconnoître la circonférence extérieure quoique défigurée par les bâtimens modernes qu'on y a construits.

Ce fut à la sagesse de son gouvernement, que le petit Etat de *Lucques* dût sa prospérité, l'abondance dont il jouissait, et une population triple de celle de beaucoup d'autres pays. L'on peut comparer son territoire à un jardin, tant l'agriculture y est en vigueur. Les montagnes dont il est environné, sont presque toutes plantées de vignes, d'oliviers, de châtaigniers, de mûriers, et l'on y voit même de petits champs de blé. La partie de la plaine qui s'étend du côté de la mer étant très basse, on y nourrit une grande quantité de bestiaux qui fournissent du laitage en abondance. Les truites et les anguilles qu'on prend dans les eaux qui coulent de la montagne, sont fort estimées. Les vers à soie qu'on élève, donnent chaque année 25 à 30 mille livres pesant de soie dont une partie se fabrique dans le pays même. La récolte de l'huile forme encore un objet d'autant plus considérable, qu'une partie de cette huile est de la première qualité. On en évalue le produit à 200 mille écus.

Lucques a été la patrie de quatre papes, de deux empereurs, et de plusieurs savans. Les *Lucquois* en général ont l'esprit très cultivé; ils aiment les sciences et les arts. C'est à *Lucques* qu'on a réimprimé l'Encyclopédie *in folio* malgré l'immensité de cet ouvrage et les contradictions qu'il a éprouvées.

De *Lucques* à *Pise*, il n'y a que 4 lieues qu'on fait par un beau chemin et en ligne presque directe.

§ 9.

Description de Florence *et de ses environs.*

Florence, capitale du grand duché de *Toscane*, est une ville de 80 mille habitans, située au pied de l'*Apennin* et dans une délicieuse vallée qu'arrose l'*Arno*; elle est de forme presque ovale, et a environ deux lieues de tour: le fleuve qui la traverse la divise en deux parties inégales. La beauté de sa situation, la magnificence et la régularité de ses édifices lui ont fait donner le surnom de *Florence la belle* qu'elle mérite à bien des égards.

La *Toscane* faisait anciennement partie du pays des *Etrusques*. Ces peuples étaient si puissans, qu'ils s'étendirent dans presque toute la plaine de la *Lombardie* et jusqu'aux alpes; mais leur puissance déchut à mesure que celle de *Rome* s'éleva, et après des guerres aussi longues que funestes, ils furent subjugés par leurs voisins. On a trouvé dans la *Toscane* beaucoup d'inscriptions, de vases, de figures, de médailles, d'instrumens de sacrifices et autres monumens qui sont ce qu'il y a de plus curieux et de plus recherché dans ce genre, et qui prouvent que les *Etrusques* excellaient dans les arts.

Six cent ans avans J. C., les triumvirs envoyèrent à *Florence*, une colonie formée des meilleurs soldats de *César*; et suivant *Florus*, c'était une des villes municipales les plus considérables d'*Italie*. Lorsqu'écrassé par son propre poids, l'imposant colosse de l'empire romain tomba en ruines, et que ses immenses débris devinrent la proie des barbares du nord, *Florence* fut une des premières villes qui formèrent un état républicain : mais quelque temps après prise par les *Goths* et reprise par *Narsès*, général de l'empereur *Justinien*, elle fut presque entièrement détruite. Rétablie par *Charlemagne* en 781, quelques seigneurs particuliers dont l'ambition était sans bornes, et qui ne connoissoient d'autre droit que celui du plus fort, ne tardèrent pas à se disputer la possession d'une ville si intéressante. Cependant vers 1115, *Florence* avait repris son indépendance, et même fait des conquettes sur les peuples voisins. Cet état de prospérité ne fut pas de longue durée, parceque déchirée par des factions intestines, cette ville fut comme le centre des guerres les plus horribles, des ravages les plus affreux. Enfin les *Medicis*, qui de simples citoyens s'élevèrent au premier rang, s'emparèrent de toute l'autorité : du reste ils rendirent de grands services à leur patrie ; ils firent plus, ils contribuèrent de tous leurs moyens au rétablissement des sciences et des arts en Europe; et *Florence* récompensa leurs talens et leur zèle, en déférant à leur famille, le pouvoir souverain.

Comme la ville de *Florence* est très grande, elle ne parait pas fort peuplée; aussi a-t-on dit, qu'il ne fallait la faire voir aux étrangers, qu'un jour de fête ou de dimanche. Elle a plusieurs places décorées de fontaines, de statues et autres monumens publics. Ses rues sont larges, presque toutes tirées au cordeau et pavées de grandes pierres de taille, ce qui contribue beaucoup à la propreté. Le quartier du *S. Esprit*, qui est séparé du reste de la ville par l'*Arno*, s'y trouve réuni par quatre ponts, dont le principal appelé le pont *de la Trinité*, est d'une construction aussi solide que hardie; il n'a que trois arches de marbre qui sont d'une prodigieuse largeur. Les entrées de ce pont sont ornées de quatre statues de bronze représentant les quatre saisons de l'année. Les autres trois ponts n'ont rien de bien remarquable; celui qu'on appelle *Ponte vecchio*, est couvert de bâtimens occupés par des orfèvres.

La porte *S. Gallo* par laquelle on entre en venant de *Bologne*, est la plus belle de toutes: on y voit un arc de triomphe élevé à l'honneur de *François* I., lorsque n'étant encore que grand duc de *Toscane*, il fit son entrée à *Florence* en 1739.

On compte à *Florence* 152 églises ou chapelles qui seraient sans contredit les plus belles d'*Italie*, si elles étaient achevées : ce défaut presque commun dans ce pays, n'empêche pas qu'on ne soit forcé d'admirer le bel ordre de leur architecture, et la richesse de leurs ornemens.

La cathédrale, *il Duomo*, appelée aussi *Santa Maria del fiore*, a 426 pieds de longueur et 363 de hauteur; elle fut commencée en 1296. Du milieu de l'église, s'élève une superbe coupole octogone, construite sur les dessins du célèbre *Brunelleschi*, l'un des principaux restaurateurs de l'architecture dans le 15.me siècle; cette coupole est si hardie que *Michelange* disait, que s'il n'était pas impossible de l'imiter, il l'était du moins de la surpasser. *Zuchero* et *Vasari* y ont peint le jugement dernier. L'extérieur de l'église est incrusté de marbres noir et blanc très polis. Au dessus de la porte qui est du côté de la *Canonica*, on voit une statue de la Vierge plus grande que nature, avec deux anges en posture respectueuse, le tout en marbre, ouvrage de *Jean de Pise*, l'un des plus grands sculpteurs du 15.me siècle. En entrant dans l'église, on remarque d'abord le pavé qui est en marbres et dessiné avec beaucoup d'art. Aux deux côtés, on a placé les bustes ou les portraits des hommes qui ont illustré *Florence* par leurs talens ou leur héroïsme; de ce nombre sont: *Brunelleschi*, dont nous avons déjà parlé; *Giotto* un des premiers restaurateurs de la peinture; Pierre *Farnese*, fameux général; Marcile *Ficin* qui fit revivre en Europe la philosophie de *Platon*: là on distingue surtout un ancien portrait du *Dante*, placé par ordre de la république, seul monument qu'ait dans sa patrie, ce poète sublime qui au plus grand talent, à l'imagination la plus féconde, joignit une delicatesse et une aménité de style qui assurent l'immortalité à ses ouvrages; son tombeau est à *Ravenne* où il mourut en exil, victime de son attachement au parti des empereurs : la cour de *Rome* ne put lui pardonner les fines allusions qu'il avait répandues dans ses poèmes. Le sanctuaire placé au dessous de la coupole, est orné d'une colonnade de marbres de différentes couleurs et d'ordre ionique, ainsique de bas-reliefs très estimés. Aux deux statues d'*Adam* et d'*Eve* de *Bandinelli*, qui figuraient mal derrière l'autel à cause de leur nudité, on a substitué une *Vierge* pleurant à côté du *Christ* mort, groupe qui n'est qu'ébauché, mais de la main de *Michel-Ange*, et où l'on aperçoit la touche de ce grand maître. Les figures des apôtres placées dans de belles niches, sont aussi d'un très bon genre. La porte de la sacristie est en bronze avec des bas-reliefs qui représentent divers sujets de piété. La méridienne que l'on a construite dans cette cathédrale, est le plus grand instrument d'astronomie qu'il y ait au monde, puisque le *gnomon* ou la plaque par laquelle passent les rayons du soleil, est élevée de 277 pieds, 6 pouces, 9 lignes et un 10.me au dessus de l'endroit du pavé où l'on a fait une croix de cuivre encastrée dans le marbre.

Tout proche de ce vaste édifice, est le *campanile*; c'est une tour de 252 pieds de haut, incrustée de marbres noir, rouge et blanc, à compartimens, et qui produisent un assez bel effet. Les quatre statues dont cette tour est décorée, sont du *Donatello* On monte au haut par un escalier de 406 marches, et de là, la vue s'étend sur *Florence* et ses environs, sur le cours de l'*Arno*, sur les collines charmantes qui bordent ce fleuve.

Vis à vis de la cathédrale, est le *baptistaire*, ancienne église qu'on croit avoir été un temple de *Mars*; elle est dédiée à *S. Jean*: le bâtiment est isolé, revêtu de marbres polis, et a trois portes de bronze; ces portes sont si belles, que *Michel-Ange* disait, qu'elles mériteraient d'être les portes du paradis. Les bas-reliefs qu'on y voit, représentent des histoires de l'ancien et du nouveau testament, et sont de la plus grande beauté. On estime beaucoup les statues de bronze qui figurent sur la porte du côté de la fabrique. Cette église est la seule où l'on baptise. A *Florence*, la cérémonie du baptême est une espèce de fête, lors surtout qu'il s'agit d'un premier né; et c'est une occasion pour rassembler la plus nombreuse compagnie.

Après les églises dont nous venons de donner une légère esquisse, les plus considérables, les plus belles sont celles de *S. Marc*, de l'*Annunziata*, de *S. Croix* et de *S. Laurent*: dans ces églises ainsi que dans plusieurs autres de la même ville, les curieux en peinture, en sculpture, en architecture, pourront trouver de quoi satisfaire leur goût. Il y a plus; ils pourront y observer l'art se débarrassant des entraves de la barbarie, et couronnant même ses efforts par quelques traits dignes des beaux siècles, où le génie semblait s'être imposé la tâche de diriger et d'embellir les ouvrages publics. Il n'est pas inutile de faire observer qu'ici l'abondance des matières nous force à passer sous silence tout ce qui n'est pas extrêmement remarquable.

Le *Centaure* placé près de l'église de *S. Marie Majeure*, est un groupe de *Jean de Bologne*, plein de force et d'expression. Il représente *Hercule* terrassant le centaure *Nessus*, et lui cassant la tête d'un coup de massue, le tout d'un seul bloc de marbre blanc, élevé sur un grand piédestal. Il manque à ce magnifique chef-d'œuvre, d'être dans un site plus heureux, car il se trouve à l'intersection de deux rues qui sont d'une médiocre largeur.

Dans un autre carrefour de la ville, au voisinage de la rue *Bardi*, on voit aussi un beau groupe qui sert de décoration à une fontaine. Les uns croient qu'il représente *Ajax*, fils de *Telamon*, percé d'un coup mortel qu'il se donna lui-même, désespéré de ce qu'on lui avait refusé les armes d'*Achille*, pour les accorder à *Ulisse*. D'autres pensent que c'est le corps de Patrocle enlevé aux Troyens par *Ajax*. Il y a des personnes qui prétendent que c'est une antique grecque ; mais M. *Cochin* estime que c'est un ouvrage de Jean *de Bologne*.

On compte à *Florence* 160 statues, soit dans les places, soit dans les rues, soit enfin dans les façades des palais. Mais il n'y a pas de place au monde, qui dans ce genre de décoration, l'emporte sur la place du *Vieux Palais*, qu'on appelle aussi *piazza del Gran Duca*, à cause de la statue équestre de *Côme* I., qui fut le premier grand duc de *Florence*. Cette place a d'un côté, la façade du vieux palais, et de l'autre, l'entrée de la grande galerie dont nous parlerons bientôt: les autres côtés sont bordés par des maisons bourgeoises assez communes, si l'on excepte le palais des *Agaccioni*, que les uns attribuent à *Michel-Ange*, et les autres à *Palladio*. Dans cette même place est une fontaine qu'on regrette de voir reléguée à l'un des coins du vieux palais, et qui certainement eut dû figurer au centre de l'espace qui reste vide. Cette fontaine se compose d'un grand bassin de marbre; au milieu est un *Neptune*, figure colossale, haute de 18 pieds: il est debout dans une conque tirée par quatre chevaux marins, et a entre ses jambes trois Tritons. Ce groupe est en marbre; les bords du bassin sont décorés de 12 figures de bronze qui représentent des *Nymphes* et des *Tritons*, ouvrage de *Jean de Bologne* très bien composé. A côté de la fontaine est la statue équestre de bronze par le même *Jean de Bologne*, érigée en 1594 à l'honneur de *Come* I., grand duc: le piédestal est orné de bas-reliefs.

La tour du *Vieux Palais* est un édifice singulier soit par son élévation, soit par la manière dont il est bâti; il a 269 pieds de haut et repose sur quatre colonnes: on y a placé une horloge de nuit ou cadran dont l'heure présente, et les points qui indiquent les quarts sont seuls éclairés; on peut ainsi de la place ou des rues voisines, voir quelle heure il est pendant l'obscurité.

Le *Vieux Palais* est un de ces édifices qui en imposent, sinon par une belle architecture, dumoins par leur grandeur. En entrant dans la cour, on aperçoit une fontaine de porphyre avec un enfant de bronze. On y voit aussi un *Hercule* qui tue *Cacus*: cette statue au jugement de certains connoisseurs, égale en beauté, celle qui est sur la place. Ce qu'on juge le plus digne d'être remarqué dans l'intérieur de ce palais, est une salle immense servant à donner des fêtes publiques; elle a 162 pieds de long sur 74 de large: on y a peint les actions les plus signalées de la ville de *Florence* et de la maison des *Medicis*. On prétend que c'est dans cette pièce, que *Vassari*, qui y travaillait, vit le grand duc *Come* avec sa propre fille, et que pour éviter les dangers auxquels il eut été exposé, si l'on se fut douté qu'il avait été le témoin oculaire d'une scène si scandaleuse, ce peintre eut assez de présence d'esprit pour contrefaire l'homme endormi. Au fond de la salle il y a une estrade ornée de statues. Dans les côtés on a distribué six groupes qui présentent de très belles attitudes ; en voici les sujets : *Hercule* terrassant le *Centaure* ; *Hercule* tuant *Cacus* à coups de massue ; *Hercule* qui étouffe *Antée* ; *Hercule* qui défait la reine des *Amazones* ; *Hercule* emportant le sanglier d'*Erimanthe* ; *Hercule* qui met à mort *Diomede*. Dans une espèce de garde-meuble et à l'étage supérieur on voit la *Conversation* de *Rubens* ; c'est un très beau tableau dans lequel le peintre s'est représenté lui-même avec plusieurs autres personnes dissertant ensemble sur quelque sujet de morale ou de philosophie. L'une des salles de ce garde meuble renfermait autrefois des richesses inappréciables ; on y conservait l'original des *Pandectes*.

La *Loggia* qui fait face au même palais, est une espèce de portique où se place le grand duc le jour de *S. Jean*, pour voir passer les députés de ses villes. Sous l'une des arcades de ce portique, on admire une figure de *Judith* en bronze, du *Donnatello* ; *Judith* est représentée de bout, ayant *Holopherne* à ses pieds et prête à lui couper la tête. Sur le piédestal on lit ces mots : *Publicae salutis exemplum cives posuere*. Cette inscription qui contient une leçon si énergique pour ceux qui cherchent à s'emparer de l'autorité, fut sans doute faite du temps de la république. On remarque sous une autre arcade, une grande figure de *Persée* en bronze, tenant d'une main son épée et de l'autre montrant la tête de *Méduse*. Sous une troisième arcade, est un groupe célèbre et d'un travail admirable, de *Jean de Bologne* ; c'est l'enlèvement d'une *Sabine*. Enfin sous le même portique figure une statue de *David* qui triomphe de *Goliath* ; elle est de *Michel-Ange* ; on ne saurait imaginer de plus belles proportions, des contours plus naturels, plus séduisans.

La *Galerie* de *Florence* ou de *Medicis*, est la collection la plus célèbre, la plus riche et la plus nombreuse qu'on connoisse en statues antiques, en bronzes, en médailles et en tableaux précieux sans parler d'autre curiosités de la nature ou chefs-d'œuvre de l'art : celle même de *Rome* ne lui est pas supérieure. On se demande d'abord comment des princes possesseurs d'un état assez borné, ont pu acquérir une si prodigieuse quantité d'objets que leur rareté même rend inappréciables? La réponse est facile; c'est parceque la collection fut commencée dans un temps d'ignorance, dans un temps où les seuls *Medicis* connoissaient le prix des restes de l'antiquité. La description de cette *Galerie* qui porte le titre de *Museo Florentino*, contient un grand nombre de volumes *in folio*; ce qui suffit pour faire sentir que les bornes de cet ouvrage ne nous permettent pas de donner une notice détaillée des diverses richesses que renferme le plus bel établissement qu'on ait pu former pour honorer et encourager les arts.

La galerie de *Medicis* se présente sous l'aspect le plus imposant; c'est une grande cour ou plutôt une rue, qui a 475 pieds de long sur 58 de large, des deux côtés ornée de portiques où l'on peut se promener, et qui se prolongent jusqu'à la rivière: on y entre par la place du *Vieux Palais*; l'extrêmité opposée se termine par un grand arc qui donne sur l'*Arno*, et fait la liaison des deux ailes. La hauteur de l'édifice se compose d'abord d'un rez de chaussée décoré d'un ordre dorique en colonnes, et surmonté extérieurement d'un attique; au dessus de cet attique est un grand étage éclairé par des croisées ornées d'appuis en balustrades et de frontons: c'est dans cet étage que sont placés les artistes qui travaillent pour le grand duc. Le second étage où est la fameuse galerie qui renferme tant de curiosités et de richesses, présente à peu près le même ordre d'architecture que le rez-de-chaussée.

Ce vaste bâtiment est en général de bon goût, quoique les connoisseurs y trouvent quelques défauts. Dans le carnaval, on ferme le côté de la rue qui donne sur la place du *Vieux Palais* pour en interdire l'entrée aux carrosses; et l'on établit un café sous l'arc qui est à l'extrêmité opposée; alors la rue et les portiques se remplissent d'une si grande affluence de masques, qu'on a peine à s'y retourner.

L'immense trésor des curiosités de toute espèce dont la magnificence des *Medicis* enrichit la galerie de *Florence*, durant le cours de deux siècles, est placé dans trois grands corridors et vingt salles auxquelles on donne le nom de *Gabinetti*. La galerie est publique et il est défendu de mettre les curieux à contribution.

Dans le vestibule qui est au bout de l'escallier, on voit d'abord les bustes des princes qui ont fondé ou enrichi cette galerie, avec une petite explication au dessus de chaque buste, ce qui forme déjà un abrégé de l'histoire de cet établissement.

Le corridor appelé proprement *la Galerie*, est composé de deux grandes ailes et d'une partie intermédiaire qui les réunit. Cette vaste étendue est remplie de tableaux et de statues; les voûtes même sont chargées de peintures, et l'on permet aux élèves d'y aller travailler. Là sont les portraits des hommes célèbres que *Florence* et les autres villes de la Toscane ont produits; des tableaux du *Guerchin*, de *Paul Véronèse*, du *Corrège*, du *Titien*, du *Vieux Palma*; la suite des empereurs de *Rome* et de leurs familles en bustes antiques; et un grand nombre de statues et de groupes soit en marbre, soit en bronze, aussi rares que curieux.

Après avoir parcouru les trois corridors, on arrive à la porte du premier cabinet qui contient le *Muséum* etrusque, et par conséquent les antiquités propres à la *Toscane*. On a recueilli dans ce cabinet beaucoup de sculptures, d'urnes chargées de caractères, de tombeaux anciens, de bas reliefs en albâtre qui tiennent en quelque sorte de la beauté des ouvrages grecs, et d'inscriptions auxquelles on doit le peu qu'on sait du langage des anciens Etrusques. Une remarque qu'il n'est pas inutile de faire, c'est que les *etrusques* avaient cultivé les arts même avant les *Grecs*; et que lorsque *Bolsene*, leur capitale fut prise 205 ans avant J. C., on y trouva 2000 statues qui furent trasportées à *Rome*.

Le second cabinet renferme les bronzes modernes; il est orné de stucs et de dorures, et dans ce genre de décorations, c'est le plus beau que l'on connoisse.

Le troisième cabinet revêtu de marbre, est destiné aux bronzes antiques; on y voit presque tous les dieux de la fable, des divinités étrusques, dont on sait peu de chose, des nymphes, des amours, des génies, des faunes, des satyres, Silene, un hermaphrodite, un serapis, des figures allégoriques, les portraits des hommes illustres philosophes ou empereurs, des gladiateurs, des acteurs, des animaux de toutes les espèces, des autels, des trépieds, divers objets de parure pour les femmes, tels que colliers, chaînes, anneaux, bracelets, pendans d'oreille, aiguilles de cheveux, miroirs de métal; des manuscrits en cire et sur écorce, et une foule d'ustensiles et instrumens des arts.

Dans le quatrième cabinet, sont les peintures antiques des Grecs et des Romains, et celles faites en Italie lors de la renaissance des arts. Cette collection est d'autant plus rare, d'autant plus précieuse qu'elle présente les pièces justificatives de l'histoire des progrès de la peinture, et que la plupart des tableaux anciens ont péri de vétusté ou par l'effet de la restauration.

Le cinquième cabinet décoré de stucs dorés et de peintures dans le genre antique, comprend le fameux groupe de *Niobé* composé de 16 statues grecques. On sait d'après *Ovide*, que par la jalousie de *Latone*, *Niobé* vit périr ses 14 enfans percés des flèches d'*Apollon* et de *Diane*. Quelques uns ont cru que ce groupe est celui dont parle *Pline*, et l'ont attribué ou à *Scopas* ou à *Praxitelle*; mais le plus grand nombre est d'un avis contraire, à cause des défectuosités qu'on y trouve.

Dans le 6.me cabinet, on admire le bel *Hermaphrodite* antique de marbre blanc, couché sur une peau de lion; l'*Adonis* de *Michel-Ange*: la *Vénus* à demi-nue, et celle qui tient une pomme; ainsi que plusieurs têtes ou bustes de *Paul Véronese*, du *Guide*, de l'*Espagnolet* et de *Rubens*.

Le 7.me cabinet offre un grand nombre de têtes en marbre, et d'inscriptions grecques et latines. On y remarque le buste de *Brutus* par *Michel-Ange*. Ce buste est à peine ébauché, et il semble plein de vie. Un bel esprit fit à ce sujet deux vers latin qu'on grava sur le buste:

Dum Bruti effigiem sculptor de marmore ducit,
In mentem sceleris venit, et abstinuit.

» Le sculpteur en faisant de ce marbre le por-
» trait de *Brutus*, se ressouvint de son crime, et
» laissa son ouvrage ». Un Anglais plus républicain, le comte *Sandwich*, proposa de substituer
aux deux premiers vers, ceux-ci:

Brutum effecisset sculptor, sed mente recusat
Tanta viri virtus; sistit et abstinuit.

» Le sculpteur aurait fini le buste de Brutus;
» mais il conçut une si grande idée de la vertu
» de ce grand homme, qu'il n'osa aller plus
» loin ».

Les 8.me et 9.me cabinets présentent la collection unique d'environ 330 portraits des grands
peintres de tous les pays, la plupart faits de
leur propre main; ainsi dans ces cabinets, on
peut jouir du double plaisir de contempler les
traits de ces célèbres artistes, et de juger de leur
manière de faire.

Le 10.me cabinet contient les médailles; c'est
la collection la plus considérable d'Italie, ou
du moins il n'y a que celle de Naples qui lui
puisse être comparée. On y compte 14,000 mé-

dailles dont plus de 1100 en or, et 3750 en argent. Les *Césars* en or y sont beaucoup plus complets que partout ailleurs.

Le 11.me cabinet est un sallon arrondi en forme de tribune, orné de colonnes d'albâtre et de vert antique, entre lesquelles sont six armoires enrichies de colonnes d'agate et de cristal de roche. Là est renfermé un trésor de pierres précieuses qui surpasse tout ce que l'on connoit dans ce genre.

Les 12.me et 13.me cabinets renferment des tableaux flamands ou autres du même genre, au nombre d'environ 350, parmi lesquels, on remarque *Vénus au milieu des amours* par l'*Albane*; une *Vierge d'Annibal Carrache*; une autre du *Parmesan*; une tête de *Méduse* par *Léonard Devinci*; les *Trois Graces* de *Rubens*, la *Vénus au miroir* du même; des paysages, des marines, des chasses, des mascarades, des perspectives, des scènes champêtres, le portrait de *Jean Baptiste Rousseau* par l'*Argilière*, et ceux de *Luther* et de la seconde femme de *Rubens*, laquelle servait souvent de modèle à ce peintre.

Le 14.me cabinet est disposé en forme de bibliothèque. Il comprend dans des armoires, les estampes et les dessins. Il y a 70 volumes d'estampes; les dessins choisis et encadrés, sont placés au dessus des armoires.

Le 15.me cabinet est rempli de vases étrusques ou romains; il y en a même quelques uns qu'on croit être venus de la Grèce. Ces vases sont remarquables par la variété des formes, des couleurs et des vernis.

Le 16.me cabinet appelé la *Tribune*, est celui où l'on plaça ce qu'il y avait de plus précieux dans la galerie, parcequ'à cause de sa forme octogone et de sa hauteur, la disposition des jours y est des plus favorables. Le plafond est en forme de coupole, incrusté de nacre de perles; les murs sont tapissés de velours cramoisi, et le parquet est de différens marbres de rapport.

C'est dans ce sallon qu'est la fameuse statue de *Vénus de Medicis*, que pendant longtemps on a cru être la *Vénus de Gnide* par *Praxitelle*, et puis un chef d'œuvre du sculpteur grec appelé *Cléomène*, mais dont on ignore absolument l'auteur. Cette statue de *Vénus* est la plus belle de toutes celles qui existent; elle est nue; sa tête est tournée à gauche; elle porte la main droite au devant de son sein comme pour le voiler, sans cependant y toucher; et de la gauche, elle couvre, mais à une certaine distance, ce que la pudeur ne permet pas de montrer. On ne saurait imaginer une plus heureuse attitude, ni un plus beau choix de nature. Quelques-uns prétendent que les bras et la tête sont modernes. Cette statue fut trouvée à *Tivoli* dans la *Villa Adriani*; elle était cassée en cinq endroits différens. Du reste ce qui manquait a été restauré avec beaucoup d'art. C'est cette même *Vénus de Medicis* qui avait été transportée au musée de *Paris*, et qui a été rendue à son ancien possesseur.

On voit dans le même cabinet le *Rotateur* statue célèbre qui fut trouvée à *Rome* dans le 7.me siècle; l'*Apollon appuyé* qu'on a comparé à celui du *Belvedere*; les *Lutteurs*, groupe fameux qu'on regarde comme unique dans son genre et qui fut trouvé en même temps que la *Niobé*; et le *Faune* figure du meilleur siècle de la sculpture antique. Parmi les tableaux qu'on a jugés dignes de figurer à côté des chefs-d'œuvre de la sculpture, on remarque une *Vierge* de *Michel-Ange*; c'est le tableau le plus beau, le plus fini de ce grand maître; une *Vierge* de *Léonard de Vinci*; les connoisseurs en font le plus grand éloge; la *Purification* de *Barthélemi de La-Porta*, qui fut tout à la fois et le maître et le disciple de *Raphaël*; le *Massacre des Innocens*, par *Daniel de Volterre*, tableau qui par le nombre et la variété des figures, peut être regardé comme une école de dessin; trois tableaux par *Raphaël*, où l'on aperçoit les premiers élans du disciple qui va bientôt surpasser le maître; c'est *Virgile* qui après avoir fait ses églogues, s'élève jusqu'aux géorgiques, et se prépare à célébrer la ruine de *Troie* et les courses d'*Énée*; un tableau de *Rubens* qui représente *Hercule* entre l'*Amour* et *Minerve*, excellente composition, beaux effets de lumière, couleurs brillantes mais naturelles, beaucoup d'harmonie; une *Vierge* adorant l'enfant *Jésus* du *Corrège*, l'émule de *Raphaël*, qui le surpasse dans l'art de rendre les effets des corps, comme *Raphaël* l'emporte lorsqu'il s'agit de rendre les passions de l'âme; une *Sainte Famille* du *Parmesan* d'un style fort gracieux, mais un peu trop maniéré; une *Bachante* d'*Annibal Carrache*; elle est vue par derrière, et un *Satyre* lui présente une corbeille de fleurs; c'est un morceau, dit M. *Cochin*, digne de toute admiration, un *S. Pierre* qui embrasse la croix, de *Lanfranc*, élève du *Carrache*; une *Sibylle* du *Guerchin* que l'on appelle le magicien de la peinture italienne; en effet son clair-obscur donne un si grand relief à ses ouvrages, que l'on croit voir sortir du fond du tableau, les corps qu'il représente; une *Vierge en contemplation*, par le *Guide*, dont le pinceau aussi élégant que facile savait si bien imiter l'antique; l'enfant *Jésus* entre plusieurs anges qui lui présentent les instrumens de la passion, par l'*Albane*, le peintre des graces; et une *Vénus* du *Titien* qu'on regarde comme la rivale de la *Vénus de Medicis* : on prétend que c'est le portrait de sa maitresse; air de tête charmant, regard voluptueux, carnation séduisante, tout concourt à faire illusion.

Le 17.me cabinet comprend les *miniatures* et les objets de sculpture qui par leur petitesse peuvent figurer avec les miniatures.

Dans les 18.me et 19.me cabinets est une grande collection de tableaux et de statues antiques, parmi lesquelles on distingue surtout le groupe de l'*Amour et de Psiché*, qui fut trouvé sur le mont *Celius* à *Rome*.

Enfin le 20.me cabinet de cette fameuse galerie, contient une collection de *médailles modernes*.

Dans les appartemens qui sont sous la galerie, est une bibliothèque où l'on conserve des manuscrits précieux et des livres très rares; cette bibliothèque est ouverte tous les jours. L'académie de peinture, de sculpture et d'architecture a aussi une salle au premier étage du même bâtiment.

Une remarque qu'il nous importe ici de faire, c'est que nous ne garantissons pas que tous les objets dont nous venons de parler, existent réellement aujourd'hui dans la galerie de *Florence* ; les révolutions politiques qui ont agité l'Europe pendant près de 25 ans, ont dû nécessairement occasionner la dispersion de beaucoup de chefs-d'œuvre ; et ce ne sera que lorsqu'on aura fait une exacte revue et une nouvelle description de cette galerie, qu'on saura au juste les richesses qu'elle possède encore, ou les pertes qu'elle a pu éprouver.

Le palais *Pitti* communique à la *Galerie* et au *Vieux Palais*, par une allée couverte ou corridor qui a 250 toises de long. Ce palais est situé sur une grande place qui le laisse à découvert. L'architecture de sa façade et de ses deux ailes, quoique simple et un peu rustique, a cependant quelque chose d'assez majestueux. Les appartemens en sont décorés avec la plus grande magnificence. Dans le grand sallon qui est au rez-de-chaussée, on voit huit tableaux imitant des bas reliefs de marbre blanc, qui sont peints à s'y tromper. Le surplus des murs de ce sallon est réparti en dix grandes fresques dont les sujets allégoriques méritent de fixer l'attention des connoisseurs, sous le raport de l'invention et de la composition. On monte au premier étage par un bel escalier; là sont plusieurs sallons désignés par les noms de *Vénus*, d'*Apollon*, de *Mars*, de *Jupiter* et d'*Hercule*, et dont les plafonds sont ornés des peintures les plus gracieuses. Il y a encore ici un grand nombre de tableaux originaux des plus célèbres artistes.

Le *jardin* du palais est du côté du midi; il a plus de 500 toises de long, et offre la plus grande variété. On y trouve du gracieux et du sauvage, de grandes allées et de petits bosquets, des parterres de fleurs et des gazons champêtres, des pavillons, des grottes, des statues et une espèce de théâtre où l'on a donné autrefois des fêtes. La fontaine qui est à l'extrémité de la grande allée, est surtout remarquable par un bassin de granit qui a plus de 20 pieds de diamètre: au dessus est une statue de *Neptune* plus grande que nature, avec trois fleuves, assis à ses pieds qui versent de l'eau à grands flots.

Le *muséum* de *Florence* renferme tout ce qui a rapport à la physique, aux mathématiques et à l'histoire naturelle; il est au midi du palais *Pitti*, comme la *galerie* est du côté du Nord, ce qui a fait dire que ce palais est entre les trésors de l'art et ceux de la nature. Au rez-de-chaussée, on a réuni dans une grande salle, les diverses productions de la *Toscane*; on y a aussi établi un laboratoire de chimie. Deux salles du premier étage contiennent les plus grands animaux, quadrupèdes, poissons, oiseaux, os, cornes etc., et une bibliothèque de livres relatifs à la physique, aux mathématiques et à l'histoire naturelle. Dans les autres salles du même étage, on voit les instrumens, machines et modèles qui servent à expliquer la théorie et à faciliter la pratique des opérations relatives à l'hydraulique, à l'électricité, à la marine, à l'aimant, à l'optique et aux mathématiques. Au second étage, est un appartement composé d'environ 36 pièces destinées à l'anatomie et à l'histoire naturelle: ici l'on trouve des préparations anatomiques qui frappent par l'exactitude avec laquelle elles sont imitées; là c'est une collection d'oiseaux la plus belle qui existe; plus loin la vue se perd et se lasse en parcourant la suite graduée des poissons, des reptiles, des insectes, des coquilles, des polypiers, des graines, des gomes, des résines, des bois et de tout ce que les règnes animal et végétal offrent de plus singulier et de plus curieux: enfin à ces riches collections, il faut ajouter celle des minéraux et des pierres précieuses. L'observatoire qui fait une dépendance de ce *muséum*, est disposé de la manière la plus commode et muni des plus beaux instrumens d'astronomie.

Après le palais *Pitti*, les plus remarquables sont ceux de *Strozzi*, *Corsini*, *Riccardi*, *Capponi*, *Salviati*, *Brunaccini*, *Rucellai*, *Buonarroti*, *Altoviti* et *Mozzi*.

La bibliothèque de *Saint Laurent*, connue sous le nom de *Medico-Laurenziana*, est surtout célèbre par les manuscrits qu'elle contient: ces manuscrits sont au nombre d'environ 4000; il y en a dans toutes les langues: plusieurs ont servi à corriger les éditions des auteurs anciens et à rectifier les textes; et il n'y a point de genre d'érudition pour lequel on n'ait été obligé de recourir à cette fameuse bibliothèque.

La ville de *Florence* a plusieurs théâtres; le plus grand est celui de la *Pergola*, bâti en 1755. La salle est bien disposée; elle a quatre rangs de loges qui sont construites en briques, sage précaution qu'on devrait prendre ailleurs pour prévenir les incendies. On est assis au parterre et il n'y a point d'amphithéâtre.

Comme *Florence* a été toujours la patrie des beaux arts, et que c'est dans son sein qu'après plusieurs siècles de barbarie, ils ont repris une nouvelle vie, riche des monumens antiques qu'elle possède, il paroit que le luxe moderne n'est pas ce qui lui a inspiré le plus d'intérêt; aussi n'y voit-on pas de belle promenade pour les carrosses, qui dans l'été, sont obligés d'aller à la porte *S. Gallo* ou à la porte romaine.

A la gloire d'avoir puissamment contribué à la renaissance des arts, *Florence* joint le mérite d'avoir conservé la langue italienne dans toute sa pureté. Le grand dictionnaire de son académie de la *Crusca* sera sans doute toujours regardé comme le premier dépôt de cette langue. Ce n'est pas qu'à *Florence* ainsi que dans le reste de l'Italie, le peuple et les gens qui n'ont point d'étude, ne fassent usage de quelques mots impropres et de quelques façons de parler vicieuses; mais outre les académiciens et la cour, la plupart des habitans y parlent purement l'italien. Seulement leur prononciation n'est ni aussi agréable, ni aussi naturelle que celle des *Romains*, d'où vient le proverbe: *lingua toscana in bocca romana.*

Florence a produit plusieurs personnages illustres soit dans les sciences et les lettres, soit dans les arts; les plus connus sont: *Améric Vespuce*, dont les voyages et les découvertes au nouveau monde ont fait donner son nom à l'Amérique; *Machiavel* si célèbre par ses livres de politique ; *Galilée* qui fit de si belles découvertes en astronomie et dont les ouvrages sont remplis de vérités nouvelles ; le *Dante* qu'il suffit de nommer ; *Bocace, Michel-Ange, Luli, Accurce, André Del Sarto. Léonard de Vinci, Leon-Baptiste Alberti* ; ajoutons six papes et une foule de cardinaux.

Les étrangers qui voyagent en Italie, ne trouvent nulle part autant d'agrément que dans la ville de *Florence* ; la société y est aussi intéressante qu'aisée. Les femmes ont de si belles couleurs et des traits si réguliers, qu'il est impossible de n'en pas être frappé au premier coup d'œil ; à une physionomie noble, elles joignent un air de coquetterie tout à fait séduisant. Du reste elles observent des égards dont ailleurs on sait bien se dispenser. L'habillement des dames est un mélange des modes françaises et de celles des autres peuples qui donnent le ton en Europe, en sorte qu'aux promenades et dans les églises, on croit être à une fête de bal. Les bourgeoises portent des casaquins qui leur serrent la taille et se boutonnent depuis le cou jusqu'à la ceinture ; leur coiffure est une espèce de cornette en papillon. A l'égard des filles, elles ne sortent jamais qu'elles n'aient sur leur coiffure, un petit voile de gaze noire et transparente, rabattu sur le visage et qui descend presque jusqu'au menton. L'ajustement des paysannes, quoique simple, ne laisse pas que d'être fort galant; il se compose de jupes courtes et légères, ordinairement bleues ou couleur d'écarlate; de corps sans manches et tout autour des épaulettes de ces corps, de longs rubans de diverses couleurs qu'on laisse flotter au gré des vents; de quelques fleurs sur la gorge, et parfois mélées aux cheveux nattés en rond derrière la tête; et de petits chapeaux de paille mis un peu sur l'oreille, moins pour garantir du hâle, que pour servir de relief à des physionomies assez intéressantes. Tout cela respire l'élégance, et annonce un certain esprit de coquetterie dont les contadines ne sont pas toujours exemptes. Quant à cette extrême jalousie qu'on attribuait aux *Florentins*, et dont on a tant parlé dans les contes et les romans du dernier siècle, il faut aujourd'hui la ranger dans la classe de ces fictions auxquelles la prévention donne cours, et que trop souvent la malignité cherche à accréditer. Cette aménité de caractère et ces manières engageantes qu'on remarque dans les sociétés de *Florence*, sont bien capables de préserver ses habitans, de ces accés de jalousie qu'on ne trouve plus que chez les peuples encore plongés dans la barbarie.

Autrefois le commerce de *Florence* était fort considérable; mais comme nous l'avons déjà fait observer en parlant de *Venise*, après le passage aux Indes par le cap de *Bonne Espérance* et la découverte de l'Amérique, la concurrence des *Espagnols*, des *Portugais* et des *Hollandais* causa un grand préjudice à ce commerce. *Florence* a cependant encore quelques manufactures en laines; ses fabriques de soie jadis si célèbres, ont toujours beaucoup de réputation : on y fait des tafetas, des damas et même des velours. Les productions territoriales sont aussi une principale branche de son commerce; les plaines de la *Toscane* abondent en blé; on y voit de très belles plantations de mûriers et d'oliviers; les fruits y sont excellens; les cédrats et particulièrement ceux de Florence, ont le parfum le plus suave; on fait beaucoup de cas des vins qu'on y recueille; le rouge est un peu gros, mais le blanc est fin et délicat. Les quintessences qu'on retire des fleurs du jasmin et de l'oranger qui y sont très communs, ont beaucoup de débit. Cependant il faut tout dire; si un sol fertile et cultivé par un peuple industrieux, offre de grandes ressources, les vents et les inondations nuisent singulièrement à cette riche culture. Le *Siroco* ou le vent du S. E. brûle les herbages, les feuilles et les tiges foibles; les animaux, les hommes languissent en respirant les vapeurs brûlantes que ce vent apporte sur la *Toscane*. D'un autre côté, les eaux qui descendent de l'Apennin, ravagent les champs, déracinent les arbres, renversent les habitations et charrient encore dans la plaine, des sables, des graviers et des pierres qui la laissent longtemps stérile. Il semble néanmoins que la nature a voulu, en quelque sorte, dédommager les habitans de ce pays, des pertes que ses phénomènes lui causent; les montagnes dont ils sont environnés, leur offrent des mines de fer et même d'argent, de l'albâtre, du porphyre et des carrières de marbre de toute espèce.

Peu de souverains ont autant de maisons de plaisance que le grand duc de *Toscane*. Nous avons parlé de *Pratolino* qu'on aperçoit à peu de distance de la route de *Bologne*; donnons ici une idée sommaire de *Poggio Imperiale* ou *villa imperiale*, qui est le séjour favori du prince. Pour y aller, on sort de la ville par la porte romaine, et l'on entre dans une belle allée de chênes-verts et de cyprès: cette allée a environ un mille de long. Quand on est au bout, on trouve une grande pièce de gazon en demi cercle, ou une grande cour en fer-à-cheval environnée d'une simple balustrade. Des deux côtés de l'entrée, sont des figures de marbre : l'une représente un *Atlas* assis qui porte un globe, et l'autre un *Jupiter* lançant la foudre.

La maison est dans une situation charmante; le bâtiment est considérable et distribué commodement; cependant l'extérieur est très simple. Dans l'intérieur, il y a une petite cour décorée d'ordres dorique et ionique, avec des ovales en forme de niches où sont des bustes de très bon goût.

Le jardin est uniquement destiné pour les fleurs, et environné d'un bel espalier de citronniers. Les allées du parterre sont pavées de petits cailloux noirs et blancs, rangés en compartimens. On descend un escalier pour aller voir une grotte composée de coquillages et de rocailles : il y a au fond de cette grotte, une nymphe en marbre debout; au dessus de sa tête, on fait aller un jet d'eau en soleil tournant, qui produit un si joli effet, qu'on croit voir la tête de la figure au travers d'un éventail de nacre. La grotte ainsi qu'une allée de rocailles dont elle est précédée, est pleine de petits jets d'eau qui s'échapent de toutes parts.

Il est difficile de quitter *Florence* sans réfléchir sur cet état permanent de prospérité qui paroit être son partage. *Florence* est presque la seule ville d'Italie qui a conservé son antique splendeur et sa population. Quelle cause a pu produire un si heureux résultat? L'esprit n'est pas longtemps incertain sur cet intéressant problème: le secret des *Medicis* s'est transmis d'âge en âge jusqu'au grand duc régnant: tous ces princes ont encouragé les arts, protégé le commerce et garanti la liberté individuelle; et c'est ainsi que *Florence* a résisté à la rouille des siècles, et conjuré ces revers de fortune qui sont l'effet ordinaire des révolutions.

§ 10.

Route de Florence *à* Pise *et description de cette dernière ville.*

De *Florence* à *Pise*, on compte 7 lieues. La route la plus directe est celle qui suit la rive gauche de l'*Arno*. On passe par *Lastra*, *Ambrogiano*, la *Scala*, *Castel Bosco* et *Fornacette*. Dans ce trajet, la curiosité de l'artiste et de l'antiquaire sera peu satisfaite; mais l'amateur de la simple nature ne verra pas sans le plus vif intérêt la fertile et riante vallée de l'*Arno*.

Pour concilier les différentes opinions des voyageurs, dont les uns ont fait le tableau le plus séduisant de la beauté et de la richesse du territoire de la *Toscane*, tandisque les autres ont employé les couleurs les plus sombres pour représenter ce pays comme peu favorisé de la nature, il nous suffit de faire remarquer que ces voyageurs ne sont divisés dans leurs opinions, que faute d'avoir jeté un coup d'œil général sur une contrée dont ils n'ont parcouru et observé que quelques parties.

La région *Apennine* comprend les deux sixièmes de toute l'étendue de la *Toscane*; cette région ne présente que des vallons ruinés par les eaux, des amas de débris, des pentes boisées et des parcours sauvages. cependant les cîmes des monts y sont moins élevées que dans les autres parties de la chaîne des *Apennins*, les pentes y sont moins roides, les paturages plus frais et les vallons plus peuplés.

Trois autres sixièmes occupent la région connue sous le nom de *Maremme*, ou pays de mauvais air. C'est cette région dont *Sienne* peut être regardée comme la capitale, et qui s'étend jusques aux bords de la mer et à l'état ecclésiastique; contrée malsaine, ignorée et sauvage, que la nature semble avoir frappée de mort et de stérilité, et qui partout laisse entrevoir l'empreinte d'un temps plus heureux et d'une prospérité évanouie.

La région la plus productive et la plus agréable de la *Toscane*, se borne donc à un sixième de son étendue, c'est à dire, à ce superbe bassin, arrosé par l'*Arno*, dont Florence occupe le centre, et qui d'un côté comprend la vallée de *Chiana*, et de l'autre s'étend jusqu'à *Pise*; c'est ce beau bassin qu'on regarde avec juste raison comme un élysée terrestre.

Il suit de ce que nous venons de dire, que la route de *Florence* à *Pise*, qui suit constamment la rive gauche de l'*Arno*, traverse la partie la plus productive et la plus agréable du territoire de la *Toscane*. Les petites villes ou bourgs qu'on voit répandus le long du cours de l'*Arno*, ont un caractère de splendeur qui en général n'appartient guère qu'aux grandes cités. La route est presque partout bordée de maisons villageoises, bâties en briques, et aux quelles l'architecte a su donner une justesse de proportions et une élégance de formes ailleurs presque inconnues. Là, on fait des urnes et autres ouvrages de poterie, qui imitent parfaitement l'antique. On prétend que ces manufactures subsistent depuis le temps des anciens *Etrusques*.

C'est aussi sur les bords enchantés de l'*Arno*,

qu'on voit par essaims, des jeunes paysannes vêtues de linge blanc, et d'un corset de soie avec un chapeau de paille orné de fleurs et penché, sur la tête; elles sont sans cesse occupées à tresser ces nattes fines, trésor de la vallée, dont on fait les chapeaux de paille de Florence. Cette fabrication est devenue la source de la prospérité du pays; elle rapporte annuellement 5 millions, qui se répartissent uniquement entre les femmes; car les hommes ne se mêlent en rien de cette industrie. Chaque jeune fille achète pour quelques sous la paille dont elle a besoin; elle met son talent à la tresser aussi fin que possible, et vend elle-même et pour son profit, les nattes qu'elle a fabriquées: l'argent qu'elle en retire forme à la longue sa dot. Le père de famille a droit cependant d'exiger des femmes de sa maison, un certain travail rustique, et il reçoit ce travail par des ouvriers de la montagne que les filles de la plaine payent sur le produit de leurs nattes. Elles gagnent en effet de 30 à 40 sous par jour en tressant leur paille, tandisque pour 8 ou 10 sous, elles salarient une pauvre femme de l'Apennin. Elles savent d'ailleurs que les travaux champêtres en durcissant leurs mains, ôteraient à leurs doigts, l'agilité nécessaire à la finesse de leur travail. Telles sont ces paysannes de la vallée de l'*Arno*, dont les voyageurs ont célébré les grâces et la beauté, dont *Alfieri* allait étudier le langage, et qui semblent en effet nées pour embellir les arts comme pour leur servir de modèles : ce sont plutôt des bergères d'arcadie, que des paysannes ; elles n'ont de celles-ci, que la santé et l'insouciance, et n'en connoissent jamais les peines, le hâle, la fatigue. La récolte de deux arpens de terre suffit pour fournir toute la paille que la fabrication des chapeaux consomme en Toscane : cette paille est celle d'un froment sans barbe, coupé avant son entière maturité, et dont la végétation a été étiolée par la stérilité du sol qu'on choisit dans les collines calcaires ; ce sol n'est jamais fumé et l'on sème fort épais.

Pise est située sur les bords de l'*Arno*, dans une belle plaine, et à deux lieues de la mer. Cette ville est la seconde de la *Toscane*, et l'une des plus anciennes d'Italie. *Strabon* et *Virgile* attribuent sa fondation à des *Arcadiens* qui étaient sortis des bords du fleuve *Alphée* dans le Péloponèse. *Rutilius* fait remonter encore plus haut l'origine de *Pise*, et prétend qu'elle eut pour fondateur *Pélops*, fils de *Tantale*, roi de Phrigie. Quoiqu'il en soit, il est certain d'après le témoignage de *Tite-Live*, que *Pise* était au nombre des douze principales villes d'*Etrurie*, et qu'ayant été déclarée colonie romaine par *Auguste*, elle avait son sénat et ses magistrats municipaux.

A la chûte de l'empire romain, *Pise* s'érigea en république: elle s'adonna au commerce, et devint une puissance maritime d'autant plus redoutable, qu'elle conquit les îles de *Corse* et de *Sardaigne*, *Palerme* et *Carthage*. Ce fut dans ce temps de gloire et de prospérité, que furent construits ses superbes édifices: elle comptait alors 13,400 familles.

Pise était une ville trop considérable pour ne pas figurer dans les guerres des *Guelfes* et des *Gibelins*: guerres qui, comme on sait, causèrent enfin la ruine de l'un et l'autre parti: mais ce qui porta le coup le plus funeste à la puissance de *Pise*, ce fut la rivalité des *Génois*, qui dans une circonstance, lui prirent 49 galères et 12 mille hommes. Cette perte entraîna celle du port *Pisano*, et occasionna aux habitans de *Pise* une gêne dont leur commerce ne tarda pas à se ressentir.

Dans l'état de foiblesse où elle se trouva réduite par la chûte de son commerce, *Pise*, comme la plupart des autres villes d'Italie, devint la proye de quelques tyrans qui la gouvernèrent sous le titre de comtes. Elle lutta quelque temps contre ses maîtres, et reprit par intervalles cette indépendance qui avait été la source de son ancienne prospérité; mais les *Medicis* étaient déjà trop puissans pour ne pas désirer de lui imposer des lois : ils parvinrent enfin à la subjuguer, et pour assurer leur conquête, ils affoiblirent *Pise* au point qu'elle ne fut plus capable de remuer.

C'est ainsi que cette ville perdit avec sa liberté, toute émulation. Sa population qui était autrefois de 150 mille habitans, est à peine aujourd'hui de 18 mille; et elle paroit d'autant plus dépeuplée, qu'elle est très grande et superbement bâtie. Ce défaut de population a entraîné celui de la culture. Inutilement dans la suite a-t-on voulu remédier aux causes de sa décadence, et lui redonner une partie de son ancien lustre; les moyens qu'on a pris, ont été impuissans : tant il est vrai que la prospérité d'un état dépend quelquefois de certains avantages aux quels la politique même la plus raffinée ne saurait suppléer !

Pise est néanmoins dans une position très favorable. Ses édifices construits dans le temps le plus brillant de la république, sont de la plus grande beauté; il n'y a guère de villes en Italie où l'on ait rassemblé une si grande quantité de marbres étrangers. Pendant leurs courses de mer, les Pisans eurent occasion de se procurer ce que les ruines de la Grèce offraient de plus précieux dans ce genre.

L'*Arno* qui divise la ville en deux parties égales, baigne les quais magnifiques qui régnent dans toute sa longueur. Ces quais sont décorés d'édifices de la plus belle architecture. Les rues sont larges, droites et pavées de grandes dalles; mais elles paroissent désertes, et leur magnificence même afflige l'œil du voyageur habitué à voir una grande population là où l'architecture étale ses prestiges. Trois grands ponts servent de communication aux deux parties de la ville séparées par le fleuve, et forment avec les quais aux quels ils se joignent, la perspective la plus agréable. Celui du milieu est en marbre et le plus beau de tous : c'est sur ce pont que tous les ans, au mois de juin, des jeunes gens pris de l'une et l'autre partie de la ville, se livrent une espèce de combat dont on fait remonter l'origine aux jeux olympiques établis à *Pise* par ses fondateurs. Malgré la décadence de cette ville, les sciences n'ont pas cessé d'y être cultivées; son université a toujours joui d'une grande célébrité : *Accurse*, *Barthole*, *Alciat* et plusieurs autres savans l'ont illustrée. Il y a plusieurs collèges qui dépendent de cette université. Enfin si la population de *Pise* était plus considérable, tout y respirerait encore cette ancienne splendeur des Romains.

La cathédrale dédiée à l'Assomption de la Vierge, et bâtie dans le 11 siècle, est un superbe édifice. On y voit trois portes de bronze si belles, qu'on les a prises pour celles du temple de *Jérusalem*. L'église a cinq nefs soutenues par 74 colonnes, dont quelques unes sont de marbre vert antique ou de porphyre; la plupart de ces colonnes paroissent avoir fait partie d'anciens édifices. Les sculptures les plus remarquables de cette église, sont les statues d'*Adam* et d'*Eve* de *Pietra Santa*, une chasse de *Méléagre* en bas-relief et un *Rhinoceros* très bien modelé On y admire aussi des tableaux de prix parmi lesquels quelques uns sont d'*André del Sarto*, des *Zucchei*, de *Raphaël*, de *Rozelli* de Florence, et de *Pierre de Cortonne*. La chaire est de marbre et revêtue d'anciennes sculptures et d'ornemens en bronze: le pavé aussi de marbre et à compartimens, et la voûte dorée et ornée des très belles peintures.

Le clocher, *Campanile Torto*, est un édifice curieux par sa singularité même; c'est une tour qui a la forme d'un cylindre avec sept ordres ou rangs de colonnes posés les uns sur les autres. Sa hauteur est de 188 pieds; on y monte par un escalier de 193 marches, très aisé et bien éclairé. Du haut de cette tour, on jouit d'une superbe vue; mais si l'on regarde en bas et que l'on fasse descendre perpendiculairement un plomb par le moyen d'une ficelle, on est tout étonné de voir ce plomb s'éloigner de 15 pieds, des fondemens de la tour. On a fort disputé sur la cause d'une inclinaison si considérable, pour savoir s'il faut l'attribuer ou à quelque bizarre conception de l'architecte ou à l'affaissement du terrain qui sert de fondement. Quoiqu'il en puisse être, et quelque effrayante que soit l'inclinaison, la tour doit être solide puisqu'elle existe depuis plus de six cent ans.

Le *Baptistaire* est en face du grand portail de la cathédrale, c'est une rotonde toute de marbre, et qui quoique bâtie dans le goût gothique, ne manque pas d'élégance. L'intérieur est orné de deux ordres de colonnes de granit, posés l'un sur l'autre, et qui soutiennent une coupole elliptique. Au milieu est un grande cuve de marbre de forme octogone avec des rosettes sculptées sur les faces; c'était le reservoir de l'eau qui servait à baptiser dans le temps qu'on donnait le baptême par immersion. La chaire où l'on monte pour lire l'épitre et l'évangile, est d'un marbre presque transparent, et soutenue par des colonnes de granit oriental, qui reposent sur des lions. La voûte est si sonore, qu'au moindre bruit qu'on fait, elle retentit comme une cloche ; il y a un écho qui répète très distinctement les mots, et quelque bas qu'on parle d'un côté près de la muraille, on entend à l'extrémité opposée, tout ce qui a été dit.

Le *Campo Santo* est une vaste enceinte avec un portique pavé de marbre, et orné de peintures dont quelques unes sont du *Giotto* et de *Michel Ange*. On y voit des inscriptions et des tombeaux fort anciens. Le cimetière qui est au centre, a neuf pieds de terre qu'on dit avoir été apportée de *Jérusalem* en 1228, et à laquelle on attribuait la propriété de consumer les cadavres dans vingt-quatre heures, propriété qu'elle a perdue aujourd'hui, et qui consistait sans doute en une grande quantité de chaux mêlée avec cette terre.

Les principales églises après la cathédrale, sont *S. Etienne* ou la *Chiesa de' Cavalieri* ; l'architecture de l'autel et les trois figures de la chaire sont d'un goût mâle et vigoureux. *S. Matteo* est encore une très belle église ; dans la peinture de la voûte, la perspective est si bien observée, qu'on croit voir s'élever un second ordre au-dessus de la corniche.

L'observatoire, le jardin des plantes et le cabinet d'histoire naturelle méritent aussi de fixer l'attention des curieux. La *Loge* des marchands est un grand édifice à arcades ouvertes, soutenu par des pilastres groupés, d'ordre dorique, d'une très belle architecture ; aujourd'hui le commerce de *Pise* est si tombé, que ce bel édifice est comme inutile. La maison des nobles ou *Casino de' Nobili* est plus fréquentée quoique ce ne soit qu'une petite salle de jeu où s'assemblent les nobles. On voit à *Pise* quantité de beaux palais qui ont de grandes tours ; c'était autrefois une marque de distinction.

Le climat de *Pise* est si doux qu'à peine s'y aperçoit-on de l'hiver ; cependant l'air y est malsain dans les grandes chaleurs, surtout pour les étrangers. Alors on se retire à *Florence* ou dans les montagnes. Les promenades les plus fréquentées sont les quais. Il est singulier qu'avec le goût des arts qui règne à *Pise*, sa situation très propre au commerce et la douceur de son climat, elle soit si pauvre et si dépeuplée. On vante beaucoup ses bains de *S. Giuliano*. Il y a dans les environs quelques restes d'anciens *Thermes* aux quels il paroit qu'on avait employé les plus beaux marbres.

§ 11.

Route de Pise *à* Livourne *et description de cette dernière ville.*

De *Pise* à *Livourne*, il y a 4 lieues qu'on fait sur une belle route. Le pays est plat et coupé de quelques marais formés ou par les eaux de la mer, ou par les débordemens de l'*Arno*. On traverse une forêt de lièges ou chênes-verts, dans laquelle on voit par intervalles, des forts très épais de grands myrtes domestiques qui répandent une odeur fort agréable, et servent de retraite aux bêtes fauves réservées pour les plaisirs du grand duc. L'espace qui est entre cette forêt et *Livourne*, est presque entièrement occupé par des jardins potagers.

Livourne, ville maritime de la Toscane, est le siège principal du commerce de cet état. La république de *Pise*, autrefois très puissante, avait son principal port entre l'embouchure de l'*Arno* et *Livourne*, et nous avons fait remarquer dans le § précédent, que ce port appelé

Portùs Pisanus, fut en 1284 presque entièrement détruit par les *Génois*, en sorte qu'il n'en reste d'autres vestiges que quelques vielles tours qui avaient servi à sa défense. Alors *Livourne*, connue sous le nom de *Castrum Liburni*, n'était qu'un bourg sans murailles; la jalousie des républiques de *Gènes*, de *Lucques* et de *Florence* ne lui aurait pas permis de se fortifier.

En 1421, les *Génois*, qui possédaient *Livourne*, la vendirent aux *Florentins*; l'acquisition que ceux-ci avaient déjà faite de *Pise*, ne pouvait leur devenir avantageuse que par la réunion de *Livourne*. Dès lors, il ne fut plus question de *Porto Pisano* que les atterrissemens de la mer avaient achevé de combler. Les *Medicis* étaient trop habiles politiques pour ne pas sentir toute l'importance de la situation de *Livourne*; ils fortifièrent cette ville naissante, en firent un port franc, y attirèrent beaucoup de *Grecs*; et accordèrent des privilèges considérables à ceux qui viendraient s'y établir. L'ancien port fut agrandi; l'enceinte de la ville fut augmentée: on fit construire un nouveau môle qui a 225 toises de long, une nouvelle forteresse, des aqueducs, des fontaines; et l'on peut dire que les *Medicis* n'oublièrent rien de ce qui pouvait contribuer à accroître le commerce et la population de *Livourne*. Enfin en 1629, on fit bâtir cette partie de la ville qui est entre les deux forteresses, et qu'on appelle *Venezia*, la *Nouvelle Venise*, à cause des canaux dont elle est traversée, et sur lesquels les marchandises sont transportées depuis les chaloupes jusqu'aux portes des magasins. C'est ainsi que *Livourne* qui n'était qu'un village, est devenue, dans le cours de quelques siècles, une des villes les plus considérables de la Toscane, et compte aujourd'hui 60 mille habitans. Ce qui contribua le plus à l'accroissement de sa population, fut l'asile qu'on y accorda aux Juifs chassés d'*Espagne* et du *Portugal*: la protection dont ils jouirent sous *Ferdinand* I, était si étendue, qu'on punissait très sévèrement quiconque se permettait de leur marquer le moindre mépris.

Livourne a environ 350 toises de longueur et autant de largeur; elle est trop petite pour le nombre de ses habitans, aussi le prix des loyers y-est-il excessif. Cette ville du côté de la terre, avait des fortifications qui ont été démolies. Les maisons bâties de briques, ont les encoignures et les croisées en pierre de taille. Les rues sont droites et bien pavées. Il y a, vers le centre de la ville, une grande place d'où l'on voit les deux portes opposées, savoir, la porte

Colonella qui regarde la mer, et la porte de *Pise* qui est du côté du continent, et à laquelle aboutit une rue fort large qu'on appelle *Via Grande*; les seuls édifices considérables dont cette place est décorée, sont l'église principale, il *Duomo* et le palais ducal, *Palazzo del Principe*, où loge le grand duc lorsqu'il va à *Livourne*. Sur cette même place, on voit une fontaine dont l'eau n'est pas fort bonne; cependant le peuple en boit. En général, on se sert de l'eau des citernes; ceux à qui leurs facultés le permettent, en font venir de *Pise* pour leur boisson. Cette rareté d'eau potable à *Livourne*, a engagé le gouvernement à y faire conduire par le moyen d'un aquéduc, une source d'eau très bonne, éloignée de 12 milles et provenant des montagnes de *Colognole*.

Une des principales commodités de *Livourne*, est un canal dérivé de l'*Arno*, et par lequel on va a *Pise* pour une très modique somme.

En se dirigeant vers le port, la première chose qu'on remarque, est une statue de marbre que *Come* II érigea à *Ferdinand* I, son père; ce prince est représenté debout, ayant une main appuyée sur le côté, et tenant de l'autre un bâton de commandement: il y a quatre esclaves de bronze enchaînés aux angles du piédestal.

Le port a environ 300 toises de long, et 36 pieds d'eau dans les endroits les plus profonds; il est sujet à des atterrissemens aux quels on remédie par le moyen de pontons qui servent à en retirer le sable et les immondices. Ce port est défendu par un môle qui s'étend à plus d'un mille dans la mer; il est d'ailleurs très bien fortifié: on y voit des bâtimens de toutes les nations. Dans l'arsenal, on ne construit guère que des tartanes, des brigantins et autres petits bâtimens pour la pêche et le commerce. La *Darse* ou *Darsina* est comme un second port ou la partie du port qui est la plus avancée dans la ville: c'est ce qu'on appelle *Bassin* dans les ports de l'océan. L'entrée de cette *Darse* est fermée par une chaîne attachée d'un côté à la vieille forteresse et de l'autre à l'extrémité du môle intérieur. Près de là sont les bureaux de la santé et de la douane, ainsi qu'un corps de garde soutenu d'une double batterie de canons.

Non loin de la ville, et du côté du nord, est une tour bâtie sur des rochers que la mer environne; c'est sous le canon de cette tour, qu'on fait faire la quarantaine aux vaisseaux qui viennent du Levant. Du côté du couchant, est une autre tour qui s'avance aussi dans la mer; c'est celle du fanal; sa forme est assez singulière;

elle ressemble à deux tours qu'on aurait bâties l'une sur l'autre. Enfin on voit une troisième tour située à 5 milles du grand port, et dans une petite île appelée *Meloria*, qui n'a que 50 ou 60 toises de diamètre et est presque à fleur d'eau; cette tour est carrée et sa grande blancheur la fait apercevoir de fort loin; elle sert à avertir les marins qui dirigent leur route vers le port, d'éviter les écueils dont la petite île est environnée, et surtout un banc de sable qui est du côté du nord.

Le *Lazaret* se compose de plusieurs grands corps de bâtimens baignés de toutes parts des eaux de la mer : on y séquestre avec grand soin, et l'on y fait faire la quarantaine aux personnes qui viennent du Levant; pendant ce temps là les marchandises sont exposées sous des hangards. Ce *Lazaret* est trop près de la ville; on en a fait construire un autre dans la campagne, et à la distance d'une lieue.

La maison *de force* est un grand bâtiment dont les murs sont fort élevés; c'est là que le soir on renferme les forçats, après qu'ils ont travaillé sur le port aux ouvrages publics, ou qu'ils ont été en journée pour leur compte; car l'on n'interdit point à ceux qui savent des métiers, la faculté d'aller dans la ville; c'est aux soldats qui sont payés sur le gain des forçats et qui les conduisent, à répondre de ces criminels.

Le *Magazin des huiles* est vraiment un objet de curiosité; le bâtiment est vaste, mais les voûtes en sont un peu trop basses; en le construisant, on a moins songé à la décoration, qu'à l'utilité. On a pratiqué dans toute l'étendue, de petites cuves carrées de maçonnerie, doublées d'ardoise, que l'on ferme à clef; c'est là, que les marchands moyenant une petite rétribution, peuvent déposer leurs huiles et les conserver jusques à ce qu'ils en fassent la vente.

Les principales églises de *Livourne*, sont: la cathédrale, il *Duomo*; la voûte en est fort belle; l'église de *Grecs* dont la construction est fort simple; on y voit deux tableaux du *Sauveur* et de la *Vierge*, peints sur un fond d'or dans l'ancien goût des *Grecs*; l'église des *Dominicains* et celles des *Trinitaires*, de S. *Jean* et de la *Madonna del Carmine*. Il y avait à *Livourne* un tribunal de l'inquisition, mais il était peu redoutable; il ne connoissait que de ce qui concernait les catholiques domiciliés dans la ville; et à peine en entendait-on parler. Au surplus, tout le monde jouit dans cette ville, d'une pleine liberté de conscience: on n'y demande point à un homme, qu'elle est son origine, ni de quelle religion il est ? *Livourne* est sa patrie, pourvu qu'il respecte les lois, et remplisse les devoirs que la société lui impose.

Les *Luthériens* qui ne sont pas en assez grand nombre à *Livourne* pour y avoir un temple, font baptiser leurs enfans et célèbrent leurs mariages sur le premier vaisseau anglais, hollandais ou danois qui se trouve dans le port. Toutes les autres sectes ont des cimetières. Celui des *Anglais* est une vaste enceinte entourée d'un mur de 3 pieds de hauteur en marbre de Carrare, sur lequel sont élevés d'espace en espace, des piliers qui soutiennent des grilles de fer. Le cimetière des *Hollandais* offre un contraste bien frappant de modestie et de simplicité ; c'est un jardin de botanique où l'on voit des allées d'épitaphes.

On compte à *Livourne* 15,000 Juifs; leur sinagogue est une des plus belles et des plus riches de l'Europe ; c'est un carré dont les deux côtés, et l'une des extrêmités sont entourés d'un portique au dessus du quel est une tribune grillée où les femmes juives viennent assister aux cérémonies de leur religion. Les hommes sont en bas sous le portique ou dans le reste du temple ; ils sont assis comme dans les églises catholiques et protestantes, et ont le chapeau sur la tête. Au milieu de la nef, est une tribune bâtie de marbres choisis avec des pupitres de même. Au fond de la nef est une espèce de sanctuaire dans lequel sont enfermés les livres de l'écriture sainte, envelopés des plus riches étoffes, et recouverts de couronnes d'argent et autres ornemens. Le chant des Juifs sur lequel on a fait bien des contes, est très agréable et très varié; le rabin chante presque toujours seul, et dans sa bouche, l'hébreu n'a rien de dur, ni de déplaisant. Les Juifs ont des écoles qui sont dirigées par des rabins; ils sont presque tous riches, possèdent la plupart des maisons dont ils tirent un gros revenu, et ont hors de la ville, des maisons de campagne charmantes. Les femmes parmi lesquelles il y en a de fort jolies, sont aussi gênées qu'en Espagne.

Les *Arméniens* et les *Grecs Schismatiques* sont très nombreux à *Livourne*; ils y ont aussi des églises. Celle des *Arméniens* est très belle et décorée avec goût; celle des *Grecs Schismatiques* n'a rien de remarquable. L'habillement des femmes *grecques* est très agréable; le corps ne monte pas plus haut que le dessus de la gorge qu'elles couvrent d'une voile; elles portent des culottes fort larges qui descendent jusqu'au dessous du mollet et se joignent au corps. Il y a beaucoup de *Grecques* parmi les filles publiques, et ce sont les plus recherchées : ces filles sont rassemblées dans un même quartier où elles conservent une espèce de décence ; elles y sont sous la protection de la police qui ne permet pas de désordre ; des chirurgiens les visitent tous les jours, et l'on les punit si quelqu'un a à se plaindre d'elles.

Livourne est le premier port franc qu'il y ait eu sur la méditerrannée, et cet établissement fut un des plus beaux traits de la politique des *Médicis*. La tolérance amena dans cette ville, un grand nombre de familles qui y firent fleurir le commerce, et régner l'abondance. Le principal commerce de *Livourne* est un commerce d'entrepôt; les *Juifs* et les *Arméniens* y sont les courtiers de presque toutes les nations; les *Anglais* et les *Hollandais* y envoient des flottes marchandes ; la France y apporte des étoffes de soie de *Lion*, des modes, des quincailleries, des tabacs, des vins, des eaux de vie : mais ce commerce d'entrepôt n'est plus si actif, depuis que les étrangers se sont avisés d'établir des relations directes avec les nations elles mêmes qui fournissaient les objets d'échange ; et il est difficile de calculer le préjudice que pourra porter dans la suite au commerce de *Livourne*, la possession de l'île de *Malthe* par les *Anglais*, et la domination que ces insulaires exercent déjà sur toute le méditerrannée. A l'égard du commerce actif de *Livourne*, il consiste en huiles et autres denrées de la *Toscane*; en coton filé et non filé, en café que l'on tire du Levant par la voie d'Alexandrie; souffres, lacques fines et autres drogues; anis de *Rome*, essences, tartre, peaux de chèvre etc. Le corail est le principal objet de manufacture à *Livourne*: cette matière vient des côtes de la *Sardaigne* et de la *Corse*, et surtout de *Bizerte*, en Affrique, près de *Tunis*. On est étonné de la quantité de mains par les quelles il faut que les grains de *corail* passent avant d'être façonnés. Lorsque ces grains ont reçu le dernier poli, on les enfile comme des chapellets, et c'est dans cet état, qu'on les débite pour être envoyés en Amérique, en Affrique et en Turquie. Le seul commerce de cet objet en 1782 produisit plus d'un million.

Il y a peu de noblesse à *Livourne*; tout y est négociant ou peuple; cependant il y a un *Cassin* où les nobles se rassemblent pour faire la conversation; les dames n'y paroissent que dans le carnaval. Les bourgeois se réunissent dans les cafés.

Livourne a produit quelques hommes de lettres; le plus célèbre est Philippe *Venuti*, l'un des plus grands antiquaires qu'il y ait eu en Italie: il remporta plusieurs fois le prix à l'académie des inscriptions et belles lettres de *Paris*. On cite encore *Coltellini*, auteur de plusieurs tragédies et d'autres poésies très estimées.

Livourne étant uniquement une ville de commerce, et une ville, pour ainsi dire, moderne, il est inutile d'y chercher le luxe des arts en peinture, sculpture et architecture; mais on y aperçoit beaucoup d'activité, et l'on y trouve tout ce qui peut contribuer aux commodités de la vie. Il y a du reste une bibliothèque publique, et plusieurs imprimeries; on y a fait une édition de l'encyclopédie avec des additions.

§ 12.

Route de Florence *à* Rome *en passant par* Sienne.

De *Florence* à *Rome*, on compte 52 lieues. La route la plus directe est celle qui passe par *Sienne*, *Aquapendente*, *Montefiascone* et *Viterbe*. Cette route se fait entièrement dans l'*Apennin* que l'on retrouve presque au sortir de *Florence*; elle est construite avec soin et assez bien entretenue, mais malgré cela peu commode: on ne fait que monter ou descendre sur des pavés fort durs, parcequ'il a été impossible d'établir des chaussées sablées comme dans le pays plat, d'abord faute de gravier, et puis à cause de la mobilité du terrain qui, après les fortes gelées ou les grandes pluies, s'éboule facilement.

Quoiqu'en général le pays qu'on traverse pour se rendre à *Sienne*, ne puisse être comparé à la riante vallée de l'*Arno*, il ne laisse pas que d'être assez fertile et bien cultivé : son aspect est rustique, mais n'a rien de sauvage. On y voit de jolies maisons de campagne avec des avenues de cyprès ; la base des montagnes est couverte de vigne et d'oliviers : du reste peu de paturages, aussi ne tient-on que le bétail nécessaire pour le travail des terres. La partie du sol qu'on n'a pu cultiver, soit à cause de sa pente trop rapide, soit parcequ'elle se trouve au voisinage des torrens, est occupée par des bois de pins et de cyprès. L'air de cette contrée est tempéré, et les habitans n'ont rien de grossier dans la physionomie. On passe plusieurs ruisseaux les uns à gué, les autres sur des ponts ; ces ruisseaux paroissent peu considérables ; mais dans le temps des pluies de l'automne et au commencement du printemps, ils se changent en torrens furieux qui arrêtent souvent les voyageurs.

Poggibonzi qu'on rencontre à 7 lieues de *Florence*, est un gros bourg situé au pied d'une colline: ses habitans sont industrieux et manufacturiers. De là, on aperçoit à la droite et à peu de distance, *Volterra*, petite ville assez remarquable par plusieurs monumens qui attestent son antiquité : ses murailles sont de construction *étrusque*. On trouve dans les environs, des eaux minérales, de riches carrières de pierres dures, des charbons fossiles et des albâtres, les uns très blancs, les autres colorés ; de ces albâtres, on fait des vases et divers morceaux de sculpture sur des modèles *etrusques* qu'on a découverts dans le pays, et dont plusieurs particuliers possèdent des collections considérables.

Après *Poggibonzi*, on traverse pendant un assez long espace, une forêt dont l'intérieur coupé par de profonds ravins, ressemble presque à un désert : cependant à environ deux lieues de *Sienne*, les montagnes s'abaissent et l'on jouit de divers points de vue très pittoresques. Remarquons que quoique les montagnes de l'*Apennin* présentent quelques sites qui se refusent à la culture, on y voit néanmoins quantité de buissons ardens, de cyprès, de lauriers et d'autres arbustes toujours verts qui en rendent l'aspect assez agréable, même pendant l'hiver.

Sienne est une des principales villes de la *Toscane*, située dans les montagnes de l'*Apennin*, à 12 lieues de Florence et à 40 de *Rome*. C'était suivant quelques auteurs, une ancienne ville des *Etrusques*: d'autres attribuent sa fondation aux *Gaulois-Sénonois* lorsqu'ils pénétrèrent en Italie sous la conduite de *Brennus* 591 ans avant J. C. Quoiqu'il en soit de cette origine, il est certain que sous l'empire d'*Auguste*, Sienne fût érigée en colonie romaine, et appelée *Sena Julia* du nom de *Jules César*.

Cette ville a été célèbre dans le moyen âge par sa population, par son industrie, par son commerce et par son amour pour la liberté. Après la chûte de l'empire romain, elle forma une république indépendante, qui se soutint long temps contre les forces de *Florence* et de *Pise*, ses rivales, et remporta des victoires signalées.

Dans le 12 siècle, quelques nobles voulurent s'emparer du gouvernement de *Sienne*; mais le peuple s'y opposa, et jaloux des droits qu'on voulait lui ravir, il en conserva du moins une partie: on prit un étranger qui sous le nom de *Podestat*, fut chargé du militaire et des affaires criminelles.

Cependant en 1487, un simple citoyen, homme

méchant, ambitieux, rempli d'astuce et d'adresse, ayant été nommé membre du conseil, usurpa toute l'autorité et fut véritablement le tyran de sa patrie : c'est cet homme appelé *Pandolfo Petrucci*, que *Machiavel* a peint comme le modèle des usurpateurs. Les descendans de *Pandolfe* succédèrent à son pouvoir jusques à ce que leur foiblesse ne leur permit plus d'étouffer les divisions qui recommencèrent entre les nobles et le peuple. Les *Français* et les *Espagnols* profitèrent de ces divisions, et s'emparèrent successivement de *Sienne*. Enfin *Philippe* II, roi d'Espagne, ceda cette ville à *Come* I, grand duc de *Toscane*; et depuis 1557, *Sienne* fait partie de cet état, malgré les protestations que ses habitans ont eu le courage de faire chaque année en prêtant le serment de fidélité. Dès que *Sienne* cessa de se gouverner d'après ses propres lois, on la vit déchoir de sa première splendeur. Sa population et son commerce disparurent. En 1326 elle comptait 150 mille habitans, et à peine en a-t-elle actuellement 32 mille, savoir, 17 mille pour la ville et 15 mille pour les fauxbourgs.

Quoique *Sienne* soit une ville fort ancienne, il n'y existe d'autres monumens d'antiquité, que quelques murs et quelques tours qui paroissent avoir été bâtis du temps des *Etrusques*, des grottes, des caves, des conduits souterrains pratiqués dans l'intérieur de la montagne: on y a trouvé néanmoins beaucoup d'urnes funéraires, de tombeaux et d'inscriptions.

La ville est située sur le penchant d'une montagne, et par conséquent sur un sol fort inégal. Les rues sont pavées, les unes de grandes pierres unies, et les autres de briques posées de champ. La disposition de ces rues est telle, que la plupart sont dirigées vers le centre de la ville; on ne peut y aller en voiture: on monte ou l'on descend continuellement. Les tours qui s'élèvent du milieu de la ville et qu'on aperçoit de fort loin, faisaient partie des palais des nobles, et étaient autrefois des marques de distinction. Les maisons sont en général d'une architecture gothique; il y en a cependant quelques unes bâties dans le goût moderne, et qui ne manquent pas d'agrément. Plusieurs de ces maisons qui se trouvent adossées à la montagne, ont des jardins aussi élevés que les croisées, ce qui procure des points de vue très agréables. La porte *Romaine* construite en 1321, est un monument vraiment majestueux. La citadelle que *Come* I. fit élever en 1560, pour s'assurer de sa conquête, est régulière et assez forte pour

23

contenir une ville qui n'a pas une grande population.

La cathédrale, il *Duómo*, est de tous les édifices publics, le plus considérable : elle est bâtie sur une petite élévation et domine une place qui l'entoure de trois côtés. On y monte par des dégrés de marbre qui annoncent la grandeur et la magnificence de ce bâtiment : c'est un vaisseau vaste et majestueux, d'architecture gothique, revêtu tant au dedans qu'au dehors, de marbres blancs et noirs symétriquement rangés par assises. Sa fondation remonte à l'an 1250. Le portail reconstruit en 1333, a trois portes et un bel ordre de colonnes. La partie supérieure est décorée de statues, de bustes, de campanilles et d'autres ornemens. On estime beaucoup les deux colonnes qui supportent le fronton. L'église a 330 pieds de long; son intérieur plairait d'avantage s'il était plus large. Les piliers qui tiennent de l'ordre composite, ont beaucoup de légèreté. Les fenêtres formées d'une multitude de petites colonnes qui avancent les unes sur les autres, ressemblent à des perspectives de théâtre. La voûte est azurée et parsemée d'étoiles d'or. La coupole repose sur des colonnes de marbre. Tout cela est sans doute fort riche, mais ne vaut pas la noble simplicité de l'architecture ancienne.

La coupole de la chapelle de la *Vierge* est dorée, et l'autel incrusté de *lapis-lazuli*; cet autel est encore orné de bas-reliefs dorés, et de colonnes de marbre vert de mer, d'ordre composite. Les sculptures en bois qu'on voit tout à l'entour du chœur sont des chefs-d'œuvre de travail et de patience. Dans la chapelle de *S. Jean*, entre plusieurs belles statues, on admire celle de ce Saint en bronze, du *Donatello*. Le pavé de l'église est un des plus beaux ouvrages de ce genre; il représente plusieurs histoires de l'ancien testament exécutées en marbres blancs, gris et noirs: ce sont des tableaux de clair-obscur et en mosaïque, dessinés avec des airs de tête non moins admirables que les chefs-d'œuvre de *Raphaël*. Une chose assez singulière qu'on voit dans la cathédrale de *Sienne*, c'est la suite de tous les bustes des papes jusqu'à *Alexandre* III, placés sur une espèce de galerie qui règne tout autour de la nef. On a beaucoup parlé de celui de la papesse *Jeanne*, qu'on y remarquait autrefois. En faisant figurer ce buste parmi ceux des papes, on avait suivi une ancienne tradition adoptée par beaucoup d'auteurs; mais le P. de *Mont-Faucon* dit qu'en 1600, le grand duc, à la prière du pape *Clément* VIII, fit ôter ce même buste comme un objet de scandale pour l'histoire de l'église.

La place *del Campo*, ou de l'*Hôtel de Ville*, qui a 1056 pieds de tour, est ovale, pavée avec des briques de champ et des pierres en compartimens, bordée de boutiques et de bâtimens anciens avec de petits portiques dans le genre gothique, et dans un tel enfoncement qu'on la prendrait pour un bassin destiné à des naumachies; onze rues y aboutissent : on y donne toutes les années des fêtes et des jeux qui attirent beaucoup de monde. Sur cette place est une belle fontaine de marbre avec des bas-reliefs qui représentent les vertus théologales, la création d'*Adam* et d'*Eve*, et leur expulsion du paradis terrestre. Près de cette même place, on voit une colonne de granit sur laquelle est une louve qui alaite *Remus* et *Romulus*, groupe en bronze doré : on croit que cette colonne appartenait à un temple de *Diane*. A quelques pas de là, est une chapelle de la Vierge, en marbre, ouverte en forme de portique ; elle fut fondée à l'occasion de la peste de 1348. La grande tour à laquelle cette chapelle est adossée, passe pour avoir 270 pieds d'élévation. Du haut de cette tour, on découvre non seulement la ville et ses environs, mais encore la chaîne des alpes qui paroit comme un nuage dans le lointain.

La fontaine appelée *Fonte Blanda*, est très

utile par la quantité et la bonté de son eau: c'est de cette fontaine que parle le *Dante* dans le 3.me chant de son enfer, *Se io vedessi*, etc. Elle est dans la rue de l'*Oca* de laquelle tirait son nom un *capucin* apostat appelé *Bernardino Occhino*, qui a composé un ouvrage très singulier intitulé: Les labyrinthes de la liberté.

Le *palais public* ou l'hôtel de ville, *palazzo degli Eccelsi* ou *de' Signori*, est un grand édifice, isolé de tous côtés, bâti partie en pierres de taille, et partie en briques. Il est orné de portiques où l'on peut se promener. L'intérieur se compose de plusieurs salles décorées d'une prodigieuse quantité de peintures relatives à l'histoire de *Sienne*. L'ancienne salle du conseil devenue inutile lorsque la république prit fin, fut convertie en salle de spectacle; ce théâtre se brûla en 1751; on le fit reconstruire. La nouvelle salle de forme ovale, est belle et commode; elle a quatre rangs de loges; mais les peintures de ces loges sont très communes.

Sienne a produit plusieurs hommes célèbres; elle compte sept papes et un grand nombre de saints. C'est la patrie de *Gratien*, de *Mathiole* et des trois *Socins* l'un desquels fut le principal chef de la secte des *Sociniens*. Cette ville a eu plusieurs académies, dont quelques unes ont beaucoup contribué aux progrès de sciences et des arts en Italie.

Le commerce de *Sienne* était autrefois très considérable ; malgré les soins et la prévoyance du gouvernement, ce commerce n'a pu que déchoir à mesure que la population a éprouvé une diminution si sensible : cependant cette ville a encore quelques manufactures de laine ; on y fabrique des rubans qui se portent à la foire de *Sinigaglia*, des cuirs, des chapeaux et des cordes d'instrumens : le marbre de ses carrières appelé *Brocatelle* est très recherché ; mais le débit n'en est pas aisé à cause des difficultés du transport.

Les *Siennois* sont spirituels, affables, obligeans, mais d'une si grande délicatesse sur le point d'honneur, qu'il est très facile de les blesser. Leur prononciation est douce et harmonieuse ; et ils parlent la langue très correctement. C'est là qu'on trouve véritablement *lingua toscana in bocca romana*, c'est à dire, la pureté de la diction de *Florence* réunie à la douceur de la prononciation des Romains ; voilà pourquoi on conseille aux étrangers qui veulent apprendre l'*italien*, de séjourner dans cette ville. Les femmes y sont généralement belles ; la blancheur de leur teint est relevée par les plus vives couleurs. Elles ont, ou dumoins elles affectent beaucoup plus de retenue que partout ailleurs ; et en cela, on peut dire qu'elles entendent mieux leurs intérêts : ce n'est que dans leurs maisons de campagne, qu'elles paroissent être un peu plus libres ; aussi aiment-elles à y passer la belle saison.

Le territoire de *Sienne* renferme des campagnes riantes et bien cultivées; le sol étant élevé de 167 toises au dessus du niveau de la mer, l'air qu'on y respire est très pur. Il n'en est pas de même de la partie de ce territoire qui s'étend du côté de l'île d'*Elbe*, de l'embouchure de l'*Ombrone* et de l'Etat ecclésiastique ; ce pays connu sous le nom de *Maremme*, est fort malsain ; il était jadis couvert de villes très peuplées ; mais ces villes ont disparu : les guerres du moyen âge et la tyrannie des seigneurs particuliers convertirent en désert une côte qui pour être très productive, n'aurait besoin que de bras pour la cultiver.

La route de *Sienne* à *Buon Convento* est presque partout montueuse et par conséquent peu commode ; le pays qu'on traverse, naturellement aride, ne répond que foiblement aux soins du cultivateur. *Buon Convento* est un village à 5 lieues de *Sienne*, situé au pied d'une montagne et sur le bord d'un ruisseau ; il est célèbre dans l'histoire des *Guelfes* et des *Gibelins* parceque l'empereur *Henri* VII y mourut, et qu'on prétendit que ce prince avait été empoisonné par un père dominicain dont il venait d'entendre la messe.

De *Buon Convento* à *San Quirico*, distance de 4 lieues, la route est tout aussi mauvaise ; ce sont des montées et des descentes continuelles sur un pavé qui fatigue à la fois et les voitures et les voyageurs. La contrée paroit un peu sauvage ; cependant on y voit quelques plantations de mûriers et d'oliviers. *San Quirico* est un très gros village ; il y a un palais et quelques maisons assez belles.

De *San Quirico* à *Radicofani*, on compte 5 lieues ; route encore plus difficile, et dont quelques parties sont excessivement roides et quelquefois très escarpées ; pays inculte et presque inhabité : on croit que cette montagne est le point le plus élevé de l'Apennin.

Le château de *Radicofani* qui est la dernière place de la Toscane du côté de l'État ecclésiastique, est situé sur un rocher escarpé ; au bas du rocher, est le bourg de *Radicofani* entouré de murailles dont la construction paroit très ancienne. Les maisons de ce bourg sont bâties d'une pierre brune, sans goût, sans symétrie ;

qui voit la figure des habitans et leur habillement, croit être au milieu des montagnes de la *Savoie*: l'air y est vif et presque toujours froid. A un mille environ au dessous de *Radicofani*, est une auberge où s'arrêtent les passans qui pour l'ordinaire sont peu curieux de gravir le sentier qui conduit au bourg. La partie de la montagne qui regarde du côté de l'Etat ecclésiastique, se trouvant plus heureusement exposée, est cultivée avec plus de soin, et assez productive.

De *Radicofani* jusqu'à *Ponte Centino*, la route suit une pente si rapide, que du haut de la montagne, *Ponte Centino* paroit être au fond d'un abîme. Après cette rude descente, on marche quelque temps dans un vallon presque entièrement occupé par le lit d'un torrent; puis on monte insensiblement pour arriver à la ville d'*Aquapendente* qui est à 4 lieues de *Radicofani*.

Aquapendente n'était anciennement qu'un château de peu de conséquence au tour du quel il y avait quelques habitations. Le pape *Innocent* X y ayant transféré le siège épiscopal de la ville de *Castro*, dont les habitans avaient assassiné l'évêque, cet événement fit qu'*Aquapendente* prit avec le titre de ville, une certaine consistance. Les maisons où résident le gouverneur, les officiers de justice et l'évêque, sont bien bâties. *Aquapendente* tire son nom d'une cascade très abondante qui tombe avec fracas du rocher sur lequel cette ville est bâtie. On avertit ordinairement les voyageurs qui passent par *Aquapendente*, de se tenir sur leurs gardes, et de se défier des habitans de cette ville, dont plusieurs ne se font aucun scrupule de dévaliser les étrangers, lorsqu'ils croient pouvoir le faire sans risque, car heureusement ils sont aussi poltrons que voleurs.

A 2 lieues d'*Aquapendente*, on trouve le village de *Lorenzo*, bâti sur le penchant d'une colline, et à pareille distance, la petite ville de *Bolzéne* qui est presque entièrement ruinée; elle est du nombre de ces villes dont le nom historique parle encore à l'imagination, mais qui ne paroissent plus être que les mausolées des générations passées, auprès desquels de tristes habitans s'obstinent à séjourner, comme pour leur rendre une espèce de culte. *Bolzéne* passe pour avoir été l'ancienne capitale des *Volsques*; elle est située sur un lac de même nom et qui a environ 3 lieues de diamètre; ce lac est très poissonneux, les eaux en sont limpides, mais lorsqu'il est agité, la navigation y est fort périlleuse. Au milieu de ce même lac, sont deux petites îles, appelées l'une *Pessentina* et l'autre *Martana*; c'est dans celle-ci que *Théodat* fit conduire et étrangler *Amalazonte*, reine des Goths, sa cousine, et fille de *Théodoric*; il en fut puni par *Vitigés*, son général, qui le fit périr et s'empara du trône.

La route de *Bolzéne* à *Montefiascone*, est assez bien entretenue; elle se fait sur un terrain sabloneux, léger et facile à travailler. Avant d'arriver à *Montefiascone* qui est à 2 lieues de *Bolzéne*, on traverse un bois de chênes à haute futaie, très touffu et qu'on ne coupe jamais par un excès de vénération pour sa rare antiquité, préjugé des gens du pays qui sera cause que ce bois périra enfin de vétusté. *Montefiascone* est une petite ville située sur une colline fort élevée, près du lac de *Bolzéne*; elle n'est ni bien bâtie, ni fort peuplée: son vin muscat qui passe pour un des meilleurs d'Italie, est connu sous le nom de vin d'*Est* à cause d'une aventure assez plaisante. Dans ses voyages, un Allemand d'*Ausbourg*, appelé *Jean Defoucris*, qui aimait beaucoup le vin, se faisait précéder par un valet qui, s'il trouvait du vin passable, ne manquait pas d'écrire en gros caractères sur la porte du cabaret le mot *Est*; si le vin était bon, le valet redoublait le mot *Est*. Arrivé à *Montefiascone*,

Jean Defoucris s'y arrêta en voyant le signal *Est, Est*; mais il trouva le vin si bon et en prit une si forte dose, qu'il en mourut. Son valet lui fit cette épitaphe:

Propter nimium Est, Est,
Dominus meus mortuus est.

En sortant de *Montefiascone*, on trouve une route assez commode; mais l'aspect de la campagne qu'on traverse, a quelque chose de triste, parceque le temps n'a pu encore améliorer et couvrir de la dépouille des végétaux, la lave des anciens volcans dont tout le pays a été bouleversé. Avant d'arriver à *Viterbe* qui est à 2 lieues de *Montefiascone*, on voit sur la droite, un lac d'eau chaude qui exhale une odeur sulphureuse.

Viterbe est une ville d'environ 10 mille habitans, située au pied du mont *Cimino*, entourée de murailles et flanquée de tours qui font qu'on l'aperçoit de fort loin. Les uns prétendent qu'elle est bâtie dans l'endroit où était l'ancienne *Volterna*, capitale de l'*Etrurie*; d'autres lui donnent pour fondateur *Didier*, roi des Lombards; et cette origine paroit constatée par deux inscription qu'on conserve dans l'hôtel de ville. *Viterbe* est bien bâtie; la place principale est entourée de portiques ; les rues sont régulières et pavées de larges dalles ; il y a de belles fontaines ; et la ville est environnée de jardins. On voit dans la cathédrale, les tombeaux des papes *Jean* XXI, *Alexandre* IV, *Adrien* V, et *Clément* IV ; et dans l'église de *S. Rose*, le corps de cette sainte, qui y est conservé tout entier. C'est dans le couvent des *Dominicains* de cette ville qu'habitait autrefois le père *Ennius de Viterbe*, si fameux par ses impostures littéraires, et qui se faisait une étude de tromper les savans. A une demi-lieue de la ville, sont des bains d'eaux minérales qui ont beaucoup de réputation.

Autrefois en sortant de *Viterbe*, la route gravissait la montagne appelée le *Mont Cimino*, montagne très élevée et qui se joint du côté du Nord à d'autres montagnes qui sont une ramification de l'Apennin. La nouvelle route, construite dans une autre direction, est très belle. Quoique cette partie de la montagne se compose aussi de matières volcaniques amoncelées sans ordre, elle est néanmoins couverte d'arbres de différentes espèces, et tapissée de gazons, de plantes odoriférantes qui parfument l'air qu'on y respire : cependant les bois abandonnés aux soins de la nature, ont une végétation trop riche, pour servir comme en *Toscane*, au parcours des troupeaux; l'œil n'en peut percer la profondeur.

Avant d'arriver à *Ronciglione*, qui est à 5 lieues de *Viterbe* et à 11 de *Rome*, on côtoie le lac de *Vico*, qui a environ une lieue de diamètre; son bassin a la forme d'un entonnoir, et ses bords sont couverts de lave. C'est de ce lac que parle *Virgile*, quand il rappelle les *Falisques* conduits par *Messapus: et Cimini cum monte lacum* etc. (Enéide 7). Une ancienne tradition porte qu'à l'endroit où est le lac de *Vico*, il y avait autrefois une ville qui fut abîmée sous les eaux. Il y a même des auteurs qui ont écrit que quand l'eau est claire, on aperçoit des ruines au fond du lac. *Ronciglione* où l'on arrive sur une belle route, terminée par un arc de triomphe, est une petite ville riche et bien peuplée. La principale rue est assez belle quoique les maisons soient bâties en tuf. Le château où l'on ne peut entrer que par un pont fort étroit, a l'air d'une prison.

C'est a *Ronciglione* et au pied des montagnes de *Viterbe*, que commence cette plaine célèbre qui entoure la ville de *Rome*, et qui n'est bornée que par la mer et par une enceinte de montagnes dont les hauteurs forment une espèce d'amphithéâtre depuis le mont de *Circé* jusqu'à ceux de l'ancienne *Etrurie*; cette plaine de 36 lieues de long sur 10 ou 12 de large, n'offre point une surface unie et nivelée par les eaux; c'est une suite non interrompue d'ondulations qui n'ont point de direction commune: aucune de ces collines n'est assez élevée pour se signaler entre les autres, et toutes ensemble bornent cependant la vue de manière que l'espace ne se découvre qu'à mesure qu'on le parcourt. Les vallons qui séparent les collines dans la campagne de *Rome* qu'on désigne aujourd'hui par le nom d'*Agro Romano*, ne sont ni rapides, ni profonds; ce sont des pentes adoucies par le temps, la culture et l'éboulement des terres. Les arbres sont rares dans toute cette plaine.

Après *Ronciglione*, on ne trouve sur la route que quelques auberges ou maisons de poste; celles de *Baccano* et de la *Storta*, sont bâties avec une sorte de somptuosité qui seule, au milieu du désert dont on est environné, révèle au voyageur qu'il se trouve dans le voisinage de *Rome*, voisinage que rien d'ailleurs ne pourrait lui faire soupçonner, jusqu'au moment où parvenu sur le *monte Mario*, il découvre à la fois le *Tibre* et les sept collines avec tous leurs dômes et leurs édifices, au dessus desquels s'élève la croix de la basilique de S. Pierre.

En approchant de *Rome*, on suit l'ancienne voie *Flaminia*. Il est difficile de ne pas s'attrister de l'instabilité des choses humaines, lorsque sur ces chemins où jadis de tous les coins de l'univers, les rois et les nations accouraient, où roulaient les chars de triomphe, on ne rencontre plus que des pèlerins et des mendians. Enfin après avoir traversé une solitude presque aussi inculte que silencieuse, on passe le *Tibre* sur un pont appelé *Ponte molle*, et qui portait autrefois le nom de *pons Emilius*, par ce qu'il avait été bâti par *Emilius Scaurus*, et l'on n'est plus qu'à 2 milles de *Rome* où l'on entre par la porte *du Peuple*.

§ 13.

Route de Florence à Rome en passant par Arezzo, Foligno, ec.

De *Florence* à *Rome* en passant par *Arezzo* et *Foligno*, il y a environ 54 lieues. La route est presque par tout bien entretenue, belle et commode, et la plupart des divers pays qu'on a à parcourir, sont agréables, fertiles et couverts de villages bien peuplés.

Pour aller de *Florence* à *Arezzo* qui en est à

12 lieues, on traverse d'abord une partie de cette belle plaine arrosée par l'*Arno*, et où la culture et la population florentines se montrent avec leur élégante recherche et leur costume gracieux; puis longeant un torrent assez rapide, mais contenu par les murs d'une foule de terrasses et de jardins, on gravit une colline au sommet de laquelle est bâti le village de *S. Donato*: cette colline fait partie de la région de ces petites montagnes calcaires qui se succèdent les unes aux autres, et couvrent de leurs formes pyramidales, toute la surface du pays jusqu'à *Sienne* et à *Montepulciano*. Ces montagnes produisent les meilleurs vins d'Italie, et l'olivier végète sur la plus part de leurs pentes; mais elles sont souvent trop décharnées et trop stériles pour que ces cultures puissent y réussir; et alors elles ne sont plus ombragées que par des forêts de pins maritimes.

En descendant à l'*Incisa*, on se rapproche de l'*Arno* qu'on côtoie jusqu'à *Levane*, dans une plaine charmante et très productive, qui tire son nom du fleuve qui l'arrose, et s'appelle *Val d'Arno supérieur*. Dans certains endroits de cette plaine, en fouillant la terre, on a trouvé des os d'éléphans, ce qui a fait conjecturer que l'armée d'Annibal s'y arrêta quelque temps, avant d'avancer vers le *Trasimène* où étaient campés les Romains commandés par le consul *Flaminius*.

A *Prato antico* on passe la *Chiana* qui sort de la vallée à laquelle elle donne son nom, et qu'on regarde comme le grenier de la *Toscane*; bientôt après on arrive à *Arezzo*, ville remarquable par son antiquité, bien bâtie et dans une situation des plus agréables. Là règnent encore le style toscan et l'élégance florentine; de larges pavés souvent renouvelés, maintiennent dans les rues une marche commode et une propreté recherchée. On voit sur la place principale, un superbe édifice appelé *les loges*, qui comprend la douane, le théâtre et un portique avec des arcades de 400 pieds de long. Les églises sont d'une belle architecture, et renferment d'excellens tableaux. Celle des *Olivetains* présente les ruines d'un amphithéâtre bâti du temps des Romains. La population d'*Arezzo* est de huit mille habitans: cette ville a produit plusieurs hommes célèbres, parmi lesquels on compte *Mécène*, *Petrarque*, *Gui* qui fixa par des notes les tons de la musique, *Pierre Bocci*, surnommé l'*Arétin*, le pape *Jules* II, *Concino-Concini* connu sous le nom de maréchal d'*Ancre*, *Vasari* et *Redi*. *Arezzo* a quelques manufactures de laine et une fabrique d'épingles; ces industries servent à alimenter une partie du bas peuple.

En allant d'*Arezzo* à *Camuccia*, on voyage dans une plaine aussi riante que fertile; elle fait partie de la vallée de *Chiana* qui a environ 16 milles de long. A moitié chemin, on laisse à gauche et à peu de distance de la route, la ville de *Cortone*, située sur une colline assez élevée, couverte de vignes et d'arbres fruitiers. Cette ville qui s'appelait anciennement *Corytum*, était une des 12 principales villes des *Etrusques*. Ses murailles sont bâties de gros quartiers de pierre sans ciment; elle possède plusieurs monumens antiques; on y voit les ruines d'un ancien temple de *Bachus*, et des restes de bains ornés de mosaïques. *Cortone* est célèbre par l'académie étrusque qui y fut établie en 1726; cette académie a une belle bibliothèque et un musée enrichi d'antiquités, de gravures, de médailles, d'objets d'histoire naturelle, d'idoles et des pierres précieuses. Dans la cathédrale on montre un ancien tombeau qu'on dit être celui du consul *Flaminius*. La population de *Cortone*, est de 4000 habitans; on trouve dans ses environs, des carrières de très beau marbre. La plaine qui s'étend depuis le pied de la colline sur laquelle cette ville est bâtie, jusques à la vallée de *Chiana*, est un des plus beaux théâtres de l'industrie humaine. La nature en avait fait un lac, la main de l'homme en a fait des prairies; elle était malsaine, elle est devenue salubre; elle offrait l'image d'un désert; elle est aujourd'hui habitée par une population dont le bien-être assure le bonheur; l'art à la vérité y a tout préparé, tout ordonné; et il semble qu'il devrait en résulter de la monotonie : mais on voit dans ces campagnes, tant d'arbres et de verdure, on y entend chanter tant d'oiseaux, qu'on peut se croire au milieu d'un bocage délicieux.

Il en est de même de la vallée de *Chiana* qu'on laisse à la droite. Au fond de cette vallée, il y avait autrefois un lac de peu d'étendue, mais entouré de marais qui répandaient aux alentours des exhalaisons pernicieuses, et ce riche pays était perdu pour la culture. Le génie *Toscan* toujours prévoyant, toujours actif, suggéra le plan d'un desséchement du lac et des marais, et ce plan fut habilement exécuté. L'espace qu'il fallait rendre à la culture était d'environ 3 mille arpens; on ouvrit un canal destiné à verser dans l'*Arno* toutes les eaux superflues, et l'on ne réserva que le volume nécessaire pour arroser à volonté la plaine, au moyen d'une multitude de canaux secondaires.

Après avoir dépassé *Camuccia*, on traverse la montagne de la *Spelonca*, et l'on ne tarde pas à arriver près du *lac de Pérouse*, qu'on côtoie en le laissant sur la droite. Les eaux de ce lac autrefois connu sous le nom de *Trasimène*, reposent dans un cadre de verdure qui se répète sur leur surface tranquille, et des côteaux boisés forment leur enceinte. Cet endroit est fameux par la victoire qu'*Annibal* y remporta sur le consul *Flaminius*. Quelques uns prétendent que le champ de bataille est dans une petite plaine appelée *Sanguinetti*; d'autres pensent que la défaite des Romains eut lieu près d'un village nommé *Ossoja*, où l'on a trouvé beaucoup d'ossemens; le général Carthaginois en ayant occupé les hauteurs, fondit sur le flanc de l'armée du consul, et lui opposa au passage étroit de *Pasignano*, un corps d'armée capable de l'arrêter. *Polybe* a très bien décrit ce célèbre combat.

Pérouse qui est à 3 lieues du *Trasimène* et à 11 d'*Arezzo*, occupe une éminence au pied de laquelle passe le *Tibre*. Cette ville est entourée de grandes murailles; ses larges rues sont bordées d'antiques palais; et ses vastes basiliques élèvent leurs dômes à des hauteurs immenses. La montagne sur laquelle *Pérouse* est bâtie, s'arrondit en pentes douces, et unit ses deux bras aux deux chaînes de l'*Apennin* ; ces pentes inégales et variées, sont divisées en une prodigieuse multitude de jardins couverts à la fois de fleurs, de fruits et de treilles, et arrosés par des canaux d'eau vive. Toute cette nature est aussi riante que précieuse. Des terrasses de la ville, la vue s'étend, et s'égare dans les vallées du *Trasimène*, et jusqu'aux bassins d'*Arezzo* et de *Florence*.

Au bas de la montagne de *Pérouse*, on passe le Tibre sur le pont *S. Jean*. La vallée qu'arrose ce fleuve, est un des plus beaux, des plus riches pays d'Italie. Après avoir fait environ 2 lieues dans cette délicieuse vallée, on aperçoit un vaste édifice de la plus noble architecture, quoiqu'isolé au milieu des champs ; c'est l'église de *Notre Dame des Anges*, la métropole de l'ordre de *S. François* ; la ville d'*Assise* en est à quelque distance sur le penchant de la montagne. L'aspect de ce temple frappe l'imagination ; sa solitude et sa grandeur impriment dans l'ame un sentiment religieux, qu'il est bien plus doux d'éprouver, que facile de rendre.

De là à *Foligno*, il n'y a plus que deux lieues. Ce trajet se fait par une route très commode, et à travers une campagne, qui par la beauté des sites et la richesse du sol, ne le cède en rien à celles qu'on vient de parcourir. On trouvera dans le § suivant, la description de la route de *Foligno* à *Rome*.

§ 14.

Route de Rimini *à* Rome *en passant par* Fano, Fossombrone, Nocera, Foligno, *etc., ou par* Ancone, Lorette, Macerata, Tolentino, Foligno, *etc.*

La route de *Rimini* à *Rome* en passant par *Fano*, *Fossombrone*, *Nocera* et *Foligno*, est de 57 lieues; et de 64 et demie, si l'on prend par *Fano*, *Ancone*, *Lorette*, *Macerata*, *Tolentino*, *Foligno*, etc. Cette route n'est rien moins que commode, soit lorsqu'elle côtoie les bords de la mer adriatique, soit lorsqu'elle traverse les montagnes de l'*Apennin*; mais les objets de curiosité qu'elle présente, dédommagent en quelque sorte des difficultés du voyage.

Rimini est une ville très ancienne, située au pied de l'*Apennin*, près de l'embouchure de la *Marecchia* et dans une plaine assez fertile. Sa population est de 10 mille habitans. La mer s'étant retirée à cause des atterrissemens successifs occasionnés par divers fleuves qui descendent de l'*Apennin*, on distingue à peine quelques traces de l'ancien port de cette ville; et celui qu'elle a aujourd'hui, ne peut guère servir que pour des barques des pêcheurs.

En venant de *Bologne*, on entre à *Rimini*, par la porte *S. Julien*. La première chose qu'on aperçoit, est un pont magnifique construit sous les empereurs *Auguste* et *Tibere* dans le même lieu où se réunissaient les deux voies consulaires *Flaminia* et *Emilia*. En sortant de la ville par la *Porte Romaine*, on passe sous un arc de triomphe élevé à l'honneur d'*Auguste*: c'est le monument le mieux conservé de tous ceux de ce temps là. Il est bâti ainsi que le pont d'une pierre blanche de l'*Apennin*, laquelle a presque la beauté du marbre. L'ensemble de cet arc est d'une riche architecture, et a cet air de grandeur et de majesté qui caractérise les ouvrages des anciens. Dans une place de *Rimini* assez régulière, on voit la statue en bronze du pape *Paul* V, et tout auprès une jolie fontaine de marbre. La plupart des églises de cette ville, sont revêtues des marbres qu'on a retirés de l'ancien port. La principale de ces églises est bâtie sur les ruines d'un temple de *Castor* et *Pollux*. Celle de *S. François*, superbe édifice du 15.me siècle, fut construite sur les dessins de *Leon Baptiste Alberti*, célèbre architecte de *Florence*, et renferme des tombeaux, des statues et des bas-reliefs d'un grand prix. Aux *Capucins*, on remarque les ruines de l'amphithéâtre de *Publius Sempronius*: et à la place du *Marché*, un *piédestal* qu'on dit être la *tribune* d'où *Jules César*, harangua son armée avant le passage du *Rubicon*.

Depuis *Rimini* jusqu'à *Pesaro*, on ne trouve d'autres vestiges de la voie *Flaminia*, que quelques pierres qui sont d'un bleu tirant sur le noir, parsemées de points blancs, et qu'on regarde comme une sorte de lave. En partant de *Rimini*, on laisse à quatre lieues sur la droite et vers l'*Apennin*, la ville de *S. Marin*, située sur une montagne, et siège d'une république d'environ 5ooo habitans. La montagne où la ville est bâtie, et quelques éminences qui en dépendent naturellement, forment toute l'étendue de son territoire qui n'a pas au delà de deux lieues de diamètre.

On fait remonter la fondation de la ville de *S. Marin* jusques vers le milieu du 3.me siècle. Un maçon de la *Dalmatie*, nommé *Marin*, après avoir travaillé pendant 3o ans aux réparations du port de *Rimini*, se retira sur une montagne pour y vivre dans la solitude. Malgré le soin qu'il prit de cacher les austérités qu'il y pratiquait, la sainteté de sa vie éclata, et il eut bientôt des disciples et des imitateurs. Une princesse à qui la montagne appartenait, la donna à *Marin* en toute propriété, et ce vénérable solitaire y fonda, non un couvent de moines oisifs, mais une république ; il crut qu'on pouvait ainsi concilier les préceptes de l'évangile avec les devoirs de la société.

L'histoire de la république de *S. Marin* n'offre ni brillantes conquettes, ni ce luxe qui coûte tant de larmes, et excite l'envie des nations. Elle ne présente que 1500 ans de paix et de bonheur, tandisque tous les autres Etats de l'Europe ont éprouvé dans cet intervalle, une multitude de révolutions.

Il n'y a dans tout l'Etat que trois châteaux, trois couvens et cinq églises. La ville qui est assise sur l'un des sommets les plus escarpés de la montagne, est souvent dans la neige, lorsque les ardeurs de l'été se font déjà ressentir aux environs. Cependant la vigne qui croit parmi les rochers, y donne un vin excellent. Il n'y a qu'un chemin pour arriver à la ville, et il est défendu sous les plus grandes peines, de chercher à y pénétrer par tout autre côté. Le peuple content du peu qu'il possède, et des produits de son industrie, aime la justice et pratique la vertu ; et ce petit essaim d'abeilles est sans doute bien plus heureux au milieu des rochers et des neiges de *S. Marin*, que ces nombreux troupeaux d'esclaves qui habitent les plaines les plus fertiles et les vallées les plus agréables.

De *Rimini* jusqu'à *Fano*, on marche sur les dunes entre la mer et la campagne, excepté près de *Pesaro* où l'on rencontre une montagne qu'on est obligé de gravir. Avant d'arriver à la *Catholica*, on passe la *Conca* sur un pont. La *Catholica* est ainsi appelée, parcequ'elle donna asile aux prêtres ortodoxes, qui, pendant le concile de *Rimini*, se séparèrent des évêques *Arriens*. De la *Catholica* on va à *Pesaro* en côtoyant la mer, lorqu'elle est calme ; dans le cas contraire, on prend le chemin supérieur : tout ce pays est parsemé de jolies maisons, et fort bien cultivé.

Pesaro est une ville de huit mille habitans, fort ancienne, située sur une petite éminence et à l'embouchure de la *Foglia* dans la mer adriatique. Cette ville après avoir passé des *Gaulois* aux *Romains*, des *Romains* aux *Goths*, et de ceux-ci à quelques seigneurs particuliers, qui s'en emparèrent par la ruse ou par la force, fut réunie à l'Etat ecclésiastique sous le pontificat d'*Urbin* VIII : aussi voit-on la statue en marbre de ce pape sur la place principale. *Pesaro* est entourée de murs et flanquée de bastions ; son port quoique petit, est assez commode ; ses rues sont larges et bien alignées ; ses églises contiennent des tableaux précieux dont quelques uns sont de *Paul Véronèse*, du *Guide*, du *Baroche*. Un ancien aquéduc dont il est même parlé dans *Tite-Live*, fournit abondamment la ville d'une eau excellente. Autrefois l'air y était malsain, mais depuis le desséchement des marais environnans, le séjour en est très agréable. En effet, rien de si charmant que les côteaux qui l'entourent ; c'est un mélange de prairies, de vignobles et de vergers, qui sert d'ornement à la nature et fait la richesse du pays. Les figues de *Pesaro* sont très renommées ; elles surpassent en bonté tous les autres fruits.

Vient ensuite *Fano* qui est à 7 lieues et demie de *Rimini* : c'est une ville d'environ 6 milles habitans, assez jolie, bâtie sur le bord de la mer et fort près du *Métaure*. Elle a un petit port sur l'Adriatique, de belles églises, une riche bibliothèque, et un théâtre aussi remarquable par son architecture et son étendue, que par sa perspective et ses décorations : on y voit encore les ruines d'un ancien arc de triomphe, mais les inscriptions en sont presque entierement effacées. Il ne reste aucun vestige du temple que les Romains y avaient élevé à la Fortune, et qui avait fait donner à cette ville le nom de *Fanum Fortunæ*. On vante les truffes de *Fano* comme ayant un goût exquis et un parfum délicieux.

C'est à *Fano*, comme nous l'avons déjà fait observer, que la route de *Rimini* à *Rome*, se divise en deux branches, qui se rejoignent à *Foligno*, et que nous allons décrire successivement.

1.re *Branche de la route de Fano à Rome*; c'est celle qui prend à droite; elle est la plus directe. De *Fano* à *S. Casiano*, la route côtoie le *Métaure*. En remontant le cours de cette rivière, on rencontre d'abord *Fossombrone*, petite ville située à peu près au même endroit que l'ancien *Forum Sempronii*. On y voit encore les ruines d'un théâtre, et quelques restes d'antiquité. Là on passe un bras du *Métaure* sur un beau pont, récemment construit; et poursuivant la route par *Furlo*, on arrive au pied de la montagne d'*Adrusbal*, montagne ainsi appelée à cause de l'action mémorable qui eut lieu dans cet endroit entre les *Carthaginois* et les *Romains*.

Adrusbal ayant passé les alpes, venait au secours d'*Annibal*, son frère. Le consul *Claudius Nero*, encouragé par un avantage qu'il avait remporté contre *Annibal*, et sentant que son collègue *Livius* était trop foible pour s'opposer au passage d'*Adrusbal*, entreprit d'empêcher la jonction des deux frères. Dans ce dessein, il prit une partie de ses troupes, ordonna à celles qu'il laissait dans son camp, d'allumer les feux comme à l'ordinaire, et de ne rien changer à l'ordre accoutumé; partit dans la nuit, déroba sa marche, traversa l'Italie en six jours, joignit *Livius* sur le *Métaure*, et se mit sous les ordres de ce collègue. *Adrusbal* apprenant l'arrivée de *Claudius*, croit que son frère est perdu; ses troupes se découragent: les deux consuls profitent de son erreur, le forcent à recevoir le combat, et il est tué avec 50 mille des siens. *Claudius* ne perd pas un instant, retourne en diligence vers *Clusium*, rentre dans son camp, avant qu'*Annibal* puisse se douter qu'il en était sorti; range son armée en bataille, fait jeter dans le camp ennemi, la tête d'*Adrusbal*, et force ainsi *Annibal* à prendre la fuite.

C'est là qu'on voit avec étonnement, la vo *Flaminia* creusée au ciseau pendant l'espace d'un demi-mille, dans le cœur même d'une montagne fort élevée. Cette prodigieuse excavation est ce qu'on appelle proprement le *Furlo*; *Victor* lui a donné le nom de *Petra Pertusa*. D'après l'inscription qu'on y lit, il paroit que la voie *Flaminia* fut réparée dans les premiers siècles de l'empire romain.

Cagli qu'on rencontre bientôt après, est une petite ville bâtie par les *Romains* au pied du mont *Petrano*. Là on trouve le pas des échelles, *Passo delle Scalette*.

Avant d'arriver à *Cantiano*, on passe le second bras du *Métaure* sur un superbe pont appelé *Ponte Grosso*: c'est de tous les ouvrages qu'on trouve sur la voie *Flaminia*, le plus digne des anciens *Romains*. *Cantiano* est un château élevé sur le ruines de la ville de *Luccola* qui fut détruite par *Narsés*. *Sigillo* et *Gualdo* qu'on rencontre ensuite sur la route, sont deux châteaux bâtis par les *Lombards*.

De *Gualdo* on descend à *Nocera*, petite ville, mais fort ancienne, située au pied de l'*Apennin*; *Tite-Live* l'appelle *Alpha Terna*. Suivant *Pline*, les vases de bois qu'on y fabriquait étaient très recherchés : aujourd'hui elle n'est renommée que pour ses bains et une source d'eau légère qui à des qualités médecinales. De *Nocera* en passant par *Ponte Centesimo*, on arrive à *Foligno* en suivant le cours d'une petite rivière, et sur une route assez commode.

2.me *Branche de la route de Fano à Rome*. De *Fano* à *Ancone*, la route est assez agréable, quoique la plaine qu'elle traverse, soit fort resserrée à cause du peu de distance qu'il y a entre les bords de l'Adriatique et les montagnes voisines qu'on est obligé de côtoyer.

Sinigaglia qu'on trouve à 4 lieues de *Fano*, est une petite ville située sur le bord de la mer, très commerçante et bien peuplée. Cette ville qui fut fondée par les anciens *Gaulois Sénonois*, est aujourd'hui célèbre par la foire qui s'y tient tous les ans, et qui y attire un grand concours d'étrangers. Elle a un petit port formé par la *Misa* à son embouchure dans la mer. Pendant la tenue de la foire dont nous venons de parler, *Sinigaglia* offre un spectacle vraiment curieux: c'est un mouvement perpétuel d'une foule de gens de toutes nations, occupés à se chercher, ou empressés à faire transporter les marchandises du port à la ville, et de la ville au port. Les rues sont entièrement couvertes de tentes suspendues que l'on humecte de temps en temps, et le sol est garni de planches pour la commodité des transports. Les palais, les maisons, les quais, les moindres espaces sont convertis en magasins. On imagine aisement quels flots de sueur, l'ardeur de la canicule fait couler dans un tel mouvement, et au milieu d'une telle presse. Les fossés, les glacis et les dehors de la ville, sont couverts de barraques, de cuisines et de chevaux au piquet. La plus petite chaumière rassemble plusieurs ménages. Le beau monde se réfugie dans les cafés. Les *Iles* et tous les bords de l'*Adriatique*, la *Sicile* et une partie de l'*Archipel* forment le fond de cette foire. Les Grecs parlent l'italien ou se servent de la langue *franque* qui est un alliage de grec, d'italien et de provençal, c'est à dire, des trois langues actuelles les plus douces. Ils ont l'air et la physionomie des meilleures gens du monde; étendus sur le pavé, à demi endormis, ils font de leur corps un rempart à leur petite boutique, et vendent sans changer de situation. L'air national se démêle au premier coup d'œil dans chacun des autres marchands. Le *Lombard*, le *Suisse*, le *Lionnois* appellent les passans, les invitent à acheter, et déploient avec empressement toute leur boutique. L'*Hollandais* uniquement occupé de l'arrangement de ses marchandises, en nettoie chaque pièce; le *Romagnole* et le *Sicilien* debout, le ventre appuyé sur le comptoir, le chapeau enfoncé sur les yeux, font intérieurement leurs comptes. L'*Anglais* fier et dédaigneux, présente les marchandises qu'on lui demande, y met le prix, et si l'on fait mine de marchander, les remet à leur place, et reprend sa promenade dans la boutique. Tels sont les objets aussi variés que singuliers qu'offre la foire de *Sinigaglia*.

Au sortir de cette ville, on se raproche du rivage de la mer qu'on côtoie jusques à *Cuse Bruciate*; là on passe la rivière d'*Esino*, et tournant du côté des terres, on arrive à *Ancone* par une route nouvellement construite, et beaucoup plus commode que l'ancienne.

Ancone est une ancienne ville bâtie sur le penchant d'une colline qui s'avance dans la mer. Son port de forme circulaire, défendu par deux môles, est un des plus beaux, des plus commodes et des plus fréquentés de l'Italie. On croit que cette ville doit sa fondation à des *Siracusains* qui fuyant la tyrannie de *Dénis*, vinrent s'établir sur les côtes de l'Adriatique. Les *Romains* y placèrent la station de leur flotte dans la guerre contre les *Illiriens*, et *César* après le passage du *Rubicon*, y mit une garnison; *Trajan* fit considérablement agrandir son port, et ce fut pour marquer leur reconnoissance à cet empereur, que les habitans d'*Ancone* érigèrent en son honneur, un arc de triomphe qu'on voit encore sur la jetée du port ou à l'entrée du môle, monument qui est un des mieux conservés de ce genre. Cet arc de triomphe est bâti en marbre de *Paros*, et joint si exactement, qu'il semble ne faire qu'une seule pièce. Il est décoré de colonnes corinthiennes posées sur d.

piédestaux. Il y a un attique audessus avec une inscription que le temps n'a point effacée. La solidité de cet ouvrage a beaucoup contribué à sa conservation; mais la main des barbares l'a dépouillé d'un grand nombre de statues de bronze, de trophées et d'autres ornemens accessoires.

Assez près de là, est une autre arc de triomphe moderne, élevé en l'honneur du pape *Clément* XII, qui avait commencé le môle et le lazaret. Ce second arc d'ordre dorique, est assez estimé. La citadelle qui fut bâtie après qu'*Ancone* eut été soumise entiérement au Saint Siège, commande la ville et le port.

Ancone vue du côté de la mer, présente le plus beau coup d'œil; mais l'intérieur de cette ville n'offre rien d'agréable: ses rues sont très étroites, et ses maisons peu considérables. On y tolère en faveur du commerce, toutes les réligions, ce qui contribue beaucoup à augmenter la population qu'on fait monter à 20 mille habitans, en y comprenant 5000 Juifs qui s'occupent d'un commerce très actif.

La cathédrale dédiée à *S. Ciriaque*, est située sur la pointe du cap où était autrefois un temple de *Vénus*. Les autres églises renferment quelques tableaux de prix dont quelques uns sont du *Guerchin*, du *Titien*, etc.

En général les femmes d'*Ancone* et des autres villes situées sur cette côte de l'Adriatique, ont la réputation d'être beaucoup plus jolies que dans le reste de l'Italie. Il serait injuste, comme l'ont fait quelques voyageurs, de chercher la cause de cette distinction, dans l'affluence des étrangers, puisque d'autres voyageurs assurent au contraire qu'il y a beaucoup de mœurs et de retenue dans les femmes de ce pays.

D'*Ancone* à *Lorette* il y a 6 lieues. La route est peu commode parcequ'on ne fait que monter ou descendre. Cependant la campagne est belle, bien cultivée et assez peuplée.

Lorette est une ville moderne d'environ 6 mille habitans, bâtie sur le sommet d'une colline et à trois quarts de lieue de la mer. Ses édifices n'ont rien de remarquable, et sa rue principale n'est composée que de boutiques où l'on vend des chapelets, des médailles, des rubans, des fleurs artificielles, et autres petits objets de dévotion; commerce qui a eu rapporté par année jusqu'à cent quatre vingt mille livres. La ville est fortifiée par une bonne muraille, à laquelle *Sixte* V fit ajouter plusieurs bastions, pour mettre la place à couvert de toute surprise de la part des corsaires turcs, qui sous *Mahomet* II et *Sélim*, son neveu, attirés par l'espoir du butin, avaient fait des descentes sur ces côtes.

Ce qu'il y a de plus curieux à voir dans cette ville, est la *Santa Casa* ou la *Maison de la Vierge*; on en trouve sur les lieux une description imprimée et très détaillée; il nous suffira donc de raporter ici ce que *Lorette* offre de plus digne de fixer l'attention des voyageurs.

La *Santa Casa* ou la Maisonnette de la Vierge, qui fut, dit-on, dans le 13.^m siècle, miraculeusement transportée de *Nazareth* en *Dalmatie*, et de *Dalmatie* au lieu qu'elle occupe enfin aujourd'hui, après avoir plusieurs fois changé de station dans la forêt qui environnait *Lorette*, est au milieu d'une riche et magnifique église qui a été réparée dans le goût moderne. A l'entrée de cette église, on voit une statue en bronze de *Sixte* V, et sur la façade, la statue de la *Vierge* avec des bas-reliefs, et des portes de bronze. Les chapelles sont décorées de superbes mosaïques, et la coupole de très belles peintures. La *Santa Casa* située sous cette coupole, a 31 pieds, 9 pouces de long, 13 pieds, 3 pouces de large, et 18 pieds, 9 pouces de haut: elle est bâtie de briques; l'on y remarque quelques restes de peintures noircies par la fumée des lampes et des cierges. Les chambranles des portes et des fenêtres sont revêtus d'épaisses lames d'argent; le pavé est formé de carreaux de marbre blanc et rouge: on prétend que les auges, en transportant cette maison, laissèrent à *Nazareth*, l'ancien pavé ainsi que les fondations. Au dessus de la cheminée qui est au fond, du côté de l'orient, est une niche dans laquelle on a mis une statue de la Vierge qu'on dit être de bois de cèdre, et avoir été sculptée par *S. Luc*, quoique cet évangéliste ne fut point sculpteur. Cette figure est couverte d'or et de pierreries. L'intérieur de la *Santa Casa* renferme des richesses dont l'œil ne peut soutenir l'éclat, et que l'imagination aurait de la peine à évaluer. On y admire un tableau de la *Nativité de la Vierge* par *Annibal Carrache*, et une sainte famille de *Raphaël*. Dans le vestibule, est un grand tableau du *Guide*, représentant la *Vierge* à l'ouvrage avec six jeunes filles et des vieilles qui les instruisent. A cette maison ou chambre, on a fait un encaissement de marbre de Carrare qui est un chef-d'œuvre de l'art; il est d'ordre corinthien, et représente les mystères de la Vierge. L'architrave qui règne tout au tour, est soutenue par des colonnes entre lesquelles figurent dans des niches, les statues des prophètes et des sibylles. L'architecture de cet édifice est de *Bramante*.

Les peuples de la chrétienté ont une si grand dévotion pour ce sanctuaire, que *Lorette* es devenue le plus fameux pélerinage qu'il y ait au monde. Les pélerins se rassemblent en grandes compagnies, et forment plusieurs caravanes qui ont chacune leur bannière, leur gouverneur et leurs prêtres. Ce grand concours va quelque fois au nombre de 100 mille. Une des principales et des plus pénibles dévotions qu'on y observe, c'est de faire à genoux, le tour de la *Santa Casa*. Le pavé, quoique de marbre, est sillonné à la profondeur de plus d'un pouce et demi, et l'on est souvent obligé de le renouveler. On sent que parmi cette multitude innombrable de pélerins, il en est dont la dévotion n'est pas toujours le motif dominant du voyage, et l'on présume peut être avec quelque fondement, que plusieurs Dames italiennes se servent de ce prétexte, pour se délivrer pendant quelques jours, de la contrainte ou de la servitude que leur font subir des maris jaloux ou des parens trop sévères. Du reste, les pélerins ne s'en retournent jamais, qu'ils n'aient laissé leur présent, suivant leurs facultés, ce qui grossit considérablement le trésor de *Lorette*. Le pape *Pie* VI dépouilla en grande partie ce trésor, pour payer aux *Français* la somme convenue par le traité de *Tolentino* de 1797. Cette paix ayant été de courte durée, les *Français* prirent *Lorette* en 1798, et transportèrent la statue de la Vierge en France, qu'ils rendirent cependant dans la suite, en sorte que le sanctuaire est à présent dans son premier état, dumoins pour la partie religieuse.

A *Lorette*, outre la superbe église de la *Madonna*, on admire la place qui est en face de cette église, décorée de deux beaux portiques, et d'une fontaine dont le bassin est de marbre avec des ornemens de bronze. Il faut voir encore le palais épiscopal, et la pharmacie, édifice souterrain où sont 300 vases peints d'après les dessins de *Raphaël*. La route qui conduit en pente douce de *Lorette* à la mer, est bordée de maisons de campagne très agréables, et de jardins bien entretenus, ensorte que tout cet espace forme un amphithéâtre dont le coup d'œil est charmant.

Pour aller de *Lorette* à *Foligno*, il faut traverser les montagnes de l'*Apennin*, ce qui annonce une route assez inégale et peu commode. On rencontre d'abord *Recanati* qui n'a de remarquable, qu'un monument en bronze, élevé sur le palais public en l'honneur de *notre Dame*, et quelques maisons assez bien bâties. Entre *Recanati* et *Macerata*, la campagne est si fertile, qu'elle ressemble à un lieu de plaisance qui appartiendrait au même maître; ce sont des productions territoriales de toute espèce, des champs de blé, des prairies naturelles ou artificielles, des vignes, des arbres fruitiers, des potagers, des plantations de mûriers, de peupliers; le tout arrosé par plusieurs rivières et ruisseaux.

Macerata est une ville d'environ 10 mille habitans, située sur le sommet d'une montagne d'où l'on découvre la mer Adriatique: elle est assez bien bâtie, mais peu commerçante. La *Porte Pie* est un arc de triomphe érigé par le cardinal de ce nom, avec son buste en bronze par dessus. Il y a quelques églises qui méritent d'être vues, telles que la cathédrale dédiée à *S. Julien*, l'église des *Jésuites*, celle des *Barnabites*, et une chapelle des confrères de la *Miséricorde* qui est toute revêtue de marbres. La plaine qu'on traverse en allant de *Macerata* à *Tolentino*, est assez bien cultivée, mais il s'en faut bien qu'elle soit aussi productive que celle qu'on vient de quitter; on y remarque cependant des haies vives composées d'arbustes qui portent des fruits, et servent en même temps de défense et d'ornement aux champs qu'ils entourent.

Tolentino est une petite ville bâtie sur la *Chienta*, et qui n'offre rien de remarquable. En sortant de cette ville, on entre dans les *Apen-*

nins au milieu des quels on voyage jusqu'aux approches de *Foligno*.

En remontant le cours de la *Chienta*, on gagne *Valcimara*, village situé dans une vallée couverte de superbes chênes. Ici la plaine cesse, et l'on monte continuellement jusqu'au passage étroit de *Serravalle*. Au pont de *la Trave* qu'on trouve entre *Valcimara* et *Serravalle*, on laisse à peu de distance sur la droite, la petite ville de *Camerino*, située sur une montagne dont les habitans connus dans l'histoire, fournirent à *Scipion*, suivant *Tite Live*, 600 hommes pour passer en Affrique.

Serravalle est un gros bourg qui sépare la Marche d'*Ancone* d'avec l'*Ombrie*; il est resserré par deux montagnes qui sont à peine éloignées l'une de l'autre, de 150 toises. On y voit les ruines des murailles et des portes d'un château bâti par les *Goths*. A *Col Fiorito* qu'on trouve bientôt après avoir dépassé *Serravalle*, le chemin est creusé dans le rocher, et forme un demi cercle d'environ 2 milles d'étendue. Si deux voitures se rencontrent dans cet endroit, on est obligé de faire rétrograder l'une des deux, en attachant les chevaux par derrière. Ce passage est surtout périlleux dans le temps des neiges.

Vient ensuite le village de *Case nuove* situé dans un terrain stérile, et dont les habitans n'ont presque d'autre ressource que la charité des passans. La montée et la descente de *Case nuove* à *Foligno*, sont très difficiles; dans un endroit appelé *Carriere di Foligno*, le chemin est très étroit et sans parapet; il côtoie un précipice effrayant et célèbre par des événemens funestes. Cependant malgré l'espèce d'horreur dont on est saisi, en parcourant les montagnes de l'*Apennin*, on y trouve des arbustes, des plantes, des fleurs de toute espèce et autres curiosités que la nature offre à ceux qui font des recherches sur ses productions et ses phénomènes. Avant d'arriver à *Foligno*, et à peu de distance de cette ville, on découvre une vallée délicieuse. La fertilité du sol, des prés toujours verts, l'aspect des montagnes et des collines couvertes d'arbres, tout charme le voyageur fatigué de la vue du pays aride qu'il vient de parcourir.

C'est au milieu de ce beau bassin, qu'est assis *Foligno*, petite ville, mais très intéressante. La cathédrale est d'une belle architecture. Dans le couvent des *Franciscains*, on voit un superbe tableau de *Raphaël* représentant la *Vierge* dans sa gloire. Quel que soit le prix des monumens des arts, ce que *Foligno* offre encore de plus digne de remarque, c'est une population qui se compose de riches négocians, d'artisans laborieux et de cultivateurs dont l'intelligence et l'activité devraient servir d'exemple au reste de l'Italie : ajoutons cette température de climat dont parle *Horace* : *est ubi plus tepeant hyemes* etc.; un sol des plus fertiles; la facilité que donnent d'immenses prairies pour l'engrais des bestiaux; des manufactures considérables de papier; une foire très fréquentée ; tels sont, dans cet heureux pays, les aiguillons et les ressources de l'industrie.

Lorsqu'on est près du lieu appelé *le Vene*, qui est à moitié chemin de *Foligno* à *Spolette*, on aperçoit le long de la voie *Flaminia*, au pied des collines qui bordent la plaine, un petit temple ancien, construit vers la source du *Clitumne*, rivière que *Virgile* a célébrée pour la fertilité de ses bords et la beauté des troupeaux qu'on y nourrissait, et parmi lesquels on choisissait les victimes pour les sacrifices:

Hinc albi, Clitumne, greges, et maxima taurus
Victima, sæpe tuo perfusi flumine sacro,
Romanos ad templa deûm duxere triumphos.
Hic ver assiduum, atque alienis mensibus æstas;
Bis gravidæ pecudes, bis pomis utilis arbor.
(Géorg. *liv.* 2).

» Heureux *Clitumne*, tu vois souvent se baigner
» dans tes eaux sacrées, des taureaux blancs,
» victimes destinées aux dieux, et qui ont con-
» duit plus d'une fois nos triomphateurs au ca-
» pitole. Là règne un printemps éternel, et
» presque tous les mois sont des mois d'été;
» là les brebis et les arbres portent deux fois
» dans l'année ». Le *Clitumne* sort de dessous
un rocher, et va serpentant dans la plaine. Sa
source et les agrémens de ses bords sont encore
tels que *Pline* les a décrits; le temple qu'on
voit au près, est sans doute le même que celui
dont parle cet historien de la nature; on l'a réparé en partie, et quoique les chrétiens l'aient
consacré au service divin, on l'appelle toujours
dans le pays, le *Temple de Clitumne*.

Spolette est une ville très ancienne, bâtie sur
un terrain inégal; les rues en sont fort étroites.
Annibal vainqueur à *Trasimène*, croyait aller
droit à *Rome*; mais ce fut inutilement qu'il
assiégea *Spolette*; les habitans de cette ville le
forcèrent à se retirer avec une perte considérable, et ce départ occasionné par une vigoureuse sortie, fut plutôt une fuite qu'une retraite.
C'est en mémoire de cet événement qu'il y a à
Spolette une porte qu'on appelle *di Fuga*. Deux
arcs de triomphe fort délâbrés, forment autres

deux portes. Un pont de 600 pieds de long et de 300 pieds de haut, traverse la *Maroggia*, torrent impétueux, qui coule entre la ville et la montagne. Un aqueduc très considérable sert encore à conduire de l'eau, du milieu de la montagne de *Luco*, dans la ville de *Spolette*; cet aqueduc passe sur un des côtés du pont dont nous venons de parler. On doute si ces ouvrages étonnans par leur étendue, et par l'élévation du pont, la plus grande qu'il y ait en Europe, sont du temps des Romains ou des Goths. *Spolette* conserve plusieurs restes de son ancienne magnificence; on y voit les ruines d'un théâtre; l'église du *Crucifix* a été, dit-on, bâtie dans le même endroit où était un temple de la *Concorde* dont il reste six belles colonnes. Dans le couvent de *S. André*, dans l'église de *S. Julien*, on reconnoit quelques ruines d'anciens temples. Les édifices publics de *Spolette* ont souffert beaucoup par le tremblement de terre qui eut lieu en 1767. Cette ville a une population de 7500 habitans; son territoire est très fertile, et produit d'excellent vin.

A environ deux ou trois milles de *Spoletta*, on commence à gravir la *Somma*, qui est la montagne la plus élevée de cette partie des *Apennins*; on croit qu'elle tire son nom d'un ancien temple qui y avait été élevé à *Jupiter Summanus*. Au de là de cette montagne, est *Terni*, ville de 12 mille habitans, appelée autrefois *Interamna*, parcequ'elle est bâtie entre les deux bras de la *Nera*. On la croit aussi ancienne que *Rome* : elle fut érigée en colonie l'an 458 de la république. C'était la patrie de l'empereur *Tacite*, et de l'historien de ce nom. On voit dans le jardin de l'évêché, un reste d'amphithéâtre ; dans l'église de *S. Sauveur*, des vestiges d'un temple du *Soleil* ; et dans la *Villa* de la famille *Spada*, les ruines de quelques bains anciens. Le commerce le plus considérable de *Terni* consiste en huile : cette ville est à 6 lieues de *Spolette*, et à 18 de Rome.

Ce que les environs de *Terni* présentent de plus curieux, c'est la cascade de *Marmora*, formée par le *Velino*, qui se précipite dans la *Nera*, d'une hauteur de 1063 pieds. On monte à cheval ou en calêche, pour aller voir cette fameuse cascade, l'un des plus beaux spectacles que la nature offre en Italie : elle est à 4 milles de *Terni*.

Le *Velino* prend sa source dans les montagnes de l'*Abruzze* ultérieure, passe à *Rietti* et se jette dans le lac de *Luco*. Vers l'an 671 de *Rome*, *Curius Dentatus* dessécha le territoire de *Rietti*, et donna aux eaux, leur écoulement dans la *Nera*, par le *Velino*. Voilà pourquoi le *Velino*, après avoir traversé le lac *Luco*, paroît beaucoup plus considérable qu'avant d'y entrer. Au sortir du lac, le *Velino* se dirige par une pente assez rapide vers la montagne de *Marmora*, qui forme une ouverture de 20 pieds de largeur : les eaux arrivant en abondance, s'échapent par cette ouverture, et se précipitent de 200 pieds de hauteur perpendiculaire, dans un abîme qu'elles se sont creusé ; bientôt elles sortent de cet abîme avec une espèce de fureur, et bondissent en écume blanchâtre à travers le rochers ; le mugissement de l'air continuellement comprimé par leur poids, imite les préludes d'une tempête : mais ce qu'il y a des plus amusant, c'est qu'en tombant et en se brisant sur les rochers, les eaux réperoutées, s'élèvent en brouillard, et forment un nuage semblable à un tourbillon de poussière, qui monte au dessus du point de leur chûte, et puis retombant en rosée, raffraichit le terrain des environs. Quand le soleil paroit, ce nuage éternel de poussière humide produit un phénomène nouveau : chaque goutte réfléchissant et réfractant les rayons solaires, on voit une multitude d'arcs-en-ciel mobiles, qui se croisent, montent, descendent, et se jouent au gré du mouvement que l'eau pulvérisée reçoit de la force de sa chûte. Le vent du midi vient-il à souffler ? Il rassemble le brouillard contre la montagne, et le tient comme suspendu ; alors le soleil ne forme qu'un seul grand arc qui couronne toute la cascade.

Au sortir de *Terni*, et entre cette ville et *Narni*, on trouve un vallon d'environ 5 lieues de longueur, partagé par la rivière de *Nera*, dont les eaux sont de la plus grande limpidité : on y voit les prairies les plus riantes, les terres les mieux cultivées, de nombreuses plantations de mûriers, de peupliers, d'arbres à fruit de toute espèce, et dans quelques endroits des bosquets d'orangers, de citronniers et d'oliviers. Ce vallon est formé par des côteaux plantés de vignes : rien n'est aussi séduisant.

C'est sur la *Nera*, qu'on aperçoit les ruines d'un ancien pont qu'*Auguste* fit bâtir : il était en marbre, et formé de quatre grandes arches dont une seule est restée entière. Le chemin de *Narni* à *Pérouse* passe sous cette arche qui a 60 pieds de haut ; les piliers en ont 28.

Narni est une petite ville très ancienne. *Tite Live* en parle sous le nom de *Niquinum* ; il dit que cette ville était bâtie sur un terrain escarpé et d'un côté très rapide, ce qui convient à la situation de *Narni*. Les *Romains* s'en emparèrent par la trahison de deux de ses habitans, et y envoyèrent une colonie qui fut appelée *Narnia*, du nom de la rivière qui coulait à *Niquinum*: elle a donné naissance à l'empereur *Nerva*. On voit dans la cathédrale le grand autel placé entre quatre belles colonnes de marbre qui forment un baldaquin au dessus du tabernacle. *Narni* fut détruite de fond en comble par les troupes vénitiennes, qui venaient joindre l'empereur *Charles* V, lorsqu'il assiégeait Clément VII dans le château *S. Ange*: elles égorgèrent jusqu'aux femmes et aux enfans, brûlèrent et démolirent les maisons et les édifices publics. L'aqueduc de *Narni* percé au travers des montagnes, a 15 milles de long, et fournit de l'eau à beaucoup de fontaines.

En descendant de *Narni* à *Otricoli*, on quitte les *Apennins*. *Otricoli* est un bourg situé sur une colline, à 13 lieues et demie de *Rome*. On voit au couchant de ce bourg, les restes d'un théâtre et de plusieurs édifices publics qui attestent son ancienne magnificence. Les fauxbourgs de l'ancienne Rome s'étendaient jusques là: en effet, depuis *Oriculum* jusqu'à cette capitale, il y avait une suite de si beaux monumens, que lorsque l'empereur *Constantin* vint en Italie pour la première fois, il croyait, en sortant d'*Oriculum*, entrer dans la ville même de *Rome*. Ainsi l'on peut dire que *Rome*, en y comprenant les fauxbourgs, occupait, depuis *Oriculum* jusqu'à la mer, un espace de près de 25 lieues; et ceux qui y comptaient quatre millions d'habitans, ne se trompaient pas de beaucoup, s'ils étendaient *Rome* jusqu'à l'extrêmité de ses fauxbourgs. Maintenant entre *Otricoli* et *Rome*, la campagne n'offre plus qu'un triste désert; quelques troupeaux qu'on y fait pacager, en sont le seul produit.

A *Borghetto* on sort de l'*Ombrie*, et l'on entre dans la *Sabine*, en passant le *Tibre* sur un beau pont à trois arches construit sous le règne d'*Auguste*, et réparé sous le pontificat de *Sixte* V. Depuis là jusqu'à *Rome*, le pays est couvert d'anciens volcans.

On rencontre ensuite *Civita Castellana*, ancienne capitale des *Falisques*, aujourd'hui petite ville à 10 lieues de *Rome*, située sur une montagne escarpée, et où l'on n'arrive que par des chemins tortueux, étroits et difficiles, tels que *Tite Live* en décrit les abords. *Furius Camillus* la tenait assiégée depuis deux ans sans succès: un maître d'école lui livra tous les enfans que les habitans avaient confiés à ses soins. *Camille* eut la générosité de renvoyer les enfans et le maître, ce qui détermina les *Faliques* à se soumettre. *Civita Castellana* n'est pas précisément dans le même emplacement que la capitale des *Falisques* appelée *Falerium*; avant d'y arriver, on voit quelques restes d'anciennes fortifications sur les rochers qui bordent la montagne du côté de *Rome* : c'est là qu'on juge qu'étaient la ville, la citadelle et le temple de *Junon* de l'ancienne capitale des *Falisques*. La ville qui la remplace, est petite, mal bâtie, pauvre et déserte. Le palais qu'*Alexandre* VI y fit construire, ressemble à une forteresse, aussi y enferme-t-on les prisonniers d'état. La ville est presque environnée de trois petites rivières qui coulent dans des vallons de plus de 300 toises de profondeur. La roche sur laquelle elle se trouve bâtie, a été réunie à la campagne, par un magnifique pont à doubles arcades; aux environs de cette ville, la terre est profondément déchirée par des gouffres d'un aspect singulier, et qui ne peuvent être que l'ouvrage des volcans. Des bois couvrent ces précipices comme pour en cacher l'horreur; si l'on s'en approche, on voit d'immenses fragmens de roches, couverts de lierre et d'églantiers, qui, plongeant dans ces abîmes, y forment une espèce de décoration théâtrale dont la perspective est aussi pittoresque qu'effrayante.

A *Civita Castellana* la plupart des voyageurs quittent l'ancienne voie *Flaminia*, qui est maintenant en mauvais état, et prenent la nouvelle route qui joint près de *Monte Rosi*, celle de *Florence* à *Rome*, route que nous avons décrite dans le §. XII de cette section.

§ 15.

Description de Rome.

Nous voici enfin parvenus à cette *Rome* jadis le siège de l'empire de l'univers, et si digne encore de toute notre admiration, soit par les monumens antiques qu'elle a conservés, soit par les chefs-d'œuvre modernes dont le génie des arts a pris soin de l'embellir. Ce n'est pas sans une sorte d'émotion qu'on aborde cette ville à jamais célèbre. De grands souvenirs, liés à l'aspect des lieux qu'habitèrent *Camille*, *Scipion*, *Pompée*, *César* et tant d'autres héros, forcent l'ame à se replier sur elle même. Telle est donc l'inconstance, la fragilité des choses humaines; la nature, comme un gouffre immense, engloutit les générations pour en produire, d'autres destinées à disparoître à leur tour, ne laissant après elles que quelques légères traces de leur fugitive existence.

D'un autre côté, c'est sur *Rome* que dans nos premières études, les yeux de notre esprit se sont ouverts; *Rome* est le premier monde que nous avons connu, et un monde à l'ornement duquel ont travaillé à l'envi l'histoire, l'éloquence, la poésie et les arts les plus séducteurs. *Tite Live*, *Tacite*, *Saluste*, *Ciceron*, *Virgile*, *Horace* nous ont charmés par leur style naturel et sublime; ils nous ont électrisés par la force de leurs raisonnemens, par la noblesse de leurs pensées; et ces diverses impressions que nous avons reçues dès la plus tendre jeunesse, parlent trop fortement à notre imagination pourque cette *Rome* qu'ils ont illustrée, nous soit étrangère; *civitas in qua nemo hospes, nisi barbarus.* Cicer.

Mais ce vif intérêt qu'inspire l'ancienne capitale du monde, nous avertit en même temps de la difficulté de notre entreprise. On ne peut faire un pas dans cette ville, sans y rencontrer quelque monument de son antique splendeur, ou quelque chef-d'œuvre des artistes modernes; et comment sans sortir des bornes que nous prescrit la nature de cet ouvrage, décrire en détail cet amas de richesses qu'un volume suffirait à peine pour indiquer? Il faut donc nous réduire à ne donner ici qu'une simple esquisse de ce que *Rome* offre de plus intéressant; et pour remplir notre tâche avec la clarté et la précision que le sujet désire, nous diviserons *Rome*, en *antique* et *moderne*, et nous commencerons par chercher dans celle-ci, ces monumens qui perpétuent la mémoire de l'autre, monumens que la faux du temps et la hache des barbares ont horriblement mutilés.

Rome antique.

D'après l'opinion commune, *Romulus*, prince d'une naissance incertaine, nourri par une femme prostituée, élevé par des bergers et devenu chef de brigands, jeta les fondemens de *Rome* dans la 4.ᵉ année de la 6.ᵉ olympiade, et la 753.ᵉ avant la naissance de J. C. il la consacra au Dieu de la guerre dont il voulait qu'on le crut sorti, et admit pour habitans, des gens de toutes conditions, la plupart pâtres et bandits, mais tous d'une valeur déterminée: les esclaves et les fugitifs y trouvèrent un asile, et le titre de citoyen y fut même accordé aux ennemis faits prisonniers de guerre.

Romulus fit tracer avec la charrue, l'étendue que devait avoir la ville qu'il fonda sur le mont *Palatin*. Ce fut d'abord à proprement parler, un village formé d'environ mille chaumières où l'on renfermait le butin, les bestiaux et les fruits de la campagne; le palais de *Romulus* était construit de joncs et couvert de chaume; et de cette retraite de voleurs, sortirent cependant les conquérans de l'univers.

Une chose qui contribua surtout à la prospérité de cette ville naissante, fut le soin qu'on prit d'y établir une forme de gouvernement qui conciliât la liberté avec l'empire; et pour y parvenir, on partagea la souveraine puissance entre le chef ou le prince de la nation, un sénat qui devait lui servir de conseil, et l'assemblée du peuple.

Romulus fondateur de *Rome*, en fut le premier roi. Au mont *Palatin* qu'on avait déjà environné de murs et de fossés, il ajouta le mont *Tarpeyen*, lorsque les *Sabins* eurent pris le parti de s'unir aux *Romains*. *Numa* donna à la ville, une plus grande étendue, en y joignant le mont *Quirinal* où l'on dressa un trophée à *Romulus* sous le nom de *Quirinus*. *Tullus Hostilius* après avoir détruit *Albe*, enferma le mont *Coelius* dans l'enceinte de *Rome*. Sous

Ancus Martius, le mont *Janicule* fut réuni à la ville par un pont de bois. Le premier *Tarquin* se borna à faire construire en belles pierres une partie des murs qui formaient l'enceinte; mais *Servius Tullius* non content d'achever l'ouvrage que son prédécesseur avait commencé, fit enclore les monts *Esquillin* et *Viminal* dans les nouveaux murs de *Rome*; et dès lors cette ville prit le nom de *Septicollis*, à cause de sept collines sur lesquelles elle était bâtie. Observons que le *Janicule* et le *Pincius* n'étaient compris qu'en partie dans l'ancienne enceinte de *Rome*, et que le mont *Testacius*, est un mont artificiellement formé longtemps après ceux dont nous venons de parler.

La principale cause de l'agrandissement de *Rome*, fut, suivant M. de *Montesquieu*, que ses rois étaient tous de grands personnages. En effet, on ne trouve point ailleurs dans les histoires, une suite non interrompue de tels capitaines, de tels hommes d'état. Après le saccagement de cette ville par les *Gaulois*, les tribuns voulaient faire transporter à *Veïes*, le siège de l'état: le peuple semblait même disposé à prendre ce parti: mais *Camille* l'emporta sur la faction des tribuns, et il fut décidé d'un consentement unanime, qu'on rétablirait la ville de *Rome*. Les temples furent reconstruits sur les mêmes fondemens, et l'on répara les ruines des maisons particulières; mais cette reconstruction fut faite avec trop de précipitation; les rues demeurèrent étroites et mal alignées; et quoique sur la fin de la république, et surtout sous *Auguste*, les temples, les palais et les maisons des citoyens eussent déjà pris un air de somptuosité, qui annonçait que *Rome* était devenue la capitale du monde, toutes ces riches décorations faisaient ressortir encore davantage les défauts du plan.

Enfin un incendie dont *Néron* passa pour être l'auteur, et qui dura six jours et six nuits, fit de *Rome*, un amas de cendres: de 14 quartiers de la ville, quatre seulement furent épargnés. Cependant cet empereur que l'histoire nous peint comme un monstre, pour se disculper sans doute des accès de folie dont il était accusé, se servit des ruines de sa patrie, pour faire éclater sa magnificence: il ordonna que, sans laisser aux particuliers la liberté de bâtir à leur fantaisie, les rues seraient élargies et tirées au cordeau, les places agrandies, et de vastes portiques construits à ses dépens. Il nous reste quelques descriptions de la ville de *Rome*, telle qu'elle se trouvait du temps des empereurs

Valentinien et *Valens*; elle était partagée en 14 *régions* ou quartiers.

Cette *Rome antique* enrichie des dépouilles de tant de nations, et où la magnificence éclatait de toutes parts, devint à son tour la proie des barbares. En transportant le siège de l'empire à *Bizance*, en le divisant, *Constantin* avait préparé la chûte de l'occident. L'an 455 de l'ère vulgaire, *Genseric*, roi des *Vandales*, prit la ville de *Rome* et la saccagea. En 546, *Totila*, roi des *Goths*, lui fit subir le même sort; et l'espéce d'anarchie qui succéda à ces siècles désastreux, laissa dépérir le peu de monumens qui avaient échapé à la fureur des barbares. C'est ainsi que *Rome* fut couverte de ruines: néanmoins parmi ces ruines, on voit encore quelques restes d'autant plus précieux, qu'ils peuvent seuls nous donner une idée de ce qu'était cette ville prodigieuse, lorsqu'elle donnait des lois à l'univers.

Ponts sur le Tibre. Les anciens Romains dont la magnificence s'étendait à tout ce qui a rapport à la commodité publique, avaient embelli la ville de *Rome*, de huit ponts; il n'en reste que deux, et quelques ruines de deux autres.

Le pont *S. Ange* est celui qu'on appelait anciennement *Pons Ælius*, du nom de l'empereur

Ælius Adrianus qui le fit bâtir; et il a pris celui de *Ponte Sant Angelo*, qu'il porte aujourd'hui, parce que *S. Grégoire* le grand, étant sur ce pont, vit, dit-on, un ange sur le mausolée d'*Adrien*, qui remettait son épée dans le fourreau, après une grande peste qui avait désolé la ville de *Rome*. Ce pont est un des plus beaux d'Italie et certainement le plus vieux de l'Europe. Il ne reste pas le moindre vestige de ses anciens ornemens, qui ont été remplacés par une grande quantité de statues modernes représentant des anges et des saints.

Du pont *S. Ange*, en jetant les yeux sur la rivière, on découvre à gauche, les ruines du *pont triomphal*, sur le quel les triomphes passaient pour aller au Capitole.

Le pont *Sublicius* qu'*Ancus Martius*, 4.e roi de Rome, fit bâtir, et qui rompit lorsque le fameux *Horace Cocles* s'opposa seul aux troupes de *Porsenna*, fut reconstruit, et existait encore dans les 24 premières années de l'ère vulgaire: l'on en voit des vestiges qui sont à fleur d'eau, entre le pont *Palatin* dit *Ponte Rotto*, et le port de *Ripa grande*: c'est de là que le corps de l'infâme empereur *Héliogabale* fut jeté dans le *Tibre*.

Le 2.e pont qui subsiste encore, est le pont

Æmilius, qu'on appelle aujourd'hui *Ponte Molle*, et dont nous avons parlé dans le § 12.ᵉ de cette section; ce pont n'a presque rien d'antique, ayant été réparé sous *Nicolas* V. Ce fut sur ce même pont que *Cicéron* après la découverte de la conspiration de *Catilina*, arrêta les conjurés qui se rendaient au camp de leur chef, et que l'empereur *Constantin* remporta une victoire signalée sur le tyran *Maxence*.

Égouts. Les anciens avaient un genre d'architecture souterraine qui est presque ignoré de nos jours : des terrains en gypse, d'une étendue surprenante, étaient soutenus par des galeries et des voûtes immenses. Tels étaient les *égouts* de *Rome ancienne*, dont une partie subsiste encore. Le plus considérable de ces *égouts*, est la *cloaca maxima*, voûte qui étonne par sa hauteur et par sa largeur : elle est bâtie de grands blocs de pierre, joints par leur propre poids, et sans ciment; ce qui en reste a 125 toises de longueur, et son embouchure est dans le Tibre près du petit temple de *Vesta*. La *cloaca maxima* recevait les eaux et les immondices de plusieurs autres égouts qui s'étendaient sous divers quartiers, ouvrages prodigieux, qui annonçaient tout ce que la magnificence a peut-être imaginé de plus surprenant, lorsqu'elle a pour but l'utilité publique. Ces égouts étaient distribués dans les vallons qu'enfermaient les premières enceintes de *Rome*, et rafraichis sans cesse par des sources abondantes: la solidité de leur construction a résisté aux ravages des siècles. L'admiration croît, si l'on pense à la profondeur des fouilles et des tranchées qu'exigeait leur construction, et si l'on se rappelle qu'elle fut l'ouvrage du 2.e siècle de *Rome*. Les premiers travaux de ce genre furent commencés par *Tarquin* l'ancien, et continués par *Tarquin* le superbe. *Caton* pendant l'année de son consulat, et *Valerius Flaccus*, son collègue, firent nettoyer et étendre les anciens égouts. *Pline* en parlant de ceux construits par *Agrippa*, dit que cet illustre édile avait bâti une ville navigable sous celle de *Rome*. La *cloaca maxima* était si vaste, qu'on y allait en bâteau pour la visiter; il y coule encore un ruisseau d'eau vive.

Aquéducs. Les Romains pendant plus de 400 ans, dit *Frontin*, se contentèrent des eaux que leur fournissait le Tibre, les puits, les fontaines de la ville, et celles du voisinage; mais lorsque leur puissance et leur population furent considérablement augmentées, ils devinrent plus attentifs à tout ce qui peut contribuer aux commodités de la vie: et comme les eaux du Tibre étaient très bourbeuses, ils firent conduire à *Rome*, de quelques lieux assez éloignés, d'autres eaux plus salubres, au moyen d'aquéducs dont on admire encore aujourd'hui les superbes restes.

L'an 442 de la fondation de *Rome*, *Appius Claudius* pendant sa censure, fut le premier qui fit venir de *Préneste*, des eaux de source, par des canaux qui reposaient sur des arcades ou traversaient des souterrains. D'autres censeurs animés par son exemple, firent construire plusieurs aquéducs sur le même plan. Mais *Agrippa*, favori d'*Auguste*, renchérit sur tous ceux qui l'avaient précédé, par le soin qu'il prit d'enrichir *Rome*, d'une prodigieuse quantité de belles eaux: aux anciens acquéducs, il en ajouta de nouveaux, qui fournissaient à 105 fontaines pour l'usage des citoyens, et à 700 abreuvoirs pour les chevaux et autres bêtes de somme. Les arcades de ces aquéducs étaient tantôt basses, et tantôt d'une grande hauteur, suivant que l'inégalité du terrain l'exigeait ; on y pratiquait au dessus, de distance en distance, des soupiraux, à fin que si l'eau venait à être arrêtée par quelque accident, elle put se dégorger jusqu'à ce qu'on eut nettoyé le conduit. Il y avait aussi des espèces de piscines placées au dessous, où l'eau entrait pour déposer son limon, et ensuite continuait son cours vers *Rome*, déchargée de tout ce qui pouvait la rendre désagréable et malsaine. Tout cela avait dû exiger d'immenses frais de construction.

De ces anciens aquéducs, il n'en reste que trois appelés *Acqua Martia*, *Acqua Vergine* et *Acqua Paola*.

L'*Acqua Martia* avait sa source dans les montagnes des *Samnites*. L'aquéduc qui la menait à *Rome*, était porté pendant un espace de 9 milles, sur de grandes arcades, et suivait ensuite son niveau dans la terre. On voit encore plusieurs de ces arcades vers le mont *Esquilin*; l'eau qui y coulait, tombe dans le Tibre.

L'*Acqua Vergine*, la meilleure qu'on boive aujourd'hui à *Rome*, et qui se dégorge par la belle fontaine de *Trevi*, a sa source à *Colonna*, du côté de *Frescati*. *Agrippa* fit venir cette eau dans un bassin qui était à la tête du champ de Mars. Les deux aquéducs qui la distribuent dans *Rome*, sont les mêmes que ceux qu'*Agrippa* fit construire: on l'appelle *Eau Vierge*, parceque ce fut une jeune fille qui en découvrit la source à des soldats romains.

L'*Acqua Paola* est celle de la fontaine qui est au haut du *Janicule*, près de *S. Pierre in Montorio*. Le pape *Paul* V fit réparer l'ancien aquéduc, qui menait les eaux du lac *Bracciano*, autrefois *Lacus Sabatinus*, à *Rome*. On ne sait pas au juste si ce fut *Auguste* ou *Trajan* qui fit construire cet aquéduc revêtu dans toute sa longueur, de briques très grandes, rentrantes l'une dans l'autre. Le lac *Bracciano* est à 7 lieues au nord-ouest de *Rome*.

Fontaines. Les fontaines, qui étaient un des principaux ornemens de l'ancienne ville de *Rome*, ont disparu; une seule a échapé aux ravages du temps, et c'est celle de la nymphe *Égerie*, monument respectable par son antiquité, et qui rappelle des souvenirs trop précieux pour qu'on puisse nous blâmer d'en faire une mention particulière. C'était aux environs de cette fontaine, située au dessous de la colline de *S. Urbin*, hors de la porte *S. Sebastien*, que le sage *Numa* allait rêver à son plan de législation. Dans la suite, les chastes Vestales y puisaient l'eau de leurs sacrifices. Le bois sombre et religieux qui l'ombrageait, n'existe plus. La source encore abondante et salubre, est au fond d'une voûte antique; il y a de chaque côté trois niches revêtues de stucs dont il ne reste que quelques vestiges. Audessus de la source, est la statue de marbre d'une femme couchée, nue jusqu'à la ceinture, et très mutilée. La voûte est bâtie en partie sous la montagne à laquelle elle est adossée. Au dessus était un petit temple antique, consacré aux muses, dont il ne reste que quelques colonnes de marbre blanc canelées; on en a fait une chapelle sous l'invocation de *S. Urbin*. *Juvenal* se plaignait de son temps, qu'on eut dégradé la simplicité de ce lieu par les ornemens du luxe. La campagne environnante est des plus agréables; tout y respire la joie et le plaisir, et les premiers jours du mois de mai, on s'y rend en foule pour célébrer le retour du printemps.

Temples. Le *Panthéon* appelé aujourd'hui la *Rotonde* à cause de sa forme circulaire, est un des plus beaux restes de l'ancienne *Rome* et le mieux conservé. Il fut bâti par *Agrippa* après la bataille d'*Actium*, et dédié à tous les dieux. *Vénus* y était parée d'une perle qui valait, disent les historiens, 250 mille écus d'or. Ce superbe temple est précédé d'un portique soutenu par 16 colonnes de granit d'une seule pièce, de la plus belle proportion et d'un travail exquis: elles ont 38 pieds, 10 pouces de hauteur; des feuilles d'acanthe couronnent leurs têtes majestueuses: 8 colonnes de marbre décorent l'intérieur de cet édifice, qui dans l'origine, était couvert de lames d'argent. Le jour y entre par une seule ouverture pratiquée à la coupole. On a dépouillé le *Pan-*

théon de tous ses ornemens en bronze, et des simulacres des dieux du paganisme, pour en faire une église chrétienne dédiée à tous les saints. Cette dédicace l'a préservé du sac général que la plupart des autres temples ont subi ; il a perdu ses bronzes, ses marbres, son porphyre, son albâtre, mais il a conservé sa coupole, son péristyle et ses colonnes. Le plan du *Panthéon* est à la fois et simple et grand ; sa forme parfaitement sphérique, de 154 pieds de diamètre, est heureuse : sa hauteur égale sa largeur. La coupole est travaillée par compartimens égaux, et avec beaucoup d'art : tous les ornemens en sont évidés, en sorte que sans rien perdre de sa solidité, elle est déchargée au moins des trois cinquièmes du poids qu'elle aurait eu à supporter. Chacun sait que cette coupole a servi de modèle à celle de l'église de *S. Pierre du Vatican* : on prit le bronze des solives qui soutenaient le toit du portique, pour en faire le baldaquin de cette église. La porte de cuivre qu'on y voit aujourd'hui, quoique d'un travail antique, paroit avoir été ajoutée depuis que *Constant* II, en 663, enleva ce qu'il y avait de plus précieux. Du reste, tout l'édifice qui est d'ordre corinthien, quoique dépouillé de ses plus riches ornemens, a un air de grandeur et de majesté qui donne; c'est encore un des plus beaux monumens de l'architecture antique.

Le célèbre *Raphaël* a trouvé dans ce temple, un tombeau digne de lui. Sur le mausolée qui lui fut érigé par *Carle Marate*, on lit ce distique du *Bembe* :

Hic situs est Raphaël, timuit quo sospite vinci,
Rerum magna parens, et moriente mori.

Raphaël Sanzio naquit à *Urbino* l'an 1483. Il est parmi les peintres, ce qu'*Homère* est entre les poètes. Son père, peintre fort médiocre, l'occupa d'abord à peindre sur la fayance, et le mit ensuite chez le *Pérugin*: l'élève devint bientôt égal au maître Un génie heureux, une imagination féconde, une composition simple, un beau choix, beaucoup de correction dans le dessin, de grace et de noblesse dans les figures, de naturel et d'expression dans les attitudes; tels sont les traits aux quels on peut reconnaître la plupart de ses ouvrages. Les batailles de *Constantin* qu'il fit avec *Jule Romain*, sont très estimées. Ses noces de *Psyché* qui sont au *petit Farnese*, présentent ce que ce grand maître a fait de plus sublime. Les *Graces*, *Vénus* et les *Amours* contrastent agréablement avec la fierté de *Mars*, de *Neptune*, de *Jupiter*.

Dans l'enceinte du monastère de *S. Maria Nova*, on voit les restes des deux salles carrées, qu'on appelle *les Temples du Soleil et de la Lune*. Ces deux salles ornées de la même manière, sont terminées par une grande niche, placée l'une au dos de l'autre ; les portes d'entrée, par conséquent opposées, avaient été pratiquées, l'une du côté du temple de la *Paix*, et l'autre du côté du *Colisée*. Des antiquaires pensent que ce sont des restes des temples de *Vénus* et de *Rome* élevés par l'empereur *Adrien*.

Il est d'usage qu'en arrivant à *Rome*, les voyageurs sont conduits à la *Douane de terre* : c'était autrefois le portique d'un temple dédié à *Antonin le Pieux*. Cette opinion est fondée sur l'autorité de *Publius Victor*, qui, dans son énumération des quartiers de *Rome*, en parlant de celui où était placée la colonne de cet empereur, le joint immédiatement à cet édifice. Le portique construit en colonnes pressées, a un architrave de même hauteur en dedans et au dehors, qui supporte son ancienne voûte dont on voit des morceaux immenses audessus des murs modernes. Les colonnes sont de marbre blanc, canelées, d'ordre corinthien avec la base antique et les chapiteaux taillés de feuilles d'olive. Il ne reste que 11 de ces colonnes enchassées dans le mur du bâtiment destiné à la douane et qu'*Innocent* XII fit construire sur les dessins du chevalier *Fontana*. Elles paroissent avoir beaucoup souffert du feu et des injures du temps.

Ce qui reste du magnifique temple élevé par l'ordre du sénat à la mémoire d'*Antonin* et de *Faustine*, son épouse, consiste en un portique de colonnes de marbre cendré, d'ordre corinthien, de 4 pieds, 6 pouces de diamètre, sur 43 pieds, 3 pouces de hauteur, compris la base et le chapiteau. Les murs anciennement revêtus de marbre de Paros, ainsi que l'entablement des deux côtés du temple, ont été convertis en une église dédiée à *S. Lorenzo in Miranda*. On y remarque deux belles colonnes de porphyre et quelques autres de granit.

Le fameux temple de *Jupiter Stator* se réduit aujourd'hui à trois grandes colonnes d'ordre corinthien, canelées, qui soutienent un entablement grand et majestueux, d'un travail exquis, et d'une délicatesse achevée. S'il en faut croire *Tite Live*, ce temple avait été bâti à l'occasion d'un vœu fait par les consuls, dans la guerre contre les Samnites, pour implorer la protection du maître des Dieux, et arrêter les troupes fugitives.

Sur le penchant du Capitole, sont les restes

du *Temple de la Concorde*, où *Cicéron* assembla le sénat et fit condamner les complices de *Catilina*: ces restes consistent en huit superbes colonnes de granit oriental, d'ordre ionique, dont six sont de face et deux sur les côtés.

Un peu au dessous du temple de la *Concorde*, était celui de *Jupiter Tonnant*, qu'*Auguste* fit élever et dédier à ce Dieu, en action de grâces de ce qu'il avait été préservé de la foudre, qui, tombée à ses pieds, lors de son expédition contre les *Cantabres*, ne tua que l'esclave qui marchait devant avec un flambeau, pendant une nuit très obscure. Il ne reste de ce temple, que trois belles colonnes de marbre grec et d'ordre corinthien, à demi enterrées.

Le temple de la *Paix* que *Vespasien* fit bâtir, était le plus vaste et le plus somptueux de tous ceux que *Rome* possédait. Les artistes les plus fameux de la Grèce l'avaient embelli de divers ornemens. *Pline* parle comme d'une merveille de la *Vénus* qu'on y admirait. Ce même temple fut dévoré par les flammes sous le règne de *Commode*, et il ne s'en conserva qu'une colonne que *Paul* V, sous son pontificat, fit élever dans la place de *S. Marie Majeure*, pour supporter une belle statue de la *Vierge*, en bronze. Il ne reste aujourd'hui en place que trois immenses voûtes contiguës, qui formaient l'un des bas côtés de ce superbe édifice.

Le petit temple rond, qu'on voit sur le bord du Tibre, vers l'embouchure de la *Cloaca Maxima*, est regardé par des antiquaires, comme *l'ancien Temple de Vesta* : c'est aujourd'hui une église sous l'invocation de *S. Maria del Sole*.

Plusieurs autres temples de *l'ancienne* Rome subsistent encore, dumoins en partie, mais ayant été convertis en églises, et plusieurs fois restaurés, ils ne présentent aux amateurs de l'architecture antique, que peu d'objets capables de satisfaire leur curiosité ; tels sont les temples de *Remus*, de *Romulus*, de *Claudius*, de la *Fortune virile*.

Cirques. Les anciens Romains appelaient *Cirques*, de longues et vastes lices, entourées de superbes édifices à plusieurs ordres d'architecture, avec des sièges tout au tour, pour voir les spectacles de la course des chars et des chevaux, des combats d'animaux de toute espèce, et en général tous les exercices du corps. D'abord les jeux du cirque, *Ludi Circenses*, se célébraient en plein champ. *Tarquin* l'ancien fut le premier qui fit enclore de charpente, cet espace, qui porte le nom de *Cirque*, et qui est situé entre le mont *Aventin* et le mont *Palatin*. Dans la suite on l'agrandit et on le décora à un tel point qu'il fut un des édifices les plus considérables de *Rome*. Les *Cirques* se multiplièrent vers la fin de la république et surtout sous les empereurs ; on en comptait jusqu'à dix de différentes grandeurs. Le grand *Cirque* appelé aussi *il Circo di Caracalla*, est le seul qui soit resté ; son circuit est encore en son entier, mais ce n'est plus qu'un gros mur de briques de 12 à 15 pieds de hauteur, dans lequel on remarque de distance en distance, des arcades avec des portes bouchées. Il a 458 pas géométriques de longueur, sur 32 de largeur. On y entre par un portique de briques, qui est du côté du levant ; on distingue l'arène, et au milieu, la ligne *Spinea*, ainsi que les bornes au tour desquelles tournaient les chars. Au bout du cirque et du côté du couchant, on voit trois tours qui étaient contigues aux galeries où se plaçaient les spectateurs. Aujourd'hui ce pompeux édifice est au milieu des champs et des vignes, l'arène est convertie en pré ou en jardins potagers, et les belles pierres qui formaient la ligne *Spinea*, ainsi que les statues ont été enlevées. *Innocent* X en fit ôter le superbe obélisque qu'*Auguste* y avait placé.

Amphithéâtres. L'*Amphithéâtre* ou le *Colisée*, est de tous les édifices de l'*ancienne Rome*, le plus étonnant par sa vaste capacité, par sa hauteur, par l'emploi de tous les ordres d'architecture, par la noblesse de ses portiques, et par la belle proportion des parties dont son ensemble se compose. On prétend que *Vespasien*, qui, par son économie, se mettait en état de faire de grandes dépenses, le fit construire en moins d'une année; il employa à ce prodigieux ouvrage douze mille Juifs amenés en captivité à *Rome* après la conquête de la Judée. On y faisait combattre des bêtes féroces; l'eau y était introduite à volonté pour des naumachies; 100 mille spectateurs y étaient assis et à couvert du soleil et de la pluie au moyen des voiles de soie qu'on tendait au faîte de l'édifice. Tous les genres de commodité avaient été prévus. On y entrait ou l'on en sortait sans aucun risque, par une multitude d'avenues, de dégagemens, de vomitoires sagement distribués. Il était sans doute bien juste d'amuser le peuple qui soutient tout par ses travaux et ses contributions; mais comment *Rome* qui se vantait de donner des mœurs comme des lois au monde, pouvait elle prendre plaisir à voir couler dans l'arène, le sang des gladiateurs et des esclaves? Était-il donc de sa destinée de mêler toujours le mal au bien?

L'*Amphithéâtre* est de forme ovale ; il a 581 pieds de longueur, 481 de largeur et 160 de hauteur. L'enceinte et la partie qui est au nord, sont assez bien conservées. L'*arène* ou la place vuide est presque comblée par les débris des voûtes qui supportaient les degrés. Au haut de ces degrés, est un mur percé de fenêtres et décoré dans sa partie extérieure de quatre ordres d'architecture, les trois premiers en colonnes, et le quatrième en pilastres. Il y avait entre les colonnes, des statues dont il ne reste que les niches et les piédestaux. Les ordres ont moins de saillie à mesure qu'ils s'élèvent. Les pierres étaient liées entr'elles par de gros clous de bronze : les *Goths* pour enlever ces clous, eurent la patience de scier les pierres. Chaque ordre avait 80 arcades égales. L'intérieur est presque entièrement dégradé. Il y avait trois rangs de corridors doublés, les uns audessus des autres ; les arcades qui forment ces corridors, ont chacune 15 pieds de largeur ; elles sont de pierre blanche de *Tivoli*. Le pavé est formé de grandes briques recouvertes d'un mastic qui leur donne la solidité du marbre. Le rang inférieur est rempli de terre ainsi que les souterrains où l'on enfermait les bêtes féroces. On entrait dans l'amphithéâtre par quatre grandes portes de 14 pieds, 8 pouces.

de largeur, et l'on montait aux corridors par quatre grands escaliers.

Cet immense édifice était si solide, qu'il paroissait devoir durer autant que le monde. En effet, il a moins souffert des injures du temps et de la barbarie des *Goths*, que de la cupidité de quelques particuliers qui en ont emporté les pierres pour construire des palais à leur usage. Malgré ces dégradations, ce qui en reste suffit pour étonner. Heureusement *Clément* X et *Benoît* XIV firent placer dans l'arène, quelques oratoires ou autres monumens de dévotion, qui ont sauvé le *colisée*, d'une destruction générale. *Martial* a célébré dans ses vers, cet amphithéâtre qui prit le nom de *Colosseo*, du prodigieux colosse de *Néron* qui en était voisin. Du reste le *Colisée* est encore assez conservé, pour que l'imagination puisse se le représenter tel qu'il était par le passé : ses ruines couvertes de plantes et d'arbustes, offrent un aspect admirable, lors surtout qu'on les contemple au flambeau. Quand on est au milieu de ces augustes ruines, on croit voir ce monde de spectateurs, qui par lui-même, formait un si grand spectacle; la famille impériale, le sénat, l'ordre équestre, les Vestales, les tribuns, les édiles, des femmes qui disputent de grâces et de beauté, une brillante jeunesse qui respire la joie et le bonheur; et un peuple immense. Mais la réflexion ne tarde pas à dissiper une si douce illusion; ces générations jadis si intéressantes, n'existent plus que dans notre souvenir; le temps a tout dévoré.

Outre le *Colisée*, il y avait anciennement à *Rome* d'autres *amphithéâtres*; on voit les restes d'un édifice de ce genre à côté de l'église de *S.e Croix de Jérusalem*; il est bâti de briques, et a environ 240 pieds de diamètre; on croit que c'était l'*Amphithéâtre Castrense*, où l'on exerçait les soldats à combattre différens animaux. Les ruines consistent en des arcades soutenues par des colonnes d'ordre corinthien, avec leur entablement.

Théâtres. Il y avait dans l'*ancienne Rome* plusieurs *théâtres*; mais deux de ces *théâtres* étaient surtout fameux par leur vaste étendue et leur magnificence: savoir, celui qui avait été bâti par *Pompée* après avoir terminé la guerre contre *Mitridate*; *Auguste* fit construire l'autre, et il l'appela le *Théâtre de Marcellus*, pour faire passer à la postérité, le nom d'un prince, dont *Virgile* fait un si bel éloge dans le 6.me livre de son *Énéide*. Le premier de ces deux théâtres a été dévoré par les siècles; les restes du second qu'on voit près de la place *Montanara*, au bas du *Capitole*, consistent en un certain nombre d'arcades à double étage, qui forment un quart de cercle, et font l'admiration de tous les connoisseurs. Il n'existe aucuns vestiges du *théâtre* où *Terence* recevait tant d'applaudissemens, ni de la maison de *Scipion* qui en était voisine ; mais lorsqu'on est sur le terrain, on se rappelle avec émotion, la belle amitié qui liait le vainqueur de *Carthage* et l'auteur de l'*Andrienne*.

Thermes. On appelait ainsi de vastes palais qui servaient des bains publics. Les empereurs étaient très jaloux de faire éclater leur magnificence dans la construction et la décoration de cette sorte d'édifices, ce qui, en excitant la cupidité, n'a pas peu contribué à les faire dévaster. On voit encore dans *Rome* moderne, les restes de quelques uns de ces bâtimens.

Les *Thermes* de *Titus* et de *Caracalla* forment après le *Colisée*, les ruines les plus considérables ; ce sont de tous les bains, ceux dont les murs extérieurs se sont le mieux conservés : il est par conséquent facile de se faire une idée de leur immense étendue. Ces bains étaient magnifiques ; on y avait placé 1600 sièges de marbre, pour la commodité de ceux qui s'y baignaient : ils étaient ouverts tous les jours aux deux sexes. Là on trouvait des portiques sous lesquels on pouvait se promener, et où des marchands étalaient toute sorte de bijoux. Il y avait aussi de grands emplacemens destinés aux exercices du corps et même à ceux de l'esprit : les philosophes et les rhéteurs s'y assemblaient pour donner des leçons à la jeunesse ; les poètes y récitaient leurs ouvrages ; les peintres et les sculpteurs y attiraient les amateurs des arts. Ajoutons des bains de toutes les espèces, même d'eau de mer. Ces bains étaient distribués dans de grandes salles, dont les voûtes extraordinairement élevées, reposaient sur des colonnes du marbre le plus rare : les cuves dans lesquelles on prenait les bains, étaient de marbre fin, de granit oriental ou de porphyre. On avait encore ménagé de vastes bassins pleins d'eau, pous ceux qui voulaient s'exercer à nager. Une foule d'esclaves de l'un et l'autre sexe, étaient chargés de servir les citoyens qui venaient se baigner. L'intérieur des *Thermes* de *Titus* n'est plus aujourd'hui qu'un amas informe de ruines couvertes d'herbages et d'arbustes ; les colonnes de marbre et les statues en ont été enlevées pour orner les palais modernes de quelques particuliers.

Les *Thermes* de *Dioclétien* étaient encore plus grands ; cet empereur y fit travailler pendant l'espace de sept ans, 40 mille chrétiens esclaves, dont les trois quarts périrent de fatigue et de misère. On a pratiqué parmi les masures de cet immense édifice, un magasin de blé, et l'espace qu'occupait la grande salle impériale, a été converti en une église qui appartient aux *Chartreux*. Cette métamorphose doit-être comptée au nombre des chefs-d'œuvre de *Michel-Ange*, qui a conservé à l'église, la grandeur qu'avait jadis la salle, et laissé en leurs places huit colonnes de granit qui occupent le centre de l'édifice.

Arcs de triomphe. C'étaient des monumens d'une magnificence extraordinaire, qu'on érigeait aux généraux qui avaient remporté des victoires signalées sur les ennemis de l'état; on les devait ordinairement ou dans des places publiques ou à l'entrée des villes. L'architecture et la sculpture réunissaient tous leurs efforts pour embellir ces arcs, en les décorant de colonnes, de trophées et de bas-reliefs qui représentaient les exploits des triomphateurs; mais comme on abuse de tout, ces monumens consacrés aux vertus militaires, furent quelquefois accordés à la puissance et au despotisme, par la bassesse et l'aduation: il s'en est conservé fort peu; et voici ceux qui dans *Rome* ont échapé aux ravages de la barbarie et du temps.

L'arc de *Titus* est à l'extrémité du *forum romanum*; il fut érigé à ce prince après qu'il eut conquis la *Palestine*. Son triomphe, le plus brillant de 300 qui avaient eu lieu jusqu'à lui depuis la fondation de *Rome*, est représenté dans un des bas-reliefs qui décorent cet arc. Ce prince est dans le char triomphal, précédé des licteurs, et accompagné du sénat et de l'armée; derrière le triomphateur, est une victoire debout tenant d'une main la couronne qu'elle lui met sur la tête, et de l'autre, une palme de *Judée*. *Rome* triomphante est assise sur le devant du char, ayant dans ses mains les rênes des chevaux qu'elle conduit. Ce bas-relief placé dans l'arcade, est très estimé. Dans celui qui en fait le pendant, sont représentés les candélabres à sept branches, la table des pains de proposition, et plusieurs autres ornemens et dépouilles du temple de *Jérusalem*. Les juifs aiment mieux faire un grand détour, que de passer sous cet arc qu'ils ne voient qu'avec horreur: il est naturel que le peuple opprimé regarde les bas-reliefs, comme une profanation de ce qu'il avait de plus sacré, et qu'il en soit vivement affligé. Ces bas-reliefs ont beaucoup souffert, et en général, l'arc est très délabré.

L'arc de *Septime Sévère* qu'on voit dans la

partie septentrionale du *forum*, du côté du Capitole, est assez bien conservé : il est bâti de marbre blanc, avec trois portes et de belles colonnes canelées d'ordre corinthien. Les bas-reliefs et l'attique sont d'un excellent travail. C'est dommage que ce monument soit à moitié enterré. Dans un des bas-reliefs, *Septime Sévère* est représenté avec sa femme *Julia Pia* et *Antonin Caracalla*. La face principale est ornée de trophées militaires. Ce qui reste de plus entier, sont deux grandes victoires ou renommées ailées, placées à la naissance des arcs. La voûte du milieu est à compartimens chargés de roses ; un escalier intérieur conduit sur la plate-forme où était autrefois un char triomphal, attelé de six chevaux de front, et portant les statues de *Sévère* et de ses deux fils *Caracalla* et *Geta* : quatre soldats romains, deux à pied et deux à cheval, suivaient le char.

L'arc de *Constantin* est de tous les arcs de triomphe qui sont à *Rome*, le mieux conservé : il se compose de trois portes, une grande et deux petites. Huit colonnes canelées de marbre jaune antique, soutiennent huit figures de *Daces*. Ce monument bâti de marbre blanc, est orné de vingt bas-reliefs dont la plupart représentent des expéditions de *Trajan*, ce qui a fait conjecturer qu'on s'est servi d'un des arcs de cet empereur, qui étaient à la place *Trajane*, pour en former l'arc de *Constantin*. En effet, tout ce qui est relatif à *Trajan*, est d'une excellente sculpture, au lieu que la partie inférieure qui a été faite du temps de *Constantin*, se ressent beaucoup de la décadence des arts. Le cardinal *Léopold* de *Medicis* fit enlever une des huit figures des *Daces* et les têtes des sept autres, pour en orner la galerie de *Florence*. Les papes *Clément* XII et *Benoît* XIV ont fait restaurer ces figures, et l'arc de *Constantin* est presque en son entier, à l'exception de quelques bas-reliefs dont la sculpture a été un peu endommagée. Cet arc est situé assez près du *Colisée*, et dans un quartier presque désert.

L'arc de *Drusus* forme aujourd'hui la porte *S. Sebastien*, située à peu près à l'endroit où était autrefois la porte *Capena*, et commençait la voie *Appia*. Cet arc qui se compose d'une arcade avec une colonne de marbre de chaque côté, est fort dégradé. On y voit les restes d'un fronton au dessus de l'entablement. Les marbres dont il était revêtu, ont été enlevés.

L'arc de *Gallien* est situé au pied du mont *Esquilin*, où cet empereur avait ses jardins. Suivant l'inscription, c'est *Marc-Aurèle* qui le lui fit élever. L'arc est bâti de belles pierres de *Tivoli*, mais l'architecture en est médiocre : il n'en reste que la partie du milieu avec un pilastre corinthien de chaque côté. La place qui l'environne, s'appelle il *Macello de'Cristiani*, parceque beaucoup de chrétiens y furent, dit-on, martyrisés.

L'*arc de Janus* de forme carrée, figure au pied du mont *Palatin*. Chacune de ses faces se compose d'une arcade. Le soubassement est enterré jusqu'à la corniche, et ce qui reste n'offre rien de remarquable. On appelait ces arcs ou espèces de portiques, *Jani*; ils servaient anciennement de lieux d'assemblée aux marchands et aux banquiers.

L'*arc d'Octavie* était dans le même quartier. C'est plutôt un portique élevé par *Auguste* sous le nom de sa soeur. Quelques arcades soutenues par des colonnes de marbre d'ordre corinthien, qui subsistent encore, annoncent quelle était la magnificence de ce monument.

L'*arc de Dolabella* qu'on appelle aussi l'arc des *Consuls*, n'est reconnoissable que parcequ'on lit le nom de *Dolabella* dans un de ses débris. Il est vers *S. Étienne le rond*.

Colonnes. C'étaient des monumens que l'ancienne *Rome* érigeait aux grands hommes dont elle voulait immortaliser la mémoire. Il y en avait dans plusieurs quartiers de la ville et surtout dans les places. Les barbares qui saccagèrent cette capitale, soit par fureur, soit par jalousie, firent main basse sur tout ce qui portait l'empreinte de l'héroïsme et de la somptuosité des anciens Romains. Plusieurs de ces colonnes ont été brisées et mises en pièces; d'autres sont restées ensevelies sous les ruines; le petit nombre de celles qui ont échapé à la destruction, fait sans doute naître des regrets pour celles qui sont perdues sans retour, mais il nous donne du moins une idée de la beauté et de la magnificence de cette sorte de monumens.

La colonne *Antonine* a donné le nom à la place *colonne*, au milieu de laquelle elle est élevée, et dont elle fait le plus bel ornement. On croit que c'est un trophée érigé par le sénat à l'empereur *Antonin* le *Pieux*. Elle est de marbre, et a 116 pieds de hauteur en y comprenant le piédestal. Il paroît d'après l'inscription, qu'elle a souffert de la foudre ou de quelque incendie: elle fut restaurée en 1589. Les bas-reliefs qui l'entourent en ligne spirale, dans toute sa hauteur, représentent divers événemens des guerres des Romains sous *Antonin* et sous *Marc-Aurèle*, son successeur. Cette colonne est de proportion corinthienne, et son plus grand diamètre a 16 pieds, 4 pouces. On monte jusqu'au sommet, par un escalier de 189 marches, pratiqué dans l'intérieur et éclairé par 16 fenêtres. Au lieu de l'urne d'or qui renfermait les cendres de l'empereur, et qui était au dessus, *Sixte V* y fit placer une statue de *S. Paul* en bronze doré.

La colonne *Trajane* passe pour la plus belle qu'on connoisse, et figure majestueusement dans l'endroit même où était le superbe *forum Trajani*. Le sénat la fit élever pendant que cet empereur se couvrait de lauriers dans la guerre contre les *Parthes*. Ce monument, en y comprenant la statue de *S. Pierre* dont elle est aujourd'hui surmontée, a environ 150 pieds de haut. Le fût est formé par 23 blocs de marbre de 4 pieds, 4 pouces d'épaisseur, posés à plomb les uns sur les autres : dans l'intérieur de ces blocs est pratiqué un escalier de 184 marches, qui conduit jusqu'au chapiteau couronné d'un petit dôme au dessus duquel est la statue. Cet escalier est éclairé par de petites fenêtres disposées de manière à ne point nuire à l'ordre du dessin. La base se compose de huit blocs. La colonne est entourée de bas-reliefs en ligne spirale, qui représentent l'histoire militaire de *Trajan*: on y compte 2500 figures. Cet ouvrage et très estimé;

le dessin et l'exécution en sont admirables. Chaque bloc a été travaillé dans l'atelier; mais l'ouvrage est si bien lié, que la colonne paroit avoir été sculptée sur pied, et de la même main, quoique plusieurs artistes y aient travaillé d'après les dessins et sous les yeux d'*Apollodore de Damas*. Les figures ont environ 2 pieds de proportion; mais à mesure que la spirale s'élève, on leur a donné un peu plus de grandeur et de saillie, ce qui, d'après les lois de la perspective, produit une telle illusion, qu'on ne s'aperçoit pas de la différence réelle qui existe entre les unes et les autres, et que les bas-reliefs qui sont au haut de la colonne, se présentent à l'œil avec la même netteté et la même force d'expression que ceux qui sont en bas. Le piédestal et la base étaient enfoncés dans un amas de ruines; *Sixte* V fit enlever la terre qui les cachait, et placer tout autour une balustrade. Cependant lorsqu'on est à une certaine distance de la colonne, comme les terres environnantes sont fort élevées, elles font disparoître la base et le piédestal qui est décoré de beaux trophées, d'aigles romaines et de guirlandes.

La *colonne Rostrale* de *Duillius* est le plus ancien monument de ce genre qu'il y ait à *Rome*. *Duillius* fut le premier des Romains qui remporta une victoire navale l'an 494 de la république. La *colonne* qu'on lui érigea est de marbre de Paros, d'ordre toscan, ornée de proues et d'ancres, haute de dix à douze pieds, et porte une petite statue de *Rome triomphante*. Il y a sur les proues, des chevaux marins en relief. *Auguste* restaura cette *colonne* qui, quoique moins belle que beaucoup d'autres, est toutefois bien remarquable par son antiquité. Elle fut d'abord placée dans le *forum*. On la voit aujourd'hui au Capitole, dans la cour du palais des Conservateurs.

On a trouvé dans les jardins des *Prêtres de la Mission*, une colonne de granit, dont le fût a près de 46 pieds de hauteur; elle pourrait être restaurée et mise sur pied à peu de frais.

Les *obélisques* qu'on a retirés des ruines, quoique originairement apportés d'*Égypte*, font encore partie des antiquités de *Rome*; mais nous aurons occasion de signaler la surprenante masse et la singulière architecture de ces monumens, en parlant des places modernes où ils ont été élevés.

Mausolées et tombeaux. Le *mausolée* d'*Adrien*, aujourd'hui le château *S. Ange*, était un des monumens les plus remarquables de l'ancienne *Rome*. L'empereur *Adrien* lui-même le fit construire. Sur une base carrée d'une vaste surface, s'élevaient en pyramide arrondie, trois ordres d'architecture, le tout de marbre de *Paros*. Chaque ordre se composait de colonnes de granit et de porphyre, qui formaient de superbes galeries décorées de statues et de bas reliefs des meilleurs maîtres. Ce monument qu'on appelait *Moles Adriana* à cause de sa masse prodigieuse, était terminé par une magnifique coupole, surmontée d'une pomme de pin de bronze. Il était hors de l'enceinte de la ville, quoique à une très petite distance; mais au moyen de deux murailles qui aboutissaient au *Tibre*, on le joignit aux fortifications. Les *Goths* s'en servirent contre les armées qui venaient les attaquer, et non contens d'y trouver un poste avantageux pour combattre, ils mutilaient les statues et autres ornemens de sculpture, et en lançaient les débris contre les assaillans. Les colonnes qu'ils ne purent briser, restèrent en entier, et ont été ensuite transportées à *S. Paul* ou employées à d'autres constructions. Dans le 9.me et 10.me siècles, le *Môle d'Adrien* fut la retraite de ces petits tyrans qui désolaient *Rome* ; *Boniface* VIII s'en empara et y mit garnison. *Alexandre* VI et *Pie* IV y ajoutèrent quelques nouveaux ouvrages; mais *Urbin* VIII en fit une forteresse inexpugnable. L'ancien tombeau d'*Adrien* forme le corps principal de cette forteresse; il est entouré de quatre gros bastions : on y conserve le trésor de l'église, les bulles et les chartes de la cour de *Rome*, et on y tient enfermés les prisonniers d'état. Au centre de l'ancien monument, est une grande salle peinte à fresque par *Jules Romain*; on y voit des antiques et entr'autres un buste d'*Antonin le Pieux* et une statue de *Rome triomphante*. Les papes en cas d'événement peuvent s'y retirer par une galerie qui communique avec le *Vatican*. En face du château, est le pont qu'*Adrien* fit construire, ainsi que nous l'avons déjà fait observer.

Le mausolée d'*Auguste* situé près du port de *Ripetta* sur le Tibre, doit à la solidité de sa bâtisse, ce qui en existe encore ; *Mole sua stat*. Les débris de ce mausolée annoncent cependant que la magnificence s'y trouvait réunie à la solidité. Sur les ruines de ce palais de la mort, où chaque membre de la famille d'*Auguste* avait un appartement, on a bâti un théâtre où l'on donne de temps en temps des combats de bêtes féroces.

Près de la porte *S. Paul*, on aperçoit le mausolée de *Caius Cestius*, monument fort singulier soit par son antiquité, soit par les peintures faites à la détrempe sur un enduit de stuc blanc et poli, qui existent encore dans son intérieur. C'est une grande pyramide carrée bâtie de pierres et de briques, et revêtue de marbre blanc, dont la hauteur est d'environ 120 pieds. Elle sert maintenant de sépulture aux protestans qui sont à *Rome*.

En terminant la description de *Rome antique*, remarquons qu'on cherchera envain dans *Rome moderne*, ce *Forum Romanum* qui était autrefois couvert de temples, de palais, d'arcs de triomphe, de trophées, de statues de héros et de dieux, où se trouvait la tribune aux harangues, où le peuple romain pendant tant de siècles consécutifs, jugeait les nations et décidait du sort des états: cette place Auguste a tout perdu jusqu'à son nom, et jadis connue du monde entier, elle ne l'est aujourd'hui que sous l'ignoble dénomination du *Champ des Vaches*, *Campo Vaccino*.

Ce sera vainement encore qu'on cherchera dans *Rome moderne*, le *Capitole* où étaient conduits en triomphe les rois et les dépouilles des peuples; où *Jupiter* avait un temple, et *Rome* son sénat. Ce même *Capitole* a perdu et son temple et son sénat; et dans ce lieu jadis si renommé, comme le dit *Voltaire*:

» Des prêtres fortunés foulent d'un pied tranquille,
» Les tombeaux des Catons et la cendre d'Emile ».

Inutilement enfin cherchera-t-on sur le mont *Palatin*, quelques vestiges du *palais des Césars*, de ce magnifique édifice qu'*Auguste* avait commencé, que *Tibère* continua, que *Caligula*, *Néron*, *Domitien* et d'autres empereurs embellirent des trésors de la nature et des chefs-d'œuvre de l'art ? ce palais est entièrement enseveli sous des jardins modernes.

Cependant on est forcé d'avouer qu'il y a une espèce d'enchantement attaché aux lieux qui ont été le théâtre de tant des faits mémorables, et si la curiosité du voyageur se trouve peu satisfaite, lorsqu'il parcourt ces lieux, la solitude dont il est environné, lui offre du moins des sujets de méditation bien capables d'intéresser sa sensibilité.

Rome moderne

Ce que *Paris* est à la France, ce que *Londres* est à l'Angleterre, *Rome* l'était jadis à l'univers. Elle est sans doute bien déchue de son antique splendeur; cependant on peut dire qu'elle est encore aujourd'hui une des plus belles villes du monde, et même la plus intéressante pour les amateurs des beaux arts et de l'antiquité. Plusieurs fois saccagée et entièrement ruinée, d'abord par les *Vandales* et ensuite par les *Goths*, c'est aux soins paternels des souverains pontifes, qu'elle dut l'avantage de renaître de ses propres cendres: depuis le milieu du 15.me siècle, les papes l'ont presque renouvellée. Secondés par quelques hommes de génie que la providence semblait avoir suscités exprès, ils retirèrent l'ancienne *Rome*, de la poussière où la main des barbares l'avait ensevelie, et embellirent *Rome moderne*, de tout ce que l'architecture, la sculpture et la peinture ont jamais pu imaginer et produire de plus beau, de plus grand, de plus majestueux. Parmi ces papes, ceux à qui *Rome* est surtout redevable de sa nouvelle existence et de richesses qu'elle possède, sont, *Nicolas* IV, *Jules* II, *Léon* X, *Sixte* V, *Urbin* VIII, *Alexandre* VII, *Clément* XII et *Benoît* XIV, dont la religion et les arts regrettent encore la perte.

Rome est située sur un terrain fort inégal: elle a à peuprès la forme d'un carré long, dont le milieu de chacun des deux grands côtés qui sont au Nord et au Midi, et les quatre angles font saillie. Le *Tibre* la divise en deux parties: la plus grande de ces deux parties bâtie sur la rive gauche du fleuve, est *Rome* proprement dite ; l'autre, porte le nom de *Cité Léonine*, ou *Trastevère*. L'enceinte actuelle de *Rome* est d'environ 15 milles, ou 5 lieues de France ; cette ville ne renfermait anciennement que les sept collines ; l'empereur *Aurélien* y ajouta le champ de *Mars*, qui s'étendait depuis le pied du *Capitole*, jusqu'à la porte *du Peuple*. C'est là qu'est aujourd'hui la grande population ; le reste, du moins en grande partie, est rempli de jardins, de vignes, de terres labourées. Le quartier qui est au delà du *Tibre*, comprend le *Vatican*, l'église de *S. Pierre*, le château *S. Ange*, et les plus beaux palais modernes. *Rome* est divisée en plusieurs quartiers qu'on appelle *Rioni*, par corruption du mot *Régioni*. Décrire successivement ces divers quartiers, ainsi que quelques auteurs l'ont fait, ce serait engager le lecteur dans un labyrinthe de narrations descriptives, où il aurait bien de la peine à se reconnoître ; d'un autre côté, la confusion augmente nécessairement, lorsque l'attention se trouve sans cesse partagée entre des disparates trop saillants, pour ne la pas fatiguer. Nous croyons donc devoir grouper les objets similaires dont nous avons à parler, persuadés que c'est le seul moyen de soulager la mémoire, et d'éviter de nombreuses circonlocutions, que d'ailleurs la nature de cet ouvrage ne comporte pas.

Le *Tibre*. Ce fleuve si célèbre dans l'antiquité, descend de l'*Apennin* vers la partie orientale de la Toscane, et après avoir parcouru un espace de 60 lieues, se jette dans la mer près d'*Ostie*. Sa direction en arrivant à *Rome*, est du *Nord* au *Midi*: il passe d'abord à une petite distance de la *Porte du Peuple*, située sur la rive gauche; puis fléchissant vers le couchant où est le château *S. Ange* et le *Vatican*, qu'il laisse sur la rive droite, il fait un grand détour comme pour embrasser toute la partie la plus habitée de *Rome*: lorsqu'il est parvenu vis à vis du mont *Palatin*, il tourne encore vers le couchant; et enfin après un assez long circuit, et avant d'abandonner les murs qui terminent la ville, au bas du mont *Testacio*, il reprend sa première direction, qui est du Nord au Midi. Les eaux du Tibre sont presque toujours troubles, jaunâtres et peu salubres; cependant lorsqu'on les laisse reposer, elles deviennent claires et potables. Ce fleuve était autrefois plus large et plus sujet aux inondations. *Tarquin l'Ancien* fut le premier qui le renferma dans son lit naturel, en faisant dessécher les marais qui s'étaient formés entre le *Capitole* et le mont *Palatin*. *Trajan* et *Aurelien* ajoutèrent divers ouvrages pour en contenir les eaux. Malgré cela, la navigation du

Tibre a été toujours très difficile au dessus de *Rome*, parceque le cours de ce fleuve y est beaucoup trop rapide. Dans la partie inférieure, une cause tout à fait différente met aussi obstacle à la navigation; les vents impétueux qui viennent de la mer, en faisant remonter les flots, produisent des atterrissemens qui diminuent nécessairement la rapidité du fleuve, et occasionnent ces grandes inondations aux quelles *Rome* a été si souvent exposée.

Ponts sur le Tibre. Divers ponts réunissent le mont *Vatican* et le *Janicule*, c'est à dire, la partie qu'on appelle *Trastevere*, à l'ancienne *Rome*. Ces ponts sont, 1.° le pont *S. Ange* qui est en face du château du même nom; nous avons déja parlé de ce pont qui, construit par l'empereur *Adrien*, fait partie des monumens antiques. Il a 300 pieds de long et 5 arches, et est orné d'une balustrade de fer en lozanges, ainsi que de plusieurs statues placées de distance en distance. Ces statues, dont deux représentent *S. Pierre* et *S. Paul*, sont de *Bernin* et de son école. Les grilles de fer et autres ornemens ont été faits d'après les dessins de ce célèbre artiste. En 1450, les parapets furent renversés par la foule; 172 personnes y périrent; 2.° le pont *Sixte*; 3.° les deux ponts qui joignent l'*isola Tiberina*, d'un côté avec l'ancienne *Rome*, et de l'autre avec la partie *Trastevere*; et 4.° le pont *Palatin*, appelé aussi *Ponte Rotto*, qui est en face du temple de *Vesta*, aujourd'hui *Santa Maria del Sole*. Ces divers ponts n'ont rien de remarquable, et sont bien inférieurs au premier.

Portes de Rome. On entre dans *Rome* par quinze portes.

La plus septentrionale est la porte du Peuple, *Porta del Popolo*; c'était l'ancienne porte *Flaminia*, à laquelle aboutissait la voie du même nom. Elle est aujourd'hui la plus fréquentée, et celle dont l'entrée annonce le mieux la splendeur de *Rome*. Pie IV la fit reconstruire par *Vignole*, et sur les dessins de *Michelange*; elle est ornée de quatre colonnes de marbre, entre lesquelles sont les statues de *S. Pierre* et de *S. Paul*. La façade intérieure a été décorée par le *Bernin*. La *Porte Pinciana* est l'ancienne porte *Collatine*. La porte *Salara* est près du *Campus Sceleratus* où l'on enterrait les Vestales criminelles. Ces trois portes sont au Nord.

Trois autres portes sont à l'*Est*, savoir la porte *Pie*, qui était l'ancienne porte *Nomentana* ou *Viminalis*, parcequ'elle est à l'extrémité du *Mont Viminal*. La porte *S. Laurent* ou *Porta Tiburtina* par laquelle on allait à *Tivoli*; le bas de cette porte qui paroit avoir été construite du temps d'*Auguste*, est enterré; et la porte *Majeure* ou *Porta Noevia*, bâtie par l'empereur *Claude*, et décorée par *Vespasien* et *Titus*: on y a adossé des maisons qui en cachent une partie.

Les portes qui regardent le midi, sont: la porte *S. Jean* qui conduit à *Frascati*. Elle s'appelait autrefois *Coeli montana*, parcequ'elle est située au bas du mont *Celius*. La porte *Latine*; elle a conservé son nom qu'elle tirait de l'ancienne route du *Latium* qui y aboutissait. La porte *S. Sebastien*; c'était anciennement la porte *Capena* du nom de la ville de *Capena*, fondée par *Italus*, et la porte *Triomphale*: elle était ornée de plusieurs arcs de triomphe; *Juvenal* en parle: *Veteres arcus madidamque capenam*, à cause d'une fontaine de *Vespasien*. Cette porte, à laquelle aboutissait la voie *Appienne*, n'a plus qu'un arc et deux colonnes de marbre dont nous avons déjà parlé. La porte *S. Paul* est un peu au delà de l'ancienne porte *Trigemina* par laquelle sortirent les trois *Horaces* pour aller combattre les trois *Curiaces*. Elle était aussi appelée *Porta Ostiensis*, parceque la route d'*Ostie* commençait à cette porte.

Les portes de la partie de la ville qui est au

delà du *Tibre*, sont, savoir, au couchant, la porte *Portese*, qui s'appelait, dit-on, *Portuensis*, parceque c'était là où commençait le chemin de *Porto*; la porte *S. Pancrace* qui avoisine la route de *Civitavecchia*; autrefois *via Aurelia*; la porte *Cavallegieri*, ainsi appelée, parcequ'elle est près des bâtimens où l'on place les chevaux légers, lorsque le *Pape* est au Vatican. On la nommait autrefois *Posterula* ou *Porticella*; et au Nord, la porte *Angélique*, *porta Angelica*, du nom du pape *Pie IV.* qui s'appelait *Jean Ange*, et qui la fit élever à côté du palais du *Vatican*; et la porte du château, *porta Castello*, placée au pied des fortifications du château *S. Ange*.

Rues de Rome. Trois principales *rues* de Rome parfaitement alignées, sont sur tout remarquables par leur longueur, et par la beauté des édifices qui les décorent. Elles partent toutes trois de la *place du Peuple*: celle du milieu appelée la *Strada del Corso* et la plus fréquentée, a une demi-lieue de longueur sur une largeur proportionnée. Elle s'étend jusques au palais de *Venise* et à l'église de *S. Marc*, et traverse par conséquent presque toute la partie de la ville actuellement habitée. C'est dans cette magnifique rue que se font les courses des chevaux, et qu'on se promène presque tous les soirs en carrosse ; on y a pratiqué des trotoirs pour les gens de pied. La *Strada di Ripetta* prend à droite, et aboutit au port du même nom sur le Tibre ; celle *del Babuino* qui est à gauche, mène à la place *d'Espagne*. Ces deux dernières rues, après celle du cours, sont les plus belles de Rome. Les autres quoiqu'en général assez larges, sont quelquefois tortueuses et surtout mal entretenues ; elles seraient impraticables dans certains temps, sans la pluie qui, dit-on vulgairement, est le balai de *Rome*.

Places publiques. Elles sont un des grands objets de la curiosité des étrangers qui vont voir *Rome*. Le nombre de ces places ornées de fontaines, d'obélisques, de statues et de palais de la plus grande magnificence, est très considérable ; mais les plus remarquables par leurs décorations, sont la place de *S. Pierre*, et celles du *Capitole*, de *Monte Cavallo*, *Navona*, du *Peuple*, *Colonne*, du *Mont Citorio*, *d'Espagne*, de *Pasquin* et de *Campo Vaccino*. Comme nous aurons occasion de parler de quelques unes de ces places, en décrivant les édifices publics dont elles font une dépendance, nous nous bornerons ici à donner une idée des autres.

La *Place du Peuple*, *Piazza del Popolo*, est

la première qu'on trouve en entrant à *Rome* par la porte du peuple; elle est vaste, plus longue que large, et de forme presque triangulaire. *Sixte V* y fit élever le fameux obélisque d'Egypte, qu'on avait retiré des ruines du grand cirque, et qui avec la croix et le piédestal, à près de 110 pieds de hauteur. Cette place, du milieu de laquelle on découvre dans toute leur longueur, les trois belles rues qui y aboutissent, savoir, celles du cours, de *Ripetta* et du *Babouino*, est aussi ornée d'une très belle fontaine, et de deux magnifiques portiques ou façades, l'une de l'église des *Carmes*, et l'autre de celle du *tiers ordre de S. François*. Enfin la porte *du Peuple*, que nous avons déjà décrite, donne à tout cet ensemble un air de grandeur et de magnificence qui fait naître la surprise, et commande l'admiration.

La *Place Colonne* tire son nom, de la *Colonne Antonine* dont nous avons déjà parlé, et qui en fait le plus bel ornement. Outre ce monument, on y voit une belle fontaine que *Grégoire XIII* y fit construire sur les dessins de *Jacques de la Porta*. *Alexandre VII* donna à cette place la forme régulière qu'elle a. Elle est entourée de beaux édifices, et principalement du palais *Ghigi*, qui est un des plus remarquables de *Rome*.

La *Place du Mont Citorio* occupe une petite élévation, ainsi appelée, parcequ'on y citait le peuple à venir donner son suffrage par Comices, et les plaideurs à comparoître en justice. Clément XII l'agrandit de l'emplacement de plusieurs maisons qu'il fit abattre. Le bailliage de Rome ou palais de la sénéchaussée, *Curia Innocentiana*, composé de plusieurs tribunaux, est sur cette place, et en face de cet édifice on a placé le magnifique *piédestal* de marbre, de 12 pieds de haut, qui fut trouvé dans le jardin de la *Mission*, et que *Benoit XIV* fit restaurer. Ce piédestal orné de bas-reliefs qui représentent des jeux funéraires, et l'apothéose d'*Antonnin*, portait une colonne érigée à cet empereur, laquelle on voit encore couchée à terre dans la cour du bailliage. Elle est de granit et de la plus belle proportion; le piédestal l'attend, et il y a lieu de croire qu'elle y sera placée tôt ou tard.

La *Place d'Espagne* est d'une forme très irregulière. Les façades du palais de l'ambassadeur d'*Espagne*, du collège de la propagande, et de quelques autres édifices particuliers, contribuent à son ornement; mais ce qui l'embellit le plus, est la fontaine appelée *Barcaccia*, ainsi que l'escalier qui conduit à la *Trinité du Mont Pincio*, l'un des meilleurs ouvrages de ce genre.

La *Place de Pasquin* est très petite, et n'est célèbre que par la statue mutilée ou *Torse* qui lui a donné son nom. Ce *Torse* est un reste d'antiquité ; les uns pensent que c'est le corps d'un soldat d'*Alexandre*. Les autres prétendent que *Pasquin* était un tailleur, homme plaisant, satirique et frondeur, qui demeurait dans le même quartier, et chez lequel se rassemblaient les personnes de son caractère ; et que la statue qu'on éleva au milieu de la place, ayant été trouvée dans les environs, conserva le nom de ce tailleur. C'était à cette statue, qu'on appliquait les épigrammes et les bons mots, qu'on appelait *Pasquinades*. Dans un autre carrefour, du côté du Capitole, était une autre statue de fleuve, trouvée dans le *Campo Vaccino*, et à laquelle on avait donné le nom de *Marforio*. On imagina de mettre ces deux statues en conversation ; on appliquoit à celle de *Marforio*, un placard qui contenait la demande, et la réponse était affichée à la statue de *Pasquin*. *Marforio* fut transporté au Capitole, et dès lors cessèrent les conversations plaisantes et caustiques des deux interlocuteurs.

La *Place de Campo Vaccino*, où se tient le marché aux vaches, était autrefois le *forum*, la plus belle place de l'ancienne *Rome*, et que le *premier Tarquin* avait entourée de superbes portiques. Elle était en outre décorée d'arcs de triomphe, de colonnes, de statues et d'édifices publics de la plus grande magnificence. L'église de *S. Adrien* in *Vaccino*, est bâtie sur les débris d'un temple de Saturne, et celle de *S. Lorenzo in Miranda*, sur les fondations du temple de *Faustine*. Cette place beaucoup plus étendue que l'ancien *forum*, est un vaste champ au milieu duquel on a planté des arbres. On y a construit une fontaine avec un bassin de granit très beau; mais elle ne sert que d'abreuvoir. On y voit de tous les côtés des ruines, du milieu desquelles s'élèvent encore avec majesté, quelques colonnes antiques, isolées et ne tenant à aucun édifice. Cet endroit quelque nu qu'il paroisse à cause de sa vaste étendue, n'est pas le moins intéressant. Il est difficile, en effet, de se défendre d'une certaine émotion, lorsqu'on se trouve sur cet espace qui a été pendant longtemps le plus grand théâtre du monde. C'est là que parlait *Cicéron*; c'est là qu'agissait *César*; c'est là enfin que passaient tant de vainqueurs allant triomphalement au *Capitole*; car la *via sacra* y aboutissait. Sans doute ce n'est plus aujourd'hui qu'un amas de ruines; mais aux yeux de l'homme qui pense, *Rome moderne* et ses plus beaux palais sont peut être pour l'intérêt, bien au dessous des débris de la ville des *Scipions*.

Fontaines. Cette architecture hidraulique forme un des plus beaux ornemens des places de la ville de *Rome*. Les lieux les plus élevés, comme les plus bas, y sont également pourvus d'eaux abondantes, limpides et salubres, qui après avoir servi aux besoins ordinaires, vont alimenter des moulins, des forges et des papeteries.

Les principales fontaines de *Rome* sont la *fontaine Pauline*, ou *Acqua Paola*, la fontaine de *Trevi* et celle de la place *Navona*.

La *fontaine Pauline*, placée au sommet du *Janicule*, près de *S. Pierre in Montorio*, est une des plus belles de *Rome*. *Paul* V la fit construire en 1615, avec des matériaux tirés du *forum* de *Nerva*. Il profita de l'ouvrage des anciens Romains, et y ajouta le superbe réservoir ou *fontanone*, situé dans un des endroits les plus élevés de la ville. Cette fontaine la plus abondante de toutes, est décorée d'un grand nombre de colonnes de granit qui soutiennent une architrave. On y voit l'inscription qui indique l'année où *Paul* V restaura l'ancien aquéduc; les armes de ce pape sont dans le couronnement. Entre les colonnes, on a placé cinq niches; l'eau sort à torrens de trois de ces niches; dans les deux autres sont des dragons, pièces des armes de la maison *Borghèse*, qui jettent aussi une prodigieuse quantité d'eau. Toutes ces eaux se dégorgent dans le grand bassin où elles se divisent, et au moyen des canaux qui y sont adaptés, passent d'une montagne à l'autre, et vont former de nouvelles sources pour différens quartiers. L'architecture extérieure de la fontaine est de *Jean Fontana*.

La *fontaine de Trevi* est située au bas de *Monte Cavallo*, assez près de la rue du cours. Elle est formée de l'*acqua vergine*, la meilleure qu'on puisse boire à *Rome*. *Agrippa* la fit venir d'une distance de 8 milles. Le bassin principal était à la tête du champ de *Mars*, au pied du *Quirinal*, où il est encore. Cette eau *vierge* formait une autre fontaine aujourd'hui celle de la place d'Espagne. Les aquéducs sont les mêmes que ceux qui furent construits du temps d'*Agrippa* Ces aquéducs et le château d'eau ayant été dégradés par les barbares, les engorgemens empêchaient l'eau de couler. *Nicolas* V et *Sixte* IV travaillèrent à les rétablir; cet ouvrage fut consommé par *Pie* IV en 1560. L'eau sortait comme anciennement par trois bouches sans ornement, à travers un rocher formé de gros quartiers de pierre entassés, et tombait dans un grand bassin. *Clément* XII y ajouta cette façade majestueuse, formée des trois corps d'architecture portés sur un soubassement partie brut et partie d'ordre rustique, d'où sortent continuellement plusieurs napes d'eau. Du soubassement s'élèvent quatre grandes colonnes d'ordre corinthien, portant un attique, couronné d'une balustrade; entre les colonnes sont trois niches. Celle du milieu est occupée par un *Neptune*, porté sur une conque tirée par des chevaux marins que conduisent des Tritons. Dans les deux autres niches, sont deux figures allégoriques, l'une de la *Salubrité*, et l'autre de la *Santé*. Au dessus de ces statues, on a placé deux bas-reliefs où l'on voit représentés, dans l'un *Agrippa* faisant conduire l'eau *vierge* à *Rome*, et dans l'autre une jeune fille indiquant la source de cette eau aux soldats. La corniche supporte autres quatre statues aussi allégoriques qui sont la *déesse des fleurs*, la *fertilité des campagnes*, l'*automne* ou *la fécondité* et le *charme des prairies émaillées* ou le *printemps*. Deux belles renommées soutiennent les armes de *Clément* XII. La conque de *Neptune* jette une grande quantité d'eau; on trouve que les rochers ne sont pas assez grands; mais le défaut le plus réel, est que ce magnifique monument se trouve placé dans un carrefour beaucoup trop étroit.

La *place Navona* est une des plus grandes de Rome ; elle occupe, dit on, le même terrain que le cirque d'*Alexandre Sévère*, qui du temps de la république, faisait partie du champ de *Mars*. La principale décoration de cette place consiste en trois fontaines, que *Grégoire* XIII et *Innocent* X y firent construire. L'une de ces trois fontaines, est peu considérable par les ornemens, qui, quoique en marbre, sont sans sculpture. Une autre qui fait le pendant de celle-ci, comme placée à l'extrémité opposée, se compose de deux bassins dont l'eau tombe de l'un dans l'autre ; sur les bords du second bassin, sont des masques faits par *Michel-Ange*, et quatre Tritons par les meilleurs maîtres : ils ont à la bouche une double conque de laquelle l'eau jaillit. Au centre est une Triton tenant un dauphin par la queue, qui jette de l'eau en éventail. Cette figure est du *Bernin*. La fontaine du milieu est regardée comme un des plus beaux monumens de *Rome moderne*. Ce superbe ouvrage dont le *Bernin* donna les dessins, porte les empreintes du caractère et du genie de cet homme célèbre, qui y a dévelopé toutes les beautés de l'art, et la vaste étendue de ses talens. Du milieu d'un grand bassin ovale de marbre blanc, s'élève un rocher percé de quatre ouvertures, et surmonté d'un obélisque de granit, de 50 pieds de haut, couvert de caractères hiéroglyphiques, autrefois placé dans le cirque de l'empereur *Antonin Caracalla*. Dans les angles du rocher, sont quatre statues de marbre blanc, également belles par la grandeur et la hardiesse de leurs attitudes; elles représentent les quatre plus grands fleuves de la terre, avec les attributs qui leur conviennent, savoir, le *Gange*, le *Danube*, le *Nil* et la *Plata*. Ces fleuves tiennent des urnes d'où sort une grande quantité d'eau qui tombe dans le bassin, tourne tout au tour, et se précipite dans les antres du rocher, d'où elle va enrichir d'autres fontaines. On voit dans ces antres, un lion, un cheval et d'autres animaux plus grands que nature, qui caractérisent les quatres parties du monde, et semblent sortir des antres, pour venir s'abreuver dans le bassin. Quelquefois dans les beaux jours d'été, on ferme les tuyaux des antres, et l'eau inonde la place qui est concave, et forme une espèce de bassin, où l'on pourrait donner de véritables naumachies.

L'*acqua felice*, ainsi appelée du nom du pape *Sixte* V, qui fit restaurer les anciens aquéducs, est une fontaine ou grand réservoir, situé sur le mont *Viminal*, avec un *Moïse* frappant le rocher, d'où l'eau sort par trois ouvertures, et tombe dans un grand bassin, qui, par différens tuyaux, la distribue sur le mont *Quirinal*, sur le *Capitole*, et sur une partie du mont *Pincio.* Le bassin est orné de lions, dont deux sont antiques, et de marbre noir d'Egypte.

On voit dans Rome, plusieurs autres fontaines qui, sans être aussi remarquables par leur architecture, que celles dont nous venons de parler, ne laissent pas que d'avoir leur prix sous le double raport de l'agrément et de l'utilité. Telles sont, la fontaine de la place d'*Espagne*, faite en forme de nacelle, idée que l'architecte prit d'un vaisseau, qui, dans une grande inondation du Tibre, vint échouer dans cet endroit; les deux fontaines de la place *Barberina* dont on admire l'élégante simplicité; elles sont du *Bernin*; les quatre fontaines placées dans un carrefour qui est entre *Monte Cavallo* et la *Porte Pie*, une des quelles est décorée de la statue d'une femme couchée et drapée, morceau très estimé; la fontaine appelée de *Ponte Sixto*, construite sur les dessins de *Fontana*, et décorée d'une arcade, de deux colonnes d'ordre jonique, et d'un attique; la fontaine de la *Barchetta*, près de l'hôpital du *S. Esprit*, vers le pont *S. Ange*, et sur les bords du Tibre: l'eau en est excellente; la fontaine des *Tortues* sur la place *Mattei*, construite d'après les dessins de *Jean de Bologne* et formée de 4 figures de bronze qui soutiennent un bassin de granit oriental; elle a pris le nom de *fontaine des Tortues*, des quatre figures d'enfans, assis sur l'enroulement d'une grosse coquille, qui jettent des tortues dans le bassin; et enfin la fontaine de la place de *S.te Marie in Trastevere*, faite par *Adrien* I, et rétablie par *Innocent* XII, sur les dessins de *Fontana*; c'est une des plus abondantes.

Rome moderne offre trois choses faites pour étonner les étrangers qui la voient pour la première fois, savoir; la prodigieuse magnificence de ses églises, la noble architecture de ses palais, et la beauté de ses jardins.

Églises. La basilique de *S. Pierre* est l'ouvrage de trente papes; c'est aussi le plus grand et le plus beau temple qu'on connoise, et l'on peut douter si l'antiquité a rien produit de pareil. Sa magique architecture et les productions des arts qui l'embellissent, passent tout ce qu'on peut imaginer de plus hardi et de plus majestueux, de plus riche et de plus rare: en un mot, il faut voir cette basilique pour pouvoir s'en former une idée, et l'on n'a pas exagéré quand on a dit, qu'elle est parmi les ouvrages de l'art, ce qu'est la mer dans le spectacle de la nature. On pourrait sans doute sur une surface plus vaste, entasser une quantité plus considérable de marbres et de richesses en tout genre : mais de tant de parties colossales, de tant d'ornemens réunis, ne faire qu'un seul tout, qu'un ensemble qui ne soit que grand, que magnifique, c'est là le chef-d'œuvre de l'art, et l'étonnant phénomène que présente l'église de *S. Pierre*. Elle est située au pied du mont *Vatican*, vers l'endroit où étaient les jardins de *Neron*, et sur l'emplacement du cirque de *Caligula*. On en posa la première pierre le 18 avril 1506, et elle fut terminée le 12 décembre 1614. Les frais de construction vont à plus de 260 millions, monnoie de France, sans compter les divers objets de décoration dont elle a été postérieurement enrichie, et ce qu'a couté la place qui la précède.

Cette place est entourée d'un portique à quatre rangs de colonnes, qui forme d'abord de chaque côté un demi cercle, et puis va en ligne droite, se joindre aux deux extrêmités de la façade de l'église. La double colonnade bâtie de très belle pierre de *Tivoli*, est couronnée et embellie par 136 statues de saints avec des trophées d'armes d'espace en espace. On peut dire que cette place est réellement en harmonie avec la majestueuse basilique à laquelle elle sert d'ornement extérieur. Au centre, est un obélisque de granit oriental, d'une seule pièce, et qui avec la croix dont il est surmonté, a 124 pieds de hauteur. Ce fameux obélisque, dédié au soleil par *Sesostris*, apporté d'Egypte à *Rome* sous *Caligula*, abattu par les siècles sans être endommagé, et relevé par le célèbre *Fontana* sous le pontificat de *Sixte V.*, figure entre deux belles fontaines placées à égale distance. Ces fontaines jettent abondamment et sans interruption, de l'eau qui monte en gerbe à une si grande hauteur, qu'elle paroit se dissiper en retombant; les bassins qui la reçoivent sont de granit antique d'Egypte.

Après avoir traversé la place, on arrive à un vestibule immense et de la plus grande magnificence; il est orné de colonnes de marbre antique, et le plafond est en stucs dorés et à compartimens: aux deux côtés de ce vestibule, on voit les statues équestres de *Constantin* et de *Charlemagne*; celles de *S. Pierre* et de *S. Paul* sont au bas de l'escalier. La porte du milieu est de bronze. On entre enfin dans la basilique; on croit qu'on doit être d'abord frappé de son immensité: c'est cependant ce qui n'arrive pas, et tout le monde convient, que le premier mouvement est d'admirer, cet ensemble de beautés qu'elle renferme : mais l'examen fait bientôt passer de l'admiration à l'étonnement ; et ce qui n'a semblé que beau, devient sublime. L'église a 575 pieds de longueur dans œuvre ; *S. Paul de Londres* n'en a que 470, et *Notre Dame de Paris* que 410. La longueur de la croisée dans œuvre, est de 426 pieds ; la grande nef a 82 pieds de largeur, et 136 de hauteur. La hauteur totale depuis le pavé jusqu'au sommet de la croix, est de 408 pieds. Malgré des dimensions aussi colossales, chaque chose est si bien à sa place, et d'une si exacte proportion, que pour juger de l'immensité du tout, il faut examiner isolément les parties dont il se compose. On cite pour preuve de cette harmonie dans les raports, les enfans qui soutiennent le bénitier ; considérés de près et séparément, ils frappent par leur grandeur, tandisque vus de la porte d'entrée, ils paroissent de stature naturelle. Tous les genres de beauté et de richesse ont été prodigués, mais avec goût et sans confusion ; pour servir d'ornement à cet admirable édifice. Nous n'entreprendrons pas de les décrire ; il serait même difficile de les compter.

L'église est décorée de grands pilastres d'ordre

corinthien; tout l'intérieur est revêtu de marbres. Le pavé est aussi de marbres de diverses couleurs. Les voûtes sont à compartimens et en stucs dorés. Les bas-côtés qui accompagnent la nef, sont couverts de petites coupoles par où ils reçoivent le jour. Entre les pilastres de l'enceinte du dôme, on a placé des médaillons et des statues de saints, de papes et de fondateurs d'ordre. La coupole qui a plus de 400 pieds de circonférence, est de la plus belle forme, et entièrement revêtue de mosaïques à fond d'or.

C'est sous cette coupole, l'ouvrage le plus hardi que l'architecture ait tenté, que repose le maître-autel, couronné d'un baldaquin que soutiennent quatre colonnes torses de bronze doré, ornées de pampres qui s'élèvent, en serpentant, jusqu'aux chapiteaux. De grandes figures d'anges, placées à chaque angle du pavillon, laissent tomber de leurs mains, des guirlandes de fleurs. Le pavillon, sans doute bien remarquable par son élégante et majestueuse architecture, ainsi que par sa masse, puisque c'est le plus grand ouvrage de bronze qu'on connoisse, et auquel on a employé 450 milliers de bronze pris du *Panthéon*, l'est encore bien davantage par sa hauteur, qui, en comptant la croix, est de 122 pieds : cela n'empeche pas qu'une décoration si gigantesque ne s'éclipse presque dans le vaisseau, et sous la coupole de *S. Pierre*. Le pape et le cardinal Doyen ont seuls le droit de célébrer la messe à cet autel.

La chaire du prince des apôtres est très avantageusement placée au fond de la basilique. On regarde ce monument comme le chef-d'oeuvre du *Bernin*. Les statues colossales des quatre pères de l'église, en bronze doré, placées sur des piédestaux richement ornés, soutiennent une chaire de bronze doré, dans laquelle est déposée celle de *S. Pierre*. Cette dernière qui est en bois, mais qu'on a postérieurement incrustée d'ivoire, servait autrefois à porter les papes le jour de leur couronnement. Le contraste qui se fait remarquer entre la simplicité de l'une, et la magnificence de l'autre, signale la diversité des moeurs et des temps. Au dessous de la chaire, sont les clefs et la thiare pontificale, portées par des génies; et au dessus, une gloire qui environne le *S. Esprit*, étend ses rayons de tous côtés: rien n'est plus frappant que cette gloire, parceque la lumière, introduite par une croisée pratiquée sur le derrière, passant à travers des verres jaunes, fait étinceler la dorure du bronze, et produit la plus agréable illusion.

L'église de *S. Pierre* est remplie de mausolées

de papes. Quoiqu'en général, ces mausolées ne passent pas pour être du premier ordre, presque tous offrent néanmoins de beaux morceaux de sculpture Nous n'en citerons qu'un seul pour exemple, celui où *Alexandre* VIII est représenté avec ses habits pontificaux, à genoux sur un tapis formé de marbre d'Affrique. La mort qui est par dessous, fait effort pour soulever le tapis, et se montrer au pontife rassuré par la *Charité* et la *Vérité*. Cette dernière statue est si belle, qu'un Espagnol en étant devenu amoureux, *Innocent* XI ordonna qu'elle fut voilée.

Un genre de beautés, bien digne de fixer l'attention des curieux dans l'église de *S. Pierre*, c'est cette précieuse collection de tableaux en mosaïque, où l'on a imité pour l'éternité, les chefs-d'œuvre périssables des plus grands-maîtres. La vivacité et la solidité des couleurs dédommagent bien de ce que l'exécution peut avoir d'un peu inférieur. Voici comment s'exécute ce travail aussi singulier que précieux. La matière qu'on emploie, est composée de minéraux mis en poudre, dont on forme de petites pièces carrées, qui se joignent exactement, et qu'on a taillées en pointe par le bas, pour les enfoncer dans un mastic extrêmement astringent, et qui durcit peu de temps après avoir été appliqué.

Ces petites pièces de couleurs et de nuances différentes, sont distinguées par des *numero*. La table de pierre qui doit recevoir la mosaïque, encadrée de bandes de fer, est taillée irrégulièrement, à fin que le mastic qu'on y applique, ait beaucoup plus de prise. C'est dans ce mastic, que le peintre enfonce les petites pièces de minéral, dont la couleur est analogue à celle du modèle qu'il a devant les yeux. Lorsque le mastic a pris assez de consistence, on polit les tableaux ainsi que les glaces ou le marbre, ce qui leur donne un lustre qui ne s'efface jamais; il est tout au plus nécessaire de les frotter, pour en ôter la poussière. C'est ainsi que l'on peut s'assûrer de transmettre à la postérité, les excellens ouvrages de peinture, que l'humidité et le temps auraient enfin totalement effacés sur la toile. Le mastic dont on se sert, est composé de chaux vive, eteinte dans de l'eau que l'on fait égoutter; on met dans la chaux, de la poudre de pierre travertine, et l'on arrose ce mélange, d'huile de lin. Il faut environ huit années de travail, pour copier en mosaïque un des grands tableaux de l'église de *S. Pierre*.

Les grottes de cette église sont de vastes souterrains, qui occupent le dessous d'une grande partie de la croisée; c'est là qu'était l'ancienne basilique. On y voit des morceaux de mosaïque tirés du tombeau d'*Otton* II ; la statue du pape *Boniface* VIII, et son tombeau ; un bas-relief en marbre représentant *Néron* qui ordonne le supplice de *S. Pierre* et de *S. Paul* ; deux anges en mosaïque du *Giotto* ; une urne de granit oriental où étaient les cendres d'*Adrien* IV ; le tombeau de la reine *Christine de Suède* ; un très beau bas-relief représentant le jugement dernier, et une foule d'autres monumens qui mériteraient un long examen. Mais le souterrain le plus curieux, est celui qu'on appelle la *Confession* de *S. Pierre*: il est au dessous du grand autel ; on y descend par un escalier à deux rampes, entouré d'une balustrade de bronze, et éclairé de cent lampes d'argent toujours allumées. Cette chapelle est revêtue des plus beaux marbres ; les statues de *S. Pierre* et de *S. Paul*, les anges, les guirlandes de fleurs sont de bronze doré, et d'un travail exquis ; la voûte est ornée de peintures relatives à l'histoire même de ce lieu.

On ne finirait pas, si, comme nous l'avons déjà fait observer, on voulait détailler les chefs-d'oeuvre de tous les genres, et les richesses inappréciables que renferme l'intérieur de la surprenante basilique de *S. Pierre*. Les dehors n'en sont pas moins intéressans; des escaliers, des corridors, des plate-formes pratiqués depuis le bas jusqu'au faîte du temple, mettent les amateurs de la belle architecture à portée de tout voir, de tout examiner. La seule coupole a de quoi étonner l'esprit humain: c'est le *Panthéon* d'*Agrippa* porté à 160 pieds de hauteur, et reposant sur le plus grand édifice du monde. D'un soubassement qui se termine par une forte corniche, s'élève un ordre corinthien surmonté d'un attique; c'est sur cet attique qu'est établie la coupole proprement dite; elle est couronnée par une lanterne entourée d'une colonnade, et sur cette lanterne, on a placé une boule de bronze doré qui soutient la croix. Cette boule, qui a 8 pieds de diamètre, et dans laquelle dix personnes peuvent être à l'aise, lorsqu'on la regarde d'en bas, ne paroit que comme un de ces globes célestes qui ornent les cabinets des savans. Il n'est peut être pas inutile de faire observer, que l'idée de cette coupole, qui, considérée de près, effraye par la hardiesse de ses formes, et par sa prodigieuse élévation, n'est pas de *Michel-ange* comme plusieurs personnes l'ont assuré; elle est du *Bramante*, dont on n'a fait qu'exécuter les dessins. Du reste cette même coupole donne déjà d'assez vives inquiétudes aux architectes et aux connoisseurs. A la vérité elle a été assujetie par plusieurs cercles de fer; mais cette précaution peut être insuffisante, et la chute d'un si bel ouvrage entraînerait la perte des plus belles productions des arts. Ce n'est ici qu'une légère esquisse des beautés qu'offre la basilique de *S. Pierre*; si l'on désire de plus grands détails sur ce surprenant édifice, on les trouvera dans un ouvrage de *Charles Fontana*, qui en a décrit l'architecture, et donné les mesures les plus exactes.

Les autres basiliques de *Rome* ou églises *stationaires*, sont les plus anciennes de cette capitale du monde chrétien. Parmi ces églises, *S. Jean de Latran* tient le premier rang. Les papes regardent cette basilique comme leur cathédrale, et ils vont en prendre possession, aussitôt qu'ils ont été élus. L'obélisque élevé près de cette église, a 112 pieds de hauteur, et est couvert d'hiéroglyphes: transporté d'*Égypte* à *Rome* sous *Constantin le Grand*, il fut placé dans le grand cirque; ses débris longtemps ensevelis dans la poussière, furent enfin rassemblés, et *Sixte V* à qui *Rome* doit une partie de ses embellissemens, le fit relever par le célèbre *Fontana*.

Tout l'espace compris entre le Capitole et

l'église de *S. Jean de Latran*, présente l'image d'un désert : cette église et son obélisque sont comme au milieu des champs, quoique renfermés dans l'enceinte de la ville. Cependant l'intérieur du temple est d'une grande magnificence ; on y voit les statues en marbre des douze apôtres, dont quelques unes sont de toute beauté, et méritent d'être comptées au nombre des chefs-d'œuvre de l'art. Parmi les colonnes qui y servent de décoration, il y en a deux de *giallo antico*, cette pierre si rare ; et dont les plus petits morceaux sont précieux. La chapelle *Corsini*, construite dans le goût moderne, est des plus élégantes et des plus recherchées ; elle coûte, dit-on, deux millions d'écus romains. Le pape *Sixte* V bâtit près de l'église, un palais fort vaste, qui n'a jamais été habité, et dont on a fait un hôpital. Du reste, quelque magnifique que soit la basilique de *S. Jean de Latran*, elle est très peu fréquentée à cause de son grand éloignement, et ce n'est que lorsqu'un pape nouvellement élu, vient en prendre possession, que toute la ville s'y rassemble.

Qu'il nous soit permis de rapporter ici une anecdote que sa singularité rend assez intéressante. Le jour que *Clement* XIII fit son entrée publique dans l'église de *S. Jean de Latran*,

Ganganelli se trouvait perdu dans la foule des spectateurs : pour mieux voir cette pompeuse entrée, il monta sur le piédéstal d'une colonne; mais il en fut bientôt chassé par un Suisse, qui lui donna même quelques coups de hallebarde. *Ganganelli* dans ce moment, était certainement bien loin de penser qu'il serait le successeur immédiat de *Clement* XIII, et qu'il jouerait le premier rôle à la répétition de l'auguste cérémonie. Cependant 11 ans après, le front couvert de la triple couronne, en passant devant la même colonne, il se rappela de ce qui lui était arrivé lorsqu'il n'était qu'un pauvre moine de l'ordre de *S. François*, et il ne put s'empecher de sourire. Lorsque la cérémonie fut achevée, les cardinaux lui ayant témoigné le desir qu'ils avaient de connoître la cause de son sourire, il leur raconta l'anecdote que nous venons de citer.

La basilique de *S.^e Marie Majeure* est regardée comme la seconde *Stationaire*. Deux de ses chapelles sont peut-être les plus riches qu'il y ait en Italie : l'une fut bâtie par *Sixte* V, et l'autre par *Paul* V. On dit que celle-ci a coûté cinq millions, monnoie de France. Cette église renferme plusieurs tombeaux de papes.

La basilique de *S.^e Croix* située sur le mont *Esquilin*, et dans l'endroit même où était le palais de *S. Hélène*, mère de *Constantin*, est encore une des belles églises de *Rome* : elle a trois nefs, et est décorée de deux ordres de colonnes de granit; on y voit des peintures à fresque qui sont très estimées.

La basilique de *S. Sebastien* n'a de remarquable que ses *catacombes*. Ce sont des grottes souterraines dans lesquelles se réfugiaient les premiers chrétiens, et où ils enterraient leurs martyrs. Quelques uns pensent que les chrétiens creusèrent eux mêmes ces souterrains ; mais il est plus probable que c'étaient des carrières d'où les anciens Romains tiraient la pierre pour la construction de leurs édifices. Ces *catacombes* sont des galeries de trois à quatre pieds de large, creusées dans la pierre ou dans le tuf, à une très grande profondeur. A droite et à gauche, sont des niches faites avec des briques, ou des plaques de marbre, et dans lesquelles on plaçait les corps des martyrs, les instrumens de leur supplice, des croix, des palmes et des épitaphes. C'est de ces souterrains, qu'on tire encore les reliques des saints que le pape accorde aux églises, aux puissances, aux ambassadeurs. On assure qu'on y pourrait faire vingt milles de chemin.

La basilique de *S. Laurent* fut bâtie sur le

mont *Viminal* par *Constantin*. Le corps du saint repose sous l'autel : on montre dans une chapelle souterraine, l'endroit où il fut exposé sur le gril.

La basilique de *S. Paul*, d'architecture gothique, n'a à l'extérieur rien de bien frappant; c'est ce qui fait qu'on éprouve une extrême surprise, lorsqu'en entrant dans cette église, on aperçoit 80 colonnes de marbre, d'une seule pièce et de la plus belle proportion, qui soutiennent les voûtes de cinq nefs extraordinairement larges. Ces colonnes ont été tirées du mausolée d'*Adrien*. Les portes de l'église sont de bronze, et l'on prétend qu'elles ont été faites à *Constantinople*. Le vendredi saint on y découvre le crucifix, qui, dit-on, parla à *S. Brigite*.

Parmi les autres églises de *Rome*, dont les bornes de cet ouvrage ne nous permettent pas de donner une description particulière, il en est fort peu, qui n'offrent des objets dignes de fixer l'attention des connoisseurs. La plupart des temples antiques qui nous restent, se présentent en *Rotondes* : l'Italie a adopté ce genre d'architecture, avec cette différence, qu'elle a porté les *Rotondes* sur les voûtes des temples, ce qui s'appelle dôme ou coupole, et produit un effet admirable. Quant à la partie des décorations, on peut dire que l'Italie n'a rien négligé : pour orner ses temples, elle a dépouillé ceux de *l'ancienne Rome*, comme l'*ancienne Rome* avait dépouillé la *Grèce* et l'*Égypte*. Dans presque toutes les églises un peu considérables, et surtout dans celles de *Rome*, on voit briller les marbres les plus recherchés, le granit, l'albâtre, le *lapislazuli*, les bronzes, les colonnes antiques, les chefs-d'œuvre des sculpteurs modernes. Un coup d'œil rapide jeté sur tant de richesses accumulées, prouvera l'impossibilité où nous sommes de les détailler.

Dans l'église de *S. Agnès*, bâtie par *Constantin* hors de murs, la statue de la sainte est d'albâtre oriental, ressemblant à de l'agate; la galerie tournante qui décore l'enceinte de cette église, est soutenue par 16 colonnes de granit, d'ordre corinthien, d'une seule pièce. *S. Constance*, autrefois un temple dédié à *Bachus*, présente une rotonde dont l'intérieur est décoré d'un double rang de colonnes de granit; on y admire un monument de porphyre, vulgairement appelé le *Trépied de Bachus*, orné de tigres, de tambours, de guirlandes, de masques, de satyres entrelacés de pampres : ce monument antique passe pour un des plus beaux qu'il y ait à *Rome*. S.te *Marie sopra Minerva*, ainsi appelée du temple que *Pompée* fit bâtir à *Minerve*, après la guerre de 30 ans, possède la belle statue du *Christ* embrassant la croix, par *Michelange*. A *S. Praxède*, église qui passe aussi pour être très ancienne, la nef du milieu est supportée par des pilastres et des colonnes antiques de granit. Dans *S. Pierre in Montorio*, église située au sommet du *Janicule*, est le plus beau tableau qu'on connoisse, *la Transfiguration* par *Raphaël*, le dernier ouvrage et le chef-d'oeuvre de ce grand peintre. A *S. Pierre aux liens* qu'on dit être la plus ancienne église de *Rome*, on admire 20 grosses colonnes de marbre de *Paros*, et le mausolée de *Jules* II, par *Michelange*. C'est dans l'église de *Notre Dame des Victoires*, qu'on voit la fameuse statue de *S. Thérèse*, par le *Bernin*. La sainte est à demi renversée sur un nuage, et en extase; l'ange prêt à la frapper, est d'une grande beauté : les Italiens, plus habiles qu'aucun des peuples de l'Europe dans l'art des décorations, ont placé au-dessus du groupe, des verres colorés qui donnent à cette composition, et surtout à la sainte, un air de vérité et de vie, qu'il est impossible de rendre ; mais on remarque que ces reflets de lumière prêtent à la statue principale un air plus tendre que dévot. *S. Etienne le*

Rond, ainsi appelé à cause de la forme de l'église qui a été un ancien temple, est orné de 59 colonnes de granit. *Santa Maria d'Ara Coeli* est bâtie sur l'emplacement du temple de *Jupiter Capitolin*; on y monte par un escalier de marbre qui a 124 marches: dans cette église, est un autel décoré de colonnes d'albâtre oriental, et qu'on dit avoir été élevé par *Auguste*, au temps de la naissance de J. C., sous le nom de *Ara primogeniti Dei.* A *S. Cécile*, on voit la statue de cette sainte, en marbre blanc, couverte d'une tunique légère, appuyée sur le bras gauche, et la face tournée vers la terre : cette représentation est de la plus grande beauté. La *Scala Santa* est un bâtiment carré, situé sur la place de *S. Jean de Latran*; Sixte V y fit placer 28 marches de marbre blanc, qu'on dit être celles du palais de *Pilate*, transportées de *Jérusalem à Rome*: on n'y monte qu'à genoux.

Palais. L'antique palais du *Vatican* est sans contredit le plus grand palais de l'Europe; mais il manque de plan, d'ensemble, et n'a guère d'autre mérite en architecture, que sa propre masse. Il fut donné par *Constantin* à l'évêque de *Rome* On y compte, dit-on, 4422 salles, chambres ou galeries, et 22 cours: il est bâti sur la colline ou mont *Vatican*, ainsi appelé du mot *vaticinari*, parceque c'était là qu'habitaient les prêtres ou devins d'Étrurie, et ensuite les augures des Romains. L'air y est mal sain, et c'est à cause de cela, que les papes l'ont abandonné pour *Monte Cavallo*; mais si ce n'est plus le palais des papes, s'il ne présente aujourd'hui qu'une vaste solitude, les belles choses qu'on y a recuillies et qu'on y conserve, ne laissent pas que d'y attirer les étrangers, et c'est toujours à *Rome*, le palais des arts.

On arrive au palais du *Vatican*, par la grande et belle place de *S. Pierre*. Après avoir monté le grand escalier, on traverse la cour des Suisses, formée de trois rangs d'arcades l'une sur l'autre, et d'une dernière galerie en colonnes, et l'on parvient à la grande salle qui sert de vestibule aux chapelles *Sixtine* et *Pauline*. Dans le nombre des tableaux dont cette salle est ornée, il y en a trois du *Vasari*, que les Français ne voient pas avec plaisir : l'un est le massacre de la *S. Barthélemi*; l'autre l'assassinat de l'amiral *Coligny*; et le troisième. *Charles* IX approuvant ces funestes exécutions.

Dans la chapelle *Sixtine*, est le célèbre tableau du *Jugement dernier*, par *Michel-Ange*, immense peinture à fresque, si remarquable par la composition et par les détails, et où l'on reconnoît surtout la féconde imagination du peintre, exaltée par les idées du *Dante*. La chapelle *Pauline* est décorée de deux tableaux du même artiste, dont l'un représente la conversion de *S. Paul*, et l'autre le martyre de *S. Pierre*: ce sont les derniers ouvrages que ce grand maître fit à l'âge de soixante quinze ans.

Parmi les galeries qu'on trouve à la suite des appartemens, il en est une qui a été peinte par *Raphaël*, ou du moins sur ses dessins et par ses meilleurs élèves: les sujets sont pris de l'ancien testament, ce qui a fait donner à cette galerie, le nom de *Bible de Raphaël*. Le tableau dont on fait le plus de cas, représente *Dieu* porté dans les airs au-dessus des eaux; c'est tout ce que l'homme peut faire, pour rendre le caractère de la divinité au moment de la création. A ce morceau sublime qui est tout entier de *Raphaël*, en succédé un autre non moins précieux par l'intérêt qu'il inspire, ce sont les graces et l'innocence d'*Eve* qui sort des mains du Créateur, et dont *Adam* admire la beauté. Il y a un autre appartement composé de quatre grandes pièces ou salles en enfilade, et entièrement peint par *Raphaël*. Une chose bien déplorable, c'est le dégat que firent aux peintures, les soldats allemands du connétable de *Bourbon*, qui mit un corps de garde dans des salles : la barbarie militaire en établirait sous les portiques même du paradis, si la férocité des hommes pouvait aller jusques là. Les soldats ne trouvant point de cheminées, faisaient leur feu au milieu des salles. Celle où est le célèbre tableau de l'école d'*Athenes*, a beaucoup souffert. Le tableau le plus étonnant qu'on voit dans ces salles, est la prison de *S. Pierre*, à trois jours différens ; savoir, la lumière de la lune qui éclaire l'escalier où dorment les gardes de la prison ; celle du flambeau qu'un garde vient d'allumer pour aller voir ce qui se passe dans cette prison ; et la lumière céleste que verse au tour de lui, l'ange qui conduit S. Pierre. Cette lumière céleste qui perce à travers les barreaux d'une fenêtre, se mêle aux autres lumières, les domine sans les éteindre, et frappe d'un côté certains objets, que la lune ou le flambeau éclaire de l'autre. Ajoutons ces gardes à demi éveillés, qui soulagent par l'interposition de leurs mains, leur vue offusquée par la lumière céleste : ce sont là, les derniers prestiges de l'art ; ils ravissent le connoisseur, et immortalisent l'artiste.

Lorsque le pape va au *Vatican*, il loge au palais neuf. La salle qu'on appelle *Clementine*, est décorée des plus belles peintures. Aux appartemens du troisième étage, on voit des fresques admirables. Le plafond du consistoire est peint par le *Guide*. Une galerie qui a 500 pas de long, conduit au *Belvedere*, qu'on appelle aussi la *Tour des vents*, parceque c'est le lieu le plus élevé de tout le *Vatican*. C'est là qu'on voit l'*Apollon*, le *Laocoon*, l'*Antinoüs*, *Commode*, le *Torse* ou tronc d'*Hercule*, statues qui dans les derniers temps furent transportées à *Paris*, et qui ont été rendues au Souverain de *Rome*. L'*Apollon* est du plus beau marbre de Paros; on le trouva à *Nettuno*, sous le pontificat de *Sixte* V; il est de la plus grande taille naturelle; un reste d'arc est dans sa main; il porte le carquois sur son dos, et une légère draperie s'étend depuis l'épaule jusqu'au bras: le reste du corps est nu. Les jambes ont été mal restaurées; il n'a qu'un seul doigt à la main gauche. Malgré ces accidens, il passe pour la plus belle statue qu'il soit possible de voir. On croit que c'est le même qui figurait au temple de Delphes, et qu'*Auguste* fit transporter à *Rome*. Le *Laocoon* qu'on regarde comme le chef d'œuvre de la sculpture antique, fut trouvé dans les thermes de *Titus*, sous le potificat de *Jules* II. *Laocoon* implore le secours du ciel en faveur de ses deux fils, déchirés, comme lui, par les serpens qui les serrent tous les trois. On attribue ce beau groupe à trois sculpteurs de Rhodes, *Agasandro*, *Athénodore* et *Polidore*. L'*Antinoüs* qui avait beaucoup souffert, a été restauré des morceux même de la statue. On le met au dessus de l'*Antinoüs* du Capitole. *Commode* sous la figure d'*Hercule*, est revêtu de la peau d'un lion, et tient le petit *Hylas* dans ses bras. Le *Torse* ou *Tronc* d'*Hercule*, par *Apollonius* d'*Athènes*, a de si belles proportions, que *Michel-Ange* en faisait l'objet continuel de ses études. C'est *Ganganelli* qui fut le fondateur de l'inappréciable collection d'antiques qu'on voit au Vatican. Du reste rien de mieux décoré que les salles qui composent ce musée : on y a prodigué les marbres les plus rares.

La bibliothèque du Vatican, ouvrage de *Sixte* V, est après celle de *Paris*, une des plus précieuses qui existent. Le vaisseau a la figure d'un *T* : la première galerie partagée en deux nefs par de gros pilastres, a 214 pieds de longueur, sur 52 de largeur. La galerie transversale forme deux ailes qui ont ensemble 400 pas de longueur. En entrant, on ne croit point être dans une bibliothèque, parceque les livres sont renfermés dans des armoires. La bibliothèque n'a que 70 à 80 mille volumes, dont 30 ou 40 mille manuscrits en toute sorte de langues. On montre quelques manuscrits uniques, tels qu'une bible hébraïque d'une grande antiquité, et que les Juifs ont voulu acheter au poids de l'or ; les 4 évangiles manuscrits du 9.ᵐᵉ siècle ; un manuscrit de *Térence* avec les dessins des masques de théâtre ; un *Virgile* du 5.ᵐᵉ siècle, orné de très belles vignettes ; un manuscrit de *Pline*, le Naturaliste, du 13.ᵐᵉ siècle ; des livres écrits sur l'écorce ou papyrus d'Egypte ; et plusieurs autres manuscrits dont la rareté fait surtout le prix.

Le palais du *Vatican* a deux jardins. L'un qu'on appelle le *jardin secret*, et qui dépend du *Belvedere*, est environné d'une galerie en arcades, par le *Bramante* : on y voit dans des niches, une pomme de pin de bronze, de 11 pieds de hauteur sur 66 et demi de diamètre, et deux paons aussi de bronze ; ce sont des ornemens qui ont été tirés du tombeau d'*Adrien*. Du parterre, on descend sur une terrasse qui domine *Rome*. Cette terrasse est ornée d'une cascade qui tombe dans un bassin, au milieu du quel figure un petit vaisseau de bronze avec tous ses agrès, vomissant par les canons, des sources d'eau dont le bruit imite en petit celui de l'artillerie. Le *grand jardin* est formé d'allées, de bosquets, de fontaines et surtout de belles plantations d'orangers, de lauriers, de myrtes, de jasmins. Au centre est un *casin*, ou petit édifice construit sur le modèle d'un bâtiment antique. Sous la colonnade qui est au devant de ce *casin*, on a placé une très belle statue de *Cybèle*, assise et couronnée de tours.

Le palais de *Monte Cavallo*, bien inférieur au *Vatican*, est celui que le pape occupe aujourd'hui sur le mont *Quirinal*. Le nom de *Monte Cavallo* lui a été donné, à cause de deux chevaux antiques de marbre et de taille colossale, qu'on voit sur la place du palais. Ces deux chevaux, tenus par deux hommes jeunes et forts, qui ont l'air de les assouplir, passent pour être deux groupes représentant le même héros, c'est à dire, *Alexandre* domptant le *Bucéphale*. Le premier est, dit-on, l'ouvrage de *Phidias*, et l'autre celui de *Praxitèle*; c'est du moins ce que porte l'inscription, et rien ne semble indiquer le contraire. Les deux chevaux sont d'un grande beauté, et dans le véritable style grec; *Constantin* le Grand les fit venir d'Egyte pour en parer ses bains.

Le palais de *Monte Cavallo* qu'on appelle aussi *Quirinal*, fut commencé par *Paul III*, vers 1540. L'air malsain qu'on respire au Vatican dans les fortes chaleurs, lui fit choisir une situation plus élevée. Cet édifice fut successivement augmenté par *Grégoire* XIII, *Sixte* V, *Alexandre* VII, *Innocent* XIII et *Clément* XII. Deux grandes colonnes de marbre supportent la tribune d'où le pape donne la bénédiction, et décorent l'entrée principale. La cour, entourée d'un grand portique à colonnes, a 323 pieds de long, sur 164 de large, et annonce la majesté de l'édifice. L'escalier qui conduit au premier étage, est grand et noble. L'ameublement des appartemens du pape et de la salle royale, est riche, mais modeste, et les tableaux sont le seul objet de luxe qu'on y remarque.

Le jardin qui a près d'un mille de tour, est un des plus agréables qu'il y ait en Italie, parcequ'il se trouve dans une position tout à fait séduisante. Quant aux détails, il offre des fontaines, des bosquets, des statues antiques; une grotte enrichie de rocailles et de bas reliefs, dans laquelle est un orgue qui joue par le moyen de l'eau. Dans le haut du jardin et vers le milieu, est un *casino* ou petite maison, bâtie par *Bénoit* XIV, et ornée de très belles peintures: on l'appelle *Caffe-house*, parcequ'elle est dans le goût anglais, et que le pape allait souvent y prendre le café. En sortant du *casin*, on est conduit par une allée, à une fontaine de porphyre. Enfin les divers objets de curiosité ou d'agrément disséminés dans la vaste étendue de ce jardin, font qu'à chaque instant on croit passer d'une humble solitude, dans un lieu habité par le genie des arts.

Le *Capitole* moderne a été élevé sur les fondemens de l'ancien. *Michel-Ange* qui en donna le plan, sut répandre dans les bâtimens dont cet édifice se compose, ce caractère de grandeur et de majesté qui devait l'annoncer. On y monte par une rampe douce, entre deux balustrades qui offrent à leur naissance, deux sphinx de marbre égyptien jetant de l'eau dans des cuvettes. Ces sphinx sont peut-être plus anciens que la conquête de l'Egyte par *Cambyse*. Au sommet de la rampe, on voit deux statues colossales, en marbre grec, de *Castor* et *Pollux*, tenant leurs chevaux par la bride. L'artiste les a représentés tels qu'on suppose qu'il se montrèrent, lorsqu'ils vinrent au secours des *Romains* dans une bataille contre les *Volsques*. Sur la balustrade de marbre qui borde la place du côté de la ville, et s'étend à droite et à gauche de l'escalier, sont des trophées érigés à *Marius* pour la victoire qu'il remporta sur les *Cimbres*, et deux colonnes dont l'une porte un globe d'airain où l'on croit qu'étaient renfermées les cendres de *Trajan*; l'autre est la fameuse milliaire élevée par *Auguste*, pour marquer le centre de la ville de *Rome* et le commencement de la voie Appienne. Au milieu de la place, figure la statue équestre de *Marc-Aurèle*, en bronze, plus grande que nature, et d'une rare beauté. *Totila* la faisait conduire au port d'Ostie, mais *Bélisaire* la reprit. Elle fut retrouvée en 1475 dans un petit souterrain de la place de *S. Jean de Latran*. Les connoisseurs prétendent que le cheval a beaucoup de vie et d'expression; mais quel que soit le mérite particulier de la statue de *Marc-Aurèle*, le premier mouvement qu'on éprouve, en regardant l'image mélancolique de ce génie bienfaisant que le ciel prêta à la terre, est moins celui de l'admiration, que cet attendrissement religieux qu'excite le souvenir d'un prince qui ne se servit de l'immense pouvoir dont il était revêtu, que pour faire des heureux.

Le nouveau *Capitole* consiste en trois grands édifices séparés, mais symétriquement disposés; ils sont d'une très belle architecture, et couronnés par une balustrade ornée de statues. La cloche que l'on ne sonne qu'à la mort du pape, ou dans quelques occasions extraordinaires, est dans un campanile qui domine le bâtiment du milieu. Ce bâtiment est le palais du *Sénateur*, personnage dont l'autorité est assez bornée, puisqu'il ne juge que les petites causes du peuple; c'est tout ce qui reste de ce sénat auguste qui gouvernait le monde. On monte à ce palais par un escalier à deux rampes, entre lesquelles est une fontaine ornée de trois belles statues. La grande salle où le tribunal du sénateur tient ses séances, est décorée des statues de *Paul* III, de *Grégoire* XIII et de *Charles* d'*Anjou*; de quatre colonnes antiques, et de plusieurs peintures à fresque; c'est là qu'on distribue les prix aux élèves de l'académie de *S. Luc*.

A droite est le palais des *Conservateurs* qui sont les magistrats municipaux de *Rome* moderne. Dans toute la longueur de ce palais, règne une galerie couverte, soutenue par des colonnes doriques, et portant un second ordre corinthien plus léger, avec une riche corniche couronnée d'une balustrade. Sous la porte d'entrée, sont deux statues antiques, l'une de *Jules César* et l'autre d'*Auguste*; celle-ci fut faite après la bataille d'*Actium*. Dans la cour, on voit des débris de statues colossales, et la colonne rostrale érigée en l'honneur de *Duillius*, dont nous avons déjà parlé. La grande salle est décorée de peintures à fresque représentant différens traits de l'histoire romaine, ainsi que des statues de *Léon* X, de *Sixte* V en bronze, d'*Urbin* VIII par le *Bernin*, et du buste de *Christine* en marbre. La deuxième pièce contient les statues des gonfaloniers de l'église, et présente aussi de très belles fresques. C'est dans la troisième pièce qu'est la *louve* qui fut, dit-on, frappée de la foudre le jour de l'assassinat de *Jules César*. Dans la même salle, figure la statue de *Brutus*, le consul, faite et placée au Capitole par ordre du second *Brutus*. Les pièces qui font suite, renferment une précieuse collection d'antiques en marbre ou en bronze, et de peintures parmi lesquelles on admire surtout une Sainte Famille de *Jules Romain*, l'enlevement des Sabines par *Pierre de Cortonne*, et *Remus* et *Romulus* alaités par la louve, de *Rubens*. Dans la huitième et dernière salle, est une école de dessin où les élèves étudient d'après le modèle; il leur est permis d'aller dans la galerie où sont les tableaux, copier tout ce qui leur plait, mais il leur est défendu d'appliquer des papiers huilés sur les figures pour en prendre plus facilement les contours. Le modèle vivant est toujours un des plus beaux hommes.

Le palais qui est à gauche, est celui où l'on a placé le *Musée*. La collection des statues fut commencée par le pape *Innocent X*; *Clement XII* la continua et l'augmenta considérablement;

enfin *Bénoit* XIV et son successeur l'ont portée au point où elle est aujourd'hui. Nous devons faire observer que tout ce qui avait été cédé au musée de *Paris* en vertu des traités de paix faits pendant les dernières guerres d'Italie, a été renvoyé à *Rome*. Il est impossible de rendre l'impression que fait l'amas énorme de statues, de bustes, d'inscriptions et de bas-reliefs réunis dans le musée du *Capitole*, lorsqu'on y entre pour la première fois; cette inappréciable collection de tant de chefs-d'œuvre épuise l'admiration; ce n'est pas un cabinet d'antiques; c'est le séjour des Dieux de l'ancienne *Rome*, c'est le lycée des philosophes, c'est un sénat composé des rois de l'orient; en un mot, c'est le grand livre des antiquaires. Mais comme nous l'avons déjà fait observer plusieurs fois, à peine pouvons-nous jeter un simple coup d'œil sur ce qui exigerait l'examen le plus détaillé. Dans la cour d'entrée est la statue colossale d'un fleuve appuyé sur son urne, et qu'on croit être le *Rhin*, c'est la même statue qu'on appelait *Marforio*, lorsque les plaisans la mettaient en conversation avec celle de *Pasquin*. Au-dessus de la niche de *Marforio*, on voit une belle balustrade ornée de colonnes de granit égyptien, et de quatre statues de *Vestales*. Sous le vestibule, est une urne antique qui a servi de tombeau à *Alexandre Sévère* et à *Julia Mammea*. Au bas de l'escalier, on a placé la statue de *Pirrhus*, roi d'Egypte; c'est la seule que l'on connoisse. Les murailles sont revêtues de plusieurs bas-reliefs antiques. La salle appelée il *Canopo*, contient une très grande quantité de figures égyptiennes en beaux marbres, et précieuses par leur antiquité. Avant d'entrer dans la galerie, on remarque un *Jupiter Foudroyant*, et un *Esculape* de marbre noir. La grande salle est d'une majestueuse beauté; il y a vingt six statues antiques du plus grand prix; les bustes y sont rangés sur une corniche en saillie : c'est là qu'on admire les deux gladiateurs. Dans une salle qu'on appelle des *Philosophes*, parcequ'elle contient les hommes illustres dans les sciences et dans les arts, on compte 132 bustes ou têtes antiques, plusieurs bas-reliefs et quelques arabesques : *Zenon* y est en pied; les meilleurs bustes sont ceux de *Virgile*, d'*Hieron*, de *Pirithous*, de *Diogene*, de *Pythagore* et d'*Aristomaque*. Les bustes les plus précieux qu'offre la salle *des empereurs* sont ceux de *Caligula*, de *Messaline*, de *Julie*, fille de *Titus*, et de *Neron*. La salle des *Mélanges* formée en entier par *Bénoît* XIV, contient des antiques de toute espèce; le détail en est immense; la simple nomenclature formerait un volume.

Les trois bâtimens du *Capitole* n'occupent pas tout le mont *Capitolin*; plusieurs maisons remplissent le reste du terrain; derrière le palais des *Conservateurs*, est la roche *Tarpeïenne* d'où l'on précipitait les criminels; et au delà du *Muséum*, l'église d'*Ara Coeli* que l'on croit bâtie sur l'emplacement de l'ancien temple de *Jupiter Capitolin*. La colline a à peu près 100 toises du nord au midi, et autant de l'est à l'ouest. Il paroît que l'*ancien Capitole* avait son principal aspect au Midi, du côté du *Forum* aujourd'hui *Campo Vaccino*; au lieu que le *Capitole moderne* regarde au nord.

Parmi cette multitude de palais qui font un des principaux ornemens de *Rome* moderne, on en compte près de soixante qui paroissent plutôt faits pour servir d'habitation à des princes, que pour loger des particuliers. Tous ont de vastes cours et des portiques intérieurs : ajoutons que les façades placées sur la rue, décorent bien mieux une ville, que les *Hôtels* de *Paris* bâtis pour la plupart entre cour et jardin. La description de ces divers palais, ouvrages des *Bramante*, des *Michelange*, des *Bernin* et autres grands architectes, nous entraînerait dans des détails que ne comporte pas la nature de cet ouvrage : il faut donc nous restreindre à donner une légère esquisse, de ce qu'ils présentent de plus intéressant.

Le palais *Colonna* est au pied du mont *Quirinal*, sur la place des *Saints Apôtres*. La galerie de ce palais passe pour être la plus belle de *Rome*. Elle a environ 160 pieds de longueur sur 36 de largeur : à ses deux extrêmités, sont des sallons ou portiques séparés par un grand arc que soutiennent des colonnes et des pilastres de marbre jaune antique. Dans le plafond de la galerie, est peinte la bataille de *Lépante* où *Marc-Antoine Colonna* commandait. Les jardins de ce palais se composent de différentes terrasses, et s'étendent jusqu'au sommet de la montagne, couronnée d'un bois dans lequel on voit un fragment de frise corinthienne, avec des festons, et un gros bloc de marbre qui a 12 pieds de longueur, autant de largeur et 11 d'épaisseur. On croit que ce sont des restes d'un temple du *Soleil*, élevé par *Aurélien*, après la victoire qu'il remporta sur *Zénobie*, reine de *Palmyre*. Quels édifices que ceux où de pareils blocs étaient employés pour architrave !

Le palais *Rospigliosi* est près de la place de *Monte Cavallo*, et on le croit bâti sur les thermes de *Constantin*. Il renferme de très belles peintures, et entr'autres le tableau de *la vie*

Humaine par le célèbre *Poussin*. La galerie placée au fond du jardin, a été peinte à fresque par le *Guide*.

Le palais *Albani* situé au voisinage des *quatre fontaines*, est décoré des marbres antiques les plus précieux, et de divers ouvrages de sculpture très estimés, parmi lesquels les connoisseurs admirent surtout un groupe de *Thésée* et du *Minotaure*; une *Diane d'Ephèse*, un *Pan* qui montre à jouer de la flûte, et un *Apollon* plus grand que nature.

Le palais *Barberini* fut construit sous le pontificat d'*Urbin* VIII, de la maison des *Barberins*. Aussi tous les arts semblent-ils avoir conspiré à l'embellir. L'architecture est presque en entier du *Bernin*. Ce palais est situé entre le mont *Pincio* et le *Quirinal*, sur la rue qui aboutit à la porte *Salara*.

Le palais *Ghigi* est dans une des plus belles situations, puis qu'il a sa principale entrée dans la rue du *Cours*, et qu'il domine sur la place *Colonne*; mais son architecture n'a rien de surprenant.

Le palais *Doria* est un des plus vastes de *Rome*. Il a trois façades; celle qui donne du côté du *collège romain*, est du *Borromini*. Dans la partie qui regarde le cours, il y a quatre galeries qui rentrent l'une dans l'autre. Les cours de ce palais, entourées de colonnades et de portiques, en font un des principaux ornemens.

Le palais *Altieri* situé sur la place du *Jesu*, est un vaste bâtiment avec deux grandes cours dont une est entourée d'une belle colonnade.

Le palais *Borghese* proche le port de *Ripetta*, est un des plus beaux et des plus riches de *Rome*. La cour est entourée de deux rangs d'arcades, les unes sur les autres, supportées par cent colonnes de granit, et couronnées d'un attique décoré d'un grand nombre de statues. On a eu compté dans ce palais, jusqu'à 1700 tableaux originaux et des meilleurs maîtres. Ce qui indépendamment de son immensité, rendait cette collection encore plus intéressante, c'est qu'elle présentait des tableaux de tous les âges de la peinture; en sorte qu'en les parcourant par ordre des temps, on avait sous les yeux l'histoire des progrès de cet art. On montrait dans ce même palais, trois tables de marbre blanc, fléxibles au point que n'étant appuyées que par leurs extrêmités, elles se courbaient de près d'un pouce, vertu élastique d'autant plus singulière, que la nature du marbre semble en exclure les effets.

Dans le palais *Ruspoli*, bâti sur la rue du

Cours, on voit le plus bel escalier qu'il y ait à *Rome*. Cet escalier tout entier de marbre de Carrare, a quatre rampes, dont chacune se compose de 30 marches, et est aussi solide que hardi. L'intérieur du palais est décoré de sculptures et de morceaux antiques d'un grand prix.

Il y a le *grand Farnese* et le petit *Farnese* qui est au delà du Tibre. Le grand *Farnese* est situé sur une place du même nom, ornée de deux belles fontaines. Il fut construit aux dépens du *Colisée*, ce superbe monument de la magnificence romaine, dont le pape *Paul* III permit que *Michel-Ange* qui était plus fait que personne pour respecter ce que la main des barbares avait épargné, enlevat les marbres et les pierres de taille. On trouve que ce palais qui a été bâti sur le modèle du théâtre de *Marcellus*, est trop majestueux pour la demeure d'un particulier, ce qui fait que le vestibule et la cour manquent de proportion. C'est dans ce même palais qu'on voit cette célèbre galerie où les frères *Carrache* ont épuisé tout l'art de leurs pinceaux.

Le palais *Spada* d'une fort belle architecture, et décoré avec autant de goût que de richesse, était surtout visité par les étrangers, à cause de la statue de *Pompée*, l'unique qu'on vit à *Rome*, et la même, dit-on, au pied de laquelle *César* fut assassiné. On la trouva sous un mur qui séparait deux caves ; il y eut un procès entre les propriétaires des deux caves, l'un et l'autre se croyant fondé à revendiquer la statue. Le juge fort embarrassé, ordonna que la statue serait partagée en deux, et que chacun des contendans prendrait sa moitié. Heureusement une décision aussi singulière que barbare, fit du bruit : le cardinal *Capo di Ferro* en parla au pape *Jules* III qui acheta la statue, et en fit présent au cardinal.

Le palais *Corsini* bâti au pied du *Janicule*, est dans une situation tout à fait riante ; ses jardins s'étendent jusques au haut de la montagne. C'est dans ce palais qu'est morte la reine *Christine de Suède* en 1689.

Le palais *Bernini* tire son nom du *Bernin*, célèbre architecte et sculpteur, dont il était la propriété et l'ouvrage. On y voit une statue de la vérité, nue, plus grande que nature, assise, tenant un soleil à la main et ayant un pied sur un globe. La figure du *Temps* qui devait faire partie du groupe, est restée imparfaite par la mort de ce grand artiste.

Jardins et maisons de plaisance. Sous le nom générique de *villa*, et quelquefois de *vigne*, on entend un *jardin*, une *maison de plaisance*.

On en voit beaucoup en Italie, mais celles de *Rome* ont une supériorité décidée, et l'on ne peut leur rien opposer. Les cardinaux ou les riches particuliers qui les ont fait bâtir, ont ajouté à l'heureuse situation du terrain, les ruines de l'antiquité, en sorte que ces *jardins* ou *maisons de plaisance* peuvent donner une idée de ces lieux d'agrément où les *Scipions*, les *Lucullus*, et tant d'autres illustres personnages allaient se délasser de leurs travaux, et jouir d'eux-mêmes. Il paroit en effet que ce goût qu'avaient les anciens Romains pour les belles campagnes, a passé à leurs descendans. Par tout ailleurs, c'est un ordre et une élégance symétriques, qui finissent par donner de l'ennui, parcequ'ils laissent l'imagination oisive; en Italie au contraire, les *ville* réunissent l'élégance à la simplicité; elles sont plus variées, plus commodes, et toujours adaptées au climat. Tout au tour règnent de grandes palissades de diverses sortes de lauriers, qui mettent à l'abri des rigueurs de l'hiver, et conservent une verdure éternelle. Dans le milieu, ce sont des plantations d'orangers et de citronniers, qui embaument les airs de leur doux parfum; on y trouve aussi des parterres; mais l'utile y est toujours mêlé avec l'agréable. Quant aux *ville* qui sont d'une certaine étendue ; elles offrent des bois, des prairies, des pâturages. A ces principales beautés, les Romains ont ajouté un genre de richesses que les plus grands souverains ne peuvent pas toujours se procurer ; ce sont des statues antiques ou modernes, et des fontaines d'où jaillissent sans interruption, les eaux les plus limpides. Enfin la nature a prodigué ici toutes les facilités que l'art pouvait désirer pour opérer ses prestiges ; un beau ciel, un sol extrêmement fertile, et l'inégalité même de ce sol, à laquelle on doit des positions si heureuses. De là, de magnifiques terrasses qui offrent les points de vue les plus agréables et les plus variés, et qu'on se procure à peu de frais.

Quelque magnifique que soit le palais *Borghese*, dont nous avons déja parlé, il n'approche pas de la *villa* du même nom : c'est la plus belle de toutes les maisons de plaisance des environs de *Rome*. On l'appelle aussi *Villa Pinciana*, parcequ'elle touche aux murs de la ville du côté de la porte *Pinciana*. Elle a environ une lieue de circonférence. On arrive au palais par une allée décorée de statues, de parterres et de fontaines. Au devant est une vaste plate-forme environnée d'une balustrade avec des vases de fleurs et des sièges de verdure. La façade du palais a 165 pieds de long; elle est chargée de bas-reliefs antiques égyptiens, grecs et romains: le plus estimé de ces bas-reliefs, est *Curtius* armé et à cheval, se précipitant dans le gouffre. L'intérieur renferme une riche collection de statues antiques, de colonnes, de vases, d'urnes de porphyre et d'albâtre oriental. Les jardins sont immenses et dignes de l'habitation; rien de plus noble, de plus varié; presque partout de belles eaux et de charmantes perspectives. Il est permis à tout le monde, d'aller s'y promener; la proximité de la ville et la beauté du lieu, tout y attire: cependant on ne profite guère de cette permission. La promenade la plus fréquentée dans la belle saison, est hors de la porte du Peuple, sur un chemin bordé de hautes murailles qui masquent entièrement la vue, et où les promeneurs sont obligés de lever les glaces de leur voiture, s'ils ne veulent pas être étouffés par la poussière; mais il ne faut disputer ni de modes, ni de goûts.

La *Villa Farnese* construite par le célèbre architecte *Vignole*, a sa principale entrée sur le *Campo Vaccino*; ses jardins qui occupent une grande partie du mont *Palatin*, sont ornés de statues dont on dépouilla le *Colisée*: on y voit de belles allées, des terrasses, des grottes, des jets d'eau. En creusant dans ces jardins, on trouva des salles incrustées de marbres avec de grosses colonnes de porphyre de vert antique; mais tout était gâté par le feu. On croit que c'étaient des restes du *palais* des *Césars*. Au delà de ces salles, on descend aux bains de *Livie*; ce sont de petits appartemens souterrains, ornés de feuillages rehaussés d'or sur un fond blanc, d'arabesques, de figures qui paroissent assez bien dessinées, et de petits tableaux peints à fresque: les bordures sont des espèces de corniches faites de lapis, de jaspe, d'agate et autres pierres dures. La *Villa Farnese*, depuis que le roi de *Naples* en est possesseur, tombe en ruines, et bientôt confondue avec les antiques restes du *palais* des *Césars*, elle ne faira plus qu'un monceau de décombres.

La *Villa Medicis* est située sur le mont *Pincio*; on y arrive par le superbe escalier de marbre de la *Trinité des monts*. C'est là qu'étaient jadis les jardins de *Lucullus*. La situation en est délicieuse; delà, l'œil embrasse toute la ville; la nature y est sans doute un peu négligée; mais on y a prodigué toute la magie de l'art, pour l'embellir; c'est une des plus belles maisons de plaisance qu'il y ait à *Rome* ou dans les environs. Les jardins sont magnifiques; ils ont, en y comprenant le palais, une demi-lieue de tour. La façade intérieure de ce palais est ornée de plusieurs bas-reliefs, dont les plus remarquables sont : le combat d'*Hercule* contre le lion de *Némée*, et un *Horatius Coclès* passant le Tibre à la nage. La *Villa Medicis* est ouverte à tout le monde : cependant on n'y rencontre presque jamais les dames romaines ; elles auraient honte de se servir de leurs pieds, pour se promener ; et ce lieu, qu'on peut regarder comme la seule belle promenade qu'il y ait dans l'enceinte de Rome, n'est guère fréquenté que par le peuple et les étrangers.

La *Villa Ludovisi* est, ainsi que la *Villa Medicis*, située sur le mont *Pincio*, et occupe une partie de l'emplacement des jardins de *Saluste*. Ce fut le cardinal *Louis Ludovisi* qui la fit bâtir. La façade du palais est ornée de statues et des bas-reliefs antiques. On admire dans l'intérieur un plafond peint à fresque par le *Guerchin*, représentant le lever de l'aurore. Les jardins, ouvrage de *Le-Nostre*, sont charmans ; on y voit un tombeau antique, placé entre quatre grands cyprès qui servent de point de vue à une allée.

La *Villa Mattei* est sur le mont *Celio* ; on y respire le meilleur air. Les jardins y sont distribuées avec beaucoup d'art: une partie de ces jardins a la forme d'un théâtre antique; au fond est une buste colossal qui a 8 pieds de haut; la statue devait en avoir 74. Les autres ornemens consistent en tombeaux de marbre, urnes sépulcrales, obélisques, statues, fontaines curieuses, grottes, jets d'eau, terrasses et beaux points de vue.

La *Villa Aldobrandini* occupe la partie la plus élevée du mont *Quirinal*; c'est une des plus agréables par sa situation, par ses jardins, par ses plantations et par ses eaux. La face principale du palais est ornée de bas-reliefs antiques de la plus grande beauté; mais ce qu'on y voit de plus précieux, est une grande fresque connue sous le nom de *Noce Aldobrandine*, et trouvée dans les ruines, les uns disent des thermes de *Titus*, les autres d'une maison de *Mécène*, sous le pontificat de *Clément* XIII, de la maison *Aldobrandini*. Ce tableau antique est dans un petit sallon à une des extrémités du jardin; les plus grands peintres en ont fait leurs études. La mariée est assise sur un lit; une femme semble l'instruire: l'époux couronné de pampres, est au pied du même lit: vis à vis de la mariée, une femme verse des parfums dans un vase; on voit aussi dans ce tableau, quelques autres femmes qui jouent de la lyre ou brûlent des parfums, et des matrones au tour d'un vase de purification. Cette peinture est fort décolorée; mais l'élégance et la correction du dessin ne laissent rien à désirer: on croit qu'elle est plus ancienne que les peintures trouvées à *Herculanum*, et qu'elle a été faite par des artistes grecs; on en juge par le défaut de perspective, et par la vérité frappante de l'expression.

La *Villa Barberini* qu'on appelle aussi le *Bastion de Barberin*, est derrière la colonnade de *S. Pierre*, et occupe l'emplacement du *Pallatiolum*, petit palais de *Néron*, d'où ce monstre regardait les spectacles du cirque de *Caius*, lorsque par ses ordres, le sang des chrétiens y coulait à grands flots. Cette *villa* offre des peintures et des sculptures d'un grand prix. Les jardins sont bien distribués, et la vue en est séduisante.

La *Villa Negroni* située en partie sur les thermes de *Dioclétien*, fut commencée par *Sixte* V. Elle a plus de demi-lieue de tour. Le palais se compose de deux corps de logis; les frises sont décorées de faunes antiques, qui pressent des grappes de raisin. La distribution des jardins est faite avec assez de goût.

La *Villa Albani* est située hors de la porte *Salara*. Le portique du palais est soutenu par des colonnes de granit d'Egypte, et décoré de belles statues dont les piédestaux sont chargés de bas-reliefs antiques très précieux. Parmi ces statues, on remarque celle de *Domitien*, la seule de cet empereur qui se soit conservée entière. Vis à vis du portique, on voit en perspective deux petits temples. Le plafond du sallon principal, peint à fresque, représente *Apollon* au milieu des muses, sur le Parnasse: ce sallon est de plus orné de bas-reliefs très estimés: de beaux pilastres revêtus de mosaïques modernes, séparent les fenêtres. L'intérieur du palais, ainsi qu'une galerie ouverte en demi-ovale, qui est au fond du jardin, sont peuplés de statues, d'urnes, d'idoles égyptiennes. Rien n'y est oublié; les jardins offrent des terrasses, des salles souterraines, des bassins, des bosquets, un temple de *Jupiter* et mille autres objets de curiosité.

La *Villa Pamphili* sur la voie *Aurelia*, hors e la porte *S. Pancrace*, et au delà du *Janicule*, est une des plus considérables de *Rome*. On prétend qu'elle a deux lieues de tour, et qu'elle est sur l'emplacement des jardins de l'empereur *Galba*. L'architecture du palais est de l'*Algarde*;

au devant est une place décorée des statues des douze *Césars*. Le bâtiment est orné de bas-reliefs antiques, de statues, de bustes, de médaillons et de beaux pilastres. Parmi les bas-reliefs, les plus remarquables sont ceux de *Vénus* arrachant à *Mars* son poignard, et de *Papirius* trompant la curiosité de sa mère. Il n'y a rien de supérieur aux jardins de la *Villa Pamphili*; la nature et l'art semblent avoir réuni tous leurs efforts pour en faire un lieu de délices.

La *Villa Corsini* est vis à vis la porte *S. Pancrace*; on y remarque un beau portique élevé sur quatre grands arcs, et un sallon qui a douze portes et douze fenêtres, et dont la voûte est peinte par *Passari*, qui y a représenté l'*Aurore* devançant le char du soleil. Les jardins très bien situés, quoique consacrés à l'utile, n'en sont pas moins agréables.

La *Villa Feroni* est au dessous de la *Villa Pamphili*, entre le mont *Cælio* et le *Janicule*. La maison est de la plus grande simplicité, plus proprement que richement meublée : mais dans ce lieu de plaisance, la nature se présente surtout avec sa plus belle et sa plus riche parure; on y voit de superbes allées de charmilles, de précieuses plantations d'orangers, de citronniers, de cédrats, et de longs berceaux d'*agrumi*, qui, en procurant l'ombrage le plus agréable, répandent une odeur délicieuse.

Il y a *Rome* ou dans ses environs, plusieurs autres *jardins* ou *maisons de plaisance*, qui méritent, à tous égards, de fixer l'attention des voyageurs, mais dont les bornes de cet ouvrage, ne nous permettent pas de faire une mention particulière. Nous observerons seulement, que malgré les critiques amères dont *Rome* est aujourd'hui l'objet, les temples, les palais et les *ville* que nous venons de décrire, la dédommagent du moins en partie, des monumens antiques dont elle a été privée par la main des barbares ou par les ravages du temps.

Théâtres. Quoique à *Rome* il n'y ait de spectacle que depuis le lendemain des rois jusqu'au mardi des cendres, et que les théâtres de cette ville soient peut-être ce qu'elle offre de moins curieux, on en compte néanmoins jusqu'à huit dont les plus considérables sont:

1.° Le théâtre d'*Argentina* qui est celui où l'on représente les *opera*. Il a la forme d'un ovale tronqué, carré d'un bout, et rond de l'autre, avec six rangs de 33 loges, séparées par une cloison. Il n'y a point d'amphithéâtre; le parterre est très vaste, et l'on y est assis. La salle n'est éclairée que par un seul lustre.

2.° Le théâtre d'*Aliberti*, qui est le plus grand de tous. Il a six rangs de 36 loges ; sa forme intérieure est un triangle dont les deux angles de la base sont coupés ; le troisième angle forme l'ouverture du théâtre. On y joue aussi des *opera*. Les décorations et les machines de ce théâtre et du précédent, sont bien inférieures à celles de l'*opera* de *Paris*.

3.° Le théâtre de *Tardione* bâti par les ordres de *Benoit* XIII ; il a cinq rangs de 26 loges, et à peu-près la même forme que celui d'*Argentina*. C'est le seul théâtre qui appartient à la chambre des finances du pape ; les autres sont la propriété de différens particuliers.

4.° Le théâtre de *Capranica* ; il a six rangs de 28 loges. On y représente les pièces à intermèdes, et les *opera Bouffons*.

Dans les autres théâtres, on joue des farces ; les représentations y sont mêlées de déclamation, de musique et de danses. A *Rome*, les spectacles ne sont interdits ni aux ecclésiastiques, ni aux moines, ni même aux prélats. Les femmes vont au parterre. Il n'y a que la scène qui soit éclairée ; tout le reste est dans l'obscurité. Le lustre suspendu au plafond de la salle, disparoit aussitôt que le spectacle commence En général, les Romains sont très avides des jeux de théâtre, et pour ne pas s'en passer, ils se privaraient, dit-on, des choses même les plus nécessaires à la vie.

Hôpitaux. Ces établissemens sont, surtout en Italie, vraiment dignes de l'admiration des voyageurs. Ils font l'éloge de leurs fondateurs, tant par la magnificence de leur architecture, que par les secours et les commodités que les malades y trouvent. Leur nombre est grand, et trop grand peut-être; car ces asiles de l'infortune, peuvent l'être aussi de l'oisivité qui les regarde comme une ressource. L'hôpital du *S. Esprit* à *Rome*, est un des plus beaux et des plus considérables de l'Europe, soit par l'immensité de ses bâtimens, soit par son revenu. Il y a, dit-on, jusqu'à mille lits pour les malades. Au milieu de la grande salle, est un autel disposé de manière que tous les malades peuvent entendre commodément la messe de leurs lits. Dans une autre salle, sont les *Enfans trouvés*. On y entretient toujours quarante nourrices pour les alaiter, en attendant que celles de la campagne les viennent chercher. Lorsque les enfans sont grands, on pourvoit à leur établissement. L'église du *S. Esprit* est de la plus grande beauté; l'architecte n'y a rien laissé à désirer. Le maître-autel est orné d'un tabernacle de pierres d'un grand prix, et soutenu par quatre magnifiques colonnes: c'est un ouvrage de *Palladio*.

Il y a aussi a *Rome*, un *hôpital* ou *maison de correction*, comme celle de *S. Lazare* à *Paris*. Ce qu'on y voit de plus remarquable, est une longue salle qu'on appelle la *galère*. Les enfans de force y sont enchaînés par les pieds, assis sur des bancs, et éloignés les uns des autres, d'environ quatre pieds : on les fait travailler à plusieurs métiers, les uns à filer du coton, d'autres à tricoter. Dans d'autres salles, il y en a qui sont occupés au dessin ou à des ouvrages de tapisserie.

Collèges. Si l'aménité des mœurs dépendait uniquement de l'étude des sciences, les Romains devraient être le peuple le plus policé de la terre. L'université de *Rome* est très ancienne, et les Souverains Pontifes ont toujours eu grand soin de la pourvoir d'excellens professeurs.

Le collège de la *Sapience* est le premier, et comme le centre de cette université. Il occupe un bâtiment magnifique, commencé par *Michel-Ange*. On y enseigne la rhétorique, la philosophie, la médecine, l'anatomie, la botanique, la chimie, la théologie, le droit civil et canonique, les langues hébraïque, grecque, syriaque et arabe. Ce collège est sous la protection de trois cardinaux, chefs d'ordre : et sous l'administration des avocats consistoriaux dont un a le titre de recteur.

Le collège *Romain* est le plus fameux après celui de la *Sapience* Considéré sous le rapport de la noble architecture de ses bâtimens et de l'étendue des salles, c'est un des beaux palais de *Rome*. Il y a une superbe bibliothèque ; et son musée possède une immense quantité de curiosités. On y voit tout ce qui peut contribuer à l'instruction, et à satisfaire le goût des connoisseurs, vases, camées, médailles, morceaux d'histoire naturelle, modèles de machines, etc.

Le collège de *la Propagande* fut fondé en 1622, par le pape *Grégoire* XV, et augmenté par *Urbin* VIII en 1627. Une congrégation de cardinaux y tient ses séances pour les affaires qui on rapport à la propagation de la foi, aux professeurs qui y enseignent, et à l'instruction des ecclésiastiques que l'on destine aux missions étrangères. Outre ces ecclésiastiques, les évêques catholiques répandus dans les pays des infidèles, envoient au collège de la *Propagande*, plusieurs sujets des Indes, de l'Abyssinie, de la Syrie, de l'Armènie, de la Grèce, pour s'instruire, et retourner ensuite dans leur pays aider les missionnaires. Presque tous les professeurs de langues orientales qui enseignent dans ce collège, sont de l'Asie.

Académies. Il y [à *Rome* une académie de peinture, de sculpture et d'architecture très célèbre, et connue sous le nom d'*Académie de S. Luc.* Elle tient ses séances dans une maison qui donne sur le *Campo Vaccino*; mais pour les réceptions, elle s'assemble au *Capitole* dans la salle *des Conservateurs.* Ceux qui sont reçus à cette académie, doivent donner un ouvrage de leur façon, savoir, un tableau, si le récipiendaire est peintre; une statue ou un bas-relief, s'il est sculpteur; quelque plan, s'il est architecte.

L'*Académie des Arcades* de *Rome* est une des plus renommées de l'Europe: elle doit son origine à quelques jeunes gens que *Léonio* rassemblait, pour se livrer avec eux, à l'étude des anciens poètes et ramener ce goût simple et naturel que les modernes avaient perdu de vue. Ces jeunes gens pour être plus tranquiles, se réunissaient à la campagne et dans des lieux écartés. La reine *Christine de Suède* qui formait dans son palais des sociétés littéraires, désira d'y attirer celle de *Léonio*, et lui fit offrir ses jardins. Le cardinal *Azzolini* fut chargé de cette négociation; mais la reine mourut bientôt après, et son projet ne fut pas exécuté. Cependant ce projet donna de la réputation aux promenades de *Léonio* et de ses émules. Un jour qu'ils étaient rassemblés dans une prairie sur les bords du *Tibre*, et occupés à entendre la lecture d'une pastorale composée par un des associés, l'un d'eux, dans un moment d'enthousiasme, s'écria qu'il lui semblait être dans l'*arcadie*. Un autre trouvant cette idée aussi vraie qu'agréable, proposa aux associés de former une académie sous le nom d'*Arcadie*, dont les membres prendraient le titre de Bergers. *Léonio* à qui on fit part de ce plan, l'approuva. Les statuts de l'union pastorale furent rédigés par écrit, et l'on appela le lieu de l'assemblée *Bosco parrhesio*. Les Bergers furent errans depuis 1690 jusqu'en 1726, que *Jean* V, roi de Portugal, acheta le jardin où l'académie s'assemble encore aujourd'hui. Ce jardin qui fait une dépendance du palais *Corsini*, est du meilleur goût. De longues allées couvertes et une cascade de l'eau la plus limpide en font un lieu délicieux. Au bas de cette cascade, est un vaste amphithéâtre, ombragé d'orangers; c'est là que l'*Académie des Arcades* tient ses séances publiques. Dans la belle saison, tout ce que *Rome* a de plus distingué ne manque pas de s'y rendre. La vivacité des reparties et du dialogue poétique, le goût répandu dans la plupart des petits ouvrages qu'on y lit, donnent à cette action un intérêt et un charme inexprimables. Les régles que cette academie impose à ses membres, n'ont pour but que le beau simple et naturel dont ils doivent tâcher de ne pas s'écarter dans leurs ouvrages; elle leur prescrit surtout d'éviter le luxe et le faux brillant, qui hâtent la décadence de la république des lettres, comme ils sont la perte des états politiques. *Manfredi* fit un choix des meilleurs pièces lues dans cette académie, et le premier recueil fut publié en 1708. L'*Arcadie* de *Rome* a beaucoup de colonies dans le reste de l'Italie; elles en compte environ 58, et plus de 2000 associés; il n'y a guère de personnes de mérite qui n'aient désiré d'être des *Arcades*.

Promenades. Partout le peuple est à peu-près le même; les jours de fête, il aime à se promener, parceque c'est le moyen de se délasser des travaux journaliers, le plus naturel et celui qui coute le moins. La noblesse qui n'a rien à faire, a, surtout à *Rome*, entièrement perdu l'usage de ses jambes; ses promenades ne se font guère qu'en carrosse; dans la rue du cours, ou, comme nous l'avons déjà fait observer, hors de la porte du peuple, et sur un chemin bordé de hautes murailles; l'unique plaisir qu'on peut retirer de ces brillantes promenades, c'est d'être assourdi par le bruit confus et importun de tant de chevaux et de carrosses, ou submergé dans un déluge de poussière: mais la mode et la vanité se donnent la main pour commander le sacrifice des plaisirs naturels, et qui plus est de la santé. Cependant dans les belles nuits d'été, on se rassemble quelquefois sur les sommets des collines de *Rome*; les hommes armés d'épées et de pistolets, accompagnent les femmes au son des instrumens. Ces promenades nocturnes sont suivies de danses et de sérénades. A *Rome* on a toujours préféré la nuit au jour, et c'est par suite de ce goût pour l'obscurité, que les rues n'y sont point éclairées. On se contente de placer derrière les carrosses, de petites lanternes qui ne jettent la lumière que d'un seul côté; encore même si celui qui passe, se trouve de ce côté-là, a-t-il le droit de dire aux laquais *Volti la lanterna*.

Fêtes du carnaval. A *Rome*, le carnaval est un genre de spectacle fort brillant; il ne dure que huit jours: pendant ce temps, ce ne sont que mascarades, courses de chevaux et jeux de toute espèce. La cloche du Capitole en annonce l'ouverture. Des détachemens de sbires sont placés dans la belle rue du cours, pour arrêter quiconque causerait le moindre trouble. Les masques se promènent dans cette rue qui a environ une demi-lieue de long ; les fenêtres et les balcons couverts de riches tapis, sont remplis de monde. La course des chevaux commence un peu avant le coucher du soleil. Le *barigel* et ses officiers vont d'un bout de rue à l'autre, avertir les masques et les carosses de se ranger. Qu'on se figure une rue immense, remplie de plus de dix mille masques sous des costumes infiniment variés, de femmes parées avec l'élégance la plus recherchée, et d'équipages dont la somptuosité offre tout ce qu'on peut imaginer dans ce genre; acteurs, spectateurs, se livrant sans réserve aux vifs transports de la joie commune ; tout cela présente sans doute un tableau aussi curieux que divertissant. Cependant on se range sur les deux côtés de la rue pour voir les courses. Les chevaux qui doivent courir, sont placés sous un hangard qui n'est ouvert que du côté du cours. Au son de la trompette, ils partent ; ils s'élancent ; excités par les cris du peuple, ils volent dans l'espace : on dirait que l'honneur du triomphe, les anime ; l'œil a peine à les suivre. Ils usent entr'eux de toutes les ressources dont pourraient s'aviser des hommes qui disputeraient le prix ; en moins de trois minutes

Ils ont parcouru la rue du cours ; alors on les arrête dans des toiles que l'on tient tendues. On a remarqué que ceux qui arrivent les derniers, paroissent très sensibles à la honte d'être vaincus. Les prix de la course sont des pièces d'étoffe. Ce n'est là qu'une partie des amusemens publics. Les masques font quelquefois des quadrilles, des marches pompeuses. Les élèves de l'académie de peinture, les pensionnaires de l'académie de France, et le corps des musiciens se promènent dans des chars de triomphe de la plus grande magnificence : mais dès que le jour commence à tomber, les masques sont obligés de se retirer, sous des peines sévères.

Sciences et arts. Rome a eu, et a encore un grand nombre de savans, de poètes et d'orateurs. Ne parler que de quelques uns, ce serait donner une notice aussi insuffisante, qu'injurieuse à ceux qui ne seraient point nommés. Il en est de même des artistes qui par leur génie et leurs talens, ont acquis une juste célébrité, et dont la simple nomenclature remplirait un volume. Du reste, il n'en est pas des capitales comme des villes secondaires: celles-ci peuvent réclamer comme une propriété particulière, tout ce qui est sorti de leur sein; les capitales au contraire, étant le centre et le foyer des nations, se composent de tant de divers élémens; que la célébrité des individus, ne peut être pour elles un titre de gloire.

Population. On ne comptait à *Rome*, sur la fin du 17.ᵐᵉ siècle, d'après un dénombrement qui fut imprimé, que 135 mille habitans, en y comprenant les Juifs; d'où il suit qu'à cette époque, *Rome* était six fois moins peuplée que *Paris*, et sept fois moins que *Londres*. Malgré l'étendue et la magnificence de cette ville, sa population diminue chaque jour, et elle est peut-être aujourd'hui tout au plus de 100 mille habitans. On attribue, en général, une diminution aussi considérable qu'alarmante, au mauvais air qui provient des marais pontins et des campagnes environnantes privées de culture; mauvais air qui cerne *Rome* de toutes parts, et a déjà converti en solitude, divers quartiers qui étaient autrefois très peuplés.

Commerce et industrie. Il y a peu de commerce et d'industrie à *Rome*. On n'y voit qu'un très petit nombre de fabriques et de manufactures: presque tous les objets de luxe viennent d'ailleurs. Les seules branches de négoce un peu considérable, sont la cire, les statues et les tableaux; encore même ces statues et ces tableaux ne sont-ils, que des copies d'anciens originaux; ou des ouvrages des peintres et des sculpteurs modernes. Voilà sans doute de bien foibles moyens de prospérité pour une grande capitale: mais ces imposantes ruines de l'ancienne Rome, et cette foule de chefs-d'œuvre qui ont été les premiers fruits de la renaissance des arts, attirent dans *Rome moderne*, un concours prodigieux d'artistes et de voyageurs; et cette espèce de tribut que tous les états, tous les princes de l'Europe lui payent, nourrit les trois quarts de sa population.

Caractère, mœurs et usages des habitans. Les Romains ont beaucoup de goût pour la musique; cet art si séduisant et si voluptueux doit naturellement convenir à un peuple dont le caractère est susceptible des passions les plus vives. A *Rome*, ainsi que dans beaucoup d'autres villes d'Italie, des sociétés d'amateurs s'assemblent dans différentes maisons, et passent une partie de la soirée à jouer des instrumens, et à exécuter les morceaux les plus difficiles. Les Romains ont surtout porté au plus haut point de perfection, l'*accompagnement* qui est le sublime de l'art musical, et personne ne peut à cet égard révoquer en doute leur supériorité.

Il est tout naturel que le culte extérieur de la religion ait beaucoup plus de magnificence à *Rome*, que dans aucune autre ville du monde; et l'on peut dire qu'on n'a rien négligé pour obtenir ce résultat. En effet, on y prend le plus grand soin de l'éducation de la jeunesse et de l'instruction du peuple. D'un autre côté, la décoration des temples, la multiplicité des cérémonies, la solemnité des fêtes, tout semble concourir à faire des Romains, un peuple très religieux : c'est pourtant, disent de graves auteurs, ce qui n'arrive pas; les Romains qui aiment tout ce qui fait spectacle, courent en foule aux églises, pour y entendre la musique, pour se repaître de la pompe qu'on y étale, mais ils en sortent comme ils y sont entrés, c'est-à-dire, que hors delà, il n'y a ni plus de zèle, ni plus de véritable piété qu'on n'en remarque par tout ailleurs. Nous n'avons garde d'approuver sur parole des censures qui peuvent être fort exagérées, soit parcequ'un voyageur qui ne fait que passer, n'est guère à portée de connoître l'esprit qui domine dans l'intérieur des familles, soit parce qu'il lui est difficile de distinguer les habitans qui sont vraiement originaires de *Rome*, d'avec cette foule d'étrangers qui y affluent de toutes parts.

Rome est la ville du monde où les fortunes sont le moins égales, et où l'on voit l'opulence la plus fastueuse à côté de la plus grande médiocrité : nous ne disons pas la misère, car les pauvres y peuvent être fainéans à cause des libéralités et des charités immenses qu'on leur fait. La haute classe aime surtout la représentation, et est fort entichée des ses titres de noblesse. Cependant il n'y a guère que trois ou quatre familles de *Rome*, dont l'origine se perd dans la nuit des temps. Toutes les autres datent de quelque Souverain Pontife qui les a fait sortir de l'obscurité. Au surplus, cette manière d'être anobli en vaut bien une autre, et si dans ce monde on peut tirer vanité de quelque chose, une élection d'ordinaire fondée sur un certain mérite personnel, est tout au moins une source aussi pure qu'une longue possession qui peut avoir eu pour principe quelque attentat heureux. Le luxe des grands consiste en équipages et en domestiques: quant à leur personne, ils sont d'une grande frugalité, et donnent rarement à manger. Ils ont des assemblées particulières qu'ils appellent *Conversations*. L'étiquète, comme on le pense bien, y est scrupuleusement observée.

Ce qu'il y a peut-être de plus estimable à *Rome*, est la bourgeoisie, qui se compose de gens d'affaires, de négocians, d'avocats, de médecins et d'artistes ; si cette classe n'est pas exempte de vanité, passion trop contagieuse pour ne pas atteindre tout ce qui l'entoure, elle aime du moins la décence et les mœurs. C'est dans les sociétés bourgeoises, qu'on trouve plus communément cette franche liberté qui dédommage un peu de la morgue inséparable de la plupart des grands seigneurs.

Le peuple est un assemblage d'étrangers, de gens de livrée, de journaliers; très peu sont originaires de la ville même. Les habitans de la campagne abandonnent leurs terres, pour aller à *Rome* se jeter dans la servitude; la facilité que leur offre cette capitale, d'y vivre sans presque travailler, redouble leur fainéantise qui tôt ou tard amène à sa suite l'affreuse pauvreté. On peut dire que cet état de détresse est général parmi le peuple de *Rome*; et de là la nécessité où l'on a été de multiplier les hôpitaux. Cette paresse du peuple fait un contraste singulier avec l'impétuosité de ses passions; il est très sensible aux injures, et la jalousie le rend furieux: aussi la moindre dispute se termine-t-elle souvent par des coups de stylet.

Les *Trasteverins* passent pour les plus mutins et les plus résolus; c'est ainsi qu'on appelle ceux qui habitent au delà du Tibre, presque tous jardiniers, paysans, cultivateurs. Ils prétendent être les véritables descendans des anciens Romains, et ne veulent avoir rien de commun avec le peuple de l'autre partie de Rome. Ces

Trastéverins sont forts, robustes, fiers, se piquent de valeur, et ce n'est qu'avec peine que les sbires se chargent des commissions que le *barigel* ou gouverneur leur donne pour le quartier de *Trasteverone*.

Du reste, les Romains ont en général des manières affables et prévenantes, et l'on vit parmi eux dans la plus grande liberté. Voilà pourquoi le séjour de *Rome* est si attrayant pour les étrangers. Les habitudes qu'on peut avoir contractées n'y sont gênées par aucunes entraves, et cependant on est au centre du mouvement d'une ville de 100 mille habitans. Le langage de Romains est pur et harmonieux; il a une certaine naïveté pleine de grâce.

Nous ne pouvons quitter *Rome* sans parler des malheurs dont elle est menacée. Sans doute ces malheurs ne sont que trop prochains; mais ceux qui en font le sujet de leurs amères déclamations, en indiquent-ils la véritable cause? En général les voyageurs étrangers qui ont écrit sur l'Italie, ne manquent guère de mettre en parallèle ce que *Rome* était autrefois, et ce qu'elle est aujourd'hui. *Rome antique* avait une immense population: ses fauxbourgs s'étendaient depuis le pied des apennins, jusqu'aux bords de la mer; tout cet espace jadis couvert d'agréables habitations, de jardins délicieux, de superbes temples, d'arcs de triomphe et autres monumens des arts ; est converti en une triste solitude; *Rome* elle même n'est plus qu'un amas informe de ruines. Les eaux stagnantes dans des terres sans culture, répandent des exhalaisons pestilentielles, et ce mauvais air qui gagne insensiblement les divers quartiers de l'ancienne capitale du monde, ne tardera pas à en faire un affreux désert. Qui ne voit que cet affligeant tableau et ce rapprochement de deux époques si différentes, ne tendent à rien moins qu'à imputer au gouvernement de l'Etat ecclésiastique, des malheurs qui sont l'effet inévitable des vicissitudes de la fortune ? Sans doute une prodigieuse population aglomérée sur un sol de peu d'étendue, changera les déserts en cités , les marais en jardins ; les montagnes seront aplanies, les terres les plus stériles se couvriront d'abondantes moissons. Sans doute aussi les choses reprendront leur forme primitive, si les hommes viennent à disparoître. *Rome* après avoir subjugué le monde entier, devait être sous les empereurs, telle que les historiens nous la représentent. Cependant ce colosse d'orgueil, de pouvoir et de magnificence, entraîné par son propre poids, tombe en ruines, et couvre de ses débris, tout ce qui l'environne. C'est ainsi que *Babilone*, *Thèbes* et *Athènes* ont disparu; *Paris* et *Londres* disparoîtront de même: car tout ce qui dépasse les bornes d'une juste proportion, fait violence aux lois de la nature, et sera tôt ou tard replacé sous le niveau de cette mère commune. Malgré cette métamorphose que *Rome* a dû subir, peut-on ne pas voir une espèce de prodige opéré par les souverains pontifes ? Avec un territoire si peu étendu, quel prince aurait créé cette superbe basilique de S. Pierre du Vatican; élevé ces palais modernes qui par leur grandeur et leur magnificence, réalisent les récits de l'histoire touchant la maison des *Césars;* et retiré ces immenses pyramides, ces colonnes majestueuses, de la poussière où elles étaient ensevelies depuis tant de siècles ? Les souverains pontifes ont donc fait tout ce qu'il était possible de faire. Si la *Rome* des *papes* n'est pas la *Rome* des empereurs, elle est du moins l'asile, le centre et le foyer des beaux arts, et un objet de curiosité pour tous les peuples de l'Europe. Mais on lui fait un crime de n'avoir plus ni cette excessive population, ni cette puissance exorbitante qui fûrent la source de son orgueil, et la cause de sa ruine; hé bien, qu'on révèle aux Romains modernes le secret de subjuguer l'Europe, l'Asie et l'Affrique; et l'on verra les marais pontins se couvrir d'élégantes maisons de campagne, et une énorme population surcharger les sept collines. Nous pourrions ici avec bien plus de raison, demander aux auteurs de ces censures trop inexactes pour n'être pas injustes, chez quel peuple moderne, parmi les princes qui l'ont gouverné, on compte autant de grands hommes, que dans l'Etat ecclésiastique ? mais cette comparaison nous obligerait à parler de *Pie* VII, et il n'appartient qu'au burin de l'histoire, de transmettre à la postérité, des actes d'héroïsme que le voile de la vertu la plus modeste n'a pu cacher à notre admiration.

§ 16.

Description des environs de Rome, *de* Tivoli, *de* Frascati, *etc.*

Tivoli est à six lieues de *Rome*, sur le *Teverone*, autrefois *Anio*. Avant d'y arriver, on trouve un petit lac très profond, et dont les eaux sulfureuses ont la vertu de pétrifier les roseaux et les plantes. Le souffre, la terre, le nitre et l'eau, subtilisés par la fermentation, pénètrent la racine et le corps même du roseau ou de la plante qui ne change ni de figure, ni de volume, et acquiert seulement plus de pesanteur; et lorsque l'eau vient à se retirer, l'air donne au roseau ou à la plante, la dureté et la solidité de la pierre. A peu de distance de ce lac, on en voit un autre dont les eaux épaisses et blanchâtres répandent une odeur fétide; il est couvert de petites îles flottantes, formées de roseaux, de buissons et de plantes unis par une terre bitumineuse et tenace: l'eau sans être chaude, bouillonne en certains endroits. Sur les bords de ce lac, on aperçoit quelques ruines qui passent pour être des restes de la maison de *Zénobie*, reine de *Palmyre*.

La ville de *Tivoli*, connue autrefois sous le nom de *Tibur*, est très ancienne, puis qu'elle existait du temps qu'*Énée* aborda en Italie. Elle résista longtemps à la puissance des Romains qui ne la subjuguèrent que vers l'an 401 de la république. Les poètes ont célébré *Tibur* comme un lieu de délices, soit à cause de son heureuse position, soit à cause de l'abondance et de la fraîcheur de ses eaux. *Auguste* y allait souvent, et y rendait la justice sous les portiques d'*Hercule*. *Mécène*, *Marcus Brutus*, *Cassius*, *Saluste*, *Horace*, *Properce*, et plusieurs autres Romains riches ou voluptueux, y avaient des maisons de campagne; et c'est sans doute à ce séjour agréable et tranquile que nous devons tant de productions admirables. *Totila*, roi des *Goths*, saccagea la ville de *Tibur* et passa les habitans au fil de l'épée : l'empereur *Frédéric Barbe Rousse* la fit rebâtir. Elle est aujourd'hui peu considérable, mais il y a, dans ses environs, un grand nombre de maisons de plaisance qui appartiennent soit à des cardinaux, soit à de riches particuliers, et où l'on retrouve toute la magnificence romaine. La température de ce séjour est très variable à cause des vents du Nord qui refroidissent l'air tout à coup, et causent souvent des maladies.

Sur le penchant de la montagne, et près de *Tivoli* on voit un petit temple antique, rond et d'une architecture très simple : les uns croient que c'était le temple de la Sibylle *Tiburtine* : les autres prétendent que ce temple était dédié à la déesse *Tussis*, ce qui a quelque vraisemblance, vû que dans cette contrée, les fréquentes variations de l'atmosphère font qu'on y est très sujet aux rhumes. Vis à vis de ce temple, est la grande cascade de *Tivoli* formée par le *Teverone* : cette rivière qui descend des montagnes voisines, arrive lentement sur un lit égal et uni, baignant d'un côté, la ville de *Tivoli* bâtie sur ses bords, et de l'autre, de grands ormes qui balancent sur elle, la sombre verdure de leurs rameaux antiques; mais se trouvant tout à coup extrêmement resserrée par des rochers qui semblent vouloir lui disputer le passage, elle s'élance avec une fureur inexprimable, se précipite de quarante pieds de hauteur, et va se perdre dans des cavernes souterraines qu'on appelle *Bouches d'Enfer*; ce sont d'énormes masses de rocher qui s'avancent sur un abîme épouvantable, se creusent, se voûtent, et reçoivent les flots écumans du *Teverone* sous leurs vastes arcades tapissées de mousses et de plantes qui pendent en festons. L'aspect de cette cascade est tout-à-fait curieux; le bruit de sa chûte et celui des marteaux des forges, répétés par les échos d'alentour, ajoutent encore à la singularité du spectacle.

Les *Cascatelles* ou petites cascades, se forment d'une partie des eaux du *Teverone*, qu'on a détournées au dessus de la grande cascade, pour les conduire à la ville et aux maisons de campagne des environs. La plus grande tombe sur un rocher où elle s'est creusée un bassin; de là, elle se précipite au moins de 100 pieds de hauteur, dans le *Teverone*. Les autres à un mille plus loin, font des chûtes non moins considérables. Les rochers qui par leur rapprochement, forment ces diverses cascades, ainsi que ceux sur lesquels les nappes écumantes se brisent en tombant, sont couverts de mousses, de plantes et de fleurs aquatiques. Toutes ces eaux vont se rassembler dans une plaine voisine, où elles forment une belle rivière, qui, après avoir fait bien des détours, se jette dans le *Tibre*.

Les environs de *Tivoli* sont plus remarquables que *Tivoli* même : outre le temple de la *Sibylle* et la cascade, on y voit les ruines de la maison de *Mécène*, dont les écuries et un appartement supérieur sont presque entiers. Ce sont de très grandes pièces voûtées, aboutissant à une vaste galerie dans laquelle coule par le moyen d'un aqueduc ouvert, une branche du *Teverone*; ces restes sont d'une très grande solidité. On y remarque aussi quelques ruines d'un édifice bâti de briques, que les *Tiburins* assurent avoir été la maison de campagne d'*Horace*. *Mécène* et *Horace* recherchaient trop les belles situations, pour négliger celle-ci. Leurs maisons de plaisir se regardaient sur les bords de l'*Anio* : c'est là qu'ils accordaient leur lyre, qu'ils chantaient l'amour, le vin, les graces, les héros et les dieux : c'est de ce riant séjour qu'*Horace* disait

Tibur argeo positum colono; il ne souhaitait rien autre pour le repos de sa vieillesse et le terme de ses travaux. « Pour moi, ajoute-t-il, » ode 7, liv. 1. , je suis enchanté des bocages » de *Tivoli*, et de ses vergers couverts d'arbres » fruitiers, et entrecoupés de mille ruisseaux » distribués avec art; j'aime à entendre tantôt » l'*Albula* rouler ses eaux avec bruit du haut » des montagnes, tantôt le rapide *Anio* se pré- » cipiter au travers des rochers: non, *Lacede-* » *mone* ni *Larisse* n'ont rien, à mon gré, qui » approche de ce charmant séjour ». Si les regards n'aperçoivent que des traces incertaines de la maison d'*Horace*, l'imagination se rapproche de l'aimable poète qui a rendu ces lieux si célèbres: son souvenir remplit cette nature, et lui donne l'intérêt qui n'appartient qu'aux terres classiques.

Ce que les alentours de *Tivoli* offrent aujourd'hui de plus intéressant, est la *Villa Estense* située sur la montagne, au dessus de la ville: elle fut bâtie par le cardinal d'*Est*, vers 1542. L'architecture du palais n'a rien d'extraordinaire, mais sa riante situation, les terrasses, les fontaines, les cascades, les bosquets, les parterres qui le décorent, en font un lieu délicieux. Il y a des grottes et des chûtes d'eau admirables;

la grande gerbe appelée la *Geranda*, imite le bruit lointain de plusieurs pièces d'artillerie. Il n'y a point de situation au monde où l'on ait une aussi belle vue : c'est dans ce séjour enchanté, que l'*Arioste* composa une grande partie de son poëme.

Au bas de la montagne et au midi, sont les ruines de la maison de campagne d'*Adrien*, que cet empereur fit bâtir lui-même, et où il imita ce qu'il avait vu de plus remarquable dans ses voyages d'*Égypte* et de *Grèce*, hippodrome, théâtre, lycée, bains, temples, champs élysées, enfers : c'était la plus belle campagne qu'il y eut aux environs de *Rome* ; elle avait trois mille de longueur sur plus d'un mille de largeur. Mais elle ne subsista pas plus de 80 ans dans toute sa beauté ; *Caracalla* en enleva beaucoup de statues et d'autres monumens pour orner ses bains ; les autres empereurs imitèrent cet exemple : enfin elle fut dévastée par les barbares lors de leur irruption en Italie. Malgré tout cela, on a trouvé encore parmi ses ruines, une prodigieuse quantité de statues et autres morceaux de sculpture très précieux.

La *Villa Adriana* n'est plus aujourd'hui que le modèle de l'un de ces jardins, que l'imitation transportés en Angleterre, et qu'on appelle *jardins anglais*. Son enceinte n'est séparée du reste de la campagne, que par une haie mal fermée. Des ruines sont éparses dans ce séjour abandonné; ce sont les restes des palais, des temples, des naumachies qu'*Adrien* y avait fait construire. Le terrain qui entoure ces ruines, privé de culture et livré à lui même, s'est couvert d'arbustes et de gazons; des groupes d'arbres ont fait un bocage de cette enceinte champêtre; et les flancs des murailles antiques, sont tapissés de mousse et de lierre. Rien n'y annonce la présence de l'homme, et cependant tout l'attire et le charme dans cette solitude.

Parmi les vastes masures dont la *Villa Adriana* est couverte, on reconnoît encore le logement des gardes prétoriennes. On y voit deux théâtres en demi-cercle, dans l'un desquels on distingue le portique extérieur, les salles qui servaient aux acteurs, les escaliers par lesquels on montait au théâtre, les portiques des côtés de l'avant-scène et l'orchestre. Le palais était carré; la salle où *Adrien* donnait ses audiences, a 100 pas de long sur 70 de large; dans une galerie voûtée qui est au dessous, on aperçoit des restes de fresques, une suite de chambres, des salles, des temples domestiques, mais fort dégradés. Ce qu'il y a de plus conservé, est une galerie tournante qui fait partie d'un temple voûté et couvert; les peintures de la voûte ont encore de l'éclat. A l'extrémité d'un grand bassin, est un temple de *Neptune* dans lequel on a trouvé un cheval marin, et plusieurs divinités égyptiennes. On remarque aussi dans la *Villa Adriana*, plusieurs autres édifices, des escaliers, des restes de colonnades, de portiques, de grandes cours, de corridors, de péristyles, d'aquéducs : enfin on y reconnoit l'emplacement du *lycée*, du *prytanée*, du *portique*, du temple de *Thessalie*, du *picile* d'Athènes, de la bibliothèque, et de tout ce que l'antiquité avait de plus célèbre, et qu'*Adrien* avait voulu imiter. Ce qu'il y a de plus déplorable, c'est que le sol est encore jonché d'une immense quantité de statues brisées à coups de marteau, et dont on faisait de la chaux.

Frascati ou *Frescati* est une petite ville, à 6 lieues de *Rome*, jadis célèbre sous le nom de *Tusculum* ou *Tusculanum*, bâtie à mi-côte d'une montagne assez élevée; voilà pourquoi *Horace* lui donne l'epithète de *supernum*.

Superni villa candens Tusculi.

Tusculum existait même avant *Rome*; on lui donne pour fondateur, *Telegonus* fils d'*Ulisse* et de *Circé*. Ce fut là que *Tarquin* se retira après avoir été chassé de *Rome*. Cette ville refusa le passage à *Annibal*, qui n'entrepit pas de la forcer. Enfin elle tomba au pouvoir des Romains qui en trouvèrent le séjour si agréable et l'air si salubre, qu'ils y bâtirent un très grand nombre de maisons de campagne. Après l'expulsion des *Goths*, les papes s'en emparèrent et l'embellirent comme le lieu qui leur plaisait le plus. Cette préférence de la part des papes excita la jalousie des habitans de *Rome*, qui prirent les armes contre *Tusculum*. La guerre dura très longtemps; enfin *Clément* III s'obligea de retirer *Tusculum* qui était alors entre les mains de l'empereur, et de la rendre aux *Romains*, traité qui fut exécuté par *Célestin* III en 1191. Ce qu'il y eut d'affreux, c'est que les Romains traitant cette ville en vainqueurs, la détruisirent de fond en comble, et que les malheureux *Tusculans* furent obligés de se retirer dans les ruines d'un fauxbourg où ils se firent des cabanes avec des branches d'arbres: c'est de là que *Tusculum* a pris le nom de *Frascati*, qui signifie *Feuillée*. La ville de *Frascati* est donc maintenant dans le fauxbourg de l'ancienne ville de *Tusculum*, dont le sol est occupé par les *Ville Conti* et *Pamphili*. On voit de très belles ruines sur le haut de la montagne. *Cicéron* avait à *Tusculum* une maison de campagne où il allait se délasser des travaux du consulat; c'est là qu'il écrivit ses *Tusculanes*; il parle souvent des maisons, des temples, des eaux, qui de son temps faisaient l'ornement de *Tusculum*.

Les plus belles maisons de campagne des environs de *Frascati*, sont bâties sur le penchant de la montagne; elles sont entourées de beaux jardins, de vignes, d'oliviers: de là, l'on a la vue sur la ville de Rome, et l'on aperçoit dans le lointain, la mer qui termine l'horizon; on distingue même les vaisseaux qui la sillonnent.

La *Villa Conti*, par ses jardins et ses eaux, est une des plus belles de la campagne de *Rome*. On y voit des ruines qu'on croit être des restes de la maison de campagne de *Lucullus*, laquelle, suivant les historiens, était immense. Ces restes qui se composent de dix-huit voûtes dont celle du milieu est la plus élevée, faisaient, dit-on, partie de la ménagerie.

La *Villa Pamphili*, appelée aussi *Belvedere*, à cause de son heureuse situation, a été bâtie sur les dessins de *Jacques de la Porte*. Les jardins sont disposés en terrasses sur le penchant de la montagne; les eaux y sont amenées de *Monte Algido*, qui est à deux lieues de là. Dans cette *villa*, on remarque surtout une espèce de théâtre au milieu duquel est un *Hercule* aidant *Atlas* à porter le monde; et c'est du globe que l'eau sort en abondance. On a placé à droite, un *Centaure* embouchant une trompe, et à gauche, un *Cyclope* qui joue de la flûte: ces deux figures exécutent des airs par le mouvement de l'eau. Sur le même théâtre on admire un *Silène* assis, de marbre de Paros, très belle antique grecque. Les appartemens du palais sont meublés avec plus de goût et de propreté que de magnificence. Dans un salon peint par le *Dominiquin*, est un Parnasse en reliefs; *Apollon*, les *Muses* et le cheval *Pégase* y sont mis en mouvement par une machine hydraulique, et exécutent un concert à l'aide d'un orgue placé dans l'intérieur du groupe, et qu'on n'aperçoit pas.

La *Villa Borghese* est au nord de *Frascati.* Cette maison de plaisance forme deux *ville:* l'une est appelée *Villa Taberna*; ses jardins s'élèvent de terrasse en terrasse, jusqu'à l'autre *villa* qui porte le nom de *Mondragone*, et est très vaste. Dans celle-ci, on remarque un beau portique de Vignole. Au fond du parterre est un autre portique dans le goût antique et dé forme circulaire, avec des niches ornées de statues.

La *Villa Falconieri* ou la *Ruffina* a de belles peintures, un grand plafond de *Carlemarate*, représentant la naissance de *Vénus*, et un autre plafond de *Ciroferri* qui y a peint les saisons.

La *Villa Bracciano* a été décorée par les élèves du *Dominiquin*: on y voit une galerie de *Jean Paul Panini*. Plus haut et au levant, est le couvent des *capucins*, où l'on admire un beau *Christ* du *Guide*. Quelques uns prétendent que la maison de *Cicéron* était près de la *Ruffinella* qui domine le couvent des *capucins*; d'autres placent cette maison aux environs de *Grotta Ferrata*, où est l'hermitage des *Camaldules*, moines grecs de l'ordre de *S. Bausile*, qui s'y réfugièrent vers la fin du 10.e siècle, sous la conduite de *S. Nil*, lorsqu'ils furent chassés de la *Calabre* par les *Sarrasins*.

§ 17.

Route *de* Rome *à* Terracine.

De *Rome* à *Terracine*, on compte 21 lieues. A *Torre di Mezzavia*, qui est à 3 lieues de *Rome*, la route se divise en deux branches, dont l'une passe par *Albano*, *Cisterne*, *Treponti*, et traverse les *Marais Pontins* dans toute leur longueur: l'autre prend par *Marino*, *Velletri* et *Piperno*.

1.ᵉʳ *Branche de la route de Rome à Terracine.* C'est celle qui à *Torre di Mezzavia* tourne à droite. *Albano* est la première ville qu'on rencontre sur la voie *Appienne* et à 5 lieues de *Rome*. Jusques là, la grande route de *Naples* traverse une campagne peu fertile, et dans un horizon triste et borné, qui se termine au levant par ces longs alignemens de portiques destinés à conduire les eaux dans *Rome*, colonnade massive, couverte de mousses, et qui a résisté aux ravages du temps. Vers le couchant, la vue est bornée par une longue chaîne de collines sur lesquelles on ne voit que des débris du moyen âge. Au midi, le mont *Albano* enferme cet horizon, en élevant jusques aux nues sa cîme pyramidale. La *voie Appienne* contournait la montagne en circulant dans la plaine; la nouvelle route de *Naples* se sépare de l'ancienne voie au pied du mont, et s'élève par une pente douce jusqu'à la ville d'*Albano* qui, placée à mi-côte, domine sur la campagne de *Rome* et sur la région du mauvais air.

Albano tire son nom de l'antique ville d'*Albe*, et est très ancienne elle même. On fait remonter sa fondation au temps de *Neron*. La plupart des seigneurs de *Rome* y ont des vignes et des jardins où ils vont passer la belle saison. Les vins d'*Albano* sont très estimés. Cette ville a conservé quelques monumens antiques; on y voit un mausolée dépouillé de tout ornement, et que le peuple croit être le tombeau d'*Ascagne*, fils d'*Énée*; et un autre mausolée avec cinq pyramides dont deux sont assez bien conservées: on conjecture que c'est celui de *Pompée* dont les cendres furent portées d'*Egypte*, à sa femme *Cornelie* qui les plaça, dit *Plutarque*, dans sa maison d'*Albanum*. C'est au pied de la montagne d'*Albano*, que l'empereur *Domitien* avait fait bâtir un vaste palais où il donnait des combats de gladiateurs, des jeux scéniques, et rassemblait des gens de lettres.

Au sortir d'*Albano*, le chemin coupé dans la roche, et ombragé par des ormeaux, descend jusqu'au bas d'un vallon fort resserré qui sépare *Albano*, de l'antique ville d'*Aricie*, qu'on nomme aujourd'hui la *Riccia*. La route qui conduit du fond du vallon à ce village, tourne en forme de terrasse au tour du tertre. C'était dans ces lieux jadis connus sous le nom de la *Forêt d'Aricie*, qu'on rendait un culte particulier à *Diane*. En quittant la *Riccia*, on entre dans une contrée presque sauvage et dont les bois s'étendent sur les pentes de la montagne, et jusqu'à *Gensano*, qui est à une lieue et demie d'*Albano*. Le bourg de *Gensano* est situé sur le bord oriental du lac de *Nemi*. Tout ce pays est rempli de ruines antiques; ce sont de petits édifices en briques, ronds ou carrés, et décorés de pilastres: il y a lieu de croire que c'étaient des tombeaux des anciens Romains. De *Gensano* la vue domine sur des collines plantées de vignes qui produisent un vin excellent. Entre ce bourg et *Cisterne* qui en est à 4 lieues, on passe l'*Astura*. Avant d'arriver à *Torre tre Ponti*, qui est à 3 lieues de *Cisterne*, commencent les *Marais Pontins* qui se prolongent jusqu'à *Terracine*. C'est sur ces marais, qu'a été établie la fameuse *Linea Pia*, c'est à dire, la nouvelle route construite sur la voie *Appienne*, par *Pie VI*, durant un espace de 25 mille, pour rendre le voyage de *Rome à Terracine* plus court et plus commode: cette nouvelle route se forme en chaussée, et traverse les *Marais Pontins* dans toute leur longueur. A droite et au dessous de la route, est le canal qu'on appelle *Naviglio Grande*, sur lequel *Horace* navigua en allant à *Brindes*, et que *Pie* VI a aussi fait réparer. La *Linea Pia* ou nouvelle route, qui est la même que la voie *Appienne*, chargée d'un sable fin, traverse les *Marais Pontins*, sous un berceau formé par des ormeaux que l'art n'a point plantés, mais qu'on a réservés sur les flancs de la route lorsqu'elle a été remise à neuf. Ces ormeaux, irrégulièrement alignés, ombragent à la fois le chemin et le canal, et joignent ainsi par une longue promenade, une maison de poste à l'autre. Cette traversée se fait avec une telle vitesse, et si peu de fatigue, qu'on est étonné, en arrivant à *Terracine*, d'avoir parcouru tant de chemin. Dans la totalité de ce trajet, il n'y avait ni village, ni maison pour le service des postes et la commodité des voyageurs: *Pie* VI fit construire à peu-près à égales distances, de vastes *Caravanserais*, qui s'élèvent au milieu de ces solitudes, comme de grands monumens de son pontificat. Ces constructions renferment d'immenses écuries, des logemens, des casernes; mais tout cela est démeublé, grand et misérable, somptueux et dénué de tout. Les êtres qui habitent ces palais du désert, sont haves, presque nus et dévorés par la fièvre. A peine ces malheureux guides peuvent-ils conduire les chevaux demi-sauvages qu'ils attèlent aux voitures. Ces chevaux pris au pâturage, semblent s'indigner de cette servitude momentanée qu'on leur impose, ils frémissent, ils trépignent jusqu'au moment où on leur permet de partir, et alors ils s'élancent avec une fureur qui n'est pas sans danger. Toute la partie qui borde les deux côtés de la route, est desséchée, mais non pas assainie; on ne remarque pas même que ce desséchement ait rien fait pour la salubrité de l'air qui est resté dangereux comme dans toute la *Maremme*. C'est envain qu'une verdure épaisse pousse de toutes parts dans ce séjour de la fertilité; que les bords du canal sont tapissés d'énormes figuiers dont les rameaux chargés de fruits, se panchent sur le courant de l'eau; que les aloés, la vigne, le saule, le chêne et l'orme mêlés et confondus, s'entrelacent pour former des berceaux; tout ce luxe que la nature deploie, ne sert qu'à parer un désert; il n'est admiré que par le silence, et les animaux sauvages ont seuls le droit d'en jouir. Si dans ces contrées solitaires, on voit de loin en loin apparoître un homme, il ne se montre d'ordinaire que sous un aspect hostile: tantôt c'est un pâtre qui chasse avec sa lance un buffle irrité; tantôt c'est un brigand de la montagne, qui caché dans des touffes de figuiers, attend l'œil au guet et son fusil armé, le passage d'un voyageur. Cette race de bandits qui rendent l'approche des marais, plus dangereuse encore que le mauvais air, a de tout temps infesté les frontières du royaume de *Naples*. Il est presque impossible de la détruire, parcequ'elle a ses racines dans la population même du pays. En effet, ce sont des villageois qui ont leurs propriétés et leurs familles; ils s'occupent des travaux champêtres une partie de l'année; mais comme ce travail ne suffit ni à leurs existence, ni à leurs plaisirs, un attrait, un besoin presque invincible du pillage et du meurtre, les porte à s'armer et à aller attaquer les étrangers qui voyagent.

Après *Torre tre Ponti*, on trouve *Fico* et *Mesa*; à *Bocca di fiume*, on passe le grand canal sur un beau pont de marbre, et bientôt après on arrive à *Terracine*. Cette ville appelée autrefois *Anxur*, avait été bâtie par les *Volsques* à qui les Romains l'enlevèrent. Elle est aujourd'hui peu considérable et la dernière de l'Etat ecclésiastique, sur la route de *Rome* à *Naples*. On l'aperçoit de fort loin, parcequ'elle est située, comme du temps d'*Horace*, sur des rochers fort élevés,

Impositum late saxis candentibus Anxur.

En effet, la montagne est d'une pierre blanche, et séparée de l'Apennin, par la vallée du *Mont Cassin* d'où sortent les eaux qui forment en partie les *Marais Pontins*. Le voisinage de ces marais rend l'air de *Terracine* très malsain, aussi cette ville est-elle presque déserte? Il fallait qu'on y jouit autrefois d'une meilleure température, puisque les anciens Romains y avaient bâti un grand nombre de maisons de plaisance, dont on voit encore aujourd'hui les ruines. La cathédrale est un reste presque entier d'un ancien temple de *Jupiter*; elle a un portique soutenu par de très belles colonnes de marbre. Du clocher de cette cathédrale, on découvre au nord et à l'est, un pays très riche par la nature du sol, coupé par une multitude de rivières et de petits ruisseaux, et auquel il ne manque que des cultivateurs. Le port de *Terracine* est entièrement comblé; il n'en reste d'autres vestiges, que les anneaux auxquels on amarrait les vaisseaux. Les paysans de cette contrée, ont conservé le brodequin, ancienne chaussure des Romains.

2.me *Branche de la route de Rome à Terracine*. Elle est peu fréquentée, parceque, bien que le pays qu'on traverse soit naturellement fertile, le défaut de culture y rend l'air très malsain; ce n'est donc que pour satisfaire la curiosité du naturaliste et de l'antiquaire que nous allons indiquer cette route.

De *Torre di Mezzavia*, on se dirige sur *Ma-*

rino, gros bourg bien bâti, assez peuplé et qui offre un aspect agréable ; on croit que son nom vient de quelque maison de campagne de *Marius*. Les Romains y vont en *villégiature* ; c'est ainsi qu'ils appellent le temps qu'il passent à la campagne pendant la saison de l'automne.

Au sortir de *Marino*, on quitte le pays plat, et l'on commence à gravir une montagne pierreuse et couverte de bois. Avant d'arriver à *Fajola*, on laisse sur la droite, le lac de *Castelgandolfo*. Le bassin de ce lac est entouré de collines bien cultivées ; le canal qui sert à l'écoulement de ses eaux, est un ouvrage des plus singuliers ; les Romains le construisirent 398 ans avant J. C., à cause d'une crue extraordinaire qui menaçait *Rome* d'une inondation, dans le temps qu'ils faisaient le siège de *Veies*. Ce siège traînant en longueur, on consulta l'oracle d'*Apollon Pithien*, qui répondit que le siège ne finirait, que lorsqu'on aurait fait couler les eaux du lac, par une autre route que celle de la mer. D'après cette réponse, sans doute dictée par quelque raison politique, on perça la montagne qui borde le lac du côté de *Castelgandolfo*, et l'on y creusa un canal qui a 3 pieds et demi de largeur sur six de hauteur, et 1260 toises de longueur ; c'est l'épanchoir du lac qui sert encore au même usage, et n'a jamais eu besoin de réparation, tant il est solide: ce qu'il y a de plus étonnant, c'est que ce canal où il semble que deux hommes pouvaient seuls travailler, fut achevé en une année.

A peu de distance du lac de *Castelgandolfo*, sont deux autres lacs, savoir, le lac d'*Albano* et celui de *Nemi*. L'un et l'autre paroissent avoir été produits par d'anciens volcans ; ce qui confirme cette conjecture, c'est qu'ils ont la forme d'entonnoirs, et que leurs bords sont couverts d'une espèce de lave ferrugineuse à moitié vitrifiée, et disposée par couches inclinées du côté extérieur. Le lac de *Nemi* a 4 milles de tour; on croit que *Virgile* en parle dans ces vers:

...... *Contremuit Nemus et silvæ intonuere;*
Audiit et triviæ longe lacus.

Ce lac est appelé par les anciens, *Aricinum, Albanum, Lacus Treviæ, Speculum Dianæ*: il y avait sur ses bords, un temple de *Diane*, élevé par *Oreste* et *Iphigenie*, et un bois consacré à cette déesse.

Fajola est un petit bourg près d'une forêt du même nom. On tire de cette forêt qui est déjà fort dépeuplée, des bois de construction d'autant plus précieux, qu'ils offrent des courbes naturelles, effet de l'action du soleil et d'une sève trop abondante; on a remarqué en effet que dans les pays méridionaux, les arbres se courbent dès qu'ils ont pris une certaine hauteur. Le bourg de la *Fajola* est à deux lieues de *Marino* et à la même distance de *Velletri*. La partie de la route qui traverse la forêt est très mauvaise.

Velletri est une ville fort ancienne, située sur le penchant méridional du mont *Albano*. C'était la capitale des Volsques: les Romains s'en emparèrent sous le règne d'*Ancus Martius*; mais elle secoua leur joug, et ne fut reprise que 396 ans avant J. C. par *Camile* qui, alors âgé de 80 ans, venait de chasser les Gaulois des bords du *Teverone*, où ils s'étaient avancés. *Velletri* a souffert plusieurs révolutions, aussi y trouve-t-on beaucoup de ruines. Cette ville est grande, bien bâtie, et a de belles fontaines. Dans la place principale, on voit la statue d'*Urbin* VIII en bronze, représenté assis dans un fauteuil, ouvrage du *Bernin*. Le palais *Gineti* est d'une grande magnificence; les jardins ornés de statues, de bosquets et de fontaines, ont deux lieues de tour. De *Velletri* la vue s'étend sur la vaste solitude des *Marais Pontins;* elle est bornée à l'orient, par les montagnes de la *Sabine*; et à l'occident, par l'immensité de la mer. Les environs de cette ville plantés de vignobles, et parsemés de jolies maisons de campagne, présentent l'aspect de la culture la plus animée, et de soins les plus actifs.

À trois lieues de *Velletri*, on trouve un petit bourg appelé *Coré*; c'était une ancienne ville du *Latium*, occupée par les *Volsques*: elle renferme plusieurs antiquités. On y remarque surtout l'enceinte des murs, qui embrassait toute la montagne depuis le pied jusqu'au sommet, avec des terrasses de distance en distance pour la commodité des assiégés. On arrivait à ces terrasses, à couvert des traits des assiégeans, par le moyen de plusieurs galeries souterraines taillées dans le roc. La manière dont les murs sont bâtis a contribué à leur conservation; les pierres n'y sont pas rangées horizontalement, mais emboîtées les unes dans les autres. Au dessus de la montagne de *Coré*, on voit les restes d'un temple d'*Hercule*, et d'un autre temple consacré à *Castor et Pollux*.

Vient ensuite *Sermoneta*, l'ancien *Sulmo* des Volsques, située sur le sommet d'une montagne; c'est aujourd'hui un village qui paroît pauvre, et qui n'offre rien de remarquable. De là, on aperçoit le promontoire appelé *Monte Circello*, qui était autrefois, dit-on, une île où, suivant les poètes, la jalouse *Circé* métamorphosa *Scylla* en monstre marin, et changea les compagnons d'*Ulisse* en pourceaux.

En allant de *Cuse Nove* à *Piperne*, on monte toujours. On laisse à la droite la ville de *Sezze* où *S. Paul* passa en venant de *Rome*. Cette ville bâtie sur une hauteur, en face des *Marais Pontins*, était une des principales des Volsques. *Martial* et *Juvenal* l'ont célébrée à cause de ses vins qui n'ont plus aujourd'hui la même qualité, soit qu'on n'ait pas l'art de les faire ou la patience de les attendre. Les anciens Romains ne beuvaient leurs vins, qu'après la quinzième et quelque fois la vingtième année. On y voit les restes d'un temple consacré à *Saturne fugitif*. La campagne environnante est peu cultivée; il y croît naturellement beaucoup de figuiers d'Inde dont le tronc est d'une énorme grosseur, et qui s'élèvent à la hauteur de 30 à 40 pieds; il y a aussi beaucoup de lauriers, de myrtes, d'orangers et d'aloés.

Piperne qu'on trouve à 2 lieues et demie de *Case Nove*, est une petite ville qu'on croit être l'ancien *Pivernum* des *Volsques*, et la patrie de cette belliqueuse *Camille* dont parle *Virgile* dans l'*Enéide*, qui dès son enfance dédaignant l'aiguille et le fuseau, s'était endurcie aux pénibles travaux de la guerre; et qui plus rapide et plus légère que le vent, aurait pu marcher sur un champ couvert d'épis sans les faire plier, ou courir sur les flots de la mer sans mouiller ses pieds.

Hos super advenit Volsca de gente Camilla, etc.

Elle eut malheureusement une foiblesse qui lui couta la vie: dans le feu du combat, elle poursuivait un prêtre de *Cibèle*, pour se faire une parure de ses riches vêtemens,

Femineo prædæ et spoliarum ardebat amore:

une flêche lui perça le coeur.

Pivernum est célèbre dans *Tite-Live*, par la manière dont cette ville soutint le mauvais succès d'une guerre qu'elle avait déclarée aux Romains. Quelqu'un demandant en plein sénat, aux députés des vaincus, quel châtiment ils pensaient mériter? Celui, dirent-ils, auquel doivent s'attendre des hommes qui aspirent encore à la liberté. Mais, ajouta le consul, si l'on veut bien vous accorder la paix, en garderez-vous au moins les conditions? A jamais, repondirent-ils, si elles sont honnêtes; le moins qu'il sera possible, si elles sont honteuses. Le sénat déclara les *Pivernères* citoyens de *Rome*, sur ces réponses qui suffisent pour nous apprendre de quels hommes tiennent aujourd'hui la place, les malheureux paysans répandus dans l'État ecclésiastique.

Piperne est située sur une montagne très élevée et très escarpée, excepté du côté de *Rome* où la pente est un peu plus douce. Cette ville est aujourd'hui fort triste et fort pauvre, mal bâtie et n'a rien de remarquable. Elle est entourée de petits jardins potagers en terrasses, de vignes et de quelques champs. On a tiré tout le parti possible du terrain : les lys et les narcisses y croissent naturellement et sans culture.

Du côté de *Naples*, la montagne est si rapide, que les voyageurs ne la voient qu'en tremblant. En descendant, on est obligé d'enrayer les voitures, et l'on ne monte qu'à l'aide des buffles. Les chemins ne sont pas meilleurs dans la vallée : on traverse des côteaux sablonneux, couverts de chênes-liéges, et après cinq à six heures de marche, on arrive à *Terracine*. Pendant ce trajet, on sent une odeur forte et malsaine, qui provient des marais qui occupent la plaine, et s'étendent jusqu'aux bords de la mer.

QUATRIÈME SECTION

DE L'ITALIE MÉRIDIONALE.

§ 1.

Route de Terracine à Naples.

De *Terracine* à *Naples*, on compte 22 lieues. La route construite sur l'ancienne voie *Appienne*, est très belle; mais la campagne qu'elle traverse, quoique fort productive, n'est pas à l'abri du mauvais air. La *Torre dei confini* qu'on trouve à peu de distance de *Terracine*, sépare la campagne de *Rome* d'avec l'État de *Naples*. Il n'est pas inutile de prévenir le voyageur que la douane napolitaine est établie près de cet endroit, afin qu'il prenne ses précautions pour éviter d'être la victime ou la dupe des tracasseries des préposés. En approchant de *Fondi*, on voit la grotte où, suivant *Tacite*, *Trajan* sauva la vie à *Tibère*.

Fondi est une petite ville à 3 lieues de *Terracine*, située dans une plaine assez vaste, et sur le lac du même nom. L'air y est très malsain, à cause des exhalaisons malignes que répandent les eaux basses et croupissantes de ce lac, qui a environ 4 milles d'étendue entre la ville et la mer. La voie *Appienne* traverse *Fondi*, et en forme la principale rue. Cette ville fut désolée par le corsaire *Barberousse*, roi d'Alger, qui voulut se venger d'avoir manqué *Julie* de *Gonzague*, femme de la plus rare beauté, et dont il se proposait de faire un présent au grand seigneur. *Julie* fut assez heureuse pour se sauver en chemise, à la faveur de la nuit, et à travers les montagnes. Les anciens faisaient beaucoup de cas des vins de *Fondi.* Près du château, est un jardin qu'on dit avoir appartenu à *Cicéron*. Du reste, malgré le mauvais air qui règne à *Fondi*, le territoire de cette ville, couvert de vignes, d'oliviers, d'orangers, de myrtes et de lauriers, est de la plus grande fertilité.

A trois lieues de *Fondi*, on rencontre la petite ville d'*Itri*, située sur un rocher, et entre des collines où la nature étale sa plus riche parure. Malgré cela, cette ville est pauvre et presque dépeuplée; parcequ'elle se trouve encore dans la région du mauvais air. On prétend que c'est la ville qu'*Horace* appelle *Mamurra*, dans le *Latium*,

En approchant de *Mola*, et à un mille avant d'y arriver, on aperçoit la ville et le golfe de *Gaëte*, le *Vésure* et les îles voisines de *Naples*. *Mola* est une petite ville à deux lieues et demie d'*Itri*, sur les bords de la mer, au centre d'un petit golfe, et qu'on croit bâtie sur les ruines de l'ancienne *Formies*, ville des *Lestrigons*, dont *Horace* célébrait l'heureuse situation, et comparait les vins à ceux de *Falerne*. Ce qu'il y a de certain, c'est que la situation de *Mola* répond parfaitement a l'idée qu'*Horace* nous donne de *Formies*. *Mola* est assez près des montagnes pour être à couvert des vents du nord; la campagne qui l'environne, ressemble à un jardin; elle est peuplée d'orangers, de lauriers, de grenadiers, de myrtes, des jasmins et de tout sorte de plantes odoriférantes; les côteaux sont couverts de vignes et d'oliviers; on y jouit des points de vue les plus agréables; les femmes y sont d'une taille svelte, et d'une mise fort élégante. L'ancienne *Formies* fut entièrement détruite par les *Sarrasins*. La mer qui a beaucoup gagné du côté de *Mola*, laisse appercevoir dans certains temps, des restes d'édifices, des pavés de mosaïque et de beaux marbres. On montre sur la côte entre *Mola* et *Gaëte*, des ruines considérables qu'on dit être le

Formianum de *Cicéron*; on assure que lorsque la mer se retire, on y voit une grande salle entourée des siéges de marbre; et c'est là, disent les habitans, que l'*orateur romain* faisait ses conférences académiques. Toute cette plage est couverte de monumens antiques, mais les eaux qui les recouvrent, empêchent qu'on ne les détruise, pour en emporter les matériaux. C'est près de cet endroit, que *Cicéron* fut assassiné par les émissaires d'*Antoine*.

A *Garigliano*, on passe la rivière du même nom, anciennement connue sous celui de *Liris*. Il paroit que la ville de *Minturne*, ancienne colonie du *Latium*, était située près de ce village. On y remarque en effet, les restes d'un aquéduc, d'un amphithéâtre et d'un temple dédié à *Vénus*. C'est à *Minturne*, que le soldat Galate qui avait été envoyé par *Sylla* pour se défaire de *Marius*, saisi de crainte et d'admiration à l'aspect de ce respectable viellard, au lieu de le frapper, tomba à ses genoux. Là on quitte la voie *Appienne* qui côtoie la mer jusqu'à l'embouchure du *Volturne*, et l'on se dirige sur *Santa Agata*. Bientôt on découvre à sa gauche, la montagne de *Falerne*, si célèbre du temps d'*Horace* pour les vins qu'elle produisait. Ces vins sont aujourd'hui bien au dessous des éloges qu'en faisait le poète philosophe, sans doute parcequ'on les boit dans l'année, tandisque *Gallien* dit expressément que le *Falerne* ne commence à être bon qu'à sa 10.me année, et qu'il est à sa perfection depuis 15 jusqu'à 20 ans. Il en est de même de plusieurs autres vins d'Italie, parceque leur bonté dépend beaucoup et de la manière de les faire, et de l'espace de temps qu'ils sont conservés. De *Santa Agata* à *Capoue*, il n'y a que 4 lieues, qui se font dans un pays aussi fertile que populeux, mais où après les grandes pluies, les chemins sont impraticables.

Capoue où l'on passe le *Volturne* sur un pont, est une petite ville qui fut bâtie dans le 9.me siècle, au pied du mont *Tifates*, aujourd'hui *San Nicolò*, et à peu de distance de l'ancienne *Capoue*. Sa population est d'environ 5000 habitans. Elle a quelque apparence au dehors, mais à l'exception d'un petit nombre de quartiers qui sont assez bien bâtis, tout le reste est fort ordinaire. Sa cathédrale paroît antique à cause des matériaux qu'on a tirés de l'ancienne *Capoue*, et dont on s'est servi en la construisant. On y voit un tableau de *Solimène* fort estimé, et un mausolée avec un bas relief antique, représentant la chasse de *Méléagre*. Les maisons de cette ville moderne offrent beaucoup de marbres et d'inscriptions incrustés dans les murs, et de têtes en bas relief qui forment les clefs des arcades: tous ces restes d'antiquité sont des dépouilles de l'ancienne *Capoue*, dont on voit les ruines à trois quarts de lieue de la nouvelle.

Cette ancienne *Capoue* était si renommée pour ses délices, si puissante, si considérable, qu'on la comparait à *Rome* et à *Carthage*. Les uns font remonter son origine aux *Tyrrheniens* chassés des bords du *Pô* par les *Gaulois* 524 ans avant J. C.; d'autres, et surtout *Pline*, *Suetone* et *Virgile* lui donnent pour fondateur *Capys*, compagnon d'*Énée*. Les *Samnites* s'en emparèrent, ensuite elle tomba au pouvoir des Romains. Elle était si agréable qu'on lui donnait les noms de *Capua dives*, *Capua amorosa*, *Capua felix*. En effet, elle était située dans une superbe plaine de la Campanie, que *Cicéron* appelait le plus beau patrimoine du peuple romain, le séjour de la débauche. Les campagnes qui l'environnaient, produisaient les vins les plus exquis et les plus renommés, le *Falerne*, le *Massique*, le *Cecube*, le *Célène*. Séduits par *Annibal* qui leur avait promis de faire de leur ville, la capitale de l'Italie, les *Capouans* embrassèrent son parti; mais les *Romains* ne tardèrent pas à tirer vengeance de ces orgueilleuses prétentions; ils mirent le siège devant *Capoue*, la prirent, réduisirent le peuple à l'esclavage, le vendirent à l'encan, dispersèrent les citoyens, et firent battre des verges et décapiter les sénateurs. Dans la suite *Capoue* fut successivement ruinée par les *Vandales*, rétablie par *Narsés*, et entièrement détruite par les *Lombards*. Elle était bâtie dans l'endroit appelé aujourd'hui *Santa Maria delle Grazie*: on y voit des restes d'édifices antiques qui font juger de sa magnificence et de sa grandeur. L'amphithéâtre était encore plus décoré que celui de *Rome*, et bâti dans le même goût; c'est à dire, avec quatre ordres d'architecture. Il ne reste qu'une partie de la décoration du premier ordre; les autres sont méconnoissables.

De la nouvelle *Capoue*, on peut aller à *Caserta*, petite ville située au pied du mont du même nom, à 3 lieues S. E. de *Capoue*, et 6 Nord-est de *Naples*. Cette ville doit son origine aux *Lombards*. La maison royale qu'on y voit, est une des plus belles d'Italie. Elle est construite sur les plans de *Vanvitelli*, architecte romain. Quatre grands corps de bâtimens forment un carré parfait. Au milieu de chaque face et aux angles, sont des corps avancés avec des pilastres. Deux ordres de colonnes s'élèvent jusqu'au comble, et soutiennent de larges frontons décorés de sculptures. Au bout de l'escalier, est un grand salon de forme ronde, construit sur le plan et avec les matériaux d'un temple antique découvert à *Pouzol*, et éclairé par une coupole. L'aquéduc destiné à conduire les eaux dans les jardins, traverse plusieurs vallées sur des ponts très élevés: l'un de ces ponts a 178 pieds de hauteur sur trois étages, et 1618 de long. Le premier rang est de 19 arches, le second de 27, et le troisième de 43. C'est sans contredit le plus bel ouvrage moderne de ce genre.

En poursuivant la route de *Capoue* à *Naples*, on passe à *Aversa*, petite ville connue du temps des anciens Romains, sous le nom d'*Attella*, et célèbre par les bons mots, les plaisanteries, les spectacles obscènes, et les débauches de ses habitans. Ruinée par les barbares, cette ville fut rétablie par les *Normands*, qui lui donnèrent le nom d'*Aversa*, mot qui signifie *contraire*, *ennemie*, pour l'opposer à *Naples*. Ce fut dans le château d'*Aversa* que *Jeanne* I.re, reine de *Naples*, fit étrangler *Andréasse* de *Hongrie*, son mari. *Aversa* est située dans une plaine délicieuse, et au bout d'une grande avenue qui conduit jusqu'à *Naples*. Ce trajet est d'environ 3 lieues, dont la dernière au moins se fait dans les fauxbourgs de la capitale, ou dans les villages qui l'avoisinent.

§ 2.

Description de Naples.

Naples, en italien *Napoli*, capitale de l'Etat du même nom, est une ville des plus belles et des plus considérables de l'Europe. Elle est si ancienne que son origine se perd dans la nuit des temps fabuleux. Les uns prétendent, que le nom de *Parthénope* qu'elle porta d'abord, était celui d'une des *Sirènes* qui n'ayant pu séduire *Ulisse*, vint cacher sa honte sur les bords de la mer tyrrhénienne, où elle mourut, et que le premier fondateur de *Naples* donna à cette ville, le nom de la *Sirène* dont il avait trouvé le tombeau. D'autres attribuent sa fondation à *Falerne*, l'un des *Argonautes*, à *Hercyle*, à *Énée*, à *Ulisse*, aux *Phocéens*, aux *Marseillois*. On dit aussi que le peuple de *Cumes* qui était encore plus ancien et beaucoup plus puissant, fut jaloux de la grandeur et de la beauté de *Parthénope*, et la ruina entièrement; mais qu'ayant été affligé de la peste, l'oracle qu'il consulta, répondit que ce fleau ne cesserait que lorsque *Parthénope* ou la *Ville de la Vierge*, aurait été rebâtie, et qu'alors *Parthénope* prit le nom de *Napolis* qui signifie *Nouvelle Ville*. Parmi ces diverses origines, qui remontent à des temps si reculés, il est assez difficile de distinguer celle qui mérite le plus de foi; tout ce qu'on peut conjecturer de plus vraisemblable, c'est que *Naples* a été fondée par les Grecs, ainsi que son nom de *Napolis* paroit l'indiquer.

Dans l'Etat dont *Naples* est la capitale, il y avait anciennement des villes, des monarques et des tyrans, qui avaient acquis une grande célébrité: 360 ans avant J. C., les historiens parlent de *Naples*, comme d'une grande ville. Du temps des guerres puniques, les *Napolitains* offrirent des secours considérables aux *Romains*, auxquels il demeurèrent toujours attachés. Devenue colonie romaine sous les empereurs, *Naples* conserva la religion, la langue et les usages des Grecs. *Adrien* et *Constantin* l'agrandirent considérablement. Les plus riches habitans de Rome allaient y jouir d'un séjour enchanteur. A la décadence de l'empire romain, *Naples* subit le sort de toutes les autres villes d'Italie : les *Goths* s'en emparèrent; *Bélisaire* la reprit et la livra au pillage; puis elle fut dévastée par *Totila*; et après avoir successivement passé sous la domination des plusieurs princes étrangers, *Normands*, *Français*, *Allemands*, elle devint le partage de *don Carlos*, fils de *Philippe*, roi d'Espagne. L'histoire des révolutions de cette ville, est très intéressante.

L'aspect de la ville de *Naples* est vraiment magnifique. Située au fond d'un bassin, qui a deux lieues et demie de largeur, et autant de profondeur, elle a en perspective au levant le *Vésuve*, au midi la mer, au couchant le *Pausilippe*, et au nord les riantes collines d'*Aversa*, de *Capoue* et de *Caserte*. Au milieu de ces divers points de vue, cette ville bâtie sur le penchant d'une montagne, semble embrasser la mer par sa surprenante étendue: on y compte de 330 à 340 mille habitans. Le *Sébet*, petite rivière qui descend des hauteurs de *Mola*, est la seule qui coule dans les environs de *Naples*; les eaux de cette rivière et les sources des montagnes voisines, conduites par des canaux, fournissent aux fontaines publiques, servent à l'arrosement des jardins, et alimentent les moulins et autres usines. On jouit dans cette heureuse contrée, d'un printemps perpétuel. Les fleurs les plus délicates y éclosent partout au milieu de l'hiver; la végétation est presque toujours la même; et la même saison voit naître, fleurir et mûrir les productions de la terre.

Naples avait autrefois de si hautes murailles, qu'*Annibal* n'osa point en entreprendre le siège. Les nouveaux murs qui forment son enceinte, sont beaucoup moins élevés; ils sont bâtis en partie d'une pierre dure et noire appelée *piperno*, et qu'on tire des environs. Les fauxbourgs ont presque autant d'étendue que la ville. L'intérieur n'offre ni de ces édifices, ni de ces monumens qui font qu'au premier coup d'œil, on est saisi d'admiration; mais tout y est bien bâti, et l'on n'y voit point de ces disparates qui choquent comme dans la plupart des grandes villes. Les maisons sont à peu près de la même hauteur, à 4 ou 5 étages, couvertes de terrasses de pierre de *Lavagne*, et revêtues d'un mastic composé de pouzolane, de chaux vive et de bitume.

Les principales fortifications de *Naples* sont : le château de l'œuf, le château *neuf*, le château *S. Elme* et le *Torrione* des Carmes. Le château de l'œuf est bâti sur un rocher au milieu de la mer, et l'on ne peut y aller que par le moyen d'un pont qui a 220 pas de longueur : ce château commande le golfe que la mer forme dans cet endroit. Le château *neuf* est la forteresse la plus considérable. Il fût bâti par *Charles* I.er, duc d'*Anjou*, et frère du roi *S. Louis*. Il est entouré de fossés très profonds, et flanqué de tours extrêmement élevées. Le château *S. Elme* est situé sur des rochers; il est plus propre à contenir la ville, qu'à la défendre contre l'ennemi. Le *Torrione* ou la tour des *Carmes*, est près du lazaret et du grand marché; on y entretient une garnison suffisante pour réprimer les entreprises d'une populace naturellement portée à la révolte.

Le port de *Naples* a environ 150 toises en tout sens, et est défendu par un grand môle au levant et au midi, et par un petit môle, avec deux fortins au nord. Ce port est petit, mais la rade est très bonne. Au bout du grand mole, est une tour appelée *lanterna del molo*, dans laquelle est un fanal qu'on allume tous les soirs, pour éclairer les vaisseaux qui entrent dans le golfe pendant la nuit.

Les rues de *Naples* sont pavées de grandes pierres dures et noirâtres qui ressemblent à la lave sortie du *Vésuve*; quoique un peu étroites, elles sont néanmoins assez bien alignées. La principale est la *strada di Toledo*; cette rue fort large et tirée au cordeau, sert en hiver de cours ou de promenade publique. Elle est décorée de belles maisons et de plusieurs palais, bordée des deux côtés de petites boutiques ou échoppes qui laissent pourtant le passage libre pour deux files de carrosses, et sans cesse remplie d'une foule innombrable d'acheteurs ou de spectateurs; lorsqu'il est nuit, les lumières des boutiques y forment une illumination des plus éclatantes; c'est l'endroit le plus élevé de la ville.

Le plus bel édifice de *Naples*, est le palais du roi, *regio palazzo*, bâti en 1600 sous le vice-roi *don Ferdinand Ruiz de Castro*, et d'après les dessins du célèbre *Fontana*. Ce palais donne d'un côté sur la mer, et de l'autre sur une grande place. L'architecture en est noble et majestueuse; il a près de 100 toises de longueur, 21 croisées de face, et 3 portes d'égale hauteur, avec des colonnes de granit qui supportent les balcons. Trois rangs de pilastres doriques, ioniques et corinthiens, placés les uns sur les autres, et couronnés d'une balustrade garnie de pyramides et de vases, forment la décoration de la façade. L'escalier est grand et commode; on y a placé deux figures colossales qui représentent le *Tage* et l'*Ebre*. La salle des vice-rois où sont les portraits de tous ceux qui ont gouverné l'Etat de *Naples*, est la plus belle du palais. En sortant de ce palais, on voit une grande statue de marbre trouvée à *Pouzol* du temps du duc de *Medina*; c'est un *Jupiter* en forme de therme; on l'appelle *il Gigante*. La principale face du palais répond à une grande place où se donnent les divers spectacles destinés à l'amusement du peuple. Ce quartier est orné de quelques fontaines dont la plus belle par son architecture, la *Fontana*

Medina, présente trois satyres groupés qui soutiennent une large conque sur laquelle est un grand *Neptune* en pied, avec son trident, d'où sortent trois grands jets d'eau.

On compte à *Naples* plus de 300 églises. La cathédrale dédiée à *S. Janvier*, est flanquée de quatre grosses tours. L'intérieur est décoré de 110 colonnes de granit ou de marbre d'Afrique, et revêtu de stucs dans lesquels sont encadrés des tableaux de *Luc Jordans*. Le plafond a été peint par *Santa Fede*. Le tableau du maître-autel est une assomption du *Pérugin*. On y voit un superbe vase antique de basalte sur un pied de porphyre. Dans une chapelle souterraine, on conserve le corps de *S. Janvier*; elle est revêtue de marbre blanc, et soutenue par des colonnes qu'on regarde comme les restes d'un temple d'*Apollon*. On remarque dans cette église, la statue du cardinal *Olivier* qu'on croit être de *Michel-Ange*, et plusieurs tombeaux; celui de *Bernardino Caracciolo*, présente un squelette couvert d'un suaire, qui montre un sablier au portrait en marbre du cardinal. Le tombeau du pape *Innocent XII*, offre un groupe en marbre de plusieurs figures allégoriques; sur celui d'*Andréasse de Hongrie*, mari de la reine *Jeane I.*, on lit l'épitaphe de ce prince; dans laquelle sa femme est accusée de l'avoir fait étrangler : *Andreæ Neap. Joannæ uxoris dolo et laqueo necato.*

L'église de *S. Restitue* tient à la cathédrale ; les colonnes qui soutiennent la nef, passent pour être des restes d'un temple de *Neptune*. Le plafond a été peint par *Luc Jordans*. La chapelle de *S. Janvier* est décorée de 42 colonnes de brocatelle ; le pavé est de marbre ; la coupole est de *Lanfranc* ; elle avait été dabord peinte à fresque par le *Dominiquin*, qui mourut de chagrin de ce que les maçons gagnés par les peintres napolitains, avaient mêlé de la chaux à l'enduit sur lequel il peignait, afin que la peinture fut bientôt détériorée. Le tableau de *S. Janvier* sortant de la fournaise, est de *l'Espagnolet*. On voit dans cette chapelle et dans la sacristie, des richesses immenses ; c'est là qu'on conserve deux ampoules ou fioles de verre qui contiennent du sang de *S. Janvier* ; ce sang se liquéfie deux fois l'année, en présence du peuple, miracle qui se fait avec beaucoup de pompe, en approchant de la tête du saint, la fiole où est le sang ; plusieurs physiciens ont envain essayé d'expliquer ce phénomène ; mais ce n'est pas à eux qu'il appartient de rendre raison de ce qui est l'objet de la croyance du peuple.

S. Louis du palais appartient aux *Minimes*. Ce fut *S. François de Paule*, qui, lors de son passage à *Naples*, fonda ce couvent. L'église est des plus belles ; le tableau du maître-autel, ceux des côtés du choeur et la voûte du sanctuaire ont été peints par *Jordans*. On y montre deux petites fioles qui contiennent du lait de la vierge coagulé, et qui se liquéfie, dit-on, dans certaines fêtes, prodige non moins extraordinaire que le premier, sans parler de l'avantage d'avoir pu se procurer une liqueur si précieuse.

A *San Giovanni Maggiore*, on voit des restes antiques qui ont fait conjecturer que cette église a été bâtie sur un temple qu'*Adrien* éleva à *Antinoüs*.

San Paolo Maggiore est décoré de colonnes qui faisaient partie du portique d'un temple de *Castor* et *Pollux*, élevé par *Julius de Tarse*, affranchi de *Tibère*. Ces colonnes et un grand escalier de marbre qui conduisait au sanctuaire, furent brisés par le tremblement de terre de 1668 ; on les a reparés, mais fort mal. Dans le cloître des *Augustins* dont cette église fait une dépendance, il y a des vestiges du premier théâtre sur lequel *Neron* fit l'essai de ses talens pour la scène ; il voulut préluder à *Naples* avant de se faire voir à *Rome*. L'assemblée la plus brillante avait accouru à ce spectacle ; mais les spectateurs s'étaient à peine retirés, qu'un tremblement de terre renversa le théâtre.

L'église des *Saints Apôtres* des *Théatins* est bâtie sur les ruines d'un temple de *Mercure*: les plafonds sont peints par *Lanfranc*.

A *S. Jean de Carbonara* des *Augustins*, on remarque le mausolée du roi *Ladislas*, qui s'élève jusqu'à la voûte ; c'est un ouvrage des *Goths*, et qui prouve que si cette nation avait eu en architecture autant de goût que de patience et de hardiesse, elle eut non seulement égalé, mais peut être même surpassé les *Grecs*.

L'église du *Gesù Novo*, construite sur le plan de *S. Pierre* de *Rome*, est une des plus belles de *Naples*. Le plafond a été peint par *Lanfranc*, et réparé par *Matteis*. Cette église possède des tableaux de *Solimène*, de *Luc Jordans*, du *Dominiquin*, de *Raphaël*, d'*Annibal Carrache*, ainsi que des statues d'un grand prix.

Aux *Cordelliers*, on voit un des plus anciens monumens de la primitive église ; ce sont des *catacombes* qu'on appelle aussi le cimetière de *S. Janvier*. Ces *catacombes* son fort supérieures à celles de *S. Sebastien* de *Rome*. Elles sont creusées dans le roc, et divisées en trois étages.

Chaque étage a plusieurs voûtes parallèles, assez étendues pour y cacher 40 mille hommes. On trouve, en entrant, une petite église entièrement creusée dans le roc, au milieu de laquelle est un autel de pierre, et derrière cet autel, un demi-rond avec une chaire et des banquettes; le tout taillé dans le roc vif. C'était là que se faisaient les instructions. A côté de l'église, sont des excavations qui conduisent aux sépulcres. D'espace en espace, on rencontre des salles en demi-cercle, où l'on aperçoit encore quelques restes de peintures à fresque, avec des inscriptions qu'on ne peut plus lire. Là étaient sans doute placés des autels. Dans l'épaisseur des pilastres qui soutiennent les voûtes, sont de petites chambres sépulcrales, ornées de peintures et de mosaïques, où l'on entrait par une petite porte carrée. Au milieu du second étage est une chapelle où l'on croit que se faisaient les ordinations; elle a trois nefs, et aboutit à une salle très vaste. On ignore si ces excavations ont été pratiquées par les chrétiens eux-mêmes, ou si c'étaient d'anciennes carrières, qu'ils ont accommodées à leurs cérémonies et à leurs usages; tout prouve néanmoins que c'était le lieu où ils s'assemblaient.

Au bas des fortifications du château *S. Elme*,

est la magnifique chartreuse de *S. Martin*; sa situation est des plus heureuses: de là, on voit à ses pieds toute la ville de *Naples*; on distingue jusqu'à la couleur des habits de ceux qui se promènent dans les rues. A droite on a pour perspective, la mer, le golfe, le port, *Portici*, le *Vésuve* et les côteaux qui l'environnent; à gauche l'œil embrasse toute la campagne de *Capoue* et s'égare dans un vaste horizon. La maison est d'une élégante architecture. L'église revêtue des plus beaux marbres, renferme d'excellentes peintures. Le plafond est peint pas *Lanfranc*; on y voit une *descente de croix* de l'*Espagnolet*, et douze autres tableaux du même, qu'on regarde comme les meilleurs ouvrages de ce peintre; une *Adoration des bergers*, du *Guide*, fort estimée, et plusieurs autres tableaux dans le goût de *Paul Véronèse* et de *Michel-Ange*. Le maître-autel est décoré de plusieurs figures d'argent; la balustrade est revêtue de jaspes, d'agates, de marbres antiques et autres pierres précieuses. La marqueterie de la sacristie est unique; on a trouvé le moyen de représenter avec des bois de différentes couleurs, plusieurs traits de l'histoire des Juifs. L'intérieur de la maison offre aussi des tableaux d'un grand prix; c'est dans l'appartement destiné aux étrangers, qu'on admire le fameux *Christ* de *Michel-Ange*, au sujet duquel on a imaginé la fable de l'assassinat du modèle par le peintre, pour mieux représenter le *Christ mourant*.

L'hôpital de l'*Annonciade*, est un établissement des plus remarquables; il est destiné pour les enfans trouvés; et soit par son étendue, soit par la manière dont il est administré, on peut dire qu'il rivalise avec celui du *S. Esprit* à *Rome*. L'église de cet hôpital est un des plus beaux édifices de *Naples*; on y a prodigué le marbre, le jaspe, l'agate et la cornaline. Sur la porte principale, on lit cette inscription qui annonce l'utilité de ce superbe établissement :

Lac pueris, dotem nuptis, velumque pudicis,
Datque medelam ægris haec opulenta domus.
Hinc merito sacra est illi; quæ nupta, pudica,
Et lactans, orbis vera medela fuit.

Autres quatre hôpitaux destinés aux malades ordinaires, aux blessés, aux convalescens et aux pauvres infirmes, dépendent de celui de l'*Annonciade*.

L'*université* de *Naples* est très célèbre par ses écoles de droit; les Napolitains ont, en général, plus de science que de goût.

Les *palais particuliers* de *Naples* ne sont

rien moins que des modèles d'architecture ; cependant ils réunissent une certaine magnificence à la commodité. Les principaux sont les palais *Orsini*, *Filomarini*, *Caraffa*, et *Sansevero*. Tous ces palais renferment des peintures et des sculptures des plus grands maîtres.

Les *places* de *Naples* sont grandes, mais peu régulières ; quelques unes sont ornées d'obélisques et de belles fontaines.

La ville de *Naples* a des théâtres d'une grande beauté ; celui de *San Carlo*, qui était le plus vaste qu'on connut en Europe, fut incendié et entièrement détruit en 1816 ; mais il a été rebâti, et on y joue l'opera comme ci-devant. La musique, cet art pour lequel les Italiens ont un goût tout particulier, est surtout en grande recommandation à *Naples*, qui a produit de tous les temps, d'excellens musiciens. Outre les théâtres publics, il y en a dans des maisons particulières où l'on représente des comédies-*impromptu*.

Don *Carlos* établit à *Naples* une académie sous le titre d'*Hercolano*, chargée d'expliquer les curiosités et monumens antiques trouvés dans les ruines d'*Herculanum* ; cette académie s'est depuis enrichie de beaucoup de nouvelles découvertes.

Cicéron et *Sénèque* appelaient *Naples* la mère des *études* ; en effet, cette ville a produit un grand nombre d'hommes célèbres. Nous n'en citerons que quelques uns, savoir, le mathématicien *Dionapolites* dont parle S. *Augustin*; J. B. *Porta*, grand physicien; *Colonna*, botaniste; François *Fontana*, astronome; le *Tasse*, *Sannazar*, poètes qu'il suffit de nommer; *Luca Giordano* ou *Jordans*, *Salvator Rosa*, *Solimène*, *Paul Matteis*, *Santa Croce* et surtout le *Bernin*, artistes qui ont porté la peinture, la sculpture et l'architecture à leur plus haut point de perfection. Les étrangers se plaisaient beaucoup à *Naples*; *Cicéron*, *Senéque* et *Virgile* s'y retiraient pour jouir de la douceur de son climat, et de la beauté des campagnes qui l'environnent. *Bocace* et *Fontanus* ont rendu le même hommage à son agréable séjour.

Quoique les *Napolitains* soient d'un caractère paresseux, ils ne laissent pas que de faire un commence assez considérable; la fertilité du pays, la multitude des ports maritimes disséminés sur la côte, tout semble contribuer à vaincre leur apathie naturelle. Ils ont des fabriques de savon, des manufactures d'étoffes de soie de toute espèce; les essences, les fleurs artificielles, les confitures, les raisins secs, une couleur fort usitée parmi les peintres, appelée *Giallolino*, ou jaune de *Naples*, et les cordes de violon sont aussi une branche considérable de leur commerce.

La noblesse de *Naples* est très nombreuse : elle a beaucoup d'ostentation ; ses équipages sont superbes et très multipliés ; ses habillemens fastueux ; ce n'est que soie, que broderie en or ou en argent. La plus grande liberté règne dans cette ville, et les femmes y sont moins réservées que partout ailleurs.

Quant au peuple, les vices les plus honteux forment la base de son caractère, de ses mœurs et de ses usages : grossièreté, paresse, dissimulation, mutinerie, férocité, lâcheté au moindre danger, nulle foi, nulle probité, la débauche la plus infâme, et par dessus tout, une superstition poussée jusqu'aux derniers accès du fanatisme. Malgré cela, on n'a jamais pu introduire l'inquisition à *Naples* ; les habitans de cette ville s'y sont toujours opposés. Les *Lazaroni* sont une espèce d'hommes, qui n'ont ni état, ni profession, ne se faisant remarquer que par leur extrême misère, à demi-nus, sans demeure fixe, couchant dans les rues de *Naples*, satisfaits s'ils y trouvent un abri contre les intempéries de l'air, et ne surmontant leur paresse naturelle et l'horreur qu'ils ont pour le travail, qu'afin de se procurer quelques foibles moyens d'existence. Cette classe profondément immorale, a plusieurs fois troublé la tranquilité publique; mais le gouvernement la tolère, et alors elle cesse d'être un problème. C'est bien le cas de dire ici, ô temps! o mœurs! quels hommes ont succédé aux anciens habitans de la *Grande Grèce*, de ce pays régi par les lois des *Pythagore*, des *Zaleucus*, des *Carondas*, des *Parmenide*, des *Zénon*; honoré de la présence d'*Homère*, de *Simonide*, de *Pindare*, de *Platon*; et l'asile des arts et de la philosophie!

Les environs de Naples sont de la plus grande fertilité; la nature quoique mal secondée par l'industrie humaine, y prodigue ses richesses, et l'on y vit à très bon marché.

§ 3.

Des environs de Naples, *le* Pausilippe, Pouzol, Baies, Cumes, *Cap. de* Misène, *etc.*

Au couchant de *Naples*, est une montagne célèbre qu'on appelle *Pausilippe*; cette montagne couverte de belles maisons et de jardins toujours verts, offre l'aspect le plus riant. Elle est percée à sa base, par un chemin souterrain qui a 960 pas de longueur, 30 pieds de largeur et 50 de hauteur. Cette grotte immense est éclairée, autant qu'elle peut l'être, par deux soupiraux pratiqués vers ses deux extrémités. On croit qu'un ouvrage si singulier fut entrepris pour abréger le chemin de *Naples* à *Pouzol*, et éviter ainsi de gravir la montagne. *Varron*, *Senèque* et *Strabon* en parlent, mais on ignore quel fût l'auteur de cette gigantesque entreprise.

Au dessus de l'entrée de la grotte, du côté de *Naples*, est le tombeau de *Virgile*: c'est une masure ou espèce de tour en forme de lanterne voûtée ; l'intérieur présente plusieurs petites niches propres à placer des urnes cinéraires. Il est vraisemblable, que celle de *Virgile* figurait dans le milieu. L'épitaphe de ce poète, faite, dit-on, par lui même, est gravée sur un marbre blanc attaché au rocher :

Mantua me genuit, Calabri rapuere, tenet nunc Parthenope ; cecini pascua, rura, duces.

Sur la voûte du tombeau est un laurier, que le peuple prétend aussi ancien que le tombeau même, et être né des cendres de *Virgile*. Une inscription en quatre vers latins, que *Pierre d'Aragon* fit placer dans ce lieu, a consacré cette opinion fabuleuse ; elle est ainsi conçue :

Ecce meos cineres, tumulentia saxa coronat
Laurus, rara solo, vivida Pausilipi.
Si tumulus ruat, œternum hic monumenta Maronis
Servabunt lauri, lauriferi cineres.

Les Napolitains ont une grande vénération pour la mémoire de *Virgile*; les uns le regardent comme un saint, les autres comme un magicien qui par ses enchantemens creusa la grotte du *Pausilippe*. Les étrangers ne partagent pas cette dernière opinion; s'ils croient que *Virgile* était versé dans l'art magique, c'est pour avoir fait la divine *Enéide*.

Au haut de la montagne du *Pausilippe*, est l'église des *Servites*, sous le titre de *Santa Maria del Parto*, fondée par le poète *Sannazar* sur l'emplacement d'une maison de campagne dont *Fréderic II*, roi de Naples, lui avait fait présent. Après sa mort, les *Servites* lui firent ériger un très beau mausolée en marbre blanc. L'urne sépulcrale supportée par un riche piédestal, est surmontée du buste du poète couronné de laurier, et au milieu de deux génies qui tiennent des guirlandes de cyprès. Au dessous de l'urne est un bas-relief qui représente les divinités symboliques des poésies de *San-*

nazar. Le *Bembe* a composé l'epitaphe suivante, qu'on lit au dessous du bas-relief.

Da sacro cineri flores, hic ille Maroni
Sincerus, musa, proximus ut tumulo.

Dans l'église des Servites tout porte l'empreinte du caractère du fondateur. Au dessus du tombeau de *Sannazar*, le *Rossi* a peint le Parnasse, Pégase et une renommée qui tient une couronne sur la tête du buste.

Sannazar poète célèbre, naquit à *Naples* en 1458. Une imagination brillante, un génie mâle et élevé, lui firent bientôt une grande réputation. Il s'attacha à *Frédéric*, roi de *Naples*, et le suivit en France, lorsque ce prince eut perdu tout espoir de remonter sur le trône. De retour en Italie, *Sannazar* se livra tout entier à l'étude des belles lettres et aux plaisirs. Il avait l'esprit fort enjoué et se faisait désirer dans les meilleures sociétés. Il a laissé des poésies latines et italiennes qui sont fort estimées. On lui reproche seulement d'avoir mêlé le sacré au profane. Il mourut en 1530.

De la montagne du *Pausilippe*, on jouit du spectacle de la mer qui est quelquefois étincelante de lumière, phénomène occasionné par une espèce d'insectes qu'on appelle *lucioles*, et par l'agitation des flots ; on sait que dans les pays chauds l'eau de la mer est très phosphorique. Le promontoire du *Pausilippe* est fortifié: on y voit les restes des bains de *Lucullus* et d'un temple de la *Fortune*.

En sortant de la grotte du *Pausilippe* du côté de *Pouzol*, on trouve un beau chemin qui conduit à cette ville: mais si l'on se détourne à droite, pour prendre l'ancienne voie, on ne tarde pas à rencontrer le lac d'*Agnano*, dont la forme circulaire a un mille de tour. Quoique ce lac paroisse bouillonner, ses eaux n'ont aucune chaleur sensible, phénomène dont il est assez difficile de rendre raison. Du reste, il est couvert d'oiseaux de rivière de toute espèce, et l'on y pêche d'excellentes tanches.

Tout près de ce même lac, sont les bains de vapeur de *San Germano*, très propres, dit-on, à guérir ou à soulager dans les maladies chroniques, telles que la goutte, la paralysie, les douleurs rhumatismales.

A environ cent pas de ces bains, près du lac, et sur le revers de la montagne, est la *Grotte du chien* ; sa hauteur est d'environ 9 pieds, sa largeur de 4, et sa profondeur de 10 ; elle est creusée dans un terrain sablonneux. Une vapeur légère, sensible à la vue et semblable à celle du charbon, s'élève à six pouces au dessus du sol. Dans cette grotte on ne sent d'autre odeur, que celle que produit naturellement un souterrain chaud et enfermé ; on l'a appelée la *Grotte du chien*, parceque c'est l'animal qu'on choisit presque toujours pour faire l'expérience de l'action de la vapeur sur la vie animale. Si l'on couche un chien contre terre, seulement pendant quelques minutes, cet animal est agité de violentes convulsions qui ne tarderaient pas à le faire mourir ; mais mis hors de la grotte, il reprend ses forces. On a fait la même expérience sur plusieurs animaux qui résistent plus ou moins aux effets de la vapeur. M. de *La Lande* prétend que les hommes n'en sont point affectés ; M. l'*Abbé Ricard* assure le contraire, et rapporte que deux criminels que le vice-roi *Pierre de Tolède* avait fait renfermer dans la grotte, y moururent. D'après les nouvelles découvertes faites par la chimie, il serait facile d'expliquer la cause de ce phénomène singulier.

Au Nord et à un demi-mille du lac d'*Agnano*, est un vallon délicieux qui a environ deux lieues de circonférence : entouré de montagnes de toutes parts, il forme une espèce d'amphithéâtre. Ce lieu s'appelle gli *Astroni* ; il est peuplé de bêtes fauves qu'on y entretient pour servir aux chasses royales.

Après avoir parcouru les bords du lac d'*A-gnano* et ses environs, on prend le chemin qui contourne la montagne, appelée la *Solfatara*: c'est une espèce de volcan qui occupe un bassin ovale de 250 toises de longueur, placé sur une hauteur environnée de collines, excepté du côté du midi. Le nom de *Solfatara* lui vient de la grande quantité de souffre qu'il contient, et qu'on y ramasse effectivement. On l'appelait autrefois, *Phlegra*, *forum Vulcani*, *colles Leucogoci*; c'était le centre des champs *Phlégréens*, si célèbres dans la fable et qui furent le théâtre des combats d'*Hercule* contre les *Géans*, espèce d'hommes féroces et terribles. Les habitans de ce pays tiennent encore de ce caractère. A en juger par le retentissement sourd qu'on entend sous ses pieds, et surtout lorsqu'on jette une pierre dans un creux qui est vers le milieu du bassin, il paroît que le terrain est creusé par dessous; ou peut-être ce terrain n'est il qu'une croûte formée par les matières en fermentation. Il y a des endroits où l'on ne passerait pas sans danger. Des physiciens pensent que le feu interne consumera peu à peu la voûte extérieure, et qu'alors il pourra se former un lac.

En descendant de la montagne de la *Solfatara*, on n'a que l'espace d'environ un mille à parcourir pour arriver à *Pouzol*, ville autrefois très considérable, située à deux lieues et demie de *Naples*, sur le golfe appelé *Sinus Puteolanus*. Suivant quelques historiens, elle fut fondée par *Dicearchus* 522 ans avant J. C. Des inscriptions anciennes semblent prouver qu'elle se gouvernait d'après ses propres lois. Les Romains y élevèrent une grande quantité d'édifices et de maisons de campagne. La cathédrale est décorée de colonnes corinthiennes qui indiquent que c'était un ancien temple. On voit encore à *Pouzol*, les restes d'un autre temple qui devait être de la plus grande beauté ; les uns croient qu'il était consacré à *Sérapis*, les autres aux *Nymphes*. Il était revêtu de beaux marbres d'*Affrique* et de *Sicile*; on y distingue quelques unes des dix huit chambres dont il était environné, et une salle de bains à l'usage des sacrificateurs. Le pavé qui est de marbre blanc, l'écouloir des eaux et du sang des victimes, les anneaux auxquels on les attachait, et quelques colonnes sont assez bien conservés. Dans une place de *Pouzol*, figure un piédestal de marbre blanc, orné de bas-reliefs qui représentent 14 villes d'Asie, détruites par un tremblement de terre, et réparées par *Tibère*. Ce piédestal était sans doute surmonté de la statue de cet empereur. Dans une autre place, est une statue romaine de six pieds de haut, très bien conservée : elle fut érigée, suivant l'inscription, à *Flavius-Marius-Egnatius-Julianus*, préteur et augure. Mais de toutes les antiquités de *Pouzol*, l'amphithéâtre est ce qu'il y a de plus remarquable. On l'appelle *Coloseo*, et il était aussi grand que le *Colisée* de *Rome*. L'arène qui avait 250 pieds de long, est aujourd'hui convertie en jardin. On distingue encore les portiques qui servaient d'entrée, et les caves où l'on renfermait les bêtes. Le *Labyrinthe de Dédale* était un bâtiment souterrain, destiné à conserver les eaux pour l'usage de la ville. Sur les bords du golfe de *Pouzol*, on montre les restes de la maison de campagne de *Cicéron*. Les flots ont couvert une immense quantité de ruines qu'ils rejettent quelquefois. La ville de *Pouzol* contient environ 10 mille habitans. Au bas de cette ville, la mer forme un golfe qui a la figure d'un demi-cercle enfoncé dans les terres. *Baies* est sur la côte opposée : de l'une à l'autre, il y a une traversée de cinq quarts de lieue. C'est dans cette direction et sur les bords du golfe de *Pouzol*, qu'on voit les ruines du pont de *Caligula*.

En partant de *Pouzol* et côtoyant le golfe,

on arrive à l'endroit où était autrefois le lac *Lucrin*, si fameux par le goût exquis des huîtres vertes que les Romains y faisaient nourrir. Ce lac n'existe plus; un tremblement de terre combla son bassin qui n'offre maintenant qu'un terrain marécageux et couvert de joncs. Voici ce que disent les historiens de ce terrible événement. Du 10 au 30 septembre 1538, la terre éprouva des secousses violentes. Il existait un gros bourg très peuplé entre le lac *Lucrin* et la mer : ce bourg avait une église paroissiale, un couvent de *Franciscains* et un hôpital dans sa partie inférieure. A l'endroit même où était l'hôpital, s'ouvrit un gouffre d'où sortit une flamme mêlée d'une épaisse fumée, qui éleva dans l'air, une grande quantité de pierres et de sables ardens. Cette éruption accompagnée d'éclairs, de tonnerres et de tremblemens de terre, dura 24 heures pendant lesquelles se forma la montagne qui couvre aujourd'hui une partie du lac *Lucrin*. La mer envahit l'emplacement du village qui fut englouti ainsi que ses habitans. Les environs de ce lieu jadis si beaux et si fertiles, furent entièrement bouleversés. Les habitans de *Pouzol* effrayés, s'enfuirent du côté de *Naples* et eurent bien de la peine à revenir. Le *Monte Novo* qui a remplacé le lac

Lucrin, n'est donc qu'un amas considérable de pierres brulées, de scories et d'écumes semblables aux laves du *Vésuve*, que la fermentation intérieure souleva et rejeta hors du sein de la terre. Le lac *Lucrin* était anciennement uni à la mer; on l'en sépara par des digues d'un travail immense, afin d'y retenir les poissons et les huitres. *Virgile* parle du projet qu'*Auguste* avait formé d'en faire un port, et de pratiquer un canal de communication entre ce lac et celui d'*Averne*.

A un demi-mille de *Monte Novo*, et en tournant à droite, on trouve le lac *Averne*; son bassin de forme ronde, a 300 toises de diamètre, et est bordé de hautes montagnes autrefois hérissées d'épaisses et sombres forêts qui le couvraient d'une ombre éternelle. On y sacrifiait aux dieux infernaux. L'horreur habitait dans cette retraite obscure, et les oiseaux ne volaient point impunement au dessus. Telle est la description qu'en fait *Virgile* dans le 6.e livre de l'*Énéide*. Aujourd'hui on ne reconnoit que le fond du tableau. Ce lac ne rend plus de vapeurs malfaisantes; il est très poissonneux, et l'on y voit beaucoup d'oiseaux de rivière. Ses eaux sont limpides et fraiches; il a 400 pieds de profondeur. Il est possible que du temps de

Virgile, les montagnes environnantes n'avoient pas été encore dépouillées de leurs antiques forêts; que des éruptions volcaniques avaient fait couler dans ce lac, des ruisseaux de souffre, qui avaient fait périr les poissons; et que l'air infecté par les vapeurs de ce souffre, empêchait les oiseaux d'en approcher.

Sur les bords de l'*Averne* et au levant, on trouve un temple qu'on dit avoir été consacré à *Apollon*. Il reste encore la moitié de l'édifice. Tout près de la rive opposée, et au pied d'une colline, est la fameuse caverne de la *Sibylle*; cette caverne communiquait sans doute à celle dont l'entrée était à *Cumes*. L'ouverture de celle dont il s'agit ici, est large, remplie de cailloutages, ombragée d'arbres extrêmement toufus, défendue par un petit lac noir et profond, et telle à peuprès que *Virgile* l'a décrite; mais cette ouverture est presque bouchée, par des atterrissemens. L'excavation qui s'étendait depuis le lac *Averne* jusqu'à *Cumes*, n'à plus que 200 pas de long. Les éboulemens en ont intercepté le passage. On pénétre dans l'intérieur de la caverne, par une petite porte carrée, ouverte dans le roc, de cinq pieds et demi de hauteur sur trois de largeur, qui répond à un escalier aussi taillé dans le roc, en forme de limaçon, lequel conduit jusqu'aux bains de la *Sibylle*; c'est ainsi qu'on appelle deux petites chambres carrées, qu'on croit être à plus de cent pieds au dessous du niveau de la grotte. Il paroît que ces deux pièces étaient anciennement fort ornées et pavées de mosaïque. Tout au tour règne une espèce de banquette. On prétend qu'il y avait plusieurs autres pièces, mais auxquelles on ne peut plus arriver à cause des éboulemens. C'est par là que *Virgile* fait descendre *Énée* aux *Enfers*.

Au nord et à environ un mille du lac *Averne*, était l'ancienne ville de *Cumes*, bâtie par des Grecs venus de l'île d'*Eubée*. *Virgile* parle d'un temple d'*Apollon*, que *Dédale* y avait élevé, et dans lequel il avait représenté les divers événemens de la vie de *Minos*. La beauté des ruines de cette ville, fait ajouter foi aux récits de *Virgile*, quelques merveilleux qu'il paroissent. Le luxe de ses habitans était porté à un tel point, que suivant *Athénée*, ils étaient couverts de draps d'or, et n'allaient jamais que dans des chars. Cependant la situation plus heureuse de *Baies* et de *Pouzol* obtint la préférence des Romains, et *Cumes* ne tarda pas à se dépeupler. Dans la suite, elle fût dévastée par les *Sarrasins*. Les monumens antiques qu'on y voit, sont encore assez bien conservés. Les ravages du temps et des volcans ont moins contribué à leur destruction, que la férocité des hommes. Avant d'y arriver, on trouve un *arc de triomphe* bâti de gros quartiers de marbre, et assez ressemblant à celui de *Janus* à *Rome*. A une petite distance des anciens murs qui formaient l'enceinte de *Cumes*, on voit un édifice de 29 pieds de long sur 25 de large, dont la voûte est encore en son entier; on l'appelle le temple des *Géans*. A une lieu au nord est la *Torre di Patria* qu'on croit être le tombeau de *Scipion*. C'était là en effet la maison de campagne de cet illustre romain. La grotte de la *Sibylle* dont l'entrée était à *Cumes*, et communiquait avec celle située sur le lac *Averne*, n'offre plus rien de remarquable, l'intérieur étant presque comblé par l'éboulement des terres.

De *Cumes*, en longeant la côte et se dirigeant vers le couchant, on rencontre le lac *Fusaro* ou *Colluccio*, qui communique avec la mer par un canal étroit. C'est ce que les anciens appelaient l'*Achéron*; et c'était là que selon les poètes, le batelier *Charon* passait les ombres pour une pièce de monnoie qu'elles étaient obligées de lui donner. Il refusait de recevoir dans sa barque celles dont les corps n'avaient pas été inhumés, et les laissait errer cent ans sur le rivage, sans être touché des instances qu'elles faisaient pour passer. Ce qui pouvait avoir donné lieu à cette fable, c'est qu'il fallait passer le lac *Fusaro* ou l'*Achéron*, pour parvenir aux *Champs Élysées* où étaient les tombeaux des Romains, et où il n'y avait que les riches qui fussent inhumés, en sorte que ceux qui n'avaient pas de quoi payer, restaient en deçà du lac.

A une petite distance du lac *Fusaro*, était la ville de *Baies* qui occupait la partie occidentale du golfe de *Pouzol*. Cette ville a été fort célébrée par les anciens, et en effet elle méritait de l'être. A cause des eaux médecinales qu'on y trouvait, on en avait fait, comme cela arrive ordinairement, le séjour de la volupté. Les femmes les plus galantes ne manquaient pas de s'y rendre pour y passer l'automne; il n'y avait pas de Romain un peu riche, qui ne voulut y avoir une maison; le terrain n'étant pas assez vaste, on y avait suppléé en élevant des terrasses les unes sur les autres. La côte est couverte de magnifiques ruines, mais la mer en gagnant de ce côté, a couvert une partie de ces ruines, et empêché les fouilles qu'on aurait pu y faire. *Marius*, *Sylla*, *Pompée*, *César*, *Neron* et les principaux Romains y avaient des palais. Malgré le ravage des siècles, des barbares et des tremblemens de terre, la nature y parôit encore dans toute sa force, dans toute sa beauté, il y règne, comme au temps de *Virgile*, un printemps éternel; l'hiver n'y fait jamais ressentir ses rigueurs. Mais cette surprenante fécondité, cette riche parure dont la terre se couvre, sont des biens dont l'homme ne peut plus jouir: l'air empesté par les exhalaisons des marécages, rend le séjour de *Baies* très dangereux. Sous *Charles* VIII et *Louis* XII l'armée française y périt presque en entier, et cette contrée qui était autrefois un lieu de délices où suivant l'expression de *Martial*, les *Pénélopes* devenaient des *Hélènes*, est aujourd'hui presque déserte, et n'est habitée que par quelques paysans grossiers et paresseux. *Varron*, *Tacite* et *Sénèque* parlent d'une infinité de palais de *Baies* qui étaient habités par le Romains les plus voluptueux. Ce fut dans cette ville, que se forma le célèbre triumvirat de *César*, de *Lepide* et d'*Antoine*. *Adrien* y finit ses jours.

Le golfe de *Baies* est entouré d'un côteau qui forme une espèce d'amphithéâtre; ce côteau est couvert d'arbustes toujours verts qui ombragent de fort belles ruines. Dans les bas du vallon, et près de la mer, on voit plusieurs temples antiques dont quelques uns sont assez bien conservés., savoir, un temple de *Diane Lucifère*, un autre de *Mercure*, et un troisième de *Vénus*. Ces temples sont situés dans un endroit si marécageux que pour y arriver, on est obligé de se faire porter sur les épaules des mariniers. La voûte du temple de *Diane Lucifère* est tombée. Le temple de *Mercure* est une grande rotonde qui prend le jour par le milieu, comme le *Panthéon* à *Rome*; celui de *Vénus* fut, dit-on, consacré par *César* à *Vénus genitrix*, à *Vénus mère*. La coupole, les petites chambres des côtés, et les bains des ministres subsistent encore. Au dessous sont plusieurs chambres ornées de stucs et de bas-reliefs, et qu'on croit avoir été l'asile de la débauche ; mais il est possible qu'elles étaient destinées aux époux qui allaient invoquer la déesse pour avoir des enfans.

Le château de *Baies*, bâti sur les cap par le vice-roi *Pierre de Tolède*, est une forteresse médiocre du côté de terre, mais très bonne pour la défense de la plage. Il paroit d'après la continuité des ruines, que l'ancienne ville de *Baies*, occupait tout l'espace compris entre le château et les bains de *Tritoli*. *Baies* n'est plus aujourd'hui qu'un méchant bourg, situé au fond du golfe, et habité par de misérables paysans ou des mariniers.

Bauli est un petit canton entre *Baies* et le cap de *Misène*; c'est là, dit-on, qu'*Hercule* aborda en revenant d'Espagne, après la défaite du tyran *Gérion*. Au bas du village de *Bauli*, on voit un port tel que *Tacite* l'a décrit, en parlant de la réception que *Neron* fit à sa mère *Agripine*, lorsqu'elle vint de *Rome* à *Bauli*, pour assister aux fêtes qu'on devait y donner. On sait que *Neron* fatigué des remontrances de sa mère, résolut de s'en défaire; que feignant de vouloir se réconcilier avec elle, il l'invita à une fête qu'il donna dans son palais de *Bauli*, et qu'après le souper, il la reconduisit dans le bâteau qui devait la ramener à *Baies*. Ce bâteau était construit de manière à s'ouvrir en mer, et à engloutir la victime. Mais cet infernal moyen ne réussit pas: *Agripine* se sauva à la nage, et se réfugia dans sa maison de campagne où elle fut assassinée la même nuit. Ses domestiques l'enterrèrent près du chemin de *Misène* et de la maison de *Neron* qui était sur la hauteur. Le tombeau a la forme d'un demi-cercle avec une galerie tout au tour. La voûte est répartie en compartimens de stuc; les sculptures ou bas-reliefs sont assez bien conservés; mais l'entrée de l'édifice est presque bouchée par les terres qui couvrent le pavé et l'endroit où l'urne était placée. Il y a des inscriptions qu'il est très difficile de lire, à cause de l'obscurité du souterrain, et de la fumée des flambeaux que les conducteurs y apportent; cette fumée a formé une espèce de suie qui s'attachant aux voûtes et aux murailles, en masque les ornemens. *Bauli* est environné de tombeaux antiques dont quelques uns sont décorés de bas-reliefs, de peintures et de dorures: on y voit des voûtes de 12 à 15 pieds de longueur, sur 10 de largeur, remplies de niches où l'on mettait les urnes cinéraires.

Entre le lac *Fusaro* que *Virgile* appelle l'*Achéron*, et celui de *Mare Morto*, est une petite contrée qui porte le nom de *Mercato del Sabato*. Là sur une pente douce qui s'étend depuis le lac *Fusaro* jusqu'aux bords de la mer, entre le levant et le midi, étaient autrefois des jardins délicieux, plantés d'arbres toujours verts et arrosés de belles fontaines. C'est ce que les poètes ont appelé les *Champs Élysées*. Quoique ces lieux aient été désolés par plusieurs tremblemens de terre, ils sont encore tels que *Virgile* les a célébrés; mais comme nous l'avons déjà fait observer, un air infecté par des vapeurs marécageuses, ravit aux habitans, tout le prix des beautés que la nature y prodigue.

Après le lac de *Mare Morto* qui est dans le

voisinage des *Champs Élysées*, vient le cap de *Misène* qui occupe la pointe méridionale du golfe de *Pouzol*. L'origine du nom de *Misène*, vient, suivant *Virgile*, d'un habile trompette qui, après la mort d'*Hector*, s'attacha à *Énée*, et qu'un Triton précipita dans les flots pour se venger d'un défi qu'il en avait reçu. Son corps fut trouvé sur le promontoire qui s'appelait alors le mont *Aérien*, et où le prince Troyen lui fit faire des funérailles magnifiques.

Monte sub aerio qui nunc Misenus ab illo Dicitur.

C'était à *Misène* qu'était la station de la flotte romaine destinée à maintenir la sûreté des mers et des côtes, depuis le détroit de *Messine* jusqu'aux *Colonnes d'Hercule*. Il y avait un phare pour éclairer les vaisseaux ; sur le sommet du promontoire, était une ville, et au bas, un port qu'*Agrippa* avait fait construire. La ville fut prise et pillée par les *Lombards* en 836, et les *Sarrasins* achevèrent de la ruiner.

Sous la pointe du promontoire, on voit une de ces cavernes spacieuses que la nature se plaît quelquefois à former. Les Romains l'agrandirent et la fortifièrent. Les voûtes en étaient soutenues par de gros piliers placés de distance en distance. De vastes réservoirs occupaient le fond de la caverne, où il tombe beaucoup d'eaux pluviales. C'était là, dit-on, qu'on conservait une grande quantité d'eau douce, pour la flotte romaine. D'autres prétendent que *Neron* avait fait creuser cette caverne pour y conduire les eaux chaudes de *Baies*, et les tempérer par des eaux pluviales. Ce souterrain est aujourd'hui presque entièrement ruiné. Au pied de la montagne et dans la mer même, est une source d'eau douce, qu'on croit avoir été la fontaine du temple des *Nymphes*, bâtie par *Domitien*, et dont la source ne tarissait jamais.

Il y a encore sur le promontoire de *Misène*, une tour dans laquelle on allume tous les soirs, une lanterne pour éclairer pendant la nuit, les vaisseaux qui entrent dans le golfe. C'est de là que partit *Pline*, le naturaliste, pour aller observer de plus près la fameuse éruption du *Vésuve* où il périt. Du Cap de *Misène*, on peut retourner à *Naples* par mer: cette traversée, qui est très agréable, se fait en quelques heures de temps.

§ 4.

Suite des environs *de* Naples, *de* Portici, *d'*Herculanum, *de* Pompeia, *du* Vésuve *etc.*

Portici est une superbe maison royale, située à une lieue et demie de *Naples*, sur le bord de la mer et près du mont *Vésuve*. L'air y est bon, et la position en est séduisante. Le jardin principal qui s'étend jusqu'au rivage de la mer, est bordé dans toute sa longueur, de deux terrasses qui sont de niveau avec l'appartement du roi; le milieu est rempli par des plantations d'orangers, de citronniers, de grenadiers et autres arbres de cette espèce. La cour du palais est octogone; elle est traversée par le grand chemin, et environnée de bâtimens neufs. Les connoisseurs font beaucoup de cas de deux statues équestres tirées d'*Herculanum*, et qu'on voit dans ce palais. L'une est celle de *M. Nonius Balbus*, le fils; elle est sous le vestibule, et environnée de vitrages. *Balbus* est représenté fort jeune, la tête découverte, les cheveux courts; il porte une cuirasse, et tient de la main gauche la bride de son cheval. Un manteau qui pend de dessus l'épaule, couvre le bras du même côté.

Ses brodequins montent au dessus de la cheville. L'autre statue est celle de *Balbus*, le père, procurateur et proconsul d'*Herculanum*. Elle est de même grandeur, et aussi belle que la première, mais moins bien conservée. Ce sont les deux seuls monumens antiques de marbre qu'on ait dans ce genre. Les appartemens du palais sont pavés d'ancienne mosaïque grecque et romaine. Il y a une chambre dont le revêtement est d'une très belle porcelaine. On y remarque des peintures fort précieuses, et surtout quatre petits camayeux antiques peints sur marbre; on lit sur un de ces camayeux le nom du peintre *Alexandre* d'*Athènes*. Un morceau non moins curieux, c'est un buste de plâtre bronzé, représentant un guerrier; on ignore quel était le procédé des anciens pour donner au plâtre, la couleur du bronze. Du reste le palais est d'une architecture fort simple; comme la façade regarde le golfe, on y jouit du plus beau point de vue.

Herculanum est une ville très ancienne, que le hazard a fait découvrir; elle est située sous les fondations de *Portici* et de *Resina*, beau village qui n'est qu'à trois quarts de lieue du *Vésuve*. Cette ville ainsi que celle de *Pompeïa*, fut engloutie par une éruption qui arriva la première année du règne de *Titus*, et la 79.ᵐᵉ de J. C., éruption qui la couvrit d'un solide de pierres, de cendres et de lave, de 70 à 80 pieds d'épaisseur, depuis le pavé des rues jusqu'à la superficie des terres, aujourd'hui plantées de vignes, ou sur lesquelles on a élevé divers bâtimens.

Strabon qui vivait du temps d'*Auguste*, est le premier auteur qui fait mention d'*Herculanum*. *Dénis d'Halicarnasse* attribue à *Hercule*, la fondation de cette ville qu'il place entre *Pompeïa* et *Naples*. *Florus* et *Pline* la mettent au rang des principales villes de la Campanie. *Martial*, *Statius* et *Dion Cassius* parlent de l'éruption qui l'engloutit. Le dernier raconte qu'une quantité incroyable de cendres enlevées par les vents, remplit l'air, la terre et la mer, étouffa les hommes, les troupeaux, les oiseaux et les poissons, et ensevelit deux villes entières, *Herculanum* et *Pompeïa*, dans le temps même que le peuple était assis au spectacle.

Le massif qui couvre la ville d'*Herculanum*, est composé d'une cendre fine, grise, brillante, que l'eau a condensée, et qui brisée quoiqu'avec peine, se réduit en poussière. On a découvert par l'analyse, que cette matière est de même nature que la lave du *Vésuve*, à cela près que l'acide sulfureux s'est évaporé. Le peu de squelettes qu'on a trouvés dans les ruines d'*Herculanum*, fait conjecturer, contre l'assertion de *Dion Cassius*, que les habitans eurent le temps de s'enfuir, et d'emporter leurs effets les plus précieux. La cendre brûlante qui couvrit cette ville, conserva assez longtemps sa chaleur, pour réduire en charbons, les portes et les effets qui étaient dans les maisons, sans en changer la forme. Les statues, meubles et ustensiles de bronze, sont noircis, mais aucun n'est brûlé. Comme les anciens n'employaient dans leurs peintures, que des minéraux et des terres coloriées, les peintures sont ternies, sans être détériorées. A une énorme pluie de cendres, succédèrent des laves qui couvrirent au large toute la campagne, et y portèrent le ravage et la désolation. Ce liquide enflamé pénétra en quelques endroits, à travers la cendre et les ponces, et s'insinua dans les corridors du théâtre et dans quelques maisons: mais l'eau qui s'etait mêlée en grande quantité à ce liquide, fit qu'il ne put brûler les marbres, ni fondre les bronzes qu'il entoura. Les cendres et les laves des éruptions postérieures à celle de 79, ont considérablement exhaussé le terrain, et c'est sur ce terrain exhaussé qu'ont été bâtis le bourg et le château de *Portici*, ainsi que le village de *Resina*.

On ignorait dans quel lieu avait existé l'ancienne ville d'*Herculanum*. *Émanuel de Lorraine*, duc *d'Elbeuf*, faisant bâtir une maison de campagne à *Portici*, un Français qui s'était chargé de la décorer de stucs, assemblait des débris de différens marbres pour ses compositions; cet artiste apprit qu'un paysan en avait trouvé en creusant un puits, et il engagea le prince à acheter de ce paysan, la faculté de faire des fouilles au même endroit. Après quelques jours de travail, on découvrit deux statues, l'une d'*Hercule* et l'autre de *Cléopâtre*. Encouragé par cette découverte, le prince fit continuer les fouilles avec plus d'ardeur, et l'on trouva l'architrave d'une porte en marbre avec une inscription, et sept statues grecques semblables à des Vestales. Les premières fouilles remontent à l'an 1713. Quelque temps après, on découvrit un temple antique, environné de 24 colonnes d'albâtre, et d'autant de statues de marbre grec. Le gouvernement crut que cette sorte de richesses entrait dans le domaine royal, et ne pouvait être l'objet d'une propriété particulière : il forma opposition aux fouilles, et tous les travaux furent suspendus jusqu'en 1736, que *Don Carlos* étant parvenu au trône de *Naples*, voulut faire bâtir un château à *Portici*. Ce prince à qui le duc d'*Elbeuf* avait cédé sa maison ainsi que le terrain déjà fouillé, fit creuser à 80 pieds de profondeur perpendiculaire: on trouva une ville entière qui avait existé à cette profondeur; l'on reconnut le lit de la rivière qui traversait cette ville; et l'on découvrit successivement un temple de *Jupiter* où était une statue d'or, un théâtre, des portes chargées d'inscriptions, les fragmens des chevaux de bronze doré et du char qui avaient décoré la principale entrée, et un très grand nombre de statues, de colonnes, de peintures etc. Les rues sont tirées au cordeau; elles ont de chaque côté des trotoirs pour les gens de pied, et sont pavées de laves semblables à celles que jette actuellement le *Vésuve*. Quelques maisons sont pavées de marbres de différentes couleurs et à compartimens; d'autres de mosaïque faite avec quatre ou cinq espèces de pierre naturelle, et plusieurs de briques de trois pieds de longueur sur 6 pouces d'épaisseur. Il y a au tour des chambres, un gradin d'un pied de haut où l'on croit que s'asseyaient les esclaves. Les murs sont pour la plupart peints à fresque; ces peintures présentent des cercles, des lozanges, des colonnes, des guirlandes, des oiseaux. Cet usage des peintures à fresque, s'est conservé en Italie où l'on ne voit presque pas de tapisseries dans les appartemens ordinaires. Les fenêtres étaient fermées avec des volets pendant la nuit, et ouvertes pendant le jour : on n'a trouvé de verre, qu'à un petit nombre de maisons, et encore ce verre est-il fort épais ?

Les deux édifices les plus considérables d'*Herculanum*, sont le *Théâtre* et le *Forum*. Le *Théâtre* découvert en 1750, est situé au nord de la ville, sous *Resina* et près du château de *Portici*. Il était recouvert de cendres et de lave à la hauteur de 40 pieds ; les corridors, les escaliers, les galeries, les souterrains même en étaient remplis. Ce théâtre est de forme ovale, beaucoup plus large que long, et comme dans tous les théâtres, une moitié était destinée aux spectacteurs, et l'autre à la scène et aux acteurs. Les gradins des spectateurs sont disposés dans une demi-ellipse qui a 160 pieds de diamètre. Le *proscénium* qui est la partie avancée du théâtre sur laquelle les acteurs récitent les drames, a 75 pieds d'ouverture sur 30 de profondeur. Il est orné d'une façade d'architecture, et de belles colonnes de marbre dans le goût du théâtre de *Palladio* à *Vicence*. L'orchestre que nous appellons *parterre*, a environ 50 pieds de longueur depuis le devant de la scène jusqu'aux premiers sièges : 21 rangs de gradins occupent le reste de la profondeur qu'on peut estimer à 70 pieds. Le massif du théâtre est de briques. Il paroit que l'extérieur était revêtu de stucs de différentes couleurs. Les galeries intérieures sont voûtées, soutenues par des pilastres de distance en distance, et ornées de corniches de marbre avec des dentelures et des médaillons. Les murs de côté sont revêtus de carreaux de marbres de différentes couleurs, et les voûtes décorées de stucs assez bien conservés. L'édifice était couronné d'une colonnade ou galerie, qui sans doute fut renversée par les tremblemens de terre qui précédèrent l'éruption, ainsi qu'on le conjecture de la grande quantité de colonnes et de chapiteaux que l'on a trouvés dans l'orchestre, ou aux environs. Comme on ne peut voir que successivement et au flambeau, les diverses parties de ce théâtre, il est difficile de se faire une idée de l'ensemble, qui à en juger par la beauté des détails, devait avoir beaucoup de magnificence. En effet, les marbres, les colonnes, les statues, les bronzes qu'on en a retirés, et ce qui reste en place, prouvent que l'édifice était d'une très belle architecture d'ordre corinthien, et qu'on y avait prodigué les plus riches décorations. C'est grand dommage qu'on n'ait pas osé entreprendre de faire découvrir ce théâtre en entier et par le dessus; on jouirait d'un monument unique dans son espèce.

Le *Forum*, vaste bâtiment dans lequel il paroît que se rendait la justice, est une cour de 228 pieds, de forme rectangle, environnée d'un péristyle de 42 colonnes, plus haut de deux pieds que le niveau du sol. Le portique d'entrée composé de 5 arcades, était orné de plusieurs statues équestres de marbre, parmi lesquelles figuraient celles des *Balbus* dont nous avons déjà parlé. La statue de l'empereur *Vespasien*, élevée sur trois marches, occupait le milieu d'une espèce de sanctuaire pratiqué au delà du portique parallèle à celui de l'entrée principale. A droite et à gauche de la statue de *Vespasien*, étaient celles de *Neron* et de *Germanicus*, en bronze, de neuf pieds de haut, dans des niches ornées de peintures. Le *Forum* communique par un portique, à deux temples moins grands, voûtés et intérieurement décorés de peintures à fresque. Les pavés de ces temples, qui étaient en marbre de rapport, ont été enlevés, et employés dans les appartemens du château de *Portici*.

Les découvertes déjà faites à *Herculanum*, indépendamment des celles qu'on peut y faire encore, sont d'autant plus précieuses, qu'elles nous donnent une idée non seulement des arts des anciens Romains, mais même de leur manière de vivre ; ces découvertes substituant la preuve la plus directe à la preuve la plus douteuse, démentent ou confirment les conjectures que les divers commentateurs ont pu hasarder, d'après quelques passages assez obscurs des écrits qui sont parvenus jusqu'à nous. Les monumens les plus curieux qu'on a retirés de cette ville souterraine ont été rassemblés dans le *Muséum* ou cabinet du roi de *Naples* à *Portici*. C'est, sans contredit, le cabinet le plus riche en antiques, qu'il y ait au monde. Une académie de belles lettres fut créée pour s'occuper de l'examen et de la description des pièces provenues des fouilles d'*Herculanum*, de *Pompeïa* et de *Stabia* ; plusieurs volumes de ce travail ont été déjà publiés.

Le *Muséum* qui renferme toutes ces richesses, se compose de plusieurs pièces contigues.

Au milieu de la cour, sur un piédestal de marbre de Carrare, est un cheval de bronze, de haute taille, nu, les crins rattachés sur le front en forme d'aigrette, et de la plus belle proportion. Au tour de la cour, on voit plusieurs statues de marbre, plus grandes que nature, vêtues de la toge, en partie des familles *Nonius* et *Memmius*, formant des suites historiques. On remarque surtout celle de *Viaria*, mère de Proconsul, ayant la tête couverte d'un voile semblable à celui des Vestales, la robe ou tunique à plis fort serrés, et trois grandes statues de *Memmius* en bronze. Au bas de l'escalier, on trouve un lutteur en bronze, de grandeur naturelle ; cinq grandes statues de nymphes aussi en bronze ; et des thermes de marbre de Paros d'un travail grec excellent.

Le détail des pièces que renferment les cabinets, est immense. Les statues de bronze y sont en si grand nombre, que tout le reste de l'Europe n'en pourrait fournir autant. Voici les plus remarquables : un *Mercure* assis, de grandeur naturelle, la plus belle de toutes les statues trouvées à *Herculanum* ; un *Jupiter* plus grand que nature ; un *Faune* ivre, placé sur une outre ; deux lutteurs combattant ; deux consuls romains ; cinq statues de danseuses ; trois femmes drapées ; plusieurs bustes représentant des philosophes et autres hommes illustres.

Dans ces cabinets, sont aussi rassemblés presque tous les instrumens qui servaient aux sacrifices et aux différens arts, des ustensiles de toute espèce, des vases, des lampes, tout ce qui avait rapport à la toilette des dames romaines, des casques, des boucliers, des armes offensives et défensives, des médailles, des pierres gravées, et plusieurs peintures qu'on conserve sous verre, et qui étaient sur des murailles qu'on a sciées, et puis scellées sur des chassis de bois.

Enfin parmi les objets les plus curieux que contient le *Muséum* de *Portici*, on doit ranger les manuscrits trouvés à *Herculanum*, sur des feuilles de cannes de jonc, collées les unes à côté des autres, et roulées sur un cylindre de bois. Il n'y a qu'un côté qui soit chargé de petites colonnes d'écriture lesquelles ont à peuprès la hauteur de nos *in* 12. Ces manuscrits étaient rangés les uns sur les autres, dans une armoire de marqueterie. L'humidité avait pourri ceux qui n'avaient pas été saisis par la chaleur des cendres du *Vésuve*; ils tombèrent comme des toiles d'araignées, aussitôt qu'ils furent exposés à l'air. Les autres étaient réduits en charbon, et c'est ce qui les a conservés; ils ressemblent à un bâton de deux pouces de diamètre qui a été brûlé. Lorsqu'on veut dérouler les feuilles que l'action du feu a réduites en couches de charbon, elles se brisent et tombent en poussière: cependant avec beaucoup de soin et de patience, on est parvenu à lever les lettres et à les copier. La description de ce procédé qu'on trouve dans quelques auteurs, est tellement confuse, que nous croyons inutile d'en rapporter ici les détails, preuve qu'en matière d'arts mécaniques, les paroles sont souvent insuffisantes pour donner une idée exacte et précise de ce qui est du ressort des yeux. Nous nous bornerons donc à dire qu'on se sert d'un châssis assujéti sur une table; qu'au bas de ce châssis, le livre est porté sur des rubans par les deux extrémités du morceau de bois sur lequel il est roulé; qu'on fait descendre d'un cylindre qui est au haut du châssis, des soies crues d'une très grande finesse, et rangées comme une chaîne fort claire, dont on étend sur la table, une longueur pareille à la partie de la feuille qu'on veut dérouler; qu'à l'aide d'un peu d'eau gommée, on fixe le commencement de cette feuille, à la chaîne sur laquelle, sont reçues les parties de cette même feuille à mesure qu'on la déroule; et qu'enfin la chaîne chargée du corps d'écriture, est collée sur une planche. Les caractères sont si foiblement marqués, qu'on ne peut les lire qu'à l'ombre. Du reste cette opération exige beaucoup de légèreté dans la main. Les quatre premiers manuscrits grecs qui ont été développés, sont: un traité de la philosophie d'*Épicure*: un ouvrage de morale; un poème sur la musique, et un livre de rhétorique.

Pompëia, ville de la Campanie, située sur le

golfe de *Naples*, entre *Herculanum* et *Sorente*, près du fleuve *Sarno*, subit le même sort qu'*Herculanum* et fut ensevelie sous les cendres du *Vésuve*. On doit la découverte de cette seconde ville souterraine, à des paysans qui creusaient dans un champ pour y faire des plantations. Sa profondeur est infiniment moindre que celle d'*Herculanum* ; à peine quelques pieds de débris volcaniques recouvrent-ils le faîte de ses édifices. On commença les fouilles en 1755, mais on employa à ce travail un trop petit nombre d'ouvriers. Les endroits fouillés sont à un quart de lieue de la mer, et sur une petite hauteur. Il n'y a point de ruines en Italie, qui inspirent autant d'intérêt que celles de *Pompëia*; là l'imagination n'a rien à conjecturer, à supposer ; tout s'y trouve tel qu'ils était le jour même de l'horrible catastrophe. C'est véritablement une antique cité des Romains; il semble qu'ils viennent d'en sortir.

Les habitans d'*Herculanum* eurent le bonheur d'échaper à la lave qui les poursuivait ; mais la cendre plus rapide, couvrit en peu d'instans *Pompëia*, et engloutit toute sa population. Les fouilles y ont fait découvrir une porte de ville, des tombeaux qui paroissent être sur le chemin qui conduisait à la ville; quelques maisons ; deux théâtres, et un petit temple qui s'est conservé en entier. Les colonnes de ce temple sont de briques revêtues de stucs; il y a quelques sculptures; les murs couverts de peintures à fresque, ont été sciés, et les peintures transportées au cabinet du roi. L'escalier qui conduit au sanctuaire est construit en marbre blanc; il y a deux autels isolés et sur pied. Une inscription porte que ce temple était dédié à *Isis*, qu'il avait été renversé par un tremblement de terre, et que le peuple et le sénat l'avaient fait rebâtir. Quoique ce monument ne soit pas bien considérable, il n'en est pas moins précieux, vu qu'il est entier. La rue qu'on a découverte, est fort étroite; elle est pavée de laves du *Vésuve*; on y distingue encore les traces des roues. Il y a de chaque côté, des trotoirs de trois pieds, usage, comme on voit, fort ancien, et qu'on aurait dû conserver. Toutes les maisons se ressemblent. Les plus grandes comme les plus petites, ont une cour intérieure au milieu de laquelle est une baignoire; cette cour est ordinairement décorée d'un péristyle à colonnes, ainsi qu'on le voit encore en Italie. La distribution des maisons est fort simple et uniforme. Toutes les chambres donnent sur la cour ou sur les péristyle; toutes sont très petites, isolées, et ne communiquent point entr'elles. Beaucoup sont sans croisée, et ne reçoivent le jour que par la porte, ou par une ouverture pratiquée au dessus. Le goût italien pour la peinture à fresque, se retrouve encore à *Pompeïa*; il y a fort peu de murailles sur lesquelles il n'y ait quelques peintures; il fallait que les couleurs de ces peintures fussent fort bonnes, puisqu'aussitôt qu'on jette un peu d'eau par dessus, elles reparoissent avec quelque vivacité. Ces mêmes peintures quoiqu'en général assez médiocres, sont cependant curieuses à cause des costumes du temps dont elles offrent la représentation. Une des choses les plus intéressantes de *Pompeïa*, est une maison de campagne qu'on a trouvée à peu de distance de la ville; on y arrive par le chemin le plus agréable; cette maison quoique détruite par le haut, donne encore, et plus qu'aucune autre, par ses constructions intérieures, une idée des maisons antiques. Le jardin est découvert, on en voit les bassins, les divisions. Dans un souterrain qui tourne en carré au tour de ce jardin, on a trouvé 27 cadavres; c'est là que toute une malheureuse famille eut le temps de se réfugier, et qu'elle perdit enfin et l'espérance et la vie.

Le mont *Vésuve* est situé au levant de *Naples*, à 3 lieues de cette ville, et à 2 de *Pom-*

tici. Ce terrible volcan est séparé du reste de l'*Apennin*; il a 3 lieues de tour à sa base et 850 toises à sa cîme. Le *Vésuve* se formait anciennement de trois divers sommets; l'un de ces sommets appelé la *Somma*, est à moitié détruit; un autre auquel on donne le nom de l'*Ottaiano*, est fort abaissé : le *Vésuve* proprement dit, est le sommet qui reste le plus entier, et contre lequel le feu du volcan s'exerce, jusqu'à ce qu'il l'ait consummé comme les autres.

L'éruption la plus ancienne dont on ait connoissance, est celle qui eut lieu l'an 79 de l'ère chrétienne. Elle ensevelit sous les cendres et la lave, *Herculanum*, *Pompeïa* et *Stabia*. Les matières calcinées et brûlantes que le *Vésuve* vomissait, furent portées jusqu'au cap de *Misène*, qui en est à 6 lieues. *Pline*, le naturaliste, curieux d'observer ce terrible phénomène, fut étouffé pour avoir voulu s'en approcher de trop près. La lave qui coula du cratère en torrens enflammés, était en si grande quantité, qu'on la trouve dans les fouilles d'*Herculanum* et vers la mer, à 85 pieds au dessous de la surface actuelle du sol. La plupart des éruptions du *Vésuve* sont précédées de tremblemens de terre qui renversent les villes, détournent les sources et font sortir les rivières, de leur lit naturel. Depuis 79, on compte un grand nombre d'éruptions, mais l'une des plus affreuses parmi celles qui se rapprochent le plus de nos jours, fut celle de 1757. Le bruit du volcan jeta l'épouvante dans tous les environs: ce bruit fut suivi d'une pluie de feu, de cendres, de pierres calcinées qui partaient d'un épais nuage de fumée. Le lendemain une lave abondante combla le vallon de *Resina*. La rapidité de ce torrent enflammé fut si effrayante, qu'en une heure il parcourut un espace de 7 milles. Vers minuit, on entendit dans les entrailles de la montagne, des mugissemens et un bruit semblable à celui de la plus forte canonade; ce bruit fut suivi d'une lave qui se précipita dans le vallon qui sépare l'*Hermitage* d'avec **S. Salvador**. Le roi qui craignit pour *Portici*, se retira à *Naples*. Les cendres fûrent poussées jusqu'à *Gaëte*, à une distance d'environ 30 milles.

La *lave* est un courant de matières enflammées et fondues; elle prend sa direction dans les terrains bas qui environnent le *Vésuve*, et conserve son mouvement rapide, tant qu'elle est échauffée et en fusion; car une fois qu'elle est reffroidie, elle s'arrête, se condense et acquiert la solidité d'une pierre dure et noirâtre. L'épaisseur de la *lave* est plus ou moins grande, suivant la disposition du terrain où elle a coulé, et le degré d'inflammation qu'elle a reçu. Mais d'où peut provenir une si grande quantité de matière ? Par quel art se préparent dans les entrailles de la montagne, ces torrens dévastateurs qu'elle vomit ? Par quelle puissance le volcan lance-t-il au delà de la portée du mortier, ces énormes quartiers de pierre que le feu n'a pas eu le temps de pénétrer ? Quelles sont les causes de ces effroyables mugissemens qui se font entendre au sein du *Vésuve* ? Voilà des questions bien dignes de fixer l'attention des physiciens.

On estime la hauteur du *Vésuve* à la prendre au pied du pic même, vis-à-vis de *Resina* et de *Naples*, à environ 1600 pieds. Si l'on gravit le *Vésuve*, on ne s'aperçoit de la chaleur du sable, que quand on arrive sur les bords du cratère. Lorsque le volcan est tranquile, il n'en sort qu'une fumée qu'on distingue à peine à une certaine distance, et qui se rabat sur les flancs noirs de la montagne, suivant la direction que lui imprime le vent. Le cratère, après chaque éruption, varie en profondeur, et dans sa forme ; tantôt le fond ressemble à une fournaise ardente, et tantôt à un lac. Vers le milieu du 18.me siècle, on y voyait des arbres et de la verdure. En 1802, et depuis l'éruption de 1798, le cratère avait la forme d'une immense entonnoir, et le fond composé de cendres fumantes et sulfureuses, n'offrait rien qui empêchât absolument d'y descendre, surtout depuis que quelques Français en avaient donné l'exemple. Il est néanmoins prudent de faire rouler quelques pierres pour décider les éboulemens qui pourraient se faire. Lorsqu'on arrive au fond de l'abîme, il est assez difficile de ne pas éprouver une certaine émotion mêlée de tristesse et de frayeur, surtout lorsqu'on pense où l'on est, ce qui y a été, et ce qui sera. On a vu cependant des Français, qui descendus dans ce gouffre de destruction, n'ont pu résister à l'envie d'y faire retentir une chanson de leur pays. Au sortir du cratère, c'est un spectacle ravissant que celui de contempler cette verte et fertile campagne, qui s'étend depuis le pied du *Vésuve* jusqu'à *Naples*; on regrette seulement de la voir en quelques endroits, sillonnée et noircie par des couches de lave plus ou moin anciennes, et qui attestent qu'elle n'a payé que trop cher sa prodigieuse fécondité.

Si l'on désire des détails sur la géologie du *Vésuve*, du mont *Somma*, du golfe de *Baies* et des environs de *Naples*, on peut consulter les *Voyages physiques et lithologiques dans la*

Campanie, par M. *Scipion Breislak* ; ce savant interprète des secrets de la nature a répandu dans les divers ouvrages qu'il a publiés, l'intérêt le plus touchant et la plus saine philosophie.

§ 5.

Route de Naples *à* Reggio.

Après avoir parcouru les environs de *Naples*, les voyageurs qui veulent voir la *Sicile*, s'embarquent d'ordinaire pour se rendre à *Messine*. Lorsque les vents ne sont pas contraires, le trajet par mer est beaucoup plus court, et bien plus agréable que le voyage par terre : en effet, le pays qu'on est obligé de traverser depuis *Salerne* jusqu'à *Reggio*, ne présente que peu d'objets capables de fixer l'attention du commun des voyageurs ; ajoutons que les auberges y sont rares, et presque partout mal servies. Cependant la tâche que nous nous sommes imposée, exige que nous donnions la description d'une route, qui, quoique peu fréquentée, peut néanmoins intéresser le naturaliste et l'antiquaire.

Depuis *Naples* jusqu'à *Reggio*, on compte 260 milles ou environ 87 lieues. En partant de *Na-*

ples, on se dirige sur *Portici*; la route est des plus belles; on voyage, pour ainsi dire, dans un faubourg de la capitale. De *Portici*, on passe par *Torre de l'Annunziata* et *Nocera dei Pagani*, et l'on arrive à *Salerne*, qui est à 30 milles ou à 10 lieues de *Naples*.

Salerne est une ville assez considérable, située au bord de la mer, dans une petite plaine environnée de riantes collines. On prétend qu'elle tire son nom de *Solé* et *Erno*, deux petites rivières qui arrosent son territoire. Elle a un château fortifié et un port qui était autrefois très renommé. L'école de médecine établie dans cette ville, a toujours joui d'une grande réputation, et il en est sorti d'excellens ouvrages, et de savans médecins. Il s'y tient chaque année plusieurs foires très fameuses, ce qui prouve que son commerce est encore assez florissant.

De *Salerne* jusqu'à *Cosenza*, qui en est à 41 lieues, on ne rencontre que des bourgs ou petits villages, et presque pas de gîte où l'on puisse se promettre de trouver ce qui fait les commodités de la vie. Les lieux de poste sont: *Vicenza*, *Eboli*, *Duchessa*, *Auletta*, *Sala*, *Casalnuovo*, *Lagonero*, *Lauria*, *Castelluccio*, *l'Osteria della Rotonda*, *Castrovillari*, *la Marina d'Altamonte*, *S. Celso* et *S. Antoniello*. De *Salerne* jusqu'à *Eboli*, la route traverse une plaine assez agréable ; mais ensuite elle s'engage dans les *Apennins*, et nous avons déjà plusieurs fois signalé les difficultés qu'on a à vaincre, lorsqu'on voyage dans ces montagnes.

En passant à *Eboli*, il est peu de voyageurs qui ne cèdent à la curiosité de visiter les restes de l'ancienne ville de *Poestum*, longtemps ignorés, parcequ'ils sont à une certaine distance de la route ordinaire. *Poestum* qui donnait son nom au golfe sur lequel elle dominait, et qu'on appelle aujourd'hui le *Golfe de Salerne*, était, suivant *Solon*, une ville des anciens *Doriens*. D'autres prétendent qu'elle avait été fondée par les *Sibarites*. On admire ses ruines, comme les restes de ce que l'architecture grecque a produit de plus parfait. Ces ruines étaient entièrement oubliées, lorsqu'un jeune élève d'un peintre de *Naples*, qui se trouvait à *Capaccio* en 1755, fût conduit par le hazard, sur une colline au bord de la mer ; de cette élévation, il aperçut des restes de murs et de portes de ville, de temples et de colonnades, dans un endroit inculte et couvert de broussailles : cet endroit est à huit lieues de *Salerne*. De retour à *Naples*, l'élève parla avec tant de chaleur, de ce qu'il avait vû, que le maître eut la curiosité de se transporter sur les lieux, et fut lui-même si frappé de la beauté des ruines de *Poestum*, qu'il les annonça aux savans, comme une chose qui méritait de fixer toute leur attention. M. le comte de *Gazola*, grand maître de l'artillerie, fit tirer les plans de ces ruines ; les meilleures gravures sont celles de *Londres* avec d'amples explications. Pour aller d'*Eboli* à *Poestum*, on quitte la route de *Reggio*, et l'on prend à droite. En se rapprochant de la mer, et après avoir longtemps cheminé dans le maremmes, on découvre aux confins de l'horizon, des édifices solitaires que le temps a respectés : ils grandissent à mesure qu'on avance ; bientôt on reconnoit des formes régulières, et l'on distingue enfin l'architecture de ces immenses monumens. Ce sont les trois temples de *Poestum*, temples les plus anciens et les plus imposans de tous ceux qui nous restent. Bâtis dans les temps qu'on appelle héroïques, ils ont été témoins de la longue histoire de *Rome*, et semblent destinés à assister aux derniers jours du monde. Ces énormes colonnades, immuables au milieu du désert et des siècles, servent aujourd'hui de retraite aux animaux de la plaine, qui, pendant les tempêtes, y trouvent un abri. La porte septentrionale de la ville est encore sur pied ; des trois temples qui restent, celui du milieu a six colonnes de face; il était découvert et sans voûte. Le fronton qui couronne la façade, est dans le goût de celui du *Panthéon*. Ce temple est composé de colonnes doriques canelées, sans base, ainsi que cela se pratiquait dans les temps les plus reculés, mais élevées sur trois marches ou socles qui sont en retraite l'un sur l'autre. Les deux autres temples ne sont pas moins frappans par la beauté et la perfection de leur architecture. Ces divers monumens sont du meilleur goût, et peuvent aller de pair avec ceux d'*Athènes*, dont M. *le Roi* de l'académie royale d'architecture, nous a donné les gravures. *Poestum* que les anciens nous ont peint comme un lieu de délices, comme le séjour de la volupté, où, suivant *Virgile*, on ne se promenait que dans des bosquets de roses, *Biferique rosaria Poesti*, est aujourd'hui une solitude dont le sol aride et marécageux n'est couvert que de ronces: un seul fermier a eu le courage de s'y établir pour tâcher de le fertiliser. Cette ville fut pillée per les *Sarrasins* en 930; les Normands la sacagèrent en 1080, et en emportèrent de magnifiques colonnes de marbre vert antique.

Cosenza est la capitale de la Calabre citérieure. C'est une ville assez considérable, située au pied de l'*Apennin*, dans une plaine très fertile, sur la *Grata* et à quatre lieues de la mer; elle a de bonnes fortifications: c'est la patrie de *Jean Vincent Gravina*; *Alaric* y mourut en 410.

Après *Cosenza*, on passe par *Rogliano* et *Scigliano*, à *Nicastro*, on se rapproche de la mer, et la première ville qu'on rencontre, est *Monte Leone*, bâtie sur les ruines de l'ancienne *Vibo Valentio*.

Depuis *Monte Leone* jusqu'à *Reggio*, on ne trouve que des villages peu considérables. En passant à *Fiumara di Muro*, on laisse à sa droite et à une petite distance, la ville de *Scilio* et le promontoire de ce nom. L'écueil bien plus redouté autrefois qu'il ne l'est aujourd'hui, et qu'on appelait *Scylla*, est dans le voisinage de ce promontoire; c'est un rocher de la côte de la Calabre, qui s'avance dans la mer en forme de presqu'île: les vaisseaux qui sont poussés contre ce rocher, par la violence des vagues, risquent d'y périr.

Au village de *Fiumara di Muro*, la route se divise en deux branches, dont l'une conduit directement à *Villa S. Giovanni*, où l'on peut s'embarquer pour *Messine*; l'autre mène à *Reggio* qui est plus au midi. La ville de *Reggio* est située sur le détroit ou phare de *Messine*, vis-à-vis de la *Sicile*. Son commerce est très actif. Elle présente un aspect assez agréable, quoiqu'elle ait été souvent dévastée par les Turcs.

§ 6.

Route de Naples à Otrante.

Il est aussi difficile qu'incommode de voyager dans la *Pouille* à cause des montagnes escarpées qu'on rencontre fréquemment. La *Pouille* anciennement appelée *Apulia*, *Puglia*, est une province de l'Etat de *Naples*, située au nord-est de la capitale, et le long du golfe de *Venise*. Elle se divise en *Capitanate*, terre de *Bari* et terre d'*Otrante*. Dans ces diverses contrées l'air est extrêmement chaud, aussi les habitans sont-ils presque tous basanés et d'une constitution étique; mais d'un autre côté, cette chaleur donne aux fruits de la terre, un degré de maturité qui les rend supérieurs à ceux des autres pays. La *Capitanate* qui est la première de ces trois divisions, nourrit beaucoup de bétail, quoique son terrain soit sec et sabloneux. La terre de *Bari* est très abondante en huile, amandes et safran. La terre d'*Otrante* est une grande presqu'île baignée au nord par l'Adriatique, au levant par la mer *ionienne*, et au midi par le golfe de *Tarente*. Ce pays qui a une étendue considérable, est très montagneux et fort sec ; il produit néanmoins des olives, des figues et du vin.

En partant de *Naples*, on se dirige par *Marigliano* et *Cardinale*, sur *Avellina*. Dans ce trajet, on tourne le mont *Vésuve* qu'on laisse à sa droite. *Avellina* est une petite ville au sud de *Bénévent*. Elle essuya en 1684, un tremblement de terre qui la ruina presque à moitié, tribut payé à sa proximité du *Vésuve*. C'est entre cette ville et *Bénévent*, que sont les *Fourches Caudines*, où l'armée romaine assiégée par les *Samnites*, fut obligée de passer sous le joug avec les deux consuls qui la commandaient. Ce lieu s'appelle aujourd'hui *Val di Gargano*.

Depuis *Avellina* jusqu'à *Ariano*, on est obligé de gravir des montagnes très escarpées et de difficile accès. *Ariano* est une petite ville située sur une hauteur, et assez bien fortifiée. En descendant de cette hauteur, on traverse la petite ville appelée *Boviano*, puis celle de *Civignola*, et l'on passe l'*Offante*, rivière dont parle *Horace*; elle coule entre la *Capitanate* et la terre de *Bari*, et va se jeter dans le golfe de *Venise*. Ici la route dégagée des difficultés de l'Apennin, devient et plus facile et plus commode à mesure qu'elle avance vers l'Adriatique.

Barletta est une ville située sur le bord de la mer, assez grande, mais peu peuplée. C'est au sud-ouest de cette ville, et sur l'*Offante*, qu'était bâtie la célèbre ville de *Canes* près de laquelle *Annibal* remporta une victoire complète sur les Romains, et dont il ne sut pas profiter.

De *Barletta* jusqu'à *Bari*, on côtoie la mer, et l'on voyage dans un pays très fertile. *Bari* est une grande ville, capitale de la terre de ce nom, avec un port considérable et de bonnes fortifications. C'est dans cette ville que se tint un concile célèbre sous *Urbin* II, pour la réunion des Grecs à l'église latine: on y couronnait autrefois les rois de *Naples* et de *Sicile*.

De *Bari* jusqu'à *Monopoli*, en passant par *Mola* et *Polignano*, la route continue à longer les bords de la mer; mais à *Monopoli*, elle s'écarte de l'Adriatique, pour côtoyer l'*Apennin*, passe par *Fasano*, *Ostuni*, *S. Vito*, *Mesagno*, *Cellino*, et conduit à *Leccé*, capitale de la terre d'*Otrante*, ville considérable, très bien peuplée et fort commerçante.

Si avant d'arriver à *Leccé*, on veut aller à *Brindes*, lorsqu'on est à *Mesagno*, on tourne à gauche, et à une lieue et demie de cet endroit, on trouve *Brindes*, ville ancienne, et dont le port était très renommé du temps des Romains : c'était là que leur armée navale se retirait et que se terminait la voie *Appienne*; ce fut aussi le terme du voyage que fit *Horace*, et des plaisantes aventures qu'il raconte dans la 5.ᵉ satire du 1.ᵉʳ livre :

Brundusium longæ finis chartæque viæque.

De *Leccé* à *Otrante*, il n'y a plus que huit lieues qu'on fait par un beau chemin, et dans un pays qui quoique fort sec, est pourtant assez productif. *Otrante* est une ville considérable, quoiqu'elle ne soit plus la capitale du pays de ce nom. Elle a une forteresse bâtie sur un rocher pour la défense de son port, qui est l'entrepôt du commerce du Levant. Cette ville a été long-temps exposée aux incursions des Turcs, qui s'en emparèrent en 1480, sous *Mahomet* II, et la pillèrent; mais *Ferdinand*, roi de *Naples*, la reprit, et depuis elle a été mise en état de s'opposer aux tentatives de ses ennemis. La terre d'*Otrante* fut le premier pays d'Italie, que *Pythagore* éclaira soit par ses opinions philosophiques, soit par les arts qu'il y fit connoître, et dont les progrès furent ensuite si rapides.

Otrante est à 24 lieues de *Tarente*. Si l'on veut se rendre dans cette dernière ville, par la route la plus directe, lorsqu'on est à *Bari*, on se dirige par *Giola*, laissant à droite *Motola*, et à gauche *Massafra*; et après un trajet de 16 lieues dans un pays de montagnes, car il faut traverser une partie des *Apennins*, on arrive à *Tarente*. Cette ville est fort ancienne, et assez bien peuplée. *Pirrhus* ne se détermina à faire la guerre aux Romains, qu'à la sollicitation des *Tarentins*. Il y a encore un château assez fort, mais le port est presque comblé. *Tarente* était anciennement la plus considérable des villes de la grande Grèce: elle se donna à *Annibal*, et fut reprise par *Q. Fabius Maximus*, en 545 de *Rome*. Quoiqu'elle soit bien déchue de son ancien éclat, elle fait néanmoins un assez grand commerce en laines; la plupart de ses habitans sont pêcheurs. *Tarente* a été la patrie d'*Architas*, grand philosophe et mathématicien. Elle est au midi, et sur le golfe qu'elle domine.

C'est du nom de cette ville, qu'on a appelé *Tarentule*, une grosse araignée dont la morsure est, dit-on, très dangereuse, et que les naturalistes désignent par le nom d'*Araignée Enragée*. La tarentule a le port et la figure, à peu de chose près, des araignées domestiques; elle est seulement, dans toutes ses parties, beaucoup plus forte et plus robuste: elle a les jambes et le ventre tachetés de noir et de blanc; le dos et toute la partie antérieure sont noirs, et ses yeux d'un jaune doré et étincelant. On a beaucoup de préjugés sur cet animal: on croit que ceux qui en sont mordus, ne ressentent d'abord aucune douleur de la morsure; mais que peu à peu le venin s'insinuant dans le sang, le malade tombe dans un assoupissement léthargique, ou pleure, ou a d'autres symptômes qui le conduisent à la mort; qu'il n'y a d'autre remède, que de lui faire entendre le son de quelque instrument, jusqu'à ce qu'on rencontre un air qui lui plaise; qu'alors le malade saute hors du lit, se met à danser, et ne cesse de s'agiter, que lors qu'il est tout en nage et hors d'haleine; et qu'ainsi le venin se dissipe par l'effet d'une forte transpiration. Les physiciens se sont donné beaucoup de peine pour expliquer ce fait, avant de s'assurer de son existence. Malgré la prévention générale, plusieurs savans qui ont voyagé en Italie, et entr'autres, l'*Abbé Nolet*, se sont convaincus que le fait supposé, passait pour être fabuleux, même dans la *Pouille*. On ne craint point la *Terentule* à *Rome*, parcequ'il n'y a point d'exemple qu'elle ait incommodé. Il peut se faire qu'à *Naples*, dans la *Pouille*, à *Tarente*, sa piqûre cause quelque gonflement, ou quelque démangeaison; mais cette incommodité n'a rien de comparable aux effets qu'on raconte.

§ 7.

De la Sicile.

La *Sicile* est située entre l'*Affrique* et l'*Italie*, et séparée de cette dernière, par un détroit qu'on appelle le *Phare* de *Messine*, détroit qui passait autrefois pour très dangereux à cause de deux écueils connus sous le noms de *Scylla* et de *Carybde*; c'est la plus grande des îles de la Méditerrannée. Quelques uns font remonter l'origine des peuples de la *Sicile* jusqu'aux temps fabuleux, et donnent à cette île pour habitans, les *Lestrigons*, les *Cyclopes*; d'autres dérivent son nom, de *Siculus*, qui ayant d'abord habité le *Latium*, passa en *Sicile* et la subjuga. Dans la suite, elle fut soumise à divers princes qu'on appelait *Tyrans*; de ce nombre furent les deux *Dénis*, tyrans de *Syracuse*, qui se rendirent célèbres par leur cruauté. La *Sicile* ayant chassé tous ces tyrans, reprit sa liberté; mai elle n'en jouit pas longtemps, et devint bientôt le théâtre des guerres les plus sanglantes entre les Carthaginois et les Romains qui s'en disputaient la possession. En 439, *Genseric*, roi des Vandales, enleva cette île aux Romains, et la dévasta. *Bélisaire* la reprit en 535. Les *Sarrasins* s'en rendirent maîtres, en 1068, et elle fut gouvernée par des *Emirs* jusqu'en 1070, que les *Normands* en chassèrent les *Sarrasins*. Puis elle passa successivement au pouvoir des *Allemans*, des *Français*, des *Aragonois*, et enfin le traité de paix fait à *Vienne* en 1736, en assura la possession à *Don Carlos*, infant d'Espagne.

Cette île a environ 60 lieues de long sur 40 de large. On la divise en trois provinces ou vallées, *Val di Demona*, au nord-est, *Val di Noto* au midi, et *Val di Mazara* à l'occident: *Palerme* en est la capitale. Ce pays est de la plus grande fertilité ; on l'appelle le *Grenier de l'Italie*: il produit du blé en grande abondance; on y recueille des vins excellens, et l'on y fait un commerce très considérable en soie, miel, sucre, safran et laine. On y trouve aussi des mines d'or, d'argent, de fer, et quantité de pierres précieuses comme agates, émeraudes, porphyre, jaspe, albâtre ; enfin on y pêche de très beau corail. Les habitans avec tous ces avantages, seraient peut-être les peuples les plus fortunés, s'ils n'étaient sans cesse menacés des plus affreux malheurs, par les éruptions du mont *Gibel*, autrefois le mont *Etna* : cette montagne caverneuse semblable au mont *Vésuve*, jette des flammes, et nourrit dans son sein, des feux souterrains qui occasionnent des tremblemens de terre dont les suites sont très funestes. L'air de la *Sicile* est fort chaud, mais pur et sain. On y compte environ un million d'habitans. Les *Siciliens* ont de l'esprit, sont naturellement industrieux, et passent pour être extrêmement jaloux et vindicatifs. En 1282, ils formèrent le complot d'égorger les Français qui les gouvernaient, horrible complot qu'ils exécutèrent dans toute la *Sicile*, et à la même heure. On prit pour signal le premier coup de cloche de vêpres, ce qui a fait appeler ce massacre, les *Vêpres Siciliennes*.

§ 8.

Route de Villa San Giovanni, *ou de* Reggio à Messine *et à* Palerme.

A *Villa San Giovanni* ou à *Reggio*, l'on s'embarque, et après un trajet de 10 mille, on arrive à *Messine*. Cette ville, capitale de la province de *Demona*, est considérable et a un beau port. On rapporte son origine aux *Messéniens* qui fuyant la mort ou la captivité à laquelle ils devaient s'attendre, après que les *Lacédémoniens* eurent pris leur forteresse du mont *Ira*, vinrent en *Sicile*, et se réfugièrent dans la ville de *Zanclé* à laquelle ils donnèrent le nom de *Messine*. Ils eurent pour tyrans ou rois, le philosophe *Anaxilaé* et *Agathoclès*. Les *Mammerins* s'en étant rendus maîtres, appelèrent à leur secours, les Romains contre *Hiéron* et les *Carthaginois*, ce qui fut l'origine de la première guerre punique. Pendant les guerres des *Français* et des *Aragonois*, *Messine* éprouva les plus grands malheurs. Cette ville, bâtie partie sur le penchant d'une colline, et partie en plaine, est dans une situation fort agréable. Son port est au centre ; il est bordé d'un beau quai revêtu de pierres de taille : ses fortifications la mettent en état de se défendre contre les plus puissans ennemis. Les maisons sont très belles, surtout celles qui donnent sur le port ; on y voit des rues bien percées, et de superbes places : le vice-roi de *Sicile* y réside pendant six mois de l'année. *Messine* est très commerçante surtout en étoffes de soie ; les Turcs y ont un consul. Près du détroit qui porte son nom, est un fort avec un fanal pour éclairer les vaisseaux qui passent le canal et qui viennent du levant. Cette ville a produit dans tous les temps, des hommes célèbres, tels sont: *Dicéarque*, disciple d'*Aristote*, *Symmaque*, vainqueur aux jeux olympiques, le poète *Ibicus*, l'historien *Lycus*, le médecin *Polyclète*; et dans les temps modernes, *Antonello*, peintre, qui porta en Italie, la découverte faite en Flandre, de la peinture à l'huile. *Messine* est à 44 lieues de *Palerme*.

La route qui conduit de *Messine* à *Palerme*, longe toujours la côte de la mer, et traverse une grande partie de la vallée de *Demona*. Cette vallée qui est la plus considérable de la *Sicile*, a pris son nom de l'*Etna*, ou mont *Gibel*, que le peuple croit être une des bouches de l'*Enfer*, et l'habitation des *Démons*. Elle est assez fertile. En allant de *Messine* à *Patti*, on laisse à sa droite, le chemin qui conduit à *Melazzo*, et l'on passe par *Santa Lucia* et *Tindaro*. La ville de *Patti*, bâtie près des ruines de l'ancien *Tyndaro*, est commandée par une bonne forteresse; son port est sûr; on y remarque deux places et la cathédrale qu'on peut comparer à quelques églises de *Milan*. L'aspect de cette ville, située à l'ouest de *Messine*, est très agréable.

De *Patti*, on gagne successivement *S. Marco*,

Caldonia et *Tosa*. Près de *Rocella*, on entre dans la vallée de *Mazara*, province qui occupe toute la partie occidentale de la *Sicile* : c'est la plus peuplée des trois vallées: elle abonde en tout ce qui est nécessaire à la vie.

De *Rocella*, on se dirige sur *Solanto*, et bientôt après on arrive à *Palerme*. Cette capitale de toute la *Sicile*, est une ville très considérable. Le vice-roi y réside. Les édifices publics, les places, les fontaines et les églises y sont magnifiques. Les rues sont fort longues et bien alignées La plus belle qu'on appelle *Strada* di *Cassaro*, traverse toute la ville. Le palais du vice-roi qui porte le nom de *Castello a Mare*, est un grand château accompagné d'un beau jardin. La place qui est au devant de ce palais, est ornée d'une statue de *Philippe* IV, placée sur un piédestal chargé de trophées et de figures en bas-reliefs, le tout en beau marbre blanc. On voit encore dans la rue de *Cassaro*, une statue en bronze de l'empereur *Charles* V, qui décore une trés belle place près de laquelle est un superbe collège. La rue *Neuve* qui est la plus belle après celle de *Cassaro*, traverse aussi une partie de la ville. Ces deux rues forment un carrefour, et à chaque coin il y a un palais, une fontaine et une statue, ce qui produit un effet admirable. Mais ce qui mérite surtout d'être observé, et qui surprend tous les connoisseurs, est la magnifique fontaine élevée dans la grande place où est le palais de justice : c'est un morceau achevé sous le rapport de sa grandeur, de ses ornemens et de son architecture : elle passe pour la plus belle d'Italie. Il y a à *Palerme* beaucoup de noblesse, ce qui rend cette ville très brillante. On ne voit nulle part plus de jeux, plus d'amusemens. Les habitans sont affables et polis. La ville est défendue par deux citadelles qui sont à l'entrée du port. Le commerce y a toujours été assez florissant; il consiste en soierie, en étoffes et en plusieurs ouvrages fabriqués avec une soie que produit la *Pinna Marina*, espèce de moule commun sur les côtes de la *Sicile* et de la *Calabre*. *Palerme* a produit une infinité de grands hommes. Près de cette ville, et vers le couchant, est le mont *Pellegrin*, où, après avoir monté environ une lieue, on trouve une caverne semblable à celle qu'on appelle en provence la *S.te Beaume*.

§ 9.

Route de Messine à Mazara.

Le milieu de la *Sicile* étant presque entièrement occupé par des montagnes, n'offre que peu d'objets dignes de fixer la curiosité du voyageur. Il n'en est pas de même des côtes orientale et occidentale de cette île; en parcourant ces côtes, on trouve des villes qui méritent d'être connues, soit parcequ'elles rappellent de grands souvenirs, soit à cause de la beauté de leur situation.

En partant de *Messine* et se dirigeant vers le midi, la première ville qu'on trouve, est *Catane*, *Catania*, située sur le golfe de ce nom, à l'embouchure de la rivière d'*Indicello*: c'est une des plus grandes villes de la *Sicile*, et fort ancienne. Les *Catanéens* reconnoissent *Évarque* pour le fondateur de leur ville qui était déjà très florissante l'an 287 de *Rome*: le roi *Hiéron* y mourut dans la 78.ᵉ olympiade. *Catane* a un bon château, bâti sur une roche, pour la défense du port et de la plage; des rues longues et droites; une belle place, et une superbe cathédrale dont l'entrée est décorée de 10 belles colonnes de marbre. Elle fait un assez grand commerce; son territoire est très fertile, et son séjour fort agréable: malheureusement le voisinage du *Mont-gibel*, qui est à 20 milles de cette ville, la rend sujette aux tremblemens de terre. En 1693 elle fut presque entièrement renversée; mais on ne tarda pas à la rétablir. *Nicolas Andeschi*, connu sous le nom de *Panorme*, y est né. *Catane* a d'excellens vins, et des fruits en abondance; elle est située au sud-ouest de *Messine* et à 15 lieues nord de *Siracuse*.

Comme *Catane* est la ville la plus rapprochée de l'*Etna*, c'est de là qu'on part ordinairement pour aller visiter ce terrible phénomène de la nature. L'*Etna*, à présent *Monte Gibello*, est la plus haute montagne de la *Sicile*, de tout temps célèbre par les feux qu'elle vomit. Tandisque son aride sommet est couvert de laves, de cendres et de pierres calcinées, ce n'est pas sans surprise, qu'on aperçoit au pied et même sur la croupe de la montagne, une campagne aussi riante que fertile. Les fréquentes éruptions de ce volcan, ont fait imaginer aux poètes, que lors du combat des Géans, contre les Dieux, *Jupiter* après les avoir foudroyés, les écrasa sous cette montagne; d'autres ont supposé que c'était dans son sein, qu'étaient les forges de *Vulcain*. Si l'*Etna* a servi d'aliment à l'imagination des poètes, il n'a pas moins occupé les physiciens. Quelques uns ont prétendu que ce volcan communique avec les feux souterrains du *Vésuve* et de la *Solfatara*. Mais il paroit au contraire qu'il n'y a aucune correspondance entre ces gouffres montueux et embrassés, puisque lors de l'éruption du *Vésuve*, qui eut lieu, en 1751, et dura pendant 3 mois, l'*Etna* resta tranquile. En 1693, à la suite d'un tremblement de terre, cette montagne s'affaissa, et entraîna la ruine de plusieurs villes circonvoisines.

Bientôt après avoir quitté *Catane*, on entre dans la vallée de *Noto*. *Siracuse* est la seconde ville considérable qu'on trouve sur la même côte: cette ville qui porte aujourd'hui le nom de *Saracossa* ou *Saragossa*, est si ancienne, qu'on la fait remonter à *Archias*, descendant d'*Hercule*; on la regardait comme une des plus belles et des plus grandes villes de l'univers: elle était divisée en quatre quartiers qui formaient presque autant des villes, sous les noms d'*Acradine*, de la *Nouvelle ville*, de *Tyophe* et d'*Ortygie*. Dans le premier, on voyait le temple de *Jupiter*, un superbe palais et une très belle place en arcades. La *Nouvelle ville* offrait un amphithéâtre, deux temples et une magnifique statue d'*Apollon* au milieu d'une belle place. *Tyophe* renfermait un collège et divers temples; *Ortygie* avait pour décoration le palais d'*Hiéron*, deux temples de *Diane* et de *Minerve*, et la fontaine *Aréthuse*. *Siracuse* était défendue par un triple mur, par trois forteresses, et avait deux ports. *Archimède*, comme on sait, en retarda longtemps la prise, mais il ne put l'éviter. Elle tomba au pouvoir des Romains l'an 541 de la fondation de *Rome*. Cette ville a été la patrie d'*Archimède*, d'*Antiochus* l'historien, d'*Épicharme*, d'*Aristarque*, de *Phormion*, de *Théocrite*, etc. *Siracuse* est encore très forte, parcequ'elle est située sur un rocher, mais elle est peu considérable; son port est assez commode: on y voit beaucoup de restes d'antiquité. L'église de *S. Luca* est un ancien temple de *Diane*. La plupart des colonnes, des ornemens, des marbres, des statues qui décoraient *Siracuse*, fûrent transportés à *Rome*. Cette ville est aujourd'hui renommée pour ses excellens vins qui croissent aux environs du *Mont-Gibel*.

De *Siracuse*, on va à *Noto*, grande et belle ville, située à 4 ou 5 lieues de la mer vers le cap de *Passaro*. L'ancienne ville de *Noto* ayant été presque entièrement détruite par un tremblement de terre qui arriva en 1693, les habitans en bâtirent une nouvelle qu'ils appelèrent *Noto novo*; c'est celle qui est aujourd'hui la capitale de la vallée.

Après *Noto*, on trouve successivement *Alicata* et *Gergenti*. La ville d'*Alicata* est située entre les embouchures de la rivière de *Salso*: elle est renommée par ses bons vins, et par la grande quantité de grains qu'on y charge. La montagne d'*Alicante* qui est près de cette ville, lui a donné son nom; c'est sur cette montagne qu'était le fameux château de *Dedalion*.

Gergenti, où *Agrigente*, est une ville fort ancienne; on rapporte sa fondation aux *ioniens*. Elle passa de *Phalaris* et des tyrans de *Siracuse*, aux Charthaginois, et de ceux-ci, aux Romains. *Virgile*, *Cicéron* et *Diodore de Sicile* en parlent comme d'une ville superbe. Les Barbares la dévastèrent. La nouvelle *Agrigente* est très belle quoiqu'elle ne soit pas dans le même lieu que l'ancienne: elle a un château bien fortifié, et son port est un des meilleurs de l'île. L'ancienne *Agrigente*, aujourd'hui *Gergenti vecchio*, était célèbre par l'affreux supplice du taureau d'airain, inventé par *Perillus* et dans lequel le tyran *Phalaris* faisait brûler les victimes de sa cruauté.

Enfin on arrive a la ville de *Mazara*, qui a donné son nom à la vallée dans laquelle elle est située, quoique *Palerme* soit la capitale de cette vallée. *Mazara* est assez peuplée, fort commerçante et a un bon port. C'est ici la dernière ville un peu considérable qu'on rencontre sur la côte méridionale de la *Sicile*, et ce sera aussi le terme de nos travaux, et des routes que nous avions pris l'engagement de décrire.

Hic labor extremus, longarum hæc meta viarum.
                              Virg.

F I N.

TABLE SOMMAIRE DES MATIÈRES.

INTRODUCTION . . . . page III
Coup d'œil général sur l'Italie . . . . » 1
Indication des principales routes qui conduisent en Italie . . . . » 11
Route d'Antibes à Gênes par la Rivière du Ponent . . . . » 12
——— de Nice à Gênes et à Turin par le Col de Tende . . . . » 22
——— de Briançon à Turin par le Mont-Genèvre . . . . » 24
——— du Pont de Beauvoisin à Turin par le Mont-Cenis . . . . » 27

Route du Pont de Beauvoisin *à* Milan *par le* petit Saint-Bernard . . . page 41
—— *du* Valais *à* Milan *par le* grand Saint-Bernard . . . . » 48
—— *du* Valais *à* Milan *par le* Simplon. » 64
—— *de la* Suisse *à* Milan *par le* Saint-Gothard . . . . » 95
—— *du* Pays des Grisons *à* Milan *par le* Splughen . . . . » 113
—— *du* Tyrol *à* Vérone *par* Trente . » 122
—— *d'*Allemagne *à* Venise *par le* Frioul. » 127
—— *d'*Allemagne *à* Venise *par* Trieste . » 130
Description de Gênes . . . . . . » 134
Route de Gênes *à* Lucques *par la* Rivière du Levant . . . . » 150
Description de Turin *et de ses environs*. » 155
Route de Turin *à* Gênes . . . . . » 164
—— *de* Turin *à* Plaisance . . . . . » 171
—— *de* Turin *à* Milan . . . . . . » 172
Description de Milan . . . . . . » 176
Route de Milan *à* Gênes . . . . . » 195
—— *de* Milan *à* Parme *en passant par* Plaisance . . . . » 199
—— *de* Milan *à* Mantoue *en passant par* Crémone . . . . » 206
—— *de* Milan *à* Vérone *par* Bergame *et* Brescia . . . . » 209

Description de Vérone . . . . page 227
Route de Vérone à Mantoue . . . . . . » 233
Description de Venise . . . . » 234
Route de Venise à Vérone en passant par
    Padoue et Vicence . . . . » 250
—— de Venise à Mantoue . . . . . . » 272
—— de Venise à Ferrare . . . . . . » ibid.
—— de Venise à Ravenne par la côte de
    l'Adriatique . . . . » 274
Description de Mantoue . . . . » 275
Route de Mantoue à Ferrare . . . . . » 279
—— de Mantoue à Bologne et à Modène » 280
—— de Mantoue à Parme . . . . . . » 280
Description de Parme . . . . » 282
Route de Parme à Modène . . . . . . » 291
Description de Modène . . . . » ibid
Route de Modène à Bologne . . . . . » 297
Description de Ferrare . . . . » 299
Route de Ferrare à Bologne . . . . . » 304
Description de Ravenne et route de cette
    ville à Rimini . . . . » 307
Description de Bologne . . . . » 311
Route de Bologne à Rimini . . . . . » 322
—— de Bologne à Florence . . . . . » 327
—— de Modène à Florence et à Lucques
    en passant par Pistoie . . . . . » 329

Description de Lucques, *et route de cette
   ville à* Pise . . . . page 332
—— *de* Florence *et de ses environs* . . » 336
Route de Florence *à* Pise, *et description de
   cette dernière ville* . . . . . » 369
—— *de* Pise *à* Livourne, *et description de
   cette dernière ville* . . . . . » 381
—— *de* Florence *à* Rome *en passant par*
   Sienne . . . . » 392
—— *de* Florence *à* Rome *en passant par*
   Arezzo, Foligno *etc.* . . . . . » 412
—— *de* Rimini *à* Rome *en passant par*
   Fano, Fossombrone, Nocera, Foligno, *etc.*, *ou par* Ancone, Lorette,
   Macerata, Tolentino, Foligno, *etc.* » 419
Description de Rome . . . . . . » 449
—— *des environs de* Rome, *de* Tivoli,
   de Frascati, *etc.* . . . . . . » 573
Route de Rome *à* Terracine. . . . » 585
—— *de* Terracine *à* Naples . . . . » 600
Description de Naples . . . . . . » 608
—— *des environs de* Naples, *le* Pausilippe, Pouzol, Baies, *etc.* . . » 624
Suite des environs de Naples, *de* Portici,
   *d'*Herculanum, *de* Pompeïa, *du* Vésuve, *etc.* . . . . » 645

Route de Naples à Reggio . . . . . page 666
—— *de* Naples à Otrante . . . . . . » 671
—— *de* Villa S. Giovanni *ou de* Reggio
    à Messine et à Palerme . . . » 679
—— *de* Messine à Mazara . . . . » 684

ÉTAT
DES POSTES DE L'ITALIE
ET
DES PAYS VOISINS

Avec le tarif des postes, la valeur des monnoies et la table statistique de la division actuelle de l'Italie, selon les derniers traités de Vienne et de Paris.

MILAN
Chez Jean Pierre Giegler, libraire,
sur le cours *de' Servi*, num. 603.
1817.

DE L'IMPRIMERIE DE JEAN PIROTTA.

TABLEAU STATISTIQUE

De la division actuelle de l'Italie selon les derniers traités de Vienne et de Paris.

	Superficies en milles carrées	Population
Royaume Lombard-Vénitien	13,880	4,065,000
Duché de Lucques	37	131,000
——— Massa	56	20,000
——— Modène	1477	375,000
——— Parme	1626	383,000
Etats ecclésiastiques	13,055	2,425,000
République de Saint Marin	17	7,000
Etats Sardes	22,471	3,814,000
Royaume des deux Siciles	31,731	6,766,000
Gran Duché de Toscane	6,019	1,264,000

TARIF

Des monnoies d'or et d'argent qui circulent dans les divers États d'Italie et leur valeur en argent de France.

Piémont et Ligurie.

Or.

	Mon. de Fr.
Double de Piémont de 24	Fr. 28 c. 45
Pièces de 20 fr.	» 20 » —
Double de Génes de 96	» 78 » 74

Argent.

Ecu de Piémont de lir. 6	» 7 » 11
Ecu de Génes de lir. 8	» 6 » 48

Lombardie et Vénitien.

Or.

Doppia de Milan	Fr. 19 c. 77
Sequin de Milan	» 11 » 94
Sequin de Venise	» 12 » 03
Souveraine de Flandre	» 34 » 89
Pièce de lir. 40	» 40 » —
—— —— 20	» 20 » —

Argent.

	Mon. de Fr.
Ecu de Milan de lir. 6	Fr. 4 c. 60
Pièces de lir. 5	» 5 » —
Ducatone de Venise	» 6 » 66
Giustina	» 5 » 85
La livre de Milan	» — c. 76

Parme et Plaisance.

Or.

Double de Parme	Fr. 21 c. 41

Argent.

Ducat de Parme	» 5 » 02
La livre de 20 sols de Parme .	» — » 25

Modène.

Ecu de Modène de François III.	Fr. 5 c. 54
—— —— —— d'Hercule III. .	» 5 » 60
La livre de 20 sols de Modène .	» — » 38

Toscane.

Or.

Ruspone	Fr. 35 c. 50
Sequin	» 11 » 88

Argent.

	Mon. de Fr.
Francescone	Fr. 5 c. 45
Paul	» — » 55

États romains.

Or.

Double	Fr. 17 c. 05
Sequin	» 11 » 68

Argent.

Ecu romain de 10 pauls	» 5 » 24
Ecu de Bologne della Madonna	» 5 » 37
Paul	» — » 53

Naples et Sicile.

L'once de Naples	Fr. — c. —
Ducat	» — » —
Carlin	» — » —

Outre les monnoies d'or et d'argent d'Italie toutes celles de France, Allemagne, Espagne et Hollande ont un cours abusif, le taux varie selon les spéculations commerciales.

TARIF

Du prix des chevaux de postes dans les différents Etats d'Italie.

Lombardie et Vénitien.

                                      Mon. de Fr.

Pour deux chevaux, par poste . . *Fr.* 5 *c.* 50
Au guide ou postillon . . . . » 1 » 50
Au palefrenier . . . . » — » 25

France, Piémont et Ligurie.

Par cheval . . . . *Fr.* 1 *c.* 50
Au postillon . . . . » — » 75

Parme et Plaisance.

Pour deux chevaux . . . . . *Fr.* 5 *c.* 50
Au postillon . . . . » 1 » 50
Au palefrenier . . . . » — » 25

NB. Modène et Reggio même prix que Parme et Plaisance.

Toscane.

Pour deux chevaux . . . . . *Pauls* 10 —
Au postillon . . . . » 3 —
Au palefrenier . . . . » — 1/2

États romains.

Pour deux chevaux . . . . . . Pauls 10
Au postillon . . . . » 3 1/2
Au palefrenier . . . . » — 1/2

Royaume de Naples et Sicile.

Pour deux chevaux . . . . . Carlins 6 1/2
Au postillon . . . . » 1
Au palefrenier . . . . » — 1/2

ROUTES.

Route de Paris à Lyon par Auxerre.

De Paris à Charenton . . . . Postes	1	
Villeneuve Saint Georges »	1	1/4
Lieusain . . . . . . »	1	3/4
Melun . . . . »	1	1/2
L'Écluse . . . . . »	2	
Fossard . . . . . . »	2	
Villeneuve-la-Guiard . . »	1	
Pont sur Yonne . . . »	1	1/2
Sens . . . . »	1	1/2
Villeneuve sur Yonne . »	1	3/4
Villevallier . . . . »	1	
Joigny . . . . . . »	1	
Bassou . . . . . . »	1	1/2
Auxerre . . . . . »	2	
Saint Bris . . . . . »	1	
Vermanton . . . . . »	2	

Postes 23 1/2.

                                        Postes 23 1/2
De Vermanton à Lucy le Bois . . . » 2 1/4
              Avallon . . . . » 1
              Rouvray . . . . » 2
              Roche en Berny . . » 1
              Saulieu . . . . » 1 1/2
              Pierre-Ecrite . . . » 1 1/4
              Chissey . . . . » 1 1/2
              Autun . . . . » 2 1/2
              Saint Emilan . . . » 2
              Saint Léger . . . » 1 1/2
              Bourgneuf . . . . » 1
              Châlons sur Saône . » 1 1/2
              Senecey . . . . » 2
              Tournus . . . . » 1 1/2
              Saint Albin . . . » 2
              Mâcon . . . . » 2
              Maison blanche . . » 2
              S. Georges de Rognains » 1 1/2
              Villefranche . . . » 1
              Anse . . . . » 1
              Limonest . . . . » 1 1/2
              Lyon . . . . » 1 1/2
                                        ―――――
                                        Postes 58 3/4

Route de Paris à Lyon par Nevers et Moulins.

De Paris à Villejuif	Postes	1	
Fromenteau	»	1	1/4
Essonne	»	1	1/2
Ponthierry	»	1	1/4
Chailly	»	1	
Fontainebleau	»	1	1/4
Nemours	»	2	
La Croisière	»	1	1/2
Fontenay	»	1	
Puits Lalande	»	1	
Montargis	»	1	
A la Commodité	»	1	1/4
Nogent sur Vernisson	»	1	
La Bussière	»	1	1/2
Briare	»	1	1/2
Neuvy sur Loire	»	2	
Cosne	»	1	3/4
Pouilly	»	1	3/4
A la Charité	»	1	1/2
Pougues	»	1	1/2
Nevers	»	1	1/2
Magny	»	1	1/2

Postes 30

                                         Postes 30
De Magny à Saint Pierre le Moutier . » 1 $1/2$
              Saint Imbert . . . . » 1 $1/4$
              Villeneuve sur Allier . » 1 $1/2$
              Moulins . . . . . . » 1 $1/2$
              Bessey . . . . » 2
              Varennes . . . . . . » 2
              Saint Gerand le Puy . . » 1 $1/2$
              A la Palisse . . . . . » 1 $1/4$
              Droiturier . . . . . » 1 $1/4$
              Saint Martin d'Estréaux » 1
              A la Pacaudière . . . » 1
              Saint Germain l'Espinasse » 1 $1/4$
              Roanne . . . . . . » 1 $1/2$
              Saint Symphorien de Lay » 2
              Pain Bouchain . . . . » 1 $1/2$
              Tarare . . . . » 1 $1/2$
              Arnas . . . . » 1 $1/4$
              Salvagny . . . . . . » 2
              Lyon . . . . » 1 $3/4$
                                         _____
                                         Postes 59 $1/2$

Route de Lyon par la Savoye et le Mont Cenis à Turin.

De Lyon à Bron	Postes	1 1/4
Saint Laurent des Mûres	»	1
La Verpillière	»	1 1/2
Bourgoin	»	1 1/2
La tour du Pin	»	2
Au Gaz	»	1
Pont de Beauvoisin	»	1 1/4
Aux Echelles de Savoie	»	2
Saint Thibault de Coux	»	1 1/2
Chambéry	»	1 1/2
Montmeillant	»	2
Maltaverne	»	1 1/2
Aiguebelle	»	1 1/2
La Chapelle	»	2
Saint Jean de Maurienne	»	2 1/2
Saint Michel	»	2
Modane	»	2 1/2
Verney	»	2
Lans-le-bourg	»	2
Au Mont-Cenis	»	3
Molaret	»	3
Suze	»	2

Postes 40 1/4

	Postes	40 1/2
De Suze à Saint Georges	»	1 1/2
Saint Antonin	»	1
Avigliano	»	1 1/2
Rivoli	»	1 1/2
Turin	»	2 1/4

Postes 48 1/4

Route de Nice à Turin.

De Nice à Scarena	Postes	2 1/4
Sospello	»	2 1/4
Breglio	»	2 1/4
Tende	»	2 1/4
Limone	»	3
Bourg Saint Dalmaz	»	2
Coni	»	1
Cental	»	1 1/2
Savigliano	»	2 1/4
Raconis	»	1 1/2
Carignan	»	2 1/4
Turin	»	2 1/4

Postes 24 3/4

Route de Turin à Gênes.

De Turin à Truffarello . . . . . Postes	1 1/2
Poirino . . . . »	1 1/2
Dusino . . . . »	1 1/2
Gambetta . . . . »	1 1/2
Asti . . . . »	1 1/2
Annone . . . . »	1 1/2
Felissano . . . . »	1 1/2
Alexandrie . . . . »	2 1/4
Novi . . . . »	3 1/2
Voltaggio . . . . »	4
Campo Marone . . . . . »	4
Gênes . . . . »	3

Poste 27 1/4

Route du grand et petit Saint Bernard à Turin.

NB. Le voyage par les montagnes du grand et petit Saint Bernard se fait à pied ou à cheval; les postes comencent à la cité d'Aoste.

D'Aoste à Chatillon . . . . . Postes	3
Veruzzo . . . . »	3
Ivrée . . . . »	4
Foglizzo . . . . »	3
Turin . . . . »	3

Postes 16

Route de Turin à Milan.

De Turin à Settimo	Postes	1 1/2
Chivas	»	1 1/2
Rondizzone	»	1
Cigliano	»	1 1/4
Saint Germain	»	2 1/2
Verceil	»	1 3/4
Orfengo	»	1 1/2
Novare	»	1 1/2
Buffalora	»	3
Sedriano	»	1
Milan	»	1 1/2

Postes 18 —

Route de Genève à Milan par le Simplon.

De Genève à Dovaine	Postes	2 1/2
Thonon	»	2
Evian	»	1 1/2
Saint Gingoux	»	2 1/4
Vionnaz	»	2
Saint Maurice	»	2
Martigny	»	2

Postes 14 1/2

Postes 14 1/2

De Martigny à Riddes . . . . » 2
Sion . . . . » 2
Sierre . . . . . . » 2
Tourtemagne . . . » 2
Viège . . . . . . » 2
Brigue . . . . . . » 1 1/4
Berisal . . . . . . » 2
Simplon . . . . . » 2 1/2
Iselle . . . . . . » 2 1/4
Domodossola . . . » 2 1/4
Vogogna . . . . . » 1 1/4
Baveno . . . . . . » 2
Belgirate . . . . . » 1
Sesto Calende . . . » 1 1/2
Alla Cascina . . . » 2
Rho . . . . » 1 1/2
Milan . . . . . . » 1 1/4

Postes 45 1/4

Route de la Suisse par la montagne du Saint Gothard à Milan.

NB. En partant de Zurich, Berne ou Lucerne on se rend à Altorf et de là le voyage se fait à pied ou à cheval par am Steg, Wasen, Ursefen, Hospital, Airolo, Dazio grande et Faido; depuis ce dernier endroit la route est praticable pour les voitures, en passant par Giornico, Polleggio, Bellinzona à Lugano, on traverse le lac jusqu'à Capo di Lago, et de là en voiture par Mendrisio, Chiasso à Como. Ici commence la poste de

Como à Barlassina . . . . . . Postes 1 1/2
  à Milan . . . . » 1 1/2
          Postes 3 —

Route par les Grisons et la montagne de Splughen à Milan.

NB. Les voyageurs qui viennent par Schaffhouse, Constance et la Suisse, se rendent à Coire et de là à pied ou à cheval par Thusis à Chiavenna et Riva: là on s'embarque sur le lac jusqu'à Como.

De Como à Barlassina . . . Postes 1 1/2
  à Milan . . . . » 1 1/2
        Postes 3 —

Route d'Inspruck par le Tyrol à Vérone et Milan.

D'Inspruck à Schönberg	Postes	1
Steinach	»	1
Brenner	»	1
Sterzing	»	2
Mittenwald	»	1
Brixen	»	1
Kollmann	»	1
Deutschen	»	1
Bolzan	»	1
Bronzolo	»	1
Egna	»	1
Salorno	»	1
Lavis	»	1 1/4
Trente	»	1
Roveredo	»	2
Allà	»	1 1/4
Peri	»	1 1/4
Valargne	»	1 1/4
Vérone	»	1 1/2

De Vérone à Milan voyez pag. 22.

*Route de Vienne à Venise et Milan
par Villach et Clagenfurth.*

De Vienne à Neudorf	Postes	1
Günselsdorf	»	1
Neustadt	»	1
Neukirchen	»	1 1/2
Schottwien	»	1
Märzhuschlag	»	1 1/2
Krieglach	»	1
Marzhofen	»	1
Bruck	»	1
Leoben	»	1 1/4
Kraubath	»	1
Knittelfeld	»	1
Indenburg	»	1 1/2
Unzmarakt	»	1 1/2
Neumarkt	»	1
Frisach	»	1
Velden	»	2
Clagenfurth	»	1 1/2
Villach	»	1
Arnoldstein	»	1
Tarvis	»	1 1/2
Ponteba	»	1 1/2

Postes 26 3/4

	Postes 26 $3/4$
De Ponteba à Resciutta	» 1 $1/2$
Ospitaletto	» 1 $1/2$
Callalto	» 1 $1/4$
Udine	» 1 $1/4$
Codroipo	» 1 $3/4$
Pordenone	» 1 $3/4$
Sacile	» 1
Conegliano	» 1 $1/2$
Spresiano	» 1
Treviso	» 1
Mestre	» 1 $1/2$
Venise	» 1

De Venise à Milan voyez pag. 22.

Route de Trieste à Venise et Milan.

De Trieste à S. Croce	Postes 1
Monfalcone	» 1 $1/2$
Romans	» 1 $1/4$
Palma	» 1
Codroipo	» 2 $1/4$

NB. Voyez cy dessus jusqu'à Venise.

Route de Milan à Venise.

De Milan à Colombirolo	Postes	1 1/2
« Cassano	»	1
« Caravaggio	»	1
« Antignate	»	1
« Chiari	»	1
« Ospedaletto	»	1
« Brescia	»	1
« Ponte S. Marco	»	1 1/2
« Desenzano	»	1
« Castelnovo	»	1 1/2
« Vérone	»	1 1/2
« Caldiero	»	1
« Montebello	»	1 1/2
« Vicence	»	1 1/4
« Aslesega	»	1 1/4
« Padoue	»	1
« Dolo	»	1 1/2
« Mestre	»	1 1/2
« Venise par eau	»	1
	Postes	23

Route de Milan à Brescia par Bergame.

De Milan à Colombirolo	»	1 1/2
Vaprio	»	1
Osio	»	– 3/4
Bergame	»	1
Cavernago	»	1
Pallazzuolo	»	1
Ospedaletto	»	1 1/2
Brescia	»	1
	Postes	8 3/4

Route de Brescia à Mantoue.

Da Brescia à Ponte S. Marco	Postes	1 1/2
Castiglione delle Stiviere	»	1 1/2
Goito	»	1 3/4
Mantoue	»	1 1/4
	Postes	6 —

Route de Milan à Mantoue.

De Milan à Melegnano	Postes	1 1/2
Lodi	»	1 1/4
	Postes	2 3/4

	Postes	2 3/4
De Lodi à Casal Pusterlengo	»	1 1/2
Pizzighettone	»	1
Cremone	»	2
Cicognolo	»	1
Piadena	»	1 1/4
Bozzolo	»	— 3/4
Castelluccio	»	1 1/2
Mantoue	»	1

Postes 12 3/4

Route de Bologne à Venise par Ferrara.

De Bologne à Capodargine	Postes	1
Malalbergo	»	1
Ferrare	»	1 1/2
Ponte di lago Scuro } Polesella	»	2
Rovigo	»	1 1/2
Monselice	»	2
Padoue	»	1 1/2
Dolo	»	1 1/2
Mestre	»	1 1/2
Venise	»	1

Postes 14 1/2

Route de Milan à Gênes.

De Milan à Binasco	Postes	1 1/2
Pavie	»	1 1/4
Casteggio	»	3 1/2
Voghera	»	1 1/4
Tortona	»	2 1/4
Novi	»	3 1/2
Voltaggio	»	4
Campomarone	»	4
Gênes	»	4
	Postes	25 1/4

Route de Milan à Florence par Bologne.

De Milan à Melegnano	Postes	1 1/2
Lodi	»	1 1/4
Casal Pusterlengo	»	1 1/2
Plaisance	»	2
Fiorenzola	»	2
Borgo S. Donnino	»	1
Castelguelfo	»	1
Parme	»	1
S. Ilario	»	1
	Postes	12 1/4

	Postes	12 $^1/_4$
De S. Ilarie à Reggio	»	1
Rubiera	»	1
Modène	»	1
Samoggia	»	1 $^1/_2$
Bologne	»	1 $^1/_2$
Pianora	»	1 $^1/_2$
Lojano	»	1 $^1/_2$
Filigare	»	1
Cavigliajo	»	1
Montecarelli	»	1
Cafaggiolo	»	1
Fontebona	»	1
Florence	»	1

Postes 27 $^1/_4$

Route de Florence à Rome par Sienne et Radicofani.

	Postes	
Da Florence à S. Casciano	Postes	1
Tavernelle	»	1
Poggibonsi	»	1
Castiglioncello	»	1
Sienne	»	1

Postes 5

	Postes 5
De Sienne à Montaroni	» 1
Buonconvento	» 1
Torrinieri	» 1
Poderina	» 1
Ricorsi	» 1
Radicofani	» 1
Pontecentino	» 1
Acquapendente	» 1
S. Lorenzo nuovo	» 1
Bolsena	» 1
Montefiascone	» 1 $1/2$
Viterbo	» 1
Montagna di Viterbo	» — $3/4$
Ronciglione	» 1
Monterosi	» 1
Baccano	» 1
Alla Storta	» 1
Rome	» 1 $1/4$
	Postes 23 $1/4$

Route de Florence à Rome par Arezzo et Perugia.

De Florence all'Incisa	Postes	2
Levane	»	2
Arezzo	»	2
Camuscia	»	2
Torricella	»	2
Perugia	»	2
Madonna degli Angioli	»	1 $1/2$
Foligno	»	1 $1/2$
Alle Vene	»	1
Spoleto	»	1
Strettura	»	1
Terni	»	1
Narni	»	1
Otricoli	»	1
Borghetto	»	— $3/4$
Civita Castellana	»	— $3/4$
Nepi	»	1
Monterosi	»	1
Baccano	»	1
Alla Storta	»	1
Rome	»	1 $1/4$
	Postes	27 $3/4$

Route de Bologne à Rome par Ancone.

De Bologne à S. Nicolò . . . Postes	1	1/4
Imola . . . . »	1	1/4
Faenza . . . . »	1	
Forli . . . . »	1	
Césène . . . . »	1	1/2
Savignano . . . . . . »	1	
Rimini . . . . »	1	
Alla Cattolica . . . . »	1	1/2
Pesaro . . . . »	1	
Fano . . . . »	1	
Marotta . . . . . . »	1	
Sinigaglia . . . . . »	1	
Case bruciate . . . . »	1	
Ancone . . . . . . »	1	3/4
Osimo . . . . . . »	1	1/2
Loreto . . . . . . »	1	
Recanati . . . . . »	—	3/4
Sambuchetto . . . . »	—	3/4
Macerata . . . . . »	1	
Tolentino . . . . . »	1	1/2
Valcimara . . . . . »	1	
Ponte la Trave . . . »	1	
Serravalle . . . . . »	1	

Postes 26

                                              Postes 25
De Serravalle à Casenove . . . . . » 1
                  Foligno . . . . . » 1
                  Le Vene . . . . . » 1
                  Spoletto . . . . . » 1
                  Strettura . . . . . » 1
                  Terni . . . . . . » 1
                  Narni . . . . . . » 1
                  Otricoli . . . . . » 1
                  Borghetto . . . . . » — ³/₄
                  Civita Castellana . . » — ³/₄
                  Nepi . . . . . . » 1
                  Monterosi . . . . . » — ³/₄
                  Baccano . . . . . » 1
                  Alla Storta . . . . » 1
                  Rome . . . . . . » 1 ¹/₄
                                              ─────────
                                              Postes 39 ³/₄

Route de Florence à Génes.

De Florence alla Lastra. . . Postes 1
         All'Ambrogiana . . » 1
         Alla Scala. . . . » 1
         Castel del Bosco . » 1
                             ─────────
                             Postes 4

	Postes 4
De Castel del Bosco à Fornacette	» 1
Pisa	» 1
Alla Torretta	» 1
Viareggio	» 1
Pietra Santa	» 1
Massa	» 1
Lavenza	» 1
Sarzana	» 1
Alla Spezia	» 1
Borghetto	» 1 f_2
Mattarana	» 1
Bracco	» 1 f_2
Chiavari	» 2
Rapallo	» 2
Recco	» 1
Génes	» 2
	Postes 24

Route de Florence à Livourne.

De Florence alla Lastra	Postes 1
All'Ambrogiana	» 1
Alla Scala	» 1
	Postes 3

De la Scala à Castel del Bosco	Postes 3
" Alle Fornacette	» 1
" Pise	» 1
" Livourne	» 2
	Postes 8. —

Route de Florence à Lucques.

De Florence à Prato	Postes 1 $1/2$
" Pistoja	» 1 $1/2$
" Borgo Buggiano	» 1 $1/2$
" Lucques	» 1 $1/2$
	Postes 6. —

Route de Fano à Rome par la voye del Furlo.

De Fano à Calcinelli	Postes 1
" Fossombrone	» 1
" Acqualagna	» 1
" Cagli	» $-3/4$
" Cantiano	» $-3/4$
	Postes 4 $1/2$

	Postes	3
De Cantiano à Scheggia	»	1
Sigillo	»	1
Gualdo	»	1
Nocera	»	1
Ponte centesimo	»	1
Foligno	»	1

Postes 11

NB. De Foligno à Rome voyez page 30.

Route de Rome à Naples.

De Rome à Torre di mezzavia	Postes	1 $1/2$
Albano	»	1
Genzano	»	— $3/4$
Velletri	»	1
Cisterna	»	1
Torre tre ponti	»	1 $1/2$
Bocca di fiume	»	1
Mesa	»	1
Ponte maggiore	»	1
Terracina	»	1
Fondi	»	1 $1/2$

Postes 12 $1/4$

	Postes 12 f_4
De Fondi à Itri	» 1
Mola di Gaeta	» 1
Garigliano	» 1
S. Agata	» 1
Sparanisi	» 1
Capua	» 1
Aversa	» 1
Naples	» 1 f_2
	Postes 20 $3f_4$

Route de Naples par la Calabre à Reggio.

De Naples alla Torre dell'Annunziata	Postes 1 f_2
Nocera	» 1 f_2
Salerno	» 1 f_2
Vincenza	» 1
Eboli	» 1
Duchessa	» 1 f_2
Auletta	» 1 f_2
Sala	» 1 f_2
Casalnuovo	» 1 f_2
Lagonegro	» 1 f_2
	Postes 14

	Postes 11
De Lagonegro à Lauria	» 1
Castelluccio	» 1
Rotonda	» 1
Castrovillari	» 1 $1/2$
Tarsia	» 2
S. Antoniello	» 2
Cosenza	» 1
Rogliano	» 1
Scigliano	» 1
Nicastro	» 1 $1/2$
Fondaco del Fico	» 1 $1/2$
Monteleone	» 1 $1/2$
Rosarno	» 2
Seminara	» 1 $1/2$
Solano	» 1
Villa S. Giovanni	» 1
Reggio	» 1
	Postes 36 $1/2$

Route de Messina à Palerme.

De Messina à S. Lucia . . . . Postes 1
    Tindaro . . . . . » 2
    Patti . . . . . » 1
    S. Marco . . . . » 1
    Caldonia . . . . » 1
    Tosa . . . . . » 1
    Rocella . . . . » 1 $1/2$
    Solanto . . . . » 1 $1/2$
    Palerme . . . . » 1
          Postes 11. —